U0625644

明末清初天主教史文獻新編

上

周岩 編校

國家圖書館出版社

圖書在版編目(CIP)數據

明末清初天主教史文獻新編 ：全 3 册 / 周岩編校 . —北京：國家圖書館出版社,2013. 6(2016. 8 重印)

ISBN 978-7-5013-4930-2

Ⅰ. ①明… Ⅱ. ①周… Ⅲ. ①羅馬公教—基督教史—文獻—中國—明清時代 Ⅳ. ①B979. 2

中國版本圖書館 CIP 數據核字(2013)第 022653 號

書　　名	明末清初天主教史文獻新編(全三册)
著　　者	周岩　編校
責任編輯	孫彦
編輯助理	黄鑫
封面設計	九雅工作室
出　　版	國家圖書館出版社(100034　北京西城區文津街 7 號) (原書目文獻出版社 北京圖書館出版社)
發　　行	010-66114536　66126153　66151313　66175620 66121706(傳真)　66126156(門市部)
E-mail	nlcpress@ nlc. cn(郵購)
Website	www. nlcpress. com→投稿中心
經　　銷	新華書店
印　　裝	河北三河弘翰印務有限公司
版　　次	2013 年 11 月第 1 版　　2016 年 8 月第 2 次印刷
開　　本	787×1092 毫米　1/16
印　　張	137. 5
字　　數	1200 千字
書　　號	ISBN 978-7-5013-4930-2
定　　價	1500. 00 圓

周岩像

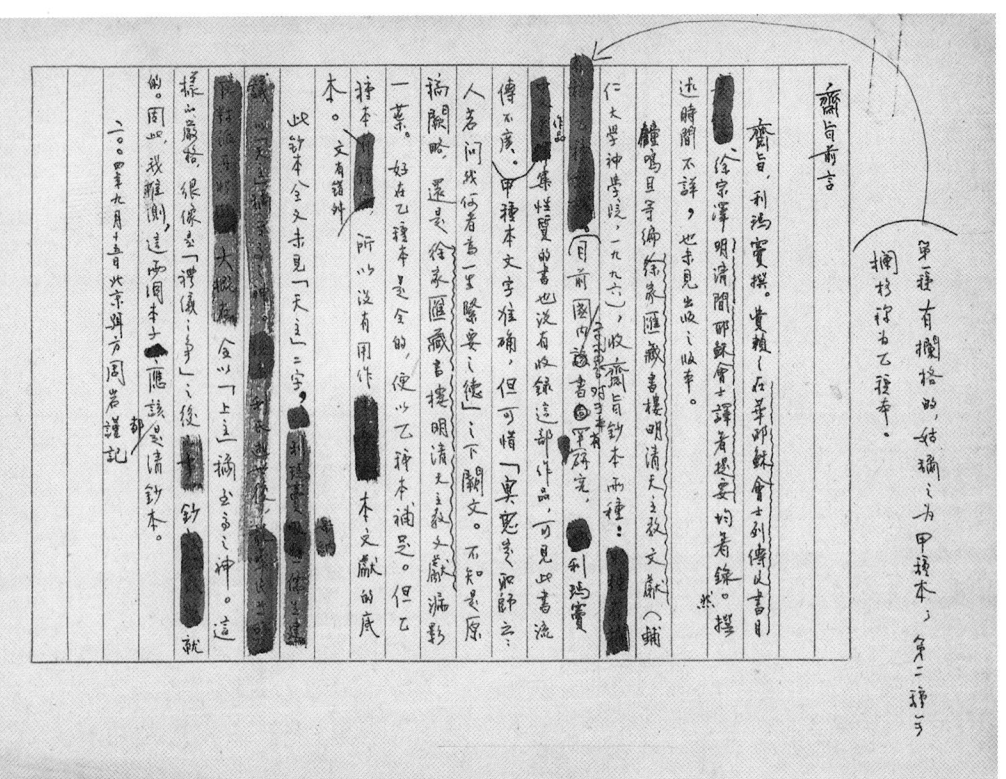

齋旨前言

齋旨，利瑪竇撰。費賴之《在華耶穌會士列傳及書目》、徐宗澤《明清間耶穌會士譯著提要》均著錄。然撰述時間不詳，也未見出版之版本。

《鐘鳴日序編·徐家匯藏書樓明清天主教文獻》（輔仁大學神學院，一九九六），收《齋旨》鈔本兩種：……利瑪竇……作品……集性質的書也沒有收錄這部作品，可見此書流傳不廣。目前國內……書……研究。甲種本文字准確，但可惜「真寬克己節」之……之「德」以下闕文。不知是原稿闕略，還是徐家匯藏書樓明清天主教文獻漏影一葉。好在乙種本是全的，便以乙種本補足。但乙種本文有錯訛，所以沒有用作本文獻的底本。

此鈔本全文未見「天主」二字，……全以「上主」稱至高之神。這樣的嚴格，很像是「禮儀之爭」之後……鈔的。因此，我推測，這兩個本子都應該是清鈔本。

二〇〇四年九月十五日北京[illegible]方周岩謹記

第一種有欄格的，姑稱之為甲種本；第二種無欄格的為乙種本。

周岩《〈齋旨〉前言》手稿

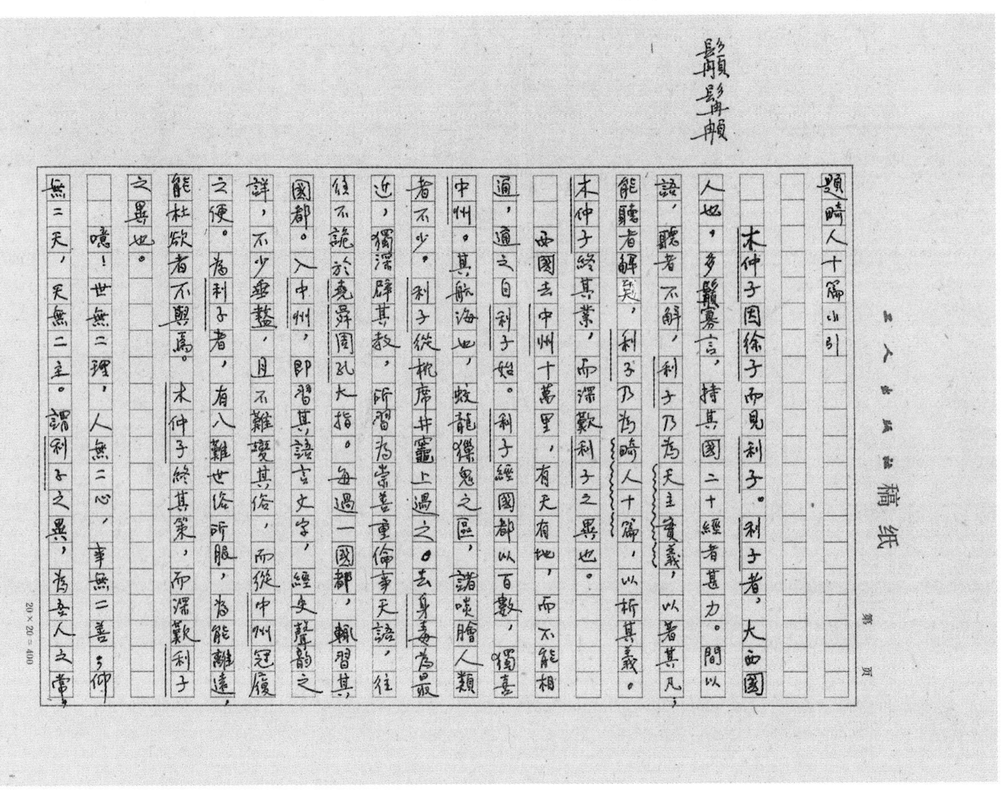

題畸人十篇小引

木仲子因徐子而見利子。利子者，大西國人也，多嚴寡言，持其國二十經者甚力。間以語，聽者不解，利子乃為天主實義，以著其凡，能聽者解矣，利子乃為畸人十篇，以析其義。木仲子終其業，而深歎利子之異也。

西國去中州十萬里，有天有地，而不能相通，通之自利子始。利子經國都以百數，獨喜中州。其航海也，蛟龍猰鬼之區，諸噉膾人類者不少，利子從枕席井竈上遇之，去身毒為最近，獨深辟其教，所習為崇善重倫事天語，往往不詭於堯舜周孔大指。每過一國都，輒習其國都。入中州，即習其語言文字，經史聲韻之詳，不少盤整，且不難變其俗，而從中州冠履之便。為利子者，有八難世俗所服，為能離遠能杜欲者不謬焉。木仲子終其策，而深歎利子之異也。

噫！世無二理，人無二心，事無二善，仰無二天，天無二主。謂利子之異，為吾人之常，

周岩手抄《題〈畸人十篇〉小引》

推驗正道論

極西耶穌會中王一元泰穟父校

雲間景教後學徐光啓玄扈父校

嘗觀天地之物亦夥矣靡不各向自存各務自
成則必各有自存自成之道詩云有物有則 矣
矧人生而為萬物之靈詎獨無存之之則成之之
道也乎然其大道不外兩者先有所當知後有
所當為如斯而已耳故造物者之生人亦必以賦

周岩墨跡

出版説明

本書編者周岩，筆名鼎方。一九六二年十一月十二日生於北京。一九八〇年考入北京師範大學歷史系，一九八七年畢業並獲得碩士學位。曾就職於中國工人出版社、文化藝術出版社，爲編審、編輯室主任。二〇一〇年三月十日因積勞成疾，英年早逝。

周岩於一九九五年夏開始利用業餘時間從事基督教史的研究，並以明末清初天主教史文獻爲重點。在長達五年的時間裏，他自費在北京、上海、南京、蘇州、杭州等地主要圖書館搜求、抄錄散佈在各地的天主教文獻，然後對不同版本進行較爲系統的甄別、標點、校勘，並對天主教的一些專有名詞進行注釋，於二〇〇一年在我社出版了《明末清初天主教史文獻叢編》（以下簡稱《叢編》）。該書收錄了《辯學遺讀》等七種文獻。由於長期以來這些文獻被塵封於圖書館，散佈於全國各地，學術界難以利用，所以，《叢編》的出版極大地方便了學術界，有助於中國天主教史，以及中西交通史、中國科技史的研究，因此頗受好評。兹後十年中，周岩繼續搜求散落文獻，並進行編校整理。

周岩逝世後，其親友將其遺稿交由我社出版，幾經磋商，我們將這些文獻編訂爲兩册，名爲《明末清初天主教史文獻新編》。值此書即將付梓之際，謹做如下説明：

一、本書收録明萬曆至清雍正年間天主教史重要文獻四十種，分編爲上、中、下三册；每册基本以文獻的著述或初刻年代爲序進行編排，著述年代不可考者，酌其内容，參入編中。

二、周岩遺稿可分爲兩部分。第一部分爲周岩生前已經點校完畢，並相關文獻之「前言」已經完稿者，如《天主實義》等二十六篇，爲上册；第二部分爲周岩生前基本點校完畢，但相關文獻之「前言」尚未成文，周岩的親友根據周岩生前寫作之片段及搜集之資料連綴成文，並經周岩學兄、首都師範大學歷史學院中國近現代社會文化研究中心主任、博士生導師梁景和教授審閲，作爲每篇文獻之「説明」，以替代「前言」，如《楊淇園先生超性事跡》等七篇，爲中册。另外，原《叢編》早已售罄，爲滿足相關研究人員及廣大讀者的需求，並使明末清初天主教史文獻儘可能完整地呈現給讀者，特將《叢編》進行影印做爲下册。

三、本書的編校宗旨，一如《叢編》，仍在於「搜求散存文獻，以便學術研究」。作者對相關文獻進行了全面的甄選，所選文獻底本多爲善本，且有孤本。在對所收録的每篇文獻進行研究整理的基礎上，寫出解題性前言（或説明），錄文加了標點，除孤本外，儘可能比較不同版本進行校勘，並作出校記。

四、《叢編》中附有《天主教及西學名詞簡釋》，閲讀本書時亦可適用。本書中對文獻中少數非《簡釋》內的罕見冷僻名詞進行了注解，附於各自前言及文獻之後，以便閲讀。

由於本書在編者生前尚未完稿，雖經其親友和責任編輯努力完成之，終因學識和材料等方面所限，難免有不妥之處，請讀者批評指正。

國家圖書館出版社

二〇一三年五月

總目

上册

上册目録

天主聖教約言

〔葡萄牙〕蘇若望撰　周岩標點

天主聖教約言

《天主聖教約言》前言

蘇若望，又名蘇如望，字瞻清，西文原名 P.Jean Soerio。葡萄牙人，耶穌會士。明萬曆二十三年（一五九五）來華，抵江西南昌府，從修士黄鳴沙研習漢文。據載，公「不久便能執筆撰寫中文著作」，惜在華時間僅十餘年，就病故了。

《天主聖教約言》，約千五百字，問答體，以天主主宰、造人造萬物、人之靈魂、善惡賞罰、天堂地獄、天主十誡等題入手，概述天主教之要理，言簡意賅，條理分明，是蘇若望專爲入教者學習教理而撰寫的讀物。

《天主聖教約言》，與《天主實義》等書爲天主教會較早之教理讀物。文内尚有「欲盡知天主之道，必須細閱《天主實義》諸書，及至教堂聽西來傳教先生講解」的話。是書又可作爲閲讀《天主實義》之導引。

《天主聖教約言》，明萬曆二十九年前後在韶州初刻；萬曆三十八年及三十九年，龍華民神父在南昌、湖州兩地重刻。

現在我們所依據的版本，是清順治刻本，藏於中國國家圖書館古籍館，是民國時期與瑞典烏僕沙拉大學之交換品。是書半葉十四行，行二十八字。它與收入本編之《進呈書像》、《論釋氏之非》、《闢輪迴非理之正》，似同爲當時教會之贈閲品。鍾鳴旦先生主編之《徐家滙藏書樓明清天主教文獻》亦將上述四種文獻一同影印收入。

國家圖書館尚藏有另外一部《天主聖教約言》，清刻本，綫裝。扉葉題：「明萬曆三十八年歲次辛丑湖州三和堂原梓，大清同治十年歲次辛未金陵天主堂重刊。」由此知，此本所據爲龍華民神父之湖州刊本。湖州本刻印時間，亦與費賴之《在華耶穌會士列傳》之記載吻合。但萬曆三十八年歲次庚戌，而非辛丑也。

對比兩種版本，後者与前者有五處不同：一、撰者署「極西耶穌會士蘇如望述」，而非「蘇若望」也；二、正文前又加如下導語：「或曰天主之道何如？余答之曰：天主聖道事情，甚廣甚多，難以言盡，必要看《天主實義》等書，而後能得意也。雖然，吾且舉其要而約言之如左」云云；三、將書末天主十誡逐條解説；四、文内有數處文字，改動後語意淺白易解；五、書末附同治元年三月初六日有關天主教傳教之上諭一道。

細讀兩版本之正文，不同之處，似非關緊要，故本編未對二本進行校勘。

二〇〇六年三月八日北京騆方周岩謹識

天主聖教約言

耶蘇會士蘇若望述

或問天主謂何？對曰：天主非他，即生天生地、生神生人生萬物之大主宰也。天地人物，先無而後有，則天地人物之先，必有一個主宰以生之。蓋萬物不能自成，皆有所以成之者。如樓臺房屋，不能自起，必成於匠工之手，則天地人物，安能自造？造之者，即所謂天主也。若世稱盤古等爲極祖，亦在有天地之後，皆有父母所生。而以其爲開混沌、生天地人物者，大誤矣！

或曰：天地人物，既由天主而生，敢問此天主由誰生乎？對曰：天主乃萬物之根原，如有所由生，則非天主矣！蓋物或有始而有終，如草木鳥獸；或有始而無終，如天地神鬼及人之靈性。惟天主則無始無終，而能始終萬物者，無天主則無物矣。譬如一棵樹，共花果枝葉及幹，皆由根而生，無根則皆無。乃至樹之根，固無他根所由生也。天主既是萬物之根底，何所由生乎？

天主初生萬物，先開闢天地，化生物類之諸宗，然後化生一男一女。男名亞當，女名厄襪。即此二人，無父母而爲萬民之元祖，其餘不拘仙佛菩薩，皆有父母所生，而不免於壞死矣。天主既爲天地人物之真主，又生萬物以爲人用，則吾人愛敬天主，當然之理也，不愛敬便得大罪。譬如父母生個兒子，衣之，食之，教之，若爲子者，不知敬父母，必謂不孝之子，而得大罪。况天主是人大父母，而可不愛敬之乎？此萬物之主即明，則世人之事，易爲解矣！

夫人本有肉身、靈性兩端，其肉身雖壞而死，其靈性終不能滅。蓋天主命吾人之性，與草木禽獸不同，其分別有三等：下等曰生性，既草木之性也。此性扶草木以生長，若草木砍斷枯槁，其生性遂消滅焉；中等曰覺性，即禽獸之性也。此性能扶禽獸生長，又使之以耳目視聽，以口鼻啖嗅，以肢體覺痛癢，但不能推論道理，至死而覺性亦滅焉；上等曰靈性，即人之靈魂也。此性兼含生覺二性之能，是以能扶人生長及知覺，而又使之能辨衆理，以應萬事，其身雖死，而此靈魂永存不滅。故世聞人自怕死人，不怕死猛獸者，由人性之靈，能知人死之後，尚有未滅之魂在，爲可懼，而禽獸覺性全無，莫可驚我也。既知人魂不滅，又不可信輪迴六道之謬説，應知生前爲善與爲惡，其魂各於死後赴天主審判，定有處分住所。其一在上而有萬福，即所爲天堂，賞善之所也；其二在下而有萬苦，即所謂地獄，罰惡之所也。蓋天主至公，無善不賞，無惡不罰，使無天堂地獄之賞罰，以報世人所爲之善惡，豈不枉了善人，便宜了惡人，何得謂天王至公乎？

或曰：善惡之報，亦有在現世者，何也？曰：設令善惡之報，咸待於身後，則愚人不知身後之應，何以念天上之有主乎？故常有犯義者，遇災禍艱難，以懲其前而戒其後。順理者，蒙吉福之降，以酬其往而勸其來也。然現世亦有爲善而貧賤苦難者，乃因爲善之中，有小過惡，故天主以是現報之，至死後，則入全福之域，永享常樂矣。有爲惡而富貴安樂者，乃因行惡之内，間有微善，故天主以是賞之，及其死後，則陷深陰之獄，承受萬苦矣。世人欲免下地獄受萬苦，而得上天堂享萬福，必要三件：其一要知認天堂之主，即天主也。世人欲往他人之屋，先要認其屋之主，方可入住。况未知天主，能上入萬福之所乎？其二要曉得天堂之路，即天主之道也。世人不知所欲往之路則不得至，而未知天堂之路，可至之乎？其三必要行所已知。蓋人雖已知所欲往之路，若在家閑坐而不出行，決不得到。則欲上天堂萬福之處，必須行天主聖教之事矣。

或曰：天主乃天地人物之主，而其道爲真道，並爲天堂之路，已得聞命。今欲從此天主聖教，如何則可？對曰：欲從聖教者，必有兩意：其上在於誠心奉敬天主，爲其乃天地人物之公主，而生萬物之養吾人者；其次在於顧本人之靈魂，以免下地獄受萬苦，而能上天堂享萬福。然欲得此意又要三事：其一要行天主規誡，其二要信天主事情，其三要領聖水滌前非。

天主十誡：一欽崇一天主萬物之上，二毋呼天主以設虛誓，三守瞻禮之日，四孝敬父母，五毋殺人，六毋行邪淫，七毋偷盜，八毋妄證，九毋顧他人妻，十毋貪他人財物。

右十誡，總歸二者而已，愛敬天主萬物之上，與夫愛人如己。此在昔天主降諭，令普世遵守，順者昇天堂受福，逆者墮地獄加刑。已上諸端，特大略耳，如欲盡知天主之道，必須細閱《天主實義》諸書，及至教堂聽西來傳教先生講解，方可了悟無疑，而茲未可以一言遂盡也。

天主實義

〔意大利〕利瑪竇撰　周岩點校

《天主實義》前言

一

《天主實義》，意大利傳教士利瑪竇撰。

明末清初來華傳教士之宗教著述，影響最大者，莫過於利瑪竇所撰《天主實義》。因此，其版本繁博，而欲梳理其版本演化，則必先討論其初版時間。對此，綜合而言，學界蓋有三種説法：一謂一六〇三年之前《天主實義》就已問世；二謂《天主實義》初版於一六〇三年；三謂初版應在一六〇四年，但成序時間則是一六〇三年。下面依次討論之。

主張《天主實義》出版於一六〇三年前者認爲，《天主實義》一五九五年初版於江西南昌，一六〇一年重刻於北京。較早持這種觀點的是費賴之神父（Louis Pfister, 1833—1891），他在其法文巨著《明清間在華耶穌會士列傳，1552—1773》中寫道：「《天主實義》，初名《天學實義》，一五九五年初刻於南昌；一六〇一年校正，重刻於北京」[一]。方豪（《中國天主教史人物傳》）、徐宗澤（《明清間耶穌會士著譯提要》）二位神父亦持這種觀點。

一五九六年七月二十日，利瑪竇移居江西南昌；同年十月十三日，他在寫給耶穌會總會長阿桂委瓦的信中説：「撰寫已久的《天主實義》目前正在校正之中，希望這本較以前的（指《天主聖教實録》）更好。一些我們的朋友看過其中的幾章，認爲不錯，曾力勸我們快去印刷。」〔二〕大陸學者林金水認爲：「《天主實義》初稿殺青時間是在一五九六年十月。」〔三〕臺灣學者顧保鵠在《天主實義》校勘記·代序》中考證説：「利氏約於一五九四年初開始編著《天主實義》，二年後大致完成，遂於一五九七年譯成拉丁文，呈請澳門主教及范（禮安）視察批准。」〔四〕據此，一五九六年似可定爲《天主實義》初稿完成的時間；但是，一五九六年初版於南昌的説法，卻很值得懷疑。而且費賴之神父、方豪神父、徐宗澤神父都没有説明版本依據，至今也没有實物發現。當然，也有學者認爲一六〇三年以前的版本，「不過是内部交流而已」〔五〕。

關於一六〇一年重刻於北京，據利瑪竇撰寫、比利時傳教士金尼閣續寫的《利瑪竇中國札記》記載，利瑪竇很想爭取當時的湖廣監察御史馮應京這樣一位深乎清譽的名臣，遂將《天主實義》的鈔本給了他。利瑪竇的目的是要轉變他的世俗心態，而不是叫他刪潤文字。但馮應京的答復是，收到這本書很高興，請利瑪竇同意將它刻印出來。利瑪竇考慮到還要重新修訂，答復説現在還不是成熟的季節，「要讓陽光照耀一段時間」〔六〕。

有學者認爲，後來馮應京還是將它刻印出來了，時間是一六〇一年，地點在北京。其推斷依據是流傳下來的馮氏《〈天主實義〉序》，寫序時間爲「萬曆二十九年孟春穀旦」，即一六〇一年。林金水先生在《利瑪竇與中國》中考證道：馮應京萬曆二十九年二月被「降雜職，調邊方用」，三月被捕，以後下詔獄四年。因此，馮應京刻印《天主實義》當在「萬曆二十九年正月至二月（即一六〇一年二月三日至四月二日）」[七]之間。

《利瑪竇中國札記》中的記載也印證了這一點：「利瑪竇神父的這本書印了四版並在不同的省份出版。身爲知識分子一員的馮慕岡（應京號），自己出資印了很多份，並把它交給神父們分發給他們的朋友。他寫信給神父們，告訴他們説，他爲印書花的款項是還了一筆債。他解釋説，有一次他利用他職務的影響替別人辦事收過一筆禮。他知道彌補他錯誤的最好的辦法就是使闡述基督信仰的小册子廣爲流傳。他做這件事的時候還是一個異教徒。此人如果作爲基督徒還能多活幾年，真不知道能爲基督教做多少事。」[八]

除此之外，關於《天主實義》曾有一六〇一年版本的説法，還有一個旁證，即法國學者伯希和《近在瑞典發現之耶穌會士漢文舊刊物》一文。該文在敘錄蘇若望（一名如望）之《天主聖教約言》時説：蘇氏《天主聖教約言》「末行涉及《天主實義》等編，所指者當然是利瑪竇之《天主實義》。此文頗有關係，假如《天主聖教約言》原有此語，而其（《天主聖教約言》）初刻時確在一六〇一年，蓋《天主實義》出版時，最早應在是年也」[九]。也就是說，祇要《天主聖教約言》確實刻於一六〇一年，那麽，也就證明《天主實義》確於一六〇一年出版。

不過，對這個版本持有疑議者頗有人在。他們認爲馮應京雖有刻印《天主實義》的動議，但因爲利瑪竇的反對而作罷。利瑪竇反對的理由是還没有得到上級的批准。韓國學者李元淳即持這種觀點。他説，馮應京《天主實義》的序雖是一六〇一年（「萬曆二十九年孟春穀旦」）所作，但「並不是實際發行的時間。實際公開刊行的時間是利瑪竇序文中出現的萬曆三十一年（一六〇三）」[一〇]。

以馮應京的身份而言，他是否會貿然刻印利瑪竇還想「讓陽光照耀一段時間」的作品呢？林金水先生考證馮應京在那一年祇有兩個月的自由時光。那麽，比較合理的推測是馮應京已經著手刻印《天主實義》，也寫了序言，但因爲下獄，没有實行。儘管有《利瑪竇中國札記》的記載和《天主聖教約言》旁證，但是，畢竟一六〇一年馮刻本的實物至今也没有被發現！

利瑪竇的傳記作者裴化行神父也不支持曾有一六〇一年版本的説法。他説：馮應京

「身陷囹圄，焦急不耐，想出資刊印。因爲（果阿）宗教裁判所的批准還沒有到達，利瑪竇衹好勸他稍安勿躁，説是還要修飾纔能付梓」。直到一六〇四年《天主實義》正式出版後，馮應京「出資印兩百册，自留數册外，其餘盡贈傳教士」〔一一〕。

現在流傳的《天主實義》中，記錄有利瑪竇與雪浪大師（三淮和尚）一五九九年八月十五日的辯教内容；一六〇一年與李戴、馮琦、黄輝的談話；第八篇（全書末）有天主降生「於一千六百有三年前」的話，也點明了時間。因此，《天主實義》出版於一六〇三年，應屬合理。

臺灣學者顧保鵠在《〈天主實義〉校勘記·代序》中考證説：利氏約於一五九七年譯成拉丁文，呈請澳門主教及視察范禮安批准。「范視察令孟三德院長審閲。後因孟院長病逝，審查工作中止，直到利氏抵達北京後，約在一六〇一年方獲卧亞主教之批准。利氏復於第七篇增補與南京三淮和尚之論辯，於第四章增補與黄輝學士之問答。此書自開始著手編著，至一六〇三年印出，其間共歷八九年之久。」〔一二〕此書現存羅馬卡薩圖書館（Bibl. Casanatense）。

一九八五年美國耶穌會士Douglas Lancashire與Peter Hu Kuo-chen在他們的英文譯本

《天主實義》中，較詳細地列出了《天主實義》寫作與出版時間表：一五九四年至一五九五年利瑪竇從六經中摘引文句；一五九五年至一五九六利瑪竇撰寫《天主實義》第一稿；一五九六年至一六〇〇年利瑪竇將手稿送給耶穌會視察員檢查，同時手稿在朋友中流傳；一六〇一年馮應京作《〈天主實義〉序》；一六〇一年至一六〇三年獲准出版，利瑪竇增加新的談話資料；一六〇三年準備第一個木刻版，利瑪竇作《〈天主實義〉引》；在付印前，木刻版有一些改動，第一版在北京問世，共印二百册；一六〇四年利氏呈交初版之一册給羅馬耶穌會總會長阿桂委瓦，將馮應京的《序》和他的《引》譯成拉丁文，並將八篇內容用拉丁文作了提要〔一三〕。

《四庫全書總目》「天主實義」條亦謂：「是書成於萬曆癸卯（一六〇三）。」從這些學者的考證和利瑪竇的自序時間來看，一六〇三年應是《天主實義》的正式出版年。

但研究利瑪竇書信，可發現有四封書信均指明《天主實義》係於一六〇四年出版，即：一六〇五年二月致馬塞利神父；一六〇五年五月致德·法比神父；一六〇五年五月十日致父親；一六〇五年五月致高斯塔神父。祇有一封説《天主實義》在一六〇四年重版，而這封信所指重版者似爲范禮安之廣州版〔一四〕。這四封信件的所指年份又是應當引起注意的！

持《天主實義》初版於一六〇四年這一觀點的，也不乏其人，德禮賢神父（P. Pascal M. d, Elia, S.J.）在他的法文巨著《中國天主教傳教史》中說：《天主實義》寫作於一五九三年至一五九六年之間，在未梓行以前曾以鈔本方式流通，一六〇四年在北京印行。

一九七八年臺灣學者林東陽在《大陸雜誌》（第五十六卷第一期）上發表了《有關利瑪竇所著〈天主實義〉與〈畸人十篇〉的幾個問題》的文章。他贊同德禮賢的觀點，並將《天主實義》的成書過程細化：「《天主實義》的寫作時間起於一五九五年十一月前後，一直延長到一六〇三年八月初旬。其中第七篇可能完成於一五九九年稍後。第三篇、第五篇完成於一六〇一年五月二十八日以迄一六〇三年八月二十二日之間，佔全書的四分之一。在一六〇三年八月二十二日《天主實義》殺青以前，《天主實義》曾經以手抄方式部分地存在，流行各地。」〔一五〕

最後，林東陽先生解釋說：「《天主實義》的出版，可能最晚在一六〇三年底，或一六〇四年初，最大可能當在一六〇四年。」他的說法就調和了《天主實義》初版年月的矛盾。

二

傳一五九五年南昌版(未見實物)、傳一六〇一年馮應京版(未見實物)、一六〇三年(或一六〇四年)北京版之外,明清以來尚有多種《天主實義》版本,這樣《天主實義》在明季版本就有近十種之多。兹將其餘諸版本臚列如左:

一、明萬曆三十二年或三十三年(一六〇四或一六〇五)廣州版。《利瑪竇書信集》提及,奉視察員范禮安之命,在廣東再版,專爲傳教日本之用。信中説:「日本方面也來信告訴這本書(《天主實義》)在那裏甚受重視,因爲日本人多認識漢字。因此視察員神父(即范禮安)爲日本在廣州印刷了一批,因爲北京首版印刷,離廣州太遠,不如在那裏印刷比較好!」〔一一六〕在利瑪竇給友人的另一封信中也曾説「去年重版」。看來一六〇四年曾爲日本專印一版並非虚言。

二、明萬曆三十五年(一六〇七)汪汝淳重刻於杭州。李之藻序,此即燕貽堂梓本。一六〇八年三月,利瑪竇在致同鄉高斯塔神父的信中説:「李之藻尚非教友,但相信他快要受洗了。他把我寫的《天主實義》重版了一次。」〔一一七〕此版羅馬耶穌會檔案館藏有一部,民國上海徐家匯藏書樓亦藏有一部〔一一八〕。

三、明萬曆年間刻本。十行二十字，白口，四周雙邊。《北京師範大學圖書館善本目錄》著錄，北京師範大學圖書館藏。這是一個非常重要的版本（以下稱北師大本）。

這個版本最重要的特徵，就是文中的改動基本符合明清教會後期嚴格統一至高之神稱謂（一般祇用「天主」「上主」）的做法，而且改動量非常之大（詳見校勘）。一般學者認爲：天主教會書籍明刻本用「上帝」名，一七〇四年（康熙四十三年）教宗克萊芒十一世裁定「譯名之爭」後，清刻本改用「天主」，而且文字改易，藴含其中的思想自然也隨之變化。比如李之藻《天主實義重刻序》的改動，序言起首列舉了孔孟「知天事天之學」以及《易》「乾元統天」、「帝出乎震」，與利瑪竇天主教觀念的關係。而改易之後的文字，則僅説明了《易》與利瑪竇思想的關係，從而模糊、淡化了李之藻欲説明利瑪竇利用原始儒家思想闡釋天主教義的整體構思。而且，書中全部避用「上帝」「天」等名詞，遮飾了《天主實義》的初版原貌。本書無汪汝淳萬曆三十五年跋。

北師大本遇「太祖」頂格，不避「玄」字諱，文末「大明」改「現世」。以「大明」改「現世」而言，應當説就不像明刊本。清兵入關之初，對明版重刊時抬頭頂格、避諱等事項，控制不是很嚴，這種明代帝王頂格現象，在清初如《崇禎曆書》重印時就很普遍。故余疑此北師大本並非明萬曆刊本，而是清初印本。但爲慎重起見，存疑於此，尚待深入研究。

四、明萬曆三十五年（一六〇七）翁汝進杭州刻本。有周獻臣序。未見。

五、明崇禎二年（一六二九）李之藻《天學初函》本。李之藻將燕貽堂刻本收入《天學初函》。齊魯書社《四庫全書存目叢書》，影印北京大學圖書館藏《天學初函》本《天主實義》，扉頁鐫「天學實義」四字，目録亦作「天學實義」。上海古籍出版社《續修四庫全書》，影印中國國家圖書館藏《天學初函》本《天主實義》。

六、明末福建欽一堂刻本。《東京大學綜合圖書館漢籍目録》著録：「明治中據明末閩中欽一堂刊本鈔，一册。」未見。

清刻本《天主實義》有兩個系統，一個屬《天學初函》本系統，一個屬北師大本系統。

一、清乾隆四十七年（一七八二）刻本。《四庫全書·子部·雜家類存目二》著録，有跋，可參看。

二、清咸豐五年（一八五五）慈母堂藏版印，主教趙方濟准。版本屬北師大本系統。趙方濟（Franc. Xav. Maresca），一八四八至一八五五年任南京主教。

三、清同治七年（一八六八）上海慈母堂重刻本，屬北師大藏本系統。

四、清光緒二十四年（一八九八）直隸河間府（今河北獻縣）勝世堂印本。署「直隸東南主教步准」。步，步天衢（Herricus Bulte），直隸東南主教。中國國家圖書館藏有一部，鈐「陳垣同志遺書」印，封面有陳垣先生題「天主實義　利瑪竇述」。版本屬於《天學初函》本系統。這在晚清教會典籍重印中，是很難得的。

五、清光緒三十年（一九〇四）上海土山灣重印本。

民國時期《天主實義》版本衆多，印量較大，兹將所知版本臚列如左：

民國十五年（一九二六）山東兖州天主堂印本；

民國二十四年（一九三五）上海土山灣第六版；

民國二十七年（一九三八）獻縣天主堂第六版；

民國二十八年（一九三九）香港納匝肋靜修院重印本；

民國三十年（一九四一）天津崇德堂朱星元、田景仙合編之文白對照本；

民國時北京西什庫救世堂、重慶聖家堂均有鉛印本。

有專家稱，進入晚清民國以後，《天主實義》的版本之多，可謂「無法統計」。

當代《天主實義》均爲點校、整理本：

一九六六年臺北光啓出版社將《天主實義》譯成白話文與原文影印合刊出版；

一九六七年臺北「國防部研究院」版顧保鵠校勘本；

二〇〇一年復旦大學出版社朱維錚主編《利瑪竇中文著譯集》之《天主實義》。

在東亞地區，《天主實義》尚有以下少數民族語言譯本及外文譯本：

一、滿文本。中國國家圖書館藏有一部。藏本内滿文間隙批有西文音注，當是東來傳教士習滿文所添。余不識滿文，過目而已。徐宗澤神父説，康熙帝讀《天主實義》而下決心弛禁天主教，不知是否讀此滿文本。

二、蒙古文本。據費賴之書目。未見。

三、東京（今越南地區）文本。一六三〇年譯本。據費賴之書目。未見。

四、日本文本。費賴之書目著録，一六〇四年譯爲日文。很多學者認爲費氏的這種觀點不可靠。韓國學者李元淳認爲可能要晚到貞享年間（一六八四至一六八七），日本纔有《天主實義》的日譯本。進入明治維新以後，《天主實義》重新受到重視，一八八五年（明治十八年）東京開世堂出版了小島准治點校的《天主實義》；進入二十世紀，一九七一年十月，東京明出版社出版了後藤基巳的《天主實義》日譯本。

五、朝鮮文本。費賴之書目著録，但未載明譯本時間。有一種説法，認爲是天主教朝鮮傳入人丁若鏞將《天主實義》譯爲朝鮮語，但又有學者否定了丁氏譯本的可能性。然而確有一種朝文古鈔本，久在庶民中流傳，但譯本年代已不可考。一九九九年韓國首爾大學宋培榮教授出版了他譯注的《天主實義》。

此外，《天主實義》尚有兩種西文譯本：

一、法文本。P. Jacques神父譯爲法文，載入《益世珍聞書信集》一八一八年第十四卷。據費賴之書目。

二、英文本。*The True Meaning of the Lord of Heaven* (T,ien-chu shih-i): Translated, with Introduction and Notes (by Douglas Lancashire and Peter Hu Kuo-chen, S. J.)中國國家圖書館有藏。

本編所收《天主實義》，以中國國家圖書館藏《天學初函》本爲底本，與北京師範大學藏原輔仁大學藏明刻本彙校、整理而成。

三

《天主實義》又名《天學實義》，但「天主」「天學」，孰先孰後，頗費研討。王重民先生《中國善本書提要》：「《天學初函》五十六卷。三十二册，(北圖)，明天啓間刻本，九行十九字。明李之藻輯。按《天主實義》自是利瑪竇所命原名，乃者彼教中如德禮賢、徐宗澤諸神父，皆謂原名《天學實義》。『天主』爲後來所改稱。按是書所書《實義》爲燕貽堂舊版，原書題『天主』，而《總目》改作『天學』；天學之名爲後起，觀此甚明(余在巴黎見一本，卷内作天主，題簽作天學)。之藻刻書時，必『天學』一説較勝，故全書以『天學』命名，又於《總目》改題『天主』爲『天學』也。考《唐景教碑》後有之藻天啓五年跋，則全書彙成，應在天啓五年，或稍後。崇禎十一年曾頒贈『欽褒天學』匾額，之藻已前卒，當不相影響；其所以命名，蓋在龍華民掌教時，非駁『天主』之説故也。因諸神父獨質疑於《實義》，附論於此。」考利瑪竇時代，似尚無將天主教學説統稱爲「天學」的習慣，這應該是在利瑪竇去世之後的事，有學者考證是在一六一五年之後。明崇禎朝「天學」這個詞用得比較普遍，如李之藻輯《天學初函》之用「天學」，孟儒望撰《天學略義》、黄鳴喬撰《天學傳概》，用的也都是「天學」。受此風氣影響，後世重印《天主實義》時，纔一度被改爲《天學實義》。「天學」這個詞到了清康熙朝之後，因爲「禮儀之爭」，漸次罕見。《天學實義》就是利瑪竇所擬原名之説認爲，《天主實義》拉丁文書名利瑪竇譯作：De Deorerax Disputatio，利瑪竇的本意是以「天」來稱至高之神，其學爲「天學」。但當時負責中國教務的澳門教區的神學家們衹批准使用「天主」、「上帝」之類的用語，禁止使用「天」這樣的措辭，正式出版時纔改爲《天主實義》[一九]。耶穌會羅馬檔案館、巴黎國立圖書館均藏有《天學實義》，共四本[二〇]，未見，關於兩個版本書名使用的先後，無從置喙。

關於神的辯論，全書分上下兩卷，共八篇，問答一百一十節，中士代表中國傳統儒生的立場，西士則是利氏本人。中士提出儒學、佛（道）家的觀點和立場，利瑪竇則以西方經院哲學和中國先秦儒家「四書五經」融會，闡述天主教教義的合理性和唯一性，贊揚孔子的儒家思想，但反駁佛道的宇宙觀和世界觀。上卷首篇論天主始製天地萬物，而主宰安養之；第二篇解釋世人錯認天主；第三篇論人魂不滅，大異禽獸；第四篇辯釋鬼神及人魂異論，而解天下萬物不可謂之一體。下卷第五篇辯排輪迴六道、戒殺生之謬説，而揭齋素正志；第六篇釋解意不可滅，並論死後必有天堂地獄之賞罰，以報世人所爲善惡；第七篇論人性本善，而述天主門士正學；第八篇總舉大西俗尚，而論其傳道之士所以不娶之意，並釋天主降生西土來由。

從神學而言，《天主實義》是一部護教學作品。護教學也稱爲辯教學、辯惑學等，屬於基礎神學範疇。「護教學是設法由人的觀點，指出信仰抉擇的合理性，這信仰的抉擇是所有基督徒神學的根源。因爲，如果信神是一個自由和合理的行動，那麽，理性一定可以證明的。」〔二二〕因此，護教學的具體使命就是「從理性方面爲基督教教義辯護」，從而「從正面爲基督教辯護而從反面駁斥敵對的信仰，一方面鞏固信徒信仰以防疑惑動搖，另一方面爲不信者信教掃除理性上的障礙」〔二三〕。《天主實義》就是這樣一部寫給對基督教感興趣和願意聆聽天主聖神啓示之人的，以便於他們對這種宗教有一個精神準備。

應該指出的是，《天主實義》還不是一部真正的教理問答，因爲基督教的很多信理，如創世紀、洪水、失樂園、摩西律法、先知書、耶穌受難與復活等奥跡，本書都還没有涉及。

利瑪竇來華後，爲了便於中國人接受天主教這個完全陌生的宗教，初期曾著和尚衣服，號稱「西僧」，後來明白僧侣在中國的社會地位並不高，所以接受瞿太素建議，改儒士衣冠，自稱「西儒」。「易服」之舉，正發生在利瑪竇撰寫《天主實義》之際。

明末科學家徐光啓曾將利瑪竇的傳教思想總結爲「易佛補儒」。利瑪竇的「合儒」工作的另一目的，就是聯合儒家，排議佛道二氏。

「二氏之謂曰無、曰空，於天主理大相剌謬，其不可崇尚明矣。夫仁厚之謂曰有、曰誠，

雖未聞其擇，固庶幾乎？」（《天主實義》第二篇）

利瑪竇之所以做如此選擇，一是因爲儒家是中國的官方哲學，其統治地位不是輕易能夠改變的；二是儒家思想具有源遠流長的歷史，儒家學説對中國社會的教化作用不是一朝一夕，或一種學説所能夠替代的；三是儒家思想雖然博大精深，卻沒有完整的宗教教條和明確的宗教信仰。而相反，佛教與道教本身就是非常成熟的宗教，宗教體系嚴格而完整，與天主教在教理上已經很難相融了。因此，利瑪竇就做了如是選擇。他還編撰了歷史神話，以闢二氏爲己任：

「考中國之史，當漢明帝時，嘗聞其事（天主教），遣使西往求經，使者半途誤值身毒之國，取其佛經，流傳中國。迄今貴邦爲所誑誘，不得聞其正道，大爲學術之禍，豈不慘哉！」（《天主實義》第八篇）

從《天主實義》中，我們可以提取出利瑪竇對二氏的批判，主要是圍繞以下幾個方面進行的：一是從科學（天文學、地理學）方面，論證佛教宇宙學説的荒謬。二是從歷史方面論證佛教流傳中國後，世道人心未見勝於唐虞三代；且佛教不合於堯、舜、周、孔之學説。三是從思想淵源方面論證，佛教的地獄觀、靈魂輪迴觀，是出於古希臘的閉他卧剌（畢達哥拉斯，其學説盛於約公元前532—前529），而寂滅的觀念又出於老子。四是從形而上學方面論證萬事萬物必有因，佛教的「空」、「無」，不能産生「實」和「有」。五是從生活實踐方面論説老子著書「辨天下名理」，而又提倡「勿爲勿意勿言」之自相矛盾。六是批駁了佛教戒殺生、齋戒等教條等。因此，對《天主實義》反應更加激烈的則是佛教人士。

所以，江南的虞淳熙（號德園）、袾宏和尚等佛教名士，就不得不出面反擊。虞淳熙在辯教文章《天主實義殺生辯》中寫道：「利清泰瑪竇書來，欲與余辯」云云。當是利瑪竇先有書信致虞淳熙。但利瑪竇在寫給總會長阿桂委瓦的信，談到了他和佛教人士的論辯：「另有一位鴻儒，浙江人士（指虞淳熙），離北京相當遠，以長信要求我不要再攻擊他們的神明，並仔細閱讀他們的書籍。」[一三]

利瑪竇寫信的日期是一六〇八年（萬曆三十六年）八月。兩人辯教始於是。虞淳熙的信，虞氏收在他的《虞德園先生全集》卷二十二中；教會方面則將此函收在《辯學遺牘》中。但是，不見虞淳熙所説的那封信。利瑪竇的回信《復虞銓部書》也收在《辯學遺牘》中，這封信很系統地説明了利瑪竇自己的觀點，作爲答辯。

《天主實義》在教會歷來有著重要影響。一八五〇年新耶穌會士重返中國以後，就將這部書作爲上海徐匯公學的教材。

一六〇八年八月，利瑪竇在寫給總會長阿桂委瓦的信中談到了《天主實義》在中國的影響，他説：「我答覆他（虞淳熙）不再寫類似（談論佛教）的文章，不過要把他的信與我的復函一併刊出，因爲信中很多地方涉及我們的教義。所以這本《天主實義》因人反對而更加出名，讀者更多，給我們幫了大忙。」〔二四〕

四

對於《天主實義》的出版反響，利瑪竇在寫給同鄉高斯塔神父的信中總結説：「這本著作十分重要，已獲得預期的效果。在其中介紹教會的主要信條、教父聖師名言與西洋哲學，舉例衆多，是中國人過去不曾聽説過的，以感動他們去追尋靈魂的得救，希望信仰能賜給他們長生。這一切我們盡力表達，已有成效。祇有偶像崇拜者——這是中國三大宗教之一——發現其中不少是駁斥他們的迷信，如輪迴等，但迄今他們除在口頭抗議外，尚無其他行動，尚不到流血的地步。」〔二五〕

《天主實義》出版後，還有一位重要人物也發表了意見，他就是杭州雲棲寺名僧袾宏大師。他自號蓮池，駐錫雲棲寺凡四十餘年。他是讀過《天主實義》的，所以起而辯教，表示：「倘其説(天主教)日熾，以至名公皆爲所惑，廢朽當不惜病軀，不避口業，起南昌救之。」後來大師著成《天説》四則，收在他的《竹窗三筆》中。不過這時利瑪竇已經不在了。《四庫全書總目提要》是這樣評論利氏之學的：「知儒教之不可改，則附會六經中上帝之説，以合於天主，而特攻釋氏以求勝。然天堂地獄之説，與輪迴之説相去無幾，特小變釋氏之説，而本原則一耳。」〔二六〕

應該説，利瑪竇《天主實義》出版後出現的「天釋之辯」，是明末思想界的重要事件，其影響直至清初「欽天監教案」，並形成了《辯學遺牘》《破邪集》《辯天説》《闢邪集》《天學傳概》《不得已》等一系列明清重要思想文獻。

《天主實義》在東亞地區也有著深遠的影響。

明萬曆三十二年(一六〇四，日本慶長九年)，也就是《天主實義》出版的第二年，日本青年學者林羅山(道山)便讀到了《天主實義》，還曾與日本耶穌會士、《妙貞問答》一書的作者不干齋論戰。林羅山質問不干齋：「倘若天主爲天地萬物之創造者，造天主者誰耶？」不干齋回答道：「天主無始無終。」這並非表現了不干齋個人的看法，不過是秉承基督教神學的答辯而已〔二七〕。

但是那個時代的日本實行的是鎖國政策，所以到底有多少包括《天主實義》在内的西書流入日本，已經很難統計了。但我們可以從稍後嚴厲的禁書政策中，反襯出從中國運到日本的西書問題的嚴重性。到了一六三〇年（寛永七年），根據幕府的命令，在長崎春德寺，設置了書籍審查的專門機構，始稱書目目利，後稱書目改役，專門審查從中國運來的書籍。現在保存下來的文件中還有「未見有兵書及涉及天主教内容之書籍。若發現異常書籍，當立即報告」等言詞。當時近藤齋有一部《好書故事》，在開列了三十二種禁書之後，記道：「寛永七年，歐羅巴人利瑪竇等人所作三十二種書籍均爲邪教之書，御制予禁。其餘雜有邪教之説及國俗風儀等書，可以就此販賣。」[一一八]《好書故事》列舉的禁書目中便有《天主實義》。此後，《御製禁書目》等大量禁毁書目中，《天主實義》均名列其中。

儘管日本幕府實行了嚴厲的鎖國、禁教、禁書制度，天主教在日本後來也確實難以立足，但由傳教士帶來的異域思想文化的種子，卻在日本民間逐漸生根。杉本勳的《日本科學史》曾説：「幕府鎮壓『南蠻學』（南歐耶穌會士傳來的歐洲文化）奏功，就完全杜絶了西洋學術嗎？那並不一定，在長崎逃脱嚴格檢查，通過小道流傳於世的不在少數。」[一一九]利瑪竇以及其他耶穌會士的著作，開啓了日本科學文化史上「南蠻學」，這爲江戶時代晚期西方文化第二次進入日本——「蘭學」的形成和蓬勃發展，奠定了思想基礎。

《天主實義》也傳入了朝鮮。朝鮮實學先驅李光據其所見所聞，著成《芝峰類書》，一六一四年刊行，其中就有對《天主實義》的評論文字。李光同時代人柳夢寅在《於野談》之《西教》一篇，也介紹了利氏的《天主實義》，表明這個時代的朝鮮知識分子已經讀到了利氏的《天主實義》。隨着耶穌會士著譯圖書的陸續傳入，朝鮮知識界漸漸形成了研讀西學及天主教圖書的風氣。與此相對立，朝鮮知識界也出現了懷疑、抗拒天主教的一批學人。典型的是星湖學派的幾位代表人物對天主教提出質疑，而其中慎後聃的觀點尤爲激進，對當時流傳朝鮮的《天主實義》《靈言蠡勺》《職方外紀》三種重要天主教教理圖書，做了尖鋭的批駁，著成《天學考》《天學問答》兩篇批駁天主教的文章。

西學的傳入，豐富了近世朝鮮的思想文化，促進了朝鮮思想領域一個時期内的繁榮。但是西學與天主教在朝鮮的命運卻最終以「乙巳秋曹摘發事件」爲轉折標誌，導致朝鮮全面禁絶天主教，查禁西書，處斬國内信教人士，天主教在朝鮮全面斂跡於民間，朝鮮步入思想文化上嚴重的封閉狀態。

但無論如何，「《天主實義》靈活地解釋了西洋天主教思想和東洋儒家思想，成爲具有世界意義的東西方思想接觸、融合的文獻」〔三〇〕。

《天主實義》的衆多漢文版本以及滿、蒙古等少數民族語言文本和日朝等東亞地區諸文本及西方譯本，彰顯了《天主實義》在東亞地區歐亞文化交流中的突出地位。聖道明會會士Maria Sarpetri司鐸説：「如果没有天主的啓示或其他特别的幫助，就不可能獲得如此大的成功。」這應該是最使利瑪竇感到欣慰的贊詞了。

二〇〇五年至二〇〇七年四月二十八日北京騏方周岩謹識

注釋

〔一〕《明清間在華耶穌會士列傳，1552—1773》，〔法〕費賴之神父（Louis Pfister）著，梅乘騏、梅乘駿神父譯，天主教上海教區光啓社一九九七年印，第四一頁。

〔二〕《利瑪竇全集》三，《利瑪竇書信集》上，羅漁譯，臺北：光啓出版社一九八六年版（光啓出版社、輔仁大學出版社聯合發行），第二三一頁。

〔三〕《利瑪竇與中國》，林金水著，北京：中國社會科學出版社一九九六年版，第二二頁。

〔四〕轉引自《〈天主實義〉與中國學統——文化互動與詮釋》，張曉林著，北京：學林出版社二〇〇五年版，第一九頁。

〔五〕《晚明中西性倫理的相遇——以利瑪竇〈天主實義〉和龐迪我〈七克〉爲中心》，林中澤著，廣州：廣東教育出版社二〇〇三年版，第二一頁。

〔六〕〔八〕《利瑪竇中國札記》下，〔意〕利瑪竇、〔比〕金尼閣著，何高濟、王遵仲、李申譯，何兆武校，北京：中華書局一九八三年版，第四八七頁。

〔七〕《利瑪竇與中國》，林金水著，北京：中國社會科學出版社一九九六年版，第二一三頁。

〔九〕《西域南海史地考證譯叢六編》，馮承鈞譯，北京：中華書局一九五六年版，第二五四頁。

〔一〇〕《朝鮮西學史研究》，《復旦大學韓國研究叢書》，〔韓〕李元淳著，王玉潔、朴英姬、洪軍譯，鄒振環校訂，北京：中國社會科學出版社二〇〇一年版，第九〇頁。

〔一一〕《利瑪竇評傳》，〔法〕裴化行神父(Henry Bernard)著，北京：商務印書館一九九三年版，第四二一頁。

〔一二〕轉引自《〈天主實義〉與中國學統——文化互動與詮釋》，第一九頁。

〔一三〕*The True Meaning of the Lord of Heaven* (T'ien-chu Shih-i): Translated,with Introduction and Notes: by Douglas Lancashire and Peter Hu Kuo-chen, S.J.

〔一四〕《利瑪竇全集》四，《利瑪竇書信集》下，羅漁譯，臺北：光啓出版社一九八六年版。

〔一五〕轉引自《〈天主實義〉與中國學統——文化互動與詮釋》，第一八頁。

〔一六〕《利瑪竇全集》四，《利瑪竇書信集》下。第三八五頁。

〔一七〕同〔一六〕，第三五七頁。

〔一八〕《明清間耶穌會士譯著提要》，徐宗澤編著，上海：中華書局一九四九年版，第一四四頁。

〔一九〕《利瑪竇評傳》，第四一八頁注六。

〔二〇〕《朝鮮西學史研究》：「以《天學實義》爲書名的書已發現的有四本（耶穌會羅馬文書館所藏兩本，即貼在1.53a和1.46的整理號，和巴黎國立圖書館的Borgia Cinese 3321-2以及Maurice Courant的著作第六八二〇頁）。」第九〇頁。

〔二一〕《神學導論》，《神學叢書》第一册，佘山修院改編，天主教上海教區光啓社一九九三年印，第七八頁。

〔二二〕《簡明不列顛百科全書》第一册，「辯惑學」條，北京：中國大百科全書出版社一九八五年版，第七三九頁。

〔二三〕〔二四〕《中國教理講授史1514—1940》，〔比利時〕燕鼐思（Joseph Jennes）著，田永正神父譯，天主教河北教區信德編輯室一九九九年編印，第三八五頁。

〔二五〕《利瑪竇全集》四，《利瑪竇書信集》下，第二九二頁。

〔二六〕《四庫全書總目·子部·雜家類存目》提要。

〔二七〕參閲《利瑪竇傳》，〔日本〕平川祐宏著，劉岸偉、徐一平譯，北京：光明日報出版社一九九九年版，第四六頁。

〔二八〕參見《江戶時代日中秘話》，〔日本〕大庭修著，徐世虹譯，北京：中華書局一九九七年版，第三一至三四頁。

〔二九〕《日本科學史》，〔日本〕杉木勳著，鄭彭年譯，北京：商務印書館一九九五年版，第一六四頁。

〔三〇〕《朝鮮西學史研究》，第九四頁。

《天主實義》重刻序

昔吾夫子語修身也，先事親而推及乎知天。至孟氏存養事天之論，而義乃綦備。蓋即知即事，事天事親同一事，而天其事之大原也。説天莫辯乎《易》，《易》爲文字祖，即言「乾元」「統天」、「爲君爲父」，又言「帝出乎震」。而紫陽氏解之，以爲帝者，天之主宰。然則天主之義，不自利先生創矣。世俗謂天幽遠不暇論，竺乾氏者出，不事其親，亦已甚矣。而敢於幻天藐帝，以自爲尊。儒其服者，習聞夫天命、天理、天道、天德之説，而亦浸淫入之。然則小人之不知不畏也，亦何怪哉？利先生學術，一本事天，譚天之所以爲天甚晰，睹世之褻天佞佛也者，而昌言排之，原本師説，演爲《天主實義》十篇，用以訓善坊惡〔一〕。其言曰：人知事其父母，而不知天主之爲大父母也；人知國家有正統，而不知惟帝〔二〕統天之爲大正統也。不事親不可爲子，不識正統不可爲臣，不事天主不可爲人，而尤懃懇於善惡之辯，祥殃之應。具論萬善未備，不謂純善，纖惡累性，亦謂濟惡；爲善若登，登天福堂；作惡若墜，墜地冥獄。大約使人悔過徙義，遏欲全仁，念本始而惕降臨，綿顧畏而遄澡雪，以庶幾無獲戾於皇天上帝〔三〕。

。彼其梯航琛贄，自古不與中國相通，初不聞有所謂羲文周孔之教，故其爲説，亦初不襲吾濂洛關閩之解，而特於知天事天〔四〕大旨，乃與經傳所紀，如券斯合。獨是天堂地獄，拘者未信。要於福善禍淫，儒者恒言，察乎天地，亦自實理，舍善逐惡，比於厭康莊而陟崇山、浮漲海，亦何以異？苟非赴君父之急，關忠孝之大，或告之以虎狼蛟鱷之患，而弗信也。而必欲投身試之，是不亦冥頑弗靈甚哉。「臨女」「無貳」原自心性實學，不必疑及禍福。若以懲愚儆惰，則命討遏揚，合存是義，訓俗立教，固自苦心。

嘗讀其書，往往不類近儒，而與上古《素問》、《周髀》、《考工》、《漆園》諸編，默相勘印，顧粹然不詭於正。至其檢身事心，嚴翼匪懈，則世所謂皐比，而儒者未之或先，信哉。東海西海，心同理同。所不同者，特言語文字之際。而是編者，出則同文雅化，又已爲之前茅，用以鼓吹休明，贊教厲俗，不爲偶然，亦豈徒然？固不當與諸子百家，同類而視矣。

余友汪孟樸氏重刻於杭，而余爲僭弁數語，非敢炫域外之書，以爲聞所未聞，誠謂共戴皇天〔五〕，而欽崇要義，或亦有習聞而未之用力者，於是省焉。而存心養性之學，當不無裨益云爾。

萬曆彊圉叶洽之歲日躔在心浙西後學李之藻盥手謹序

校記

〔一〕自開頭至此處，輔仁本爲：

嘗讀《易》而至仰觀於天，俯察於地，遠取諸物，近取諸身之言，不覺喟然興歎曰：「天地萬物，俱有真理，觀物察理，乃見本原。」夫水有源木有根，天地人物之有一大主，可弗識而尊親之乎？《易》亦云「乾元」「統天」、「爲君爲父」，又言「帝出乎震」。紫陽氏解之，以爲帝者，天之主宰。然則天主之義，不自利先生創矣。則此《天主實義》之理，亦並非新奇，迥異於二氏之誕妄。蓋二氏不知認主，而以人爲神，敬之如主，尊之勝於君父，忘其大本大原，背其聖經賢傳，良可哀也。利先生學術，一本真元，譚天之所以爲天甚晰。睹世之侫佛忘本者，不勝惻然，遂昌言論斷，原本師説，演爲《天主實義》十篇，用以訓善防惡。

〔二〕「惟帝」，輔仁本作「天主」。

〔三〕「皇天上帝」，輔仁本作「皇天大主」。

〔四〕「知天事天」，輔仁本作「小心昭事」。

〔五〕「皇天」，輔仁本作「皇皇」。

《天主實義》序

《天主實義》，大西國利子及其鄉會友，與吾中國人問答之詞也。「天主」何，上帝〔一〕也。「實」云者，不空也。吾國六經四子，聖聖賢賢，曰「畏上帝」，曰「助上帝」，曰「事上帝」，曰「格上帝」〔二〕。夫誰以爲空？空之説，漢明自天竺得之。好事者曰：孔子嘗稱「西方聖人」，殆謂佛歟？相與鼓煽其説，若出吾六經上，烏知天竺，中國之西；而大西，又天竺之西也。佛家西竊閉他卧刺〔三〕人名，勸誘愚俗之言，而衍之爲輪迴，中竊老氏芻狗萬物之説，而衍之爲寂滅，一切塵芥六合，直欲超脱之以爲高。中國聖遠言湮，鮮有能服其心而障其勢，且或内樂悠閒虚靜之便，外慕汪洋宏肆之奇，前厭馳騁名利之勞，後懾沈淪六道之苦。古倦極呼天，而今呼佛矣。古祀天地、社稷、山川、祖禰，而今祀佛矣。古學者知天順天〔四〕，而今念佛作佛矣。古仕者寅亮天工，不敢自暇自逸以瘝天民〔五〕，而今大隱居朝，逃禪出世矣。

夫佛，天竺之君師也。吾國自有君師，三皇、五帝三王、周公、孔子及我太祖以來皆是也。彼君師侮天〔六〕而駕説於其上，吾君師繼天〔七〕而立極於其下，彼國從之無責爾。吾舍所學而從彼，何居？程子曰：「儒者本天，釋氏本心。」師心之與法天，有我無我之別也，兩者足以定志矣。是書也，歷引吾六經之語，以證其實，而深詆譚空之誤，以西政西，以中化中，見謂人之棄人倫，遺事物，猥言不著不染，要爲脱輪迴也，乃輪迴之誕明甚。其畢智力於身謀，分町畦於膜外，要爲獨親其親、獨子其子也，乃乾父之爲公又明甚。語性則人大異於禽獸，語學則歸於爲仁，而始於去欲。時亦或有吾國之素所未聞，而所嘗聞而未用力者，十居九矣。利子週游八萬里，高測九天，深測九淵，皆不爽毫末。吾所未嘗窮之形象，既已窮之有確據，則其神理，當有所受，不誣也。吾輩即有所存而不論，論而不議，至所嘗聞而未用力者，可無憬然悟，惕然思，孜孜然而圖乎。愚生也晚，足不偏閫域，識不越井天，第目擊空譚之弊，而樂夫人之譚實也，謹呈題其端，與明達者共繹焉。

萬曆二十九年孟春穀日後學馮應京謹序

校記

〔一〕「上帝」，輔仁本作「天地人物之上主」。

〔二〕「曰畏上帝，曰助上帝，曰事上帝，曰格上帝」，輔仁本作「有曰臨下有赫，曰監觀四方，曰小心昭事」。

〔三〕閉他卧剌，古希臘哲學家。今譯畢達哥拉斯。

〔四〕「知天順天」，輔仁本作「敬畏昭事」。

〔五〕「天民」，輔仁本作「萬民」。

〔六〕「侮天」，輔仁本作「侮慢」。

〔七〕「繼天」，輔仁本作「欽若」。

《天主實義》引

平治庸理，惟竟於一，故賢聖勸臣以忠。忠也者，無二之謂也。五倫甲乎君，君臣爲三綱之首。夫正義之士，此明此行，在古昔，值世之亂，群雄分爭，真主未决，懷義者莫不深察正統所在焉，則奉身殉之，罔或與易也。邦國有主，天地獨無主乎？國統於一，天地有二主乎？故乾坤之原，造化之宗，君子不可不識而仰思焉。人流之抗罔，無罪不犯，巧奪人世，猶未饜足。至於圖僭天帝〔一〕之位，而欲越居其上。惟天之高，不可梯升，人欲難遂，因而謬布邪説，欺誑細民，以泯没天主之迹；妄以福利許人，使人欽崇而祭祀之。蓋彼此皆獲罪於上帝〔二〕，所以天之〔三〕降災，世世以重也。而人莫思其故，哀哉，哀哉！豈非認偷爲主者乎？聖人不出，醜類胥煽，誠實之理，幾於銷滅矣。

竇也從幼出鄉，廣游天下，視此厲毒，無陬不及，意中國堯舜之氓，周公仲尼之徒，天理天學，必〔四〕不能移而染焉，而亦間有不免者。竊欲爲之一證，復惟遐方孤旅，言語文字與中華異，口手不能開動，矧材質鹵莽，恐欲昭而彌瞑之，鄙懷久有慨焉。二十餘年，旦夕瞻天泣禱，仰惟天主矜宥生靈，必有開曉匡正之日。忽承二三友人見示，謂雖不識正音，見偷不聲，固爲不可；或傍有仁惻矯毅，聞聲興起攻之。竇乃述答中士下問吾儕之意，以成一帙。嗟嗟，愚者以目所不睹之爲無也，猶瞽者不見天，不信天有日也。然日光實在，目自不見，何患無日？天主道在人心，人自不覺，又不欲省。不知天之主宰，雖無其形，然全爲目則無所不見，全爲耳則無所不聞，全爲足則無所不到，在肖子如父母之恩也，在不肖如憲判之威也。凡爲善者，必信有上尊者理夫世界。若云無是尊，或有而弗預人事，豈不塞行善之門，而大開行惡之路也乎？人見霹靂之響，徒擊枯樹，而不即及於不仁之人，則疑上無主焉。不知天[五]之報咎，恢恢不漏，遲則彌重耳。

顧吾人欽若上尊，非特焚香祭祀，在常想萬物原父，造化大功，而知其必至智以營此，至能以成此，至善以備此，以致各物萬類所需，都無缺欠，始爲知大倫者云。但其理隱而難明，廣博而難盡知，知而難言，然而不可不學，雖知天主之寡，其寡之益，尚勝於知他事之多。願觀《實義》者，勿以文微而微天主之義也。若夫天主天地莫載，小篇孰載之。

時萬曆三十一年歲次癸卯七月既望利瑪竇書

校　記

〔一〕「天帝」，輔仁本作「天主」。

〔二〕「上帝」，輔仁本作「天主」。

〔三〕「天之」，輔仁本作「天主」。

〔四〕輔仁本無「理天學必」四字。

〔五〕「天」，輔仁本作「天主」。

《天主實義》目錄

《天主實義》上卷

天地不可爲主宰

以天稱呼天主何義

第三篇　論人魂不滅大異禽獸

現世人比禽獸爲苦

世人迷於世慾

現世不過爲人暫居

佛氏天堂地獄之説與主教大異

人靈魂永存不滅

魂有三品，草木、禽獸及人魂

人魂與草木禽獸魂所以不同

形物殘滅之由

人靈魂扃神而無形，與禽獸異，以理六端徵之

一以靈魂爲身之主徵

二以人有形神兩性徵

目不見不可以爲無
辯人死後其魂在家之説
氣非鬼神
鬼神體物與靈魂在人各有分別
鳥獸性與人性不同
以何分別物類
以外貌像不可別物類
氣非生活之本
鬼神無柄世之專權
物與主宰不可爲一體
天主造物全能，以無爲有
天主非物内本分
天主無使用其物如匠者用器械
物性善精者謂天主之迹

物之所以然如何在於本物

天主無所不在

分別名同

萬物一體乃寓言，非真一體

仁施及遠

物性以多不同爲美

各物本行不宜混

《天主實義》下卷

第五篇　辯排輪迴六道、戒殺生之謬説，而揭齋素正志

輪迴起自閉他卧剌，釋氏竊之

以數端理辯輪迴

一現世人不記前世之事

魔鬼附人及獸誑人

二今禽獸魂與古禽獸魂無異

三輪迴亂三魂之通論

四人之體態與禽獸不同

五惡人魂變獸，不可爲惡人之刑

六輪回廢農事，畜用亂人倫

天主生禽獸等物，皆爲人養用

毒蟲虎狼等雖害外人，實益内人

因我逆天主，物始亦逆我

無禁殺鳥獸，但宜用之有節

禁殺生大有損於牧牲

齋有三志：一志痛悔補罪

二志爲寡慾

三志助人修德

齋必與其人相稱

第六篇　釋解意不可滅，並論死後必有天堂地獄之賞罰，以報世人所爲善惡

辯君子爲善無意之説

善惡由意之邪正，無意則無善惡

辯老莊勿爲勿意勿辯之説

無意是如草木金石

老莊屏意之故

金石草木禽獸無意之解

善惡是非從心内之意爲定

善者成乎全，惡者成於一

正意爲善，行正勿行邪

行當行之事，意益高，善益精

聖人以賞罰勸善沮惡

利善有三等，身與財、名聲之利害

利不可言，乃悖義者耳

當預防未來，先謀未逮

圖死後之事，豈得爲遠

現世人事如演戲

行善正意有三，上中下

惡者，惡惡因懼刑；善者，惡惡因愛德

天主至尊至善，自當敬自當愛

本世之報甚微不足

善惡之報歸於其子孫否

理之所見，真於肉眼

以數端理證天堂地獄之説

一端人心所向惟在全福

二端天主不徒然賦人無窮好之願

現世賞罰不盡善惡之報

天主報應無私

善惡之報亦有現世乎

德乃神性之實服

天主生我能勤於德，而反自棄，咎將誰歸

知德之道理而不行，則倍其愆

所謂成己乃成本形之神體

人内司有三解説

學道要識其向往

明德之要在躬行喻人

先去惡而後能致善

欲剪惡興善，須逐日省察

改惡之要惟在深悔

愛天主萬物之上，愛人如己，斯二者爲諸德之全備

交接人必信其有實據之言

愛情爲諸情之主，爲諸行動之原

愛天主之效，莫誠乎愛人

仁之理在愛其得善之美，非愛得其善爲己有

人雖惡亦有可愛之處

天主賜我形神兩備，宜兼用二者以事之

《天主經》不過欽崇天主恩德而讚美之

人意易疲，不能自勉而修

天地惟有一主，正教惟有一教

天主知能無限，無外爲而成

釋氏之經多有虛誕

佛神諸像何從而起

有焚禱神佛者，或致感應否

廟宇多神之怪像

辯三教歸一之説

天主正道惟一

第八篇　總舉大西俗尚，而論其傳道之士所以不娶之意，並釋天主降生西土來由

教化王係何等之位

耶穌會士以講學勸善爲務

絕色之難自願者遵之

耶穌會士不婚之緣由

行道者不婚多有便處

辯解無後不孝之説

不孝之極有三

天主、國君、家君爲三父，逆之者不孝

天主乃大公之父，無上共君

開闢初人之好處

遠西稱爲聖人，以何爲切要

耶穌在世以何效驗證爲天主

天主實義上卷

耶穌會中人利瑪竇述　燕貽堂較梓

首篇　論天主始製天地萬物，而主宰安養之

中士曰：夫修己之學，世人崇業，凡不欲徒禀生命，與禽彙〔獸〕等者，必於是殫力焉。修己功成，始稱君子，他技雖隆，終不免小人類也。成德乃真福禄，無德之幸，誤謂之幸，實居其患耳。世之人，路有所至而止，所以繕其路，非爲其路，乃爲其路所至而止也。吾所修己之道，將奚所至歟？本世所及，雖已略明，死後之事，未知何如？聞先生週流天下，傳授天主經旨，迪人爲善，願領大教。

西士曰：賢賜顧。不識欲問天主何情何事？

中士曰：聞尊教道淵而旨玄，不能以片言悉，但貴國惟崇奉天主，謂其始製乾坤人物，而主宰安養之者，愚生未習聞，諸先正未嘗講，幸以誨我。

西士曰：此天主道，非一人一家一國之道，自西徂東，諸大邦咸習守之。聖賢所傳，自天主開闢天地，降生民物至今，經傳授受，無容疑也。但貴邦儒者，鮮適他國，故不能明吾域之文語，諳其人物，吾將譯天主之公教以徵其爲真教，姑未論其尊信者之衆且賢，與其

經傳之所云，且先舉其所據之理。凡人之所以異於禽獸，無大乎靈才也。靈才者，能辨是非，别真僞，而難欺之以理之所無。禽獸之愚，雖有知覺運動，差同於人，而不能明達先後内外之理。緣此，其心但圖飲啄，與夫得時匹配，孳生厥類云耳。人則超拔萬類，内禀神靈，外覩物理，察其末而知其本，視其固然而知其所以然。故能不辭今世之苦勞，以專精修道，圖身後萬世之安樂也。靈才所顯，不能强之以殉夫不真者。凡理所真是，我不能不以爲真是；理所僞誕，不能不以爲僞誕。斯於人身，猶太陽於世間，普遍光明，捨靈才所是之理，而殉他人之所傳，無異乎尋覓物，方遮日光而持燈燭也。今子欲聞天主教原，則吾直陳此理以對，但仗理剖析，或有異論，當悉折辯，勿以誕我。此論天主正道，公事也，不可以私遜廢之。

中士曰：兹何傷乎？鳥得羽翼以翔山林，人禀義理以窮事物，故論惟尚理焉耳。理之體用廣甚，雖聖賢亦有所不知焉。一人不能知，一國或能知之；一國不能知，而千國之人或能知之。君子以理爲主，理在則順，理不在則咈，誰得而異之？

西士曰：子欲先詢所謂始製作天地萬物，而時主宰之者。予謂天下莫著明乎是也。人誰不仰目觀天？觀天之際，誰不默自歎曰：斯其中必有主之者哉！夫即天主，吾西國所稱「陡斯」是也。茲爲子特揭二三理端以證之。

其一曰，吾不待學之能爲良能也。今天下萬國，各有自然之誠情，莫相告諭，而皆敬一上尊。被難者籲哀望救，如望慈父母焉；爲惡者捫心驚懼，如懼一敵國焉，則豈非有此達尊，能主宰世間人心，而使之自能尊乎？

其二曰，物之無魂無知覺者，必不能於本處所，自有所移動，而中度數。使以度數動，則必藉外靈才以助之。設汝懸石於空，或置水上，石必就下，至地方止，不能復動。緣夫石自就下，水之與空，非石之本處所故也。若風發於地，能於本處自動，然皆隨發亂動，動非度數。至如日月星辰，並麗於天，各以天爲本處所，然實無魂無知覺者。今觀上天自東運行，而日月星辰之天，自西循逆之，度數各依其則，次舍各安其位，曾無纖忽差忒焉者。倘無尊主斡旋主宰其間，能免無悖乎哉？譬如舟渡江海，上下風濤，而無覆蕩之虞，雖未見人，亦知一舟之中，必有掌舵智工，撐駕持握，乃可安流平渡也。

其三曰，物雖本有知覺，然無靈性，其或能行靈者之事，必有靈者爲引動之。試觀鳥獸之類，本冥頑不靈，然饑知求食，渴知求飲，畏矰繳而薄青冥，驚網罟而潛山澤，或吐哺，或跪乳，俱以保身孳子，防害就利，與靈者無異。此必有尊主者默教之，纔能如此也。譬如觀萬千箭飛過於此，每每中鵠，我雖未見張弓，亦識必有良工發箭，乃可無失中云。

中士曰：天地間物至煩至賾，信有主宰。然其原製造化萬物，何以徵也？

西士曰：大凡世間許多事情，宰於造物，理似有一。至論物初原主，絕無二也。雖然，再將二三理解之。

其一曰，凡物不能自成，必須外爲者以成之。樓臺房屋不能自起，恒成於工匠之手，知此則識天地不能自成，定有所爲製作者，即吾所謂天主也。譬如銅鑄小毬，日月星宿山海，萬物備焉，非巧工鑄之，銅能自成乎？況其天地之體之大，晝夜旋行，日月揚光，辰宿布象，山生草木，海育魚龍，潮水隨月，其間員首方趾之民，聰明出於萬品，誰能自成？如有一物能自作己，必宜先有一己以爲之作。然既已有己，何用自作？如先初未始有己，則作己者必非己也。故物不能自成也。

其二曰，物本不靈而有安排，莫不有安排之者。如觀宮室，前有門以通出入，後有園以種花果，庭在中間以接賓客，室在左右以便寢卧，楹柱居下以負棟樑，茅茨置上以蔽風雨。如此乎處置協宜，而後主人安居之以爲快，則宮室必由巧匠營作，而後能成也。又觀銅鑄之字，本各爲一字，而能接續成句，排成一篇文章，苟非明儒安置之，何得自然偶合乎？因知天地萬物咸有安排一定之理，有質有文，而不可增減焉者。夫天高明上覆，地廣厚下載，分之爲兩儀，合之爲宇宙。辰宿之天，高乎日月之天，日月之天包乎火，火包乎氣，氣浮乎水土，水行於地，地居中處，而四時錯行，以生昆蟲草木，水養黿鼉蛟龍魚鼈，氣育飛禽走獸，火暖下物。吾人生於其間，秀出等夷，靈超萬物，稟五常以司衆類，得百官以立本身，目視五色，耳聽五音，鼻聞諸臭，舌啖五味，手能持，足能行，血脈五臟，全養其生，下至飛走鱗介諸物，爲其無靈性，不能自置所用，與人不同。則生而或得毛，或得羽，或得鱗，或得介等，當衣服，以遮蔽身體也，或具利爪，或具尖角，或具硬蹄，或具長牙，或具强嘴，或具毒氣等，當兵甲，以敵其所害也，且又不待教而識其傷我與否。故雞鴨避鷹，而不避孔雀，羊忌豺狼，而不忌牛馬。非鷹與豺狼滋巨，而孔雀與牛馬滋小也，知其有傷與無傷異也。又下至一草一木，爲其無知覺之性可以護己，及以全果種，而備鳥獸之累。故植而或生刺，或生皮，或生甲，或生絮，皆生枝葉以圍蔽之。吾試忖度，此世間物安排布置，有次有常，非初有至靈之主，賦予其質，豈能優遊於宇下，各得其所哉？

其三曰，吾論衆物所生形性，或受諸胎，或出諸卵，或發乎種，皆非由己製作也。且問胎卵種，猶然一物耳，又必有所以爲始生者，而後能生他物，果於何而生乎？則必須推及每類初宗，皆不在於本類能生，必有元始特異之類化生萬類者，即吾所稱天主是也。

中士曰：萬物既有所生之始，先生謂之天主，敢問此天主由誰生歟？

西士曰：天主之稱，謂物之原，如謂有所由生，則非天主也。物之有始有終者，鳥獸草木是也；有始無終者，天地鬼神及人之靈魂是也。天主則無始無終，而爲萬物始焉，爲萬物根柢焉。無天主則無物矣。物由天主生，天主無所由生也。

中士曰：萬物初生，自天主出，已無容置喙。然今觀人從人生，畜從畜生，凡物莫不皆然，則似物自爲物，於天主無關者。

西士曰：天主生物，乃始化生物類之諸宗，既有諸宗，諸宗自生。今以物生物，如以人生人，其用人用天，則生人者豈非天主，譬如鋸鑿，雖能成器，皆由匠者使之，誰曰成器乃鋸鑿，非匠人乎？吾先釋物之所以然，則其理自明。試論物之所以然有四焉。四者維何？有作者、有模者、有質者、有爲者。夫作者，造其物而施之，爲物也；模者，狀其物置之於本倫，別之於他類也；質者，物之本來體質所以受模者也；爲者，定物之所向所用也。此於工事俱可觀焉，譬如車然，輿人爲作者，軌轍爲模者，樹木料爲質者，所以乘於人爲爲者。於生物亦可觀焉，譬如火然，有生火之原火爲作者，熱乾氣爲模者，薪柴爲質者，所以燒煮物爲爲者。天下無有一物不具此四者。四之中其模者、質者，此二者在物之內，爲物之本分，或謂陰陽是也；作者、爲者，此二者在物之外，超於物之先者也，不能爲物之本分。吾按天主爲物之所以然，但云作者、爲者，不云模者、質者。蓋天主渾全無二，胡能爲物之分乎？至論作與爲之所以然，又有近遠公私之别。公遠者大也，近私者其小也。天主爲物之所以然，至公至大，而其餘之所以然，近私且小。私且小者，必統於大者公者。夫雙親爲子之所以然，稱爲父母，近也私也，使無天地覆載之，安得産其子乎？使無天主掌握天地，天地安能生育萬物乎？則天主固無上至大之所以然也。故吾古儒以爲所以然之初所以然。

中士曰：宇内之物，衆而且異，竊疑所出必爲不一，猶之江河所發，各别有源。今言天主惟一，敢問其理？

西士曰：物之私根原，固不一也；物之公本主，則無二焉。何者？物之公本主，乃衆物之所從出，備有衆物德性，圓滿超然，無以尚之。使疑天地之間，物之本主有二尊，不知所云二者，是相等乎？否乎？如非相等，必有一微，其微者自不可謂公尊。其公尊者，大德成全，蔑以加焉；如曰相等，一之已足，何用多乎？又不知所云二尊，能相奪滅否？如不能相滅，則其能猶有窮限，不可謂圓滿至德之尊主，如能奪滅，則彼可以被奪滅者，非天主也。且天下之物極多極盛，苟無一尊維持調護，不免散壞；如作樂大成，苟無太師集衆小成，完音亦幾絶響。是故一家止有一長，一國止有一君，有二則國家亂矣。一人止有一身，一身止有一首，有二則怪異甚矣。吾因是知乾坤之内，雖有鬼神多品，獨有一天主，始製作天地人物，而時主宰存安之，子何疑乎？

中士曰：耳聆至教，蓋信天主之尊，真無二上。雖然，願竟其説。

西士曰：天下至微蟲，如蟻，人不能畢達其性，矧天主至大至尊者，豈易達乎？如人可以易達，亦非天主矣。

古有一君，欲知天主之説，問於賢臣，賢臣答曰：「容退一日〔一〕思之。」至期，又問，答曰：「更二日〔二〕方可對。」如是已二日〔三〕，又求四日〔四〕以對。君怒曰：「汝何戲？」答曰：「臣何敢戲！但天主道理無窮，臣思日深，而理日微，亦猶瞪目仰瞻太陽，益觀益昏，是以難對也。」

昔者又有西土聖人，名謂嶼梧斯悌諾，欲一概通天主之説，而書之於册。一日，浪游海濱，心正尋思，忽見一童子掘地作小窩，手執蠔殼，汲海水灌之，聖人曰：「子將何爲？」童子曰：「吾欲以此殼盡汲海水，傾入窩中也。」聖人笑曰：「若何甚愚！欲以小器竭大海入小窩。」童子曰：「爾既知大海之水，小器不可汲，小窩不盡容，又何爲勞心焦思，欲以人力竟天主之大義，而入之微册耶？」語畢不見。聖人亦驚悟，知爲天主命神以警戒之也。

蓋物之列於類者，吾因其類，考其異同，則知其性也；有形聲者，吾視其容色，聆其音響，則知其情也；有限制者，吾度量自此界至彼界，則可知其體也。若天主者，非類之屬，超越衆類，比之於誰類乎？既無形聲，豈有迹可入而達乎？其體無窮，六合不能爲邊際，何以測其高大之倪乎？庶幾乎舉其情性，則莫若以非者、無者舉之，苟以是以有，則愈遠矣。

中士曰：夫極是、極有者，亦安得以非以無闡之？

西士曰：人器之陋，不足以盛天主之巨理也。惟知物有卑賤，天主所非是，然而不能窮其所爲尊貴也。惟知事有缺陷，天主所無有，然而不能稽其所爲全長也。今吾欲擬指天主何物，曰：非天也，非地也，而其高明博厚，較天地猶甚也；非鬼神也，而其神靈鬼神不啻也；非人也，而遐邁聖睿也；非所謂道德也，而爲道德之源也。彼實無往無來，而吾欲言其以往者，但曰無始也；欲言其以來者，但曰無終也。又推而意其體也，無處可以容載之，而無所不盈充也。不動而爲諸動之宗，無手無口而化生萬森，教諭萬生也。其能也，無毁無衰，而可以無之爲有者；其知也，無昧無謬，而已往之萬世以前，未來之萬世以後，無事可逃其知，如對目也。其善純備無滓，而爲衆善之歸宿，不善者雖微，而不能爲之累也；其恩惠廣大，無壅無塞，無私無類，無所不及，小蟲細介，亦被其澤也。夫乾坤之内，善性善行，無不從天主稟之。雖然，比之于本原，一水滴於滄海不如也。天主之福德，隆盛滿圓，洋洋優優，豈有可以增，豈有可以減者哉？故江海可盡汲，濱沙可計數，宇宙可充實，而天主不可全明，況竟發之哉。

中士曰：嘻，豐哉論矣。釋所不能釋，窮所不能窮矣。某聞之而始見大道，以歸大元矣。願進而及終，今日不敢復瀆，詰朝再以請也。

西士曰：子自聰睿，聞寡知多，余何力焉？然知此論，則難處已平，要基已安，餘工可易立矣。

校記

〔一〕「一日」，輔仁本作「三日」。

〔二〕〔三〕「二日」，輔仁本作「六日」。

〔四〕「四日」，輔仁本作「十二日」。

第二篇　解釋世人錯認天主

中士曰：玄論飫耳醉心，終夜思之忘寢，今再承教，以竟心惑。吾中國有三教，各立門戶：老氏謂物生於無，以無爲道；佛氏謂色由空出，以空爲務；儒謂易有太極，故惟以有爲宗，以誠爲學，不知尊旨誰是？

西士曰：二氏之謂，曰無曰空，於天主理大相剌謬，其不可崇尚明矣。夫儒之謂，曰有曰誠，雖未盡聞其釋，固庶幾乎？

中士曰：吾國君子亦痛斥二氏，深爲恨之。

西士曰：恨之不如辯之。以言辯之，不如析之以理。二氏之徒，並天主大父所生，則吾弟兄矣。譬吾弟病狂，顛倒怪誕，吾爲兄之道，以恤乎恨乎？在以理喻之而已。

余嘗博覽儒書，往往憾嫉二氏，夷狄排之，謂斥異端，而不見揭一巨理以非之。我以彼爲非，彼亦以我爲非，紛紛爲訟，兩不相信，千五百餘年不能合一，使互相執理以論辯，則不言而是非審，三家歸一耳。西鄉有諺曰：「堅繩可繫牛角，理語能服人心。」敝國之鄰方，上古不止三教，累累數千百枝，後爲我儒以正理辨喻，以善行嘿化，今惟天主一教是從。

中士曰：正道惟一耳，烏用衆。然佛老之說，持之有故，凡物先空後實，先無後有，故以空無爲物之原，似也。

西士曰：上達以下學爲基。天下以實有爲貴，以虚無爲賤。若所謂萬物之原，貴莫尚焉，奚可以虚無之賤當之乎？況己之所無，不得施之於物以爲有，此理明也。今曰空曰無者，絶無所有於己者也，則胡能施有性形，以爲物體哉？物必誠有，方謂之有物焉；無誠則爲無物，設其本原無實無有，則是並其所出物者無之也。世人雖聖神，不得以無物爲有，則彼無者、空者，亦安能以其空無，爲萬物有，爲萬物實哉。試以物之所以然觀之，既謂之空無，則不能爲物之作者、模者、質者、爲者，此於物尚有何著歟？

中士曰：聞教固當。但謂物者先無而後有，是或一道也。

西士曰：有始之物，曰先無而後有，可也。無始之物，非所論矣。無始者，無時不有，何時先無焉。特分而言之，謂每物先無後有可耳。若總而言之，則否也。譬如某人未生之先，果無某人，既生而後有也。然未生某人之先，卻有某人之親以生之，天下之物，莫不皆然。至其渾無一物之初，是必有天主開其原也。

中士曰：人人有是非之心。不通此理，如失本心，寧聽其餘，誕哉！借如空無者，非人非神，無心性無知覺，無靈才無仁義，無一善足嘉，即草芥至卑之物，猶不可比，而謂之萬物之根本，其義誠悖。但吾聞空無者，非真空無之謂，乃神之無形無聲者耳，則於天主何異焉？

西士曰：此屈於理之言，請勿以斯稱天主也。夫神之有性有才有德，較吾有形之彙，益精益高，其理益寔。何得特因無此形，隨謂之無且虛乎？五常之德，無形無聲，孰謂之無哉？無形者之於無也，隔霄壤矣。以此爲教，非惟不能昭世，愈滋惑矣。

中士曰：吾儒言太極者，是乎？

西士曰：余雖末年入中華，然竊視古經書不怠，但聞古先君子，敬恭於天地之上帝〔一〕，未聞有尊奉太極者。如太極爲上帝〔二〕，萬物之祖，古聖何隱其説乎？

中士曰：古者未有其名，而實有其理，但圖釋未傳耳。

西士曰：凡言與理相合，君子無以逆之。太極之解，恐難謂合理也。吾視夫無極而太極之圖，不過取奇偶之象言，而其象何在？太極非生天地之實，可知已。天主之理，從古實傳至今，全備無遺。而吾欲誌之於册，傳之於他邦，猶不敢不揭其理之所憑，況虛象無實理之可依耶？

中士曰：太極非他物，乃理而已。如以全理爲無理，尚有何理之可謂？

西士曰：嗚呼！他物之體態不歸於理，可復將理以歸正議，若理之本體定，而不以其理，又將何以理之哉？吾今先判物之宗品，以置理於本品，然後明其太極之説，不能爲萬物本原也。

夫物之宗品有二：有自立者，有依賴者。物之不恃別體以爲物，而自能成立，如天地、鬼神、人、鳥獸、草木、金石、四行等是也，斯屬自立之品者。物之不能立，而託他體以爲其物，如五常、五色、五音、五味、七情等是也，斯屬依賴之品者。且以白馬觀之，曰白曰馬，馬乃自立者，白乃依賴者。雖無其白，猶有其馬；如無其馬，必無其白，故以爲依賴也。比斯兩品，凡自立者，先也，貴也；依賴者，後也，賤也。一物之體，惟有自立一類。若其依賴之類，不可勝窮。如人一身，固爲自立，其間情聲、貌色、彝倫等類，俱爲依賴，其類甚多。

若太極者，止解之以所謂理，則不能爲天地萬物之原矣。蓋理亦依賴之類，自不能立，曷立他物哉？中國文人學士，講論理者，祇謂有二端：或在人心，或在事物。事物之情，合乎人心之理，則事物方謂真實焉。人心能窮彼在物之理，而盡其知，則謂之格物焉。據此兩端，則理固依賴，奚得爲物原乎？二者皆在物後，而後豈先者之原？且其初無一物之先，渠言必有理存焉。夫理在何處，依屬何物乎？依賴之情，不能自立，故無自立者以爲之託，則依賴者了無矣。如曰賴空虚耳，恐空虚非足賴者，理將不免於偃墮也。試問盤古之前，既有理在，何故閒空不動而生物乎？其後誰從激之使動？况理本無動静，况自動乎？如曰昔不生物，後乃願生物，則理豈有意乎？何以有欲生物，有欲不生物乎？

中士曰：無其理則無其物，是故我周子信理爲物之原也。

西士曰：無子則無父，而誰言子爲父之原乎？相須者之物，情恒如此，本相爲有無者也。有君則有臣，無君則無臣；有物則有物之理，無此物之實，即無此理之實。若以虚理爲物之原，是無異乎佛老之説。以此攻佛老，是以燕伐燕，以亂易亂矣。今時實理不得生物，昔者虚理安得以生之乎？譬如今日有輿人於此，有此車理具於其心，何不即動發一乘車，而必待有樹木之質，斧鋸之械，匠人之工，然後成車？何初之神奇能化天地之大，而今之衰敝，不能廢一車之小耶？

中士曰：吾聞理者，先生陰陽五行，然後化生天地萬物，故生物有次第焉。使於須臾生車，非其譬矣。

西士曰：試問於子，陰陽五行之理，一動一静之際，輒能生陰陽五行，則今有車理，豈不動而生一乘車乎？文理無所不在，彼既是無意之物，性必直遂，任其所發，自不能已，何今不生陰陽五行於此，孰御之哉？且「物」字爲萬實總名，凡物皆可稱之爲「物」。《太極圖註》云：「理者，非物矣。」物之類多，而均謂之物。或爲自立者，或爲依賴者；或有形者，或無形者。理既非有形之物類，豈不得爲無形之物品乎？

又問：理者靈覺否？明義者否？如靈覺明義，則屬鬼神之類，曷謂之太極，謂之理也？如否，則上帝〔三〕、鬼神、夫人之靈覺，由誰得之乎？彼理者，以己之所無，不得施之於物以爲之有也。理無靈無覺，則不能生靈生覺，請子察乾坤之内，惟是靈者生靈，覺者生覺耳。自靈覺而出不靈覺者，則有之矣；未聞有自不靈覺而生有靈覺者也，子固不踰母也。

中士曰：靈覺爲有靈覺者所生，非理之謂，既聞命矣，但理動而生陽，陽乃自然之靈覺，或其然乎？

西士曰：反覆論辯，難脱此理。吾又問：彼陽者，何由得靈覺乎？此於自然之理，亦大相悖。

中士曰：先生謂天主無形無聲，而能施萬象有形有聲，則太極無靈覺，而能施物之靈覺，何傷乎？

西士曰：何不云無形聲者，精也，上也；有形聲者，粗也，下也。以精上能施粗下，分不爲過；以無靈覺之粗下，爲施靈覺之精上，則出其分外遠矣。又云上物能含下物，有三般焉：或窮然包下之體，如一丈載十尺，一尺載十寸之體是也；或渾然包下之性，如人魂混有禽獸魂，禽獸魂混有草木魂是也；或粹然包下之德，如天主含萬物之性是也。

夫天主之性，最爲全盛，而且穆穆焉非人心可測，非萬物可比倫也。雖然，吾姑譬之如一黄金錢，有十銀錢及千銅錢價。所以然者，惟黄金之性甚精，大異於銀銅之性，故價之幾倍如此。天主性雖未嘗截然有萬物之情，而以其精德包萬般之理，含衆物之性，其能無所不備也，雖則無形無聲，何難化萬象哉？理也者，則大異焉。是乃依賴之類，自不能立，何能包含靈覺，爲自立之類乎？理卑於人，理爲物，而非物爲理也，故仲尼曰：「人能弘道，非道弘人」也。如爾曰「理含萬物之靈，化生萬物」，此乃天主也，何獨謂之理，謂之太極哉！

中士曰：如此則吾孔子言太極何意？

西士曰：造物之功盛也，其中固有樞紐矣。然此爲天主所立者，物之無原之原者，不可以理以太極當之。夫太極之理，本有精論，吾雖曾閲之，不敢雜陳其辨，或容以他書傳其要也。

中士曰：吾國君臣，自古迄今，惟知以天地爲尊，敬之如父母，故郊社之禮以祭之。如太極爲天地所出，是世之宗考妣也，古先聖帝王臣祀典宜首及焉。而今不然，此知必太極之解非也。先生辯之最詳，于古聖賢無二意矣。

西士曰：雖然，天地爲尊之説，未易解也。夫至尊無兩，惟一焉耳，曰天曰地，是二之也。吾國天主，即華言〔四〕上帝，與道家所塑玄帝玉皇之像不同。彼不過一人，修居於武當山，俱亦人類耳，人悉得爲天帝皇〔五〕耶？

吾天主，乃古經書所稱上帝也。《中庸》引孔子曰：「郊社之禮，以事上帝也。」朱註曰：「不言后土者，省文也。」竊意仲尼明一之以不可爲二，何獨省文乎？《周頌》曰：「執競武王，無競維烈，不顯成康，上帝是皇」，又曰：「於皇來牟，將受厥明，明昭上帝。」《商頌》云：「聖敬日躋，昭假遲遲，上帝是祗。」《雅》云：「維此文王，小心翼翼，昭事上帝。」《易》曰：「帝出乎震。」夫帝也者，非天之謂。蒼天者抱八方，何能出於一乎？《禮》云：「五者備當，上帝其饗」，又云：「天子親耕，粢盛秬鬯，以事上帝。」《湯誓》曰：「夏氏有罪，予畏上帝，不敢不正。」又曰：「惟皇上帝，降衷於下民，若有恆性，克綏厥猷惟后。」《金縢》周公曰：「乃命於帝庭，敷佑四方。」上帝有庭，則不以蒼天爲上帝，可知。歷觀古書，而知上帝與天主，特異以名也。

中士曰：世人好古，惟愛古器古文，豈如先生之據古理也，善教引人復古道焉。然猶有未諳者。古書多以天爲尊，是以朱註解帝爲天、解天惟理也。程子更加詳，曰「以形體謂天」，「以主宰謂帝」，「以性情謂乾」，故云奉敬天地，不識如何？

西士曰：更思之。如以「天」解上帝〔六〕，得之矣。天者一大耳，理之不可爲物主宰也，昨已悉矣。上帝之稱甚明，不容解，況妄解之哉？蒼蒼有形之天，有九重之析分，烏得爲一尊也。上帝〔七〕索之無形，又何以形之謂乎？天之形，圓也，而以九層斷焉。彼或東或西，無頭無腹，無手無足，使與其神同爲一活體，豈非甚可笑訝者哉！況鬼神未嘗有形，何獨其最尊之神爲有形哉？此非特未知論人道，亦不識天文及各類之性理矣。

上天既未可爲尊，況於下地，乃衆足所踏踐，污穢所歸寓，安有可尊之勢。要惟此一天主，化生天地萬物，以存養人民，宇宙之間，無一物非所以育吾人者，吾宜感其天地萬物之恩主，加誠奉敬之可耳。可捨此大本大原之主，而反奉其役事吾者哉？

中士曰：誠若是則吾儕其猶有蓬之心也夫，大抵擡頭見天，遂惟知拜天而已。

西士曰：世有智愚，差等各別，中國雖大邦，諒有智亦不免有愚焉。以目可視爲有，以目不能視爲無，故但知事有色之天地，不復知有天地之主也。遠方之氓，忽至長安道中，驚見皇宫殿宇巍峨巀嶪，則施禮而拜，曰：「吾拜吾君」。今所爲奉敬天地，多是拜宫闕之類也。智者乃能推見至隱，視此天地高廣之形，而遂知有天主主宰其間，故肅心持志，以尊無形之先天。孰指兹蒼蒼之天，而爲欽崇乎？

君子如或稱天地，是語法耳。譬若知府縣者，以所屬府縣之名爲己稱，南昌太守稱謂南昌府，南昌縣大尹稱謂南昌縣。比此，天地之主，或稱謂天地焉，非其以天地爲體也，有原主在也。吾恐人誤認此物之原主，而實謂之天主，不敢不辨。

中士曰：明師論物之原始，既得其實，又不失其名，可知貴邦之論物理，非苟且踈略之談，乃割開愚衷，不留疑處，天主之事又加深篤。愧吾世儒，佛彷要地，而詳尋他事，不知歸元之學。夫父母授我以身體髮膚，我固當孝；君長賜我以田里樹畜，使仰事俯育，我又當尊。矧此天主之爲大父母也、大君也，爲衆祖之所出，衆君之所命，生養萬物，奚可錯認而忘之！訓諭難悉，願以異日竟焉。

西士曰：子所求，非利也，惟真道是問耳。大父之慈，將必佑講者以傳之，祐聽者以受之，吾子有問，吾敢不惟命。

校記

〔一〕〔二〕「上帝」，輔仁本作「主宰」。

〔三〕「上帝」，輔仁本作「天主」。

〔四〕「華言」，輔仁本作「經言」。

〔五〕「天帝皇」，輔仁本作「天地主」。

〔六〕〔七〕「上帝」，輔仁本作「上主」。

第三篇　論人魂不滅大異禽獸

中士曰：吾觀天地萬物之間，惟人最貴，非鳥獸比，故謂人參天地，又謂之小天地。然吾復察鳥獸，其情較人反爲自適，何者？其方生也，忻忻自能行動，就其所養，避其所傷，身具毛羽爪甲，不俟衣履，不待稼穡，無倉廩之積藏，無供爨之工器，隨食可以育生，隋便可以休息，嬉遊大造而嘗有餘閒，其間豈有彼我貧富尊卑之殊，豈有可否先後、功名之慮，操其心哉？熙熙逐逐，日從其所欲爾矣。

人之生也，母嘗痛苦，出胎赤身，開口先哭，似已自知生世之難。初生而弱，步不能移，三春之後，方免懷抱。壯則各有所役，無不苦勞。農夫四時反土於畎畝，客旅經季[一]，遍度於山海，百工勤動手足，士人晝夜劇神殫思焉。所謂君子勞心，小人勞力者也。五旬之壽，五旬之苦，至如一身疾病，何啻百端！嘗觀醫家之書，一目之病，三百餘名，況罄此全體，又可勝計乎？其治病之藥，大都苦口，即宇宙之間，不拘大小蟲畜，肆其毒具，能爲人害，如相盟詛，不過一寸之蟲，足殘九尺之軀。人類之中又有相害，作爲兇器，斷人手足，截人肢體，非命之死，多是人戕！今人猶嫌古之武器不利，則更謀新者，益凶，故甚至盈野盈城，殺伐不已。縱遇太平之世，何家成全無缺？有財貨而無子孫，有子孫而無才能，有才能而身無安逸，有安逸而無權勢，則每自謂虧醜。極大喜樂，而爲小不幸所泯，蓋屢有之，終身多愁，終爲大愁所承結，以至於死，身入土中，莫之能逃。故古賢有戒其子者，曰：「爾勿欺己，爾勿昧心；人所競往，惟於墳墓。吾曹非生，是乃常死。入世始起死，曰死則了畢已。月過一日，吾少一日，近墓一步。」夫此衹訴其外苦耳，其內苦誰能當之？凡世界之苦辛，爲真苦辛，其快樂爲僞快樂，其勞煩爲常事，其娛樂爲有數。一日之患，十載訴不盡，則一生之憂事，豈一生所能盡述乎？人心有此，爲愛惡忿懼四情所伐，譬樹在高山，爲四方之風所鼓，胡時得靜？或溺酒色，或惑功名，或迷財貨，各爲欲擾，誰有安本分而不求外者，雖與之四海之廣，兆民之衆，不止足也，愚矣。

然則人之道，人猶未曉，況於他道。而或從釋氏，或由老氏，或師孔氏，而折斷天下之心於三道也乎？又有好事者，另立門戶，載以新説，不久而三教之岐，必至於三千教而不止矣。雖自曰正道，正道而天下之道日益乖亂，上者陵下，下者侮上，父暴子逆，君臣相忌，兄弟相賊，夫婦相離，朋友相欺，滿世皆詐諂誑誕，而無復真心。嗚呼！誠視世民如大洋間著風浪，舟舶壞溺，而其人蕩漾波心，沉浮海角，且各急於己難，莫肯相顧。或執碎板，或乘朽蓬，或持敗籠，隨手所值，緊操不捨，而相繼以死，良可惜也。不知天主何故生人於此患難之處？則其愛人，反似不如禽獸焉。

西士曰：世上有如此患難，而吾癡心猶戀愛之不能割，使有寧泰，當何如耶？世態苦醜，至如此極，而世人昏愚，欲於是爲大業，闢田地，圖名聲，禱長壽，謀子孫，篡弑攻併，無所不爲，豈不殆哉！

古西國有二聞賢，一名黑蠟，一名德牧。黑蠟恒笑，德牧恒哭，皆因視世人之逐虛物也。笑因譏之，哭因憐之耳。又聞近古一國之禮，不知今尚存否，凡有産子者，親友共至其門，哭而吊之，爲其人之生於苦勞世也。凡有喪者，至其門作樂賀之，爲其人之去勞苦世也。則又以生爲凶，以死爲吉焉。夫夫也，太甚矣，然而可謂達現世之情者也。現世者，非人世也，禽獸之本處所也，所以於是反自得有餘也。人之在世，不過暫次寄居也，所以於是不寧不足也。賢友儒也，請以儒喻。今大比選試，是日士子似勞，徒隸似逸，有司豈厚徒隸而薄士子乎？蓋不越一日之事，而以定厥才品耳，試畢則尊自尊卑自卑也。

吾觀天主亦置人於本世，以試其心，而定德行之等也。故現世者，吾所僑寓，非長久居也。吾本家室，不在今世在後世，不在人在天，當於彼創本業焉。今世也，禽獸之世也，故鳥獸各類之像俯向於地，人爲天民，則昂首向順於天。以今世爲本處所者，禽獸之徒也，以天主爲薄於人，固無恠耳。

中士曰：如言後世，天堂地獄，便是佛教，吾儒不信。

西士曰：是何語乎！佛氏戒殺人，儒者亦禁人亂法殺人，則儒佛同歟？鳳凰飛，蝙蝠亦飛，則鳳凰蝙蝠同歟？事物有一二情相似，而其實大異不同者。天主教，古教也。釋氏西民，必竊聞其説矣。凡欲傳私道者，不以三四正語雜入，其誰信之？釋氏借天主天堂地獄之義，以傳己私意邪道，吾傳正道，豈反置弗講乎？釋氏未生，天主教人已有其説，修道者後世必登天堂，受無窮之樂，免墮地獄，受不息之殃，故知人之精靈，常生不滅。

中士曰：夫常生而受無窮之樂，人所欲無大於是者，但未深明其理。

西士曰：人有魂魄，兩者全而生焉。死則其魄化散歸土，而魂常在不滅。吾入中國，嘗聞有以魂爲可滅，而等之禽獸者。其餘天下名教名邦，皆省人魂不滅，而大殊於禽獸者也。吾言此理，子試虛心聽之。

彼世界之魂有三品。下品名曰生魂，即草木之魂是也。此魂扶草木以生長，草木枯萎，魂亦消滅。中品名曰覺魂，則禽獸之魂也。此能附禽獸長育，而又使之以耳目視聽，以口鼻啖嗅，以肢體覺物情，但不能推論道理，至死而魂亦滅焉。上品名曰靈魂，即人魂也。此兼生魂、覺魂，能扶人長養，及使人知覺物情，而又使之能推論事物，明辨理義，人身雖死，而魂非死，蓋永存不滅者焉。凡知覺之事，倚賴於身形，身形死散，則覺魂無所用之，故草木禽獸之魂，依身以爲本情，身殁而情魂隨之以殞。若推論明辨之事，則不必倚據於身形，而其靈自在，身雖殁，形雖渙，其靈魂仍復能用之也，故人與草木禽獸不同也。

中士曰：何謂賴身與否？

西士曰：長育身體之事，無身體則無所長育矣。視之以目司焉，聽之以耳司焉，嗅之以鼻司焉，啖之以口司焉，知覺物情之以四肢知覺焉。然而色不置目前，則不見色矣；聲不近於耳，則聲不聞矣；臭近於鼻，則能辨，遠則不辨也；味之鹹酸甘苦，入口則知，不入則不知也。冷熱硬軟合於身，我方覺之，遠之則不覺也。況聲，同一耳也，聾者不聞；色，同一目也，瞽者不見。故曰覺魂賴乎身，身死而隨熄也。

若夫靈魂之本用，則不恃乎身焉。蓋恃身則爲身所役，不能擇其是非。如禽獸見可食之物，即欲食，不能自已，豈復明其是非？人當饑餓之時，若義不可食，立志不食，雖有美味列前，不屑食矣。又如人身雖出游在外，而此心一點猶念家中，常有歸思，則此明理之魂，賴身爲用者哉？子欲知人魂不滅之緣，須悟世界之物，凡見殘滅，必有殘滅之者。殘滅之因，從相悖起，物無相悖，決無相滅。日月星辰麗於天，何所繫屬？而卒無殘滅者，因無相悖故也。凡天下之物，莫不以火氣水土四行相結以成。然火性熱乾，則背於水，水性冷濕也；氣性濕熱，則背於土，土性乾冷也。兩者相對相敵，自必相賊，既同在相結一物之内，其物豈得長久和平？其間未免時相伐競，但有一者偏勝，其物必致壞亡。故此，有四行之物，無有不泯滅者。夫靈魂則神也，於四行無關焉，孰從而悖滅之？

中士曰：神誠無悖也，然吾烏知人魂爲神，而禽獸則否耶？

西士曰：徵其實何有乎？理有數端，自悟則可釋疑也。

其一曰，有形[二]之魂，不能爲有[三]之主，而恒爲身之所役，以就墮落。是以禽獸常行本欲之役，狥其情之所導，而不能自檢。獨人之魂能爲身主，而隨吾志之所縱止，故志有專向，力即從焉，雖有私欲，豈能違公理所令乎？則靈魂信專一身之權，屬於神者也，與有形者異也。

其二曰，一物之生，惟得一心。若人則兼有二心，獸心人心是也；則亦有二性，一乃形性，一乃神性也。故舉凡情之相背，亦由所發之性相背焉。人之遇一事也，且同一時也，而有兩念並興，屢覺兩逆。如吾或惑酒色，既似迷戀欲從，又復慮其非理。從彼謂之獸心，與禽獸無別；從此謂之人心，與天神相同也。人於一心一時一事，不得兩情相背並立。如目也，不能一時覩一物，而並不覩之也；如耳也，不能一時聽一聲，而並不聽之也。是以兩相悖之情，必由兩相背之心；兩相悖之心，必由兩相背之性也。試嘗二江之水，一鹹一淡，則雖未見源泉，亦證所發不一矣。

其三曰，物類之所好惡，恒與其性相稱焉。故著形之性，惟著形之事爲好惡，而超形之性，以無形之事爲愛惡。吾察萬生之情，凡禽獸所貪娛，惟味色、四肢安逸耳已；所驚駭，惟饑勞、四肢傷殘耳已。是以斷曰，此諸類之性不神，乃著形之性也。若人之所喜惡，雖亦有形之事，然德善、罪惡之事爲甚，皆無形者也。是以斷曰，人之性，兼得有形無形兩端者也，此靈魂之爲神也。

其四曰，凡受事物者，必以受者之態受焉。譬如瓦器受水，器圓則所受之水圓，器方則所受之水方，世間所受，無不如是。則人魂之神，何以疑乎？我欲明物，如以己心受其物焉。其物有形，吾必脱形而神之，然後能納之於心。如有黄牛於此，吾欲明其性體，則視其黄，曰非牛也，乃牛色耳；聽其聲，曰非牛也，乃牛聲耳；啖其肉味，曰非牛也，乃牛肉味耳。則知夫牛自有可以脱其聲色味等形者之情而神焉者。又如人觀百雉之城，可置之於方寸之心，非人心至神，何以方寸之地能容百雉之城乎？能神所受者，自非神也，未之有也。

其五曰，天主生人，使之有所司官者，固與其所屬之物相稱者也。目司視，則所屬者色相；耳司聽，則所屬者音聲；鼻口司臭司嗜，則所屬者臭味耳。目口鼻有形，則並色音臭味之類，均有形焉。吾人一心，乃有司欲、司悟二官，欲之所屬，善者耳；悟之所屬，真者耳。善與真無形，則司欲、司悟之爲其官者，亦無形矣，所爲神也。神之性，能達形之性，而有形者固未能通無形之性也。夫人能明達鬼神及諸無形之性，非神而何？

中士曰：設使吾言世無鬼神，則亦言無無形之性，而人豈能遽明之乎？則此五理，似無的據。

西士曰：雖人有言無鬼神，無無形之性，然此人必先明鬼神無形之情性，方可定之曰有無焉。苟弗明曉其性之態，安知其有無哉？如曰雪白非黑者，必其明黑白之情，然後可以辨雪之爲白而非黑，則人心能通無形之性益著矣。

其六曰，肉心之知，猶如小器，有限不廣，如以線繫雀於木，不能展翅高飛，線之阻也。是以禽獸雖得知覺，有形之外，情不能通，又弗能反諸己，而知其本性之態。若無形之心，最恢最宏，非小器所限，直通乎無礙之境，如雀斷其所束之線，則高飛戾天，誰得而禦之？故人之靈，非惟知其物外形情，且暢曉其隱體，而又能反觀諸己，明己本性之態焉。此其非屬有形，益可審矣。

所以言人魂爲神，不容泯滅者也。因有此理，實爲修道基焉。又試揭三四端理以明徵之。

其一曰，人心皆欲傳播善名，而忌遺惡聲，殆與還生不侔。是故行事期協公評，以邀人稱賞。或立功業，或輯書册，或謀術藝，或致身命，凡以求令聞廣譽，顯名於世，雖捐生不惜。此心人大概皆有之，而愚者則無，愈愚則愈無焉。試問死後，吾聞知吾所遺聲名否？如以形論，則骨肉歸土，未免朽化，何爲能聞？然靈魂常在不滅，所遺聲名善惡，實與我生無異。若謂靈魂隨死銷滅，尚勞心以求休譽，譬或置妙畫，以己既盲時看焉；或備美樂，以己既聾時聽焉，此聲名何與於我，而人人求之，至死不休？彼孝子慈孫，中國之古禮，四季修其祖廟，設其裳衣，薦其時食，以説考妣。使其形神盡亡，不能聽吾告哀，視吾稽顙，知吾事死如事生，事亡如事存之心，則固非自國君至於庶人大禮，乃童子空戲耳。

其二曰，上帝[四]降生萬品，有物有則，無徒物，無空則，且歷舉名品之情，皆求遂其性所願欲，而不外求其勢之所難獲。是以魚鱉樂潛川淵，而不冀遊於山嶺；兔鹿性喜走山嶺，而不欲潛於水中。故鳥獸之欲，非在常生，不在後世之躋天堂，受無窮之樂，其下情所願，不踰本世之事。獨吾人雖習聞異論，有神身均滅之説，亦無不冀愛長生，願居樂地，享無疆之福者。設使無人可得以盡實其情，豈天主徒賦之於衆人心哉？何不觀普天之下，多有抛別家產，離棄骨肉，而往深山窮谷，誠心修行。此輩俱不以今世爲重，祈望來世真福。若吾魂隨身而殁，詎不枉費其意乎？

其三曰，天下萬物，惟人心廣大，窮本世之事物，弗克充滿，則其所以充滿之者在後世可曉矣。蓋天主至智至仁，凡厥所爲，人不能更有非議。彼各依其世態，以生其物之態，故欲使禽獸止於今世，則所付之願，不越此一世墜落事，求飽而飽則已耳。欲使人類生乎千萬世，則所賦之願，不徒在一世須臾之欲，於是不圖止求一飽，而求之必莫得者焉。試觀商賈殖貨之人，雖金玉盈箱，富甲州縣，心無慊足。又如仕者，躐身世之浮名，趨明時之捷径，惟圖軒冕華衮爲榮，即至於垂紳朝陛，晉職臺階，心猶未滿。甚且極之，奄有四海，臨長百姓，福貽子孫，其心亦無底極。此不足怪，皆緣天主所禀情欲，原乃無疆之壽，無限之樂，豈可以今世幾微之樂，姑爲饜足者。一蚊之小，不可飽龍象；一粒之微，弗克實太倉。西土古聖曾悟此理，瞻天歎曰：「上帝〔五〕公父，爾實生吾人輩於爾，惟爾能滿吾心也，人不歸爾，其心不能安足也。」

其四曰，人性皆懼死者，雖親戚友朋，既死則莫肯安意近其屍。然而猛獸之死弗懼者，則人性之靈自有良覺，自覺人死之後，尚有魂在可懼。而獸魂全散，無所留以驚我也。

其五曰，天主報應無私，善者必賞，惡者必罰，如今世之人，亦有爲惡者富貴安樂，爲善者貧賤苦難。天主固待其既死，然後取其善魂而賞之，取其惡魂而罰之。若魂因身終而滅，天主安得而賞罰之哉？

中士曰：君子平生〔六〕，異於小人，則身後亦宜異於小人，死生同也。則所以異者，必在於魂也。故儒有一種，言善者能以道存聚本心，是以身死而心不散滅；惡者以罪敗壞本心，是以身死而心之散滅隨焉，此亦可誘人於善焉。

西士曰：人之靈魂不拘善惡，皆不隨身後而滅，萬國之士信之，天主正經載之。余以數端實理證之矣。此分善惡之殊，則不載於經，不據於理，未敢以世之重事輕爲新説，而簧鼓滋惑也。勸善沮惡，有賞罰之正道，奚捐此而求他詭遇？人魂匪沙匪水，可以聚散。魂乃神也，一身之主，四肢之動宗焉。以神散身，猶之可也，以身散神，如之何可哉！使惡行能散本心，則是小人必不壽矣，然有自少至老，爲惡不止，何以散其心猶能生耶？心之於身重乎血，血既散，身且不能立，則心既散，身又焉能行？況心堅乎身，積惡於己，不能散身，何獨能散其心乎？若生時心已散，何待死後乎？造物者因其善否，不易其性，如鳥獸之性，非常生之性，則雖其間有善，未緣俾鳥獸常生。魔鬼之性，乃常生之性，縱其爲惡，未緣俾魔鬼殄滅。則惡人之心，豈能因其惡而散滅焉？使惡人之魂，概受滅亡之刑，則其刑亦未公，固非天主所出。蓋重罪有等，豈宜一切罰以滅亡哉？況被滅者既歸於無，則亦必無患難，無苦辛，無所受刑，而其罪反脱，則是引導世人以無懼爲惡，引導爲惡者以無懼增其惡也。

聖賢所謂心散心亡，乃是譬詞。如吾汎濫逐於外事，而不專一，即謂心散。如吾所務不在本性內事，而在外逸，即謂心亡，非必真散真亡也。善者藏心以德，似美飾之；惡者藏心以罪，似醜污之。此本性之體，兼身與神，非我結聚，乃天主賦之，以使我爲人。其散亡之機，亦非由我，常由天主。天主命其身期年而散，則期年以散，而吾不能末久；命其靈魂常生不滅，而吾焉能滅之耶？顧我所用何如，善用之則安泰，誤用之則險危云耳。吾稟本性，如得兼金，吾或以之造祭神之爵，或以之造藏穢之盤，皆我自爲之，然其藏穢盤獨非兼金乎？增光於心，則卒騰天上之大光，增瞑於心，則卒降地下之大瞑，誰能排此理之大端哉？

中士曰：吁！今吾方知人所異於禽獸者非幾希也。靈魂不滅之理，甚正也，甚明也。

西士曰：期己行於禽獸，不聞二性之殊者，頑也。高士志浮人品之上，詎願等己乎鄙類者哉？賢友得契尊旨，言必躍如，然性遐異矣，行宜勿邇焉。

校記

〔一〕「經季」，輔仁本作「經年」。

〔二〕「有形」，輔仁本作「着形」。

〔三〕「有」，輔仁本作「身」。

〔四〕「上帝」，輔仁本作「天主」。

〔五〕「上帝」，輔仁本作「大主」。

〔六〕「平生」，輔仁本作「之生」。

第四篇　辯釋鬼神及人魂異論，而解天下萬物不可謂之一體

中士曰：昨吾退習大誨，果審其皆有真理，不知吾國迂儒，何以攻折鬼神之實爲正道也。

西士曰：吾遍察大邦之古經書，無不以祭祀鬼神爲天子諸侯重事。故敬之如在其上，如在其左右，豈無其事而故爲此矯誣哉？

《盤庚》曰：「失於政，陳於兹，高后丕乃崇降罪疾，曰何虐朕民！」又曰：「兹予有亂政同位，具乃貝玉。乃祖乃父，丕乃告我高后曰，作丕刑於朕孫；迪高后，丕乃崇降弗祥。」《西伯戡黎》祖伊諫紂曰：「天子，天既訖我殷命，格人元龜，罔敢知吉；非先王不相我後人，惟王淫戲用自絕。」盤庚者，成湯九世孫，相違四百祼，而猶祭之，而猶懼之，而猶以其

能降罪降不祥勵已勸民，則必以湯爲仍在而未散矣。祖伊在盤庚之後，而謂殷先王既崩，而能相其後孫，則以死者之靈魂，爲永在不滅矣。《金縢》周公曰：「予仁若考，能多才多藝，能事鬼神。」又曰：「我之弗辟，我無以告我先王。」《召誥》曰：「天既遐終，大邦殷〔之〕〔一〕命，茲殷多〔先〕〔二〕哲王在天，越厥後王後民。」《詩》云：「文王在上，於昭於天」，「文王陟降，在帝左右。」周公召公何人乎？其謂成湯、文王既崩之後，猶在天陟降，而能保佑國家，則以人魂死後爲不散泯矣。貴邦以二公爲聖，而以其言爲誑，可乎？異端熾行，譸張爲幻，難以攻詰，後之正儒其奈何？必將理斥其邪説，明論鬼神之性，其庶幾矣。

中士曰：今之論鬼神者，各自有見。或謂天地間無鬼神之殊；或謂信之則有，不信之則無；或謂如説有則非，如説無則亦非，如説有無，則得之矣。

西士曰：三言一切以攻鬼神，而莫思其非，將排詆佛老之徒，而不覺忤古聖之旨。且夫鬼神有山川宗廟天地之異名異職，則其不等著矣。所謂二氣良能造化之迹，氣之屈伸，非諸經所指之鬼神也。吾心信否，能有無物者否，講夢則或可，若論天地之大尊，奚用此恍惚之亂耶？譬如西域獅子，知者信其有，愚人或不信。然而獅子本有，彼不信者能滅獅子之類哉？又況鬼神者哉！

凡事物有即有，無即無，蓋小人疑鬼神有無，因就學士而問以釋疑，如答之以有無，豈非愈增其疑乎？諸言之旨無他，惟曰有則人見之，人莫見之則無矣。然兹語非學士者議論，乃郊野之誕耳。無色形之物而欲以肉眼見之，比方欲以耳啖魚肉之味，可乎？誰能以俗眼見五常乎？誰見生者之魂乎？誰見風乎？以目覩物，不如以理度之。夫目或有所差，惟理無謬也。觀日輪者，愚人測之以目，謂大如甕底耳；儒者以理而計其高遠之極，則知其大乃過於普天之下也。置直木於澄水中，而浸其半，以目視之，如曲焉，以理度之，則仍自爲直，其木非曲也。任目觀影，則以影爲物，謂能動静，然以理細察，則知影實無光者耳已，決非有物，況能動静乎？故西校公語曰：「耳目口鼻四肢所知覺物，必揆之於心理。心理無非焉，方可謂之真；若理有不順，則捨之就理可也。」人欲明事物之奥理，無他道焉，因外顯以推内隱，以其然驗其所以然。如觀屋頂煙騰，而屋内之必有火者可知。昔者因天地萬物而證其固有天地萬物之主也，因人事而證其有不能散滅之靈魂也，則以證鬼神之必有，亦無異道矣。如云死者形朽滅而神飄散，泯然無迹，此一二匹夫之云，無理可依，奈何以議聖賢之所既按乎哉？

中士曰：《春秋傳》載鄭伯有爲厲，必以形見之也。人魂無形，而移變有形之物，此不可以理推矣。夫生而無異於人，豈死而有越人之能乎？若死者皆有知，則慈母有深愛子，一旦化去，獨不日在本家顧視向者所愛子乎？

西士曰：《春秋傳》既言伯有死後爲厲，則古春秋世亦已信人魂之不散滅矣。而俗儒以非薄鬼神爲務，豈非《春秋》罪人乎？夫謂人死者，非魂死之謂，惟謂人魄耳、人形耳。靈魂者，生時如拘縲絏中，既死則如出暗獄，而脱手足之拳，益達事物之理焉。其知能當益滋精，踰於俗人，不宜爲怪。君子知其然，故不以死爲凶懼，而忻然安之，謂之歸於本鄉。天主製作萬物，分定各有所在，不然則亂。如死者之魂仍可在家，豈謂之死乎？且觀星宿居於天上，不得降於地下而雜乎草木；草木生於地下，亦不得升於天上而雜乎星宿。萬物各安其所，不得移動，譬水底魚饑將死，雖有香餌在岸，亦不得往而食之。人之魂雖念妻子，豈得回在家中。凡有回世界者，必天主使之，或以勸善，或以懲惡，以驗人死之後其魂猶存，與其禽獸魂之散而不回者異也。魂本無形，或有著顯於人，必托一虛像而發見焉，此亦不難之事。天主欲人盡知死後魂存，而分明曉示若此，而猶有罔誣無忌，亂教惑民，以己所不知，妄云人死魂散，無復形迹，非但悖妄易辯，且其人身後之魂，必受妄言之殃矣，可不慎乎？

中士曰：謂人之神魂死後散泯者，以神爲氣耳。氣散有速漸之殊，如人不得其死，其氣尚聚，久而漸泯，鄭伯有是也。又曰陰陽二氣爲物之體，而無所不在，天地之間無一物非陰陽，則無一物非鬼神也。如尊教謂鬼神及人魂如此，則與吾常所聞無大異焉。

西士曰：以氣爲鬼神靈魂者，紊物類之實名者也。立教者，萬類之理，當各類以本名。古經書云氣云鬼神，文字不同則其理亦異。有祭鬼神者矣，未聞有祭氣者，何今之人紊用其名乎？雲氣漸散，可見其理已窮，而言之盡妄。吾試問之，夫氣何時散盡，何病疾使之散？鳥獸常不得其死，其氣速散乎？漸散乎？何其不回世乎？則死後之事，皆未必知之審者，奚用妄論之哉？《中庸》謂「體物而不可遺」，以辭迎其意可也。蓋仲尼之意，謂鬼神體物，其德之盛耳，非謂鬼神即是其物也。且鬼神在物，與魂神在人，大異焉。魂神在人，爲其内本分，與人形爲一體，故人以是能論理，而列於靈才之類。彼鬼神在物，如長年在船，非船之本分者，與船分爲二物，而各列於各類。故物雖有鬼神，而弗登靈才之品也。但有物自或無靈，或無知覺，則天主命鬼神引導之，以適其所，兹所謂體物耳矣，與聖君以神治體國家同焉，不然，是天下無一物非靈也。蓋彼曰天下每物有鬼神，而每以鬼神爲靈，如草木金石，豈可謂之靈哉？彼文王之民，感君之恩，謂其臺曰「靈臺」，謂其沼曰「靈沼」，不足爲奇。今桀紂之臺沼，亦謂之靈矣，豈不亦混亂物之品等，而莫之顧耶？分物之類，貴邦士者曰：或得其形，如金石是也；或另得生氣而長大，如草木是也；或更得知覺，如禽獸是也；或益精而得靈才，如人類是也。吾西庠之士，猶加詳焉，觀後圖可見。但其依賴之類最多，難以圖盡，故略之而特書其類之九元宗云。

凡此物之萬品，各有一定之類，有屬靈者，有屬愚者，如吾於外國士，傳中國有儒謂鳥獸草木金石皆靈，與人類齊，豈不令之大驚哉！

中士曰：雖吾國有謂鳥獸之性同乎人，但鳥獸性偏，而人得其正，雖謂鳥獸有靈，然其靈微渺，人則得靈之廣大也，是以其類異也。

西士曰：夫正偏小大，不足以別類，僅別同類之等耳。正山偏山，大山小山，並爲山類也。智者獲靈之大，愚人獲靈之小，賢者得靈之正，不肖得靈之偏，豈謂異類者哉？如小大偏正能分類，則人之一類，靈之巨微正僻，其類甚多。苟觀物類之圖，則審世上固惟「有」「無」二者，可以別物異類焉耳。試言之，有形者爲一類，則無形者異類也；生者爲一類，則不生者異類也；能論理者惟人類本分，故天下萬類無與能論也。人之中論有正偏小大，均列於會論之類，而惟差精粗。如謂鳥獸之性本靈，則夫其偏其小，固同類於人者也。但不宜

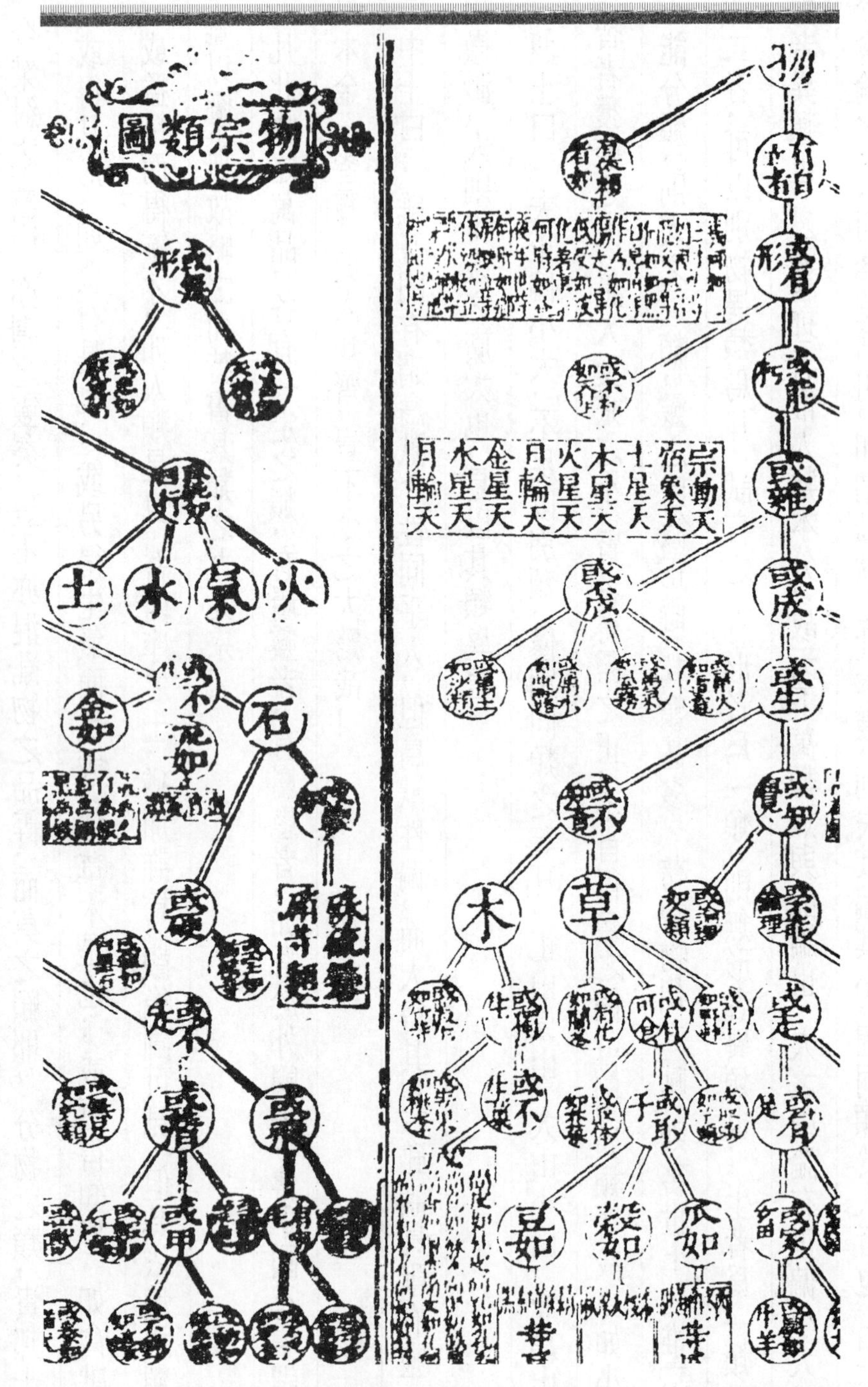
物宗類圖
物
宗動天
列宿天
土星天
木星天
火星天
日輪天
金星天
水星天
月輪天
土
水
氣
火
金
石
木
草

以似爲真，以由外來者爲内本。譬如因見銅壺之漏，能定時候，即謂銅水本靈，可乎？將軍者有智謀，以全軍而敗敵，其士卒順其令，而或進或退，或伏或突，以成其功，誰曰士卒之本智，不從外導者乎？明於類者，視各類之行動，熟察其本情，而審其志之所及，則知鳥獸者有鬼神爲之暗誘，而引之以行上帝〔三〕之命，出於不得不然，而莫知其然，非有自主之意。吾人類則能自立主張，而事爲之際，皆用其所本有之靈志也。

中士曰：雖云天地萬物共一氣，然物之貌像不同，以是各分其類。如見身祇是軀殼，軀殼内外，莫非天地陰陽之氣；氣以造物，物以類異，如魚之在水，其外水與肚裏之水同，鱖魚肚裏之水與鯉魚肚裏之水同，獨其貌像常不一，則魚之類亦不一焉。故觀天下之萬像，而可以驗萬類矣。

西士曰：設徒以像分物，此非分物之類者也，是别像之類者耳。像固非其物也，以像分物，不以性分物，則犬之性猶牛之性，犬牛之性猶人之性歟？是告子之後，又一告子也。以泥塑虎塑人，二者惟以貌像謂之異，宜也；活虎與活人，謂止以其貌異焉，决不宜矣。以貌像别物者，大概相同，不可謂異類。如以泥虎例泥人，其貌雖殊，其爲泥類則一耳。若以氣爲神，以爲生活之本，則生者何由得死乎？物死之後，氣在内外，猶然充滿，何適而能離氣？何患其無氣而死？故氣非生活之本也。《傳》云「差毫釐，謬千里」，未知氣爲四行之一，而同之於鬼神及靈魂，亦不足怪。若知氣爲一行，則不難説其體用矣。

且夫氣〔四〕者，和水火土三行，而爲萬物之形者也；而靈魂者，爲人之内分，一身之主，以呼吸出入其氣者也。蓋人與飛走諸類，皆生氣内，以便調凉其心中之火，是故恒用呼吸，以每息更氣，而出熱致凉以生焉。魚潛水間，水性甚冷，能自外透凉於内火，所以其類多無呼吸之資也。夫鬼神非物之分，乃無形别物之類，其本職惟以天主之命司造化之事，無柄世之專權，故仲尼曰「敬鬼神而遠之」。彼福禄免罪，非鬼神所能，由天主耳。而時人諂瀆，欲自此得之，則非其得之之道也。夫「遠之」意，與「獲罪乎天無所禱」同，豈可以「遠之」解無之，而陷仲尼於無鬼神之惑哉！

中士曰：吾古之儒者，明察天地萬物本性皆善，俱有宏理，不可更易，以爲物有巨微，其性一體，則曰天主上帝〔五〕，即在各物之内，而與物爲一。故勸人勿爲惡，以玷己之本善焉；勿違義，以犯己之本理焉；勿害物，以侮其内心之上帝〔六〕焉。又曰人物壞喪，不滅本性而化歸於天主。此亦人魂不滅之謂，但恐於先生所論天主者不合。

西士曰：兹語之謬，比前所聞者愈甚，曷敢合之乎？吾不敢以此簡吾上帝〔七〕之尊也。

《天主經》有傳，昔者天主化生天地，即化生諸神之彙，其間有一巨神，名謂輅齊拂兒，其視己如是靈明，便傲然曰「吾可謂與天主同等矣」。天主怒，而招其從者數萬神變爲魔鬼，降置之於地獄。自是天地間始有魔鬼，有地獄矣。夫語物與造物者同，乃輅齊拂兒鬼傲語，孰敢述之歟？世人不禁佛氏誑經，不覺染其毒語。周公仲尼之論，貴邦古經書孰有狎后帝〔八〕而與之一者？設恒民中有一匹夫，自稱與天子同尊，其能免乎？地上民不可妄比肩地上君，而可同天上帝〔九〕乎？人之稱人，謂曰「爾爲爾，我爲我」。而今凡溝壑昆蟲，與上帝〔一〇〕曰「爾爲我，我爲爾」，豈不謂極抗大悖乎哉？

中士曰：佛氏無遜於上帝〔一一〕也。其貴人身，尊人德，有可取也。上帝〔一二〕之德固厚，而吾人亦具有至德；上帝〔一三〕固具無量能，而吾人心亦能應萬事。試觀先聖調元開物，立教明倫，養民以耕鑿機杼，利民以舟車財貨，其肇基經世，垂萬世不易之鴻猷，而天下求賴以安，未聞蔑先聖而上帝〔一四〕自作自樹，以臻至治。由是論之，人之德能，雖上帝〔一五〕罔或踰焉，詎云創造天地，獨天主能乎？世不達己心之妙，而曰心局身界之內。佛氏見其大，不肯自屈，則謂是身也，與天地萬物咸蘊乎心。是心無遠不逮，無高不升，無廣不括，無細不入，無堅不度，故具識根者，宜知方寸間儼居天主，非天主寧如是耶？

西士曰：佛氏未知己，奚知天主？彼以耿耿躬受明於天主，偶蓄一材，飭一行，矜誇傲睨，肆然比附於天主之尊，是豈貴吾人身，尊吾人德？乃適以賤人喪德耳。傲者，諸德之敵也。一養傲於心，百行皆敗焉。西土聖人有曰：「心無謙而積德，如對風堆沙。」聖人崇謙讓，天主之弗讓，如遜人何哉？其視聖人，翼翼乾乾，畏天〔一六〕明威，身後天下，不有其知，殆天淵而水火矣。聖人不敢居聖，而令恒人擬天主乎？夫德基於修身，成於事上帝〔一七〕。周〔一八〕之德必以事上帝〔一九〕爲務，今以所當凜然敬事者，而曰吾與同焉，悖何甚乎！至於裁成庶物，蓋因天主已形之物，而順材以成之，非先自無物而能創之也。如製器然，陶者以金，斲者以木，然而金木之體先備也。無體而使之有體，人孰能之？人之成人，循其性而教之，非人本無性，而能使之有性也。

若夫天主造物，則以無而爲有，一令而萬象即出焉，故曰無量能也，於人大殊矣。且天主之造物也，如硃印之印楮帛。楮帛之印，非可執之爲印，斯乃印之蹟耳。人物之理，皆天主蹟也，使欲當之原印，而復以印諸物，不亦謬乎？智者之心，含天地，具萬物，非真天地萬物之體也，惟仰觀俯察，鑑其形而達其理，求其本而遂其用耳。故目所未睹，則心不得有其像。若止水，若明鏡，影諸萬物，乃謂明鏡、止水，均有天地，即能造作之，豈可乎？必言顧行乃可信焉！天主萬物之原，能生萬物，若人即與之同，當亦能生之。然誰人能生一山一川於此乎？

中士曰：所云生天地之天主者，與存養萬物天上之天主者，佛氏所云我也。古與今，上與下，「我」無間焉，蓋全一體也。第緣四大，沉淪昧晦，而情隨事移，真元日鑿，德機日弛，而吾、天主並溺也，則吾之不能造養物，非本也，其流使然耳。夜光之珠，以蒙垢而損厥值，追究其初體，昉可爲知也。

西士曰：吁！咈哉！有是毒唾，而世人競茹之，悲歟！非淪昧之極，孰敢謂萬物之原，天地之靈，爲物淪昧乎哉？夫人德堅白，尚不以磨涅變其真體，物用凝固，不以運動失其常度。至大無偶，至尊無上，乃以人生幻軀能累及而污惑之，是人斯勝天〔二〇〕，欲斯勝理，神爲形之役，情爲性之根，於識本末者，宜不喻而自解矣。且兩間之比，孰有踰於造物者，能圄之陷之於四大之中，以昧溺之乎？

夫天上之天主，於我既共一體，則二之澄徹混淆無異焉。譬如首上靈神，於心內靈神，同爲一體也。故適痛楚之遭，變故之值，首之神混淆，心之神鈞混淆焉，必不得一亂一治之矣。今吾心之亂，固不能混天上天主之永攸澄徹，彼永攸澄徹，又不免我心之混淆，則吾於天主非共爲一體，豈不驗乎？

夫曰天主與物同，或謂天主即是其物，而外無他物；或謂其在物，而爲内分之一；或謂物爲天主所使用，如械器爲匠之所使用。此三言皆傷理者，吾逐逐辯之也。其云天主即是各物，則宇宙之間雖有萬物，當無二性。既無二性，是無萬物，豈不混殽物理？況物有常情，皆欲自全，無欲自害。吾視天下之物，固有相害相殛者，如水滅火，火焚木，大魚食小魚，强禽吞弱禽，既天主即是各物，豈天主自爲戕害，而不及一存護乎？然天主無可戕害之理。從是説也，吾身即上帝[二二]，吾祭上帝[二三]，即自爲祭耳，益無是禮也。果爾則天主可謂木石等物，而人能耳順之乎？

其曰天主爲物之内本分，則是天主微乎物矣。凡全者皆其大於名分者也。斗大於升，升乃斗十分之一耳。外者包乎内，若天主在物之内，爲其本分，則物大於天主，而天主反小也。萬物之原，乃小乎其所生之物，其然乎？豈其然乎？且問天主在人内分，爲尊主歟？爲賤役歟？爲賤役而聽他分之命，固不可也；如爲尊主而專握一身之柄，則天下宜無一人爲惡者，何爲惡者滋衆耶？天主爲善之本根，德純無渣，既爲一身之主，猶致蔽於私欲，恣爲邪行，德何衰耶？當其製作乾坤，無爲不中節。奚今司一身之行，乃有不中者？又爲諸戒原，乃有不守戒者，不能乎？不識乎？不思乎？不肯乎？皆不可謂也。

其曰物如軀殼，天主使用之，若匠者使用其器械，則天主尤非其物矣。石匠非其鑿；漁者非其網，非其舟；天主非其物，何謂之同一體乎？循此辨焉，其説謂萬物行動，不係於物，皆天主事，如械器之事，皆使械器者之功。夫不曰耜耒耕田，乃曰農夫耕之；不曰斧劈柴，乃曰樵夫劈之；不曰鋸斷板，乃曰梓人斷之，則是火莫焚，水莫流，鳥莫鳴，獸莫走，人莫騎馬乘車，乃皆惟天主者也。小人穴壁踰牆，禦旅於野，非其罪，亦天主使之之罪乎？何以當惡怨其人，懲戮其人乎？爲善之人亦悉非其功，何爲當賞之乎？亂天下者，莫大於信是語矣。且凡物不以天主爲本分，故散而不返歸於天主，惟歸其所結物類爾矣。如物壞死，而皆歸本分，則將返歸天主，不謂壞死，乃益生全，人亦誰不悦速死以化歸上帝[一三]乎？孝子爲親厚置棺槨，何不令考妣速化爲上尊乎？

嘗證天主者，始萬物而製作之者也，其性渾全成就，物不及測，矧謂之同？吾審各物之性善而理精者，謂天主之迹可也，謂之天主則謬矣。試如見大迹印於路，因驗大人之足曾過於此，不至以其迹爲大人。觀畫之精妙，慕其畫者曰高手之工，而莫以是爲即畫工。天主生萬森之物，以我推徵其原，至精極盛，仰念愛慕，無時可釋，使或泥於偏説，忘其本原，豈不大誤？夫誤之原非他，由其不能辨乎物之所以然也。所以然者，有在物之內分，如陰陽是也；有在物之外分，如作者之類是也。天主作物，爲其公作者，則在物之外分矣。第其在物，且非一端。或在物如在其所，若人在家在庭焉；或在物爲其分，若手足在身，陰陽在人焉；或依賴之在自立者，如白在馬爲白馬，寒在冰，爲寒冰焉；或在物如所以然之在其已然，若日光之在其所照水晶焉，火在其所燒紅鐵焉。以末揆端，可云天主在物者耶。如光雖在水晶，火雖在鐵，然而各物各體本性弗雜，謂天主之在物如此，固無所妨也。但光可離水晶，天主不可離物。天主無形而無所不在，不可截然分而別之，故謂全在於全所，可也；謂全在各分，亦可也。

中士曰：聞明論，先疑釋矣。有謂人於天下之萬物皆一，如何？

西士曰：以人爲同乎天主，過尊也；以人與物一，謂人同乎土石，過卑也。由前之過，懼有人欲爲禽獸。由今之過，懼人不欲爲土石。夫率人類爲土石，子從之乎？其不可信，不難辯矣。寰宇間凡爲同之類者多矣。或有異物同名之同，如柳宿與柳樹是也。或有同群之同，以多口總聚爲一，如一寮之羊，皆爲同群；一軍之卒，皆爲同軍是也。或有同理之同，如根、泉、心三者相同，蓋若根爲百枝之本，泉爲百派之源，心爲百脈之由是也。此三者姑謂之同，而實則異。或有同宗之同，如鳥獸通爲知覺，列於各類是也。或有同類之同，如此馬與彼馬共屬馬類，此人與彼人共屬人類是也。此二者略可謂之同矣。或有同體之同，如四肢與一身同屬一體焉。或其名不同而實則同，如放勳、帝堯二名，總爲一人焉。兹二者乃爲真同。夫謂天下萬物皆同，於此三等何居？

中士曰：謂同體之同也，曰君子以天下萬物爲一體者也，間形體而分爾我，則小人矣。君子一體萬物，非由作意，緣吾心仁體如是，豈惟君子？雖小人之心，亦莫不然。

西士曰：前世之儒，借萬物一體之説，以翼（冀）愚民悦從於仁。所謂一體，僅謂一原耳已。如信之爲真一體，將反滅仁義之道矣。何爲其然耶？仁義相施，必待有二：若以衆物實爲一體，則是以衆物實爲一物，而但以虚像爲之異耳。彼虚像焉能相愛相敬哉！故曰爲仁者，推己及人也，仁者以己及人也；義者人老老長長也：俱要人己之殊。除人己之殊，則畢除仁義之理矣。設謂物都是己，則但以愛己、奉己爲仁義，將小人惟知有己，不知有人，獨得仁義乎？書言人己，非徒言形，乃兼言形性耳。且夫仁德之厚，在遠不在近，近愛本體，雖無知覺者亦能之。故水恒潤下，就濕處，合同類，以養存本體也；火恒升上，就乾處，合同類，以養全本性也。近愛所親，鳥獸亦能之，故有跪乳反哺者。近愛己家，小人亦能之，故常有苦勞行險阻，爲竊盜以養其家屬者。近愛本國，庸人亦能之，故常有群卒致命，以禦强寇奸宄者。獨至仁之君子，能施遠愛，包覆天下萬國而無所不及焉。君子豈不知我一體，彼一體，此吾家吾國，彼異家異國？然以爲皆天主上帝〔二四〕生養之民物，即分當兼切愛恤之，豈若小人但愛己之骨肉者哉？

中士曰：謂以物爲一體，乃仁義之賊，何爲《中庸》列「體群臣」於九經之内乎？

西士曰：體物以譬喻言之，無所傷焉；如以爲實言，傷理不淺。《中庸》令君體群臣，君臣同類者也，豈草木瓦石皆可體耶？吾聞君子於物也，愛之弗仁。今使之於人爲一體，必宜均仁之矣。墨翟兼愛人，而先儒辯之爲非。今勸仁土泥，而時儒順之爲是，異哉！天主之爲天地及其萬物，萬有繁然，或同宗異類，或同類異體，或同體異用，今欲强之爲一體，逆造物者之旨矣。物以多端爲美，故聚貝者欲貝之多，聚古器者欲器之多，嗜味者欲味之多。令天下物均紅色，誰不厭之？或紅，或緑，或白，或青，日觀之不厭矣。如樂音皆宮，誰能聆之？乍宮，乍商〔商〕，乍角，乍徵，乍羽，聞之三月，食不知味矣。外物如此，内何不然乎？吾前明釋各類以各性爲殊，不可徒以貌異，故石獅與活獅貌同類異。石人與石獅，貌異類同，何也？俱石類也。嘗聞吾先生解類體之情，曰：自立之類，同體者固同類，同類者不必同體。又曰：全體者之行爲，皆歸全體，而並指各肢。設如右手，能救助患難，則一身兩手，皆稱慈悲。左手習偷，非惟左手謂賊，左手、全體皆稱爲賊矣。推此説也，謂天下萬物一體，則世人所爲，盡可相謂：跖一人爲盜，而伯夷並可謂盜；武王一人爲仁，而紂亦謂仁，因其體同而同之，豈不混各物之本行乎？學士諭物之分，或有同體，或有各體，何用駢衆物爲同體？蓋物相連則同體也，相絕則異體也。若一江之水，在江内是與江水一體，既注之一勺，則勺中之水於江内水，惟可謂同類，豈仍謂同體焉？泥天地萬物一體之論，簡上帝[二五]，混賞罰，除類別，滅仁義，雖高士信之，我不敢不詆焉！

中士曰：明論昭昭，發疑排異，正教也。人魂之不滅、不化他物，既聞命矣，佛氏輪迴六道、戒殺之説，傳聞聖教不與，必有所誨，望來日教之。

西士曰：丘陵既平，蟻垤何有？余久願折此，子所嗜聞，亦吾所喜講也。

校記

〔一〕〔二〕〔　〕中文字，據清阮元《十三經注疏》補。

〔三〕「上帝」，輔仁本作「上主」。

〔四〕「氣」，原作「萬」，據輔仁本改。

〔五〕〔六〕「上帝」，輔仁本作「主宰」。

〔七〕「上帝」，輔仁本作「上主」。

〔八〕「后帝」，輔仁本作「主宰」。

〔九〕〔一〇〕〔一一〕「上帝」，輔仁本作「上主」。

〔一二〕〔一三〕〔一四〕〔一五〕「上帝」，輔仁本作「天主」。

〔一六〕「畏天」，輔仁本作「敬畏」。

〔一七〕「事上帝」，輔仁本作「昭事」。

〔一八〕「周」，輔仁本作「故周家」。

〔一九〕「事上帝」，輔仁本作「昭事」。

〔二〇〕「人斯勝天」，輔仁本作「愚反勝靈」。

〔二一〕〔二二〕「上帝」，輔仁本作「吾主」。

〔二三〕「上帝」，輔仁本作「上主」。

〔二四〕「上帝」，輔仁本作「保存」。

〔二五〕「上帝」，輔仁本作「上主」。

天主實義下卷

耶穌會中人利瑪竇述　燕貽堂較梓

第五篇　辯排輪迴六道、戒殺生之謬説，而揭齋素正志

中士曰：論人類有三般：一曰人之在世，謂生而非由前迹，則死而無遺後迹矣；一曰夫有前、後與今三世也，則吾所獲福禍於今世，皆由前世所爲善惡，吾所將逢於後世吉凶，皆係今世所行正邪也；今尊教曰，人有今世之暫寄，以定後世之永居，則謂吾暫處此世，特當修德行善，令後世常享之，而以此爲行道路，以彼爲至本家，以此如立功，以彼如受賞焉。夫後世之論是矣，前世之論將亦有從來乎？

西士曰：古者吾西域有士，名曰閉他卧剌。其豪傑過人，而質樸有所未盡，常痛細民爲惡無忌，則乘己聞名，爲奇論以禁之。爲言曰：行不善者，必來世復生有報，或産艱難貧賤之家，或變禽獸之類，暴虐者變爲虎豹，驕傲者變爲獅子，淫色者變爲犬豕，貪得者變成牛驢，偷盜者變作狐狸、豺狼、鷹鷂等物。每有罪惡，變必相應。君子斷之曰：其意美，其爲言不免玷缺也。沮惡有正道，奚用棄正而從枉乎？既殁之後，門人少嗣其詞者。彼時此語忽漏國外，以及身毒。釋氏圖立新門，承此輪迴，加之六道，百端誑言，輯書謂經。數年之

後，漢人至其國，而傳之中國。此其來歷，殊無真傳可信，實理可倚！身毒，微地也，未班上國，無文禮之教，無德行之風，諸國之史，未之爲有無，豈足以示普天之下哉！

中士曰：覩所傳《坤輿萬國全圖》，上應天度，毫髮無差，況又遠自歐邏巴，躬入中華，所言佛氏之國，聞見必真。其國之陋如彼也，世人誤讀佛書，信其淨土，甚有願蚤死以復生彼國者，良可笑矣。吾中國人不習遠遊異域，故其事恒未詳審，雖然，壤雖偏，人雖陋，苟所言之合理，從之無傷。

西士曰：夫輪迴之説，其逆理者不勝數也。兹惟舉四五大端。一曰，假如人魂遷往他身，復生世界，或爲別人，或爲禽獸，必不失其本性之靈，當能記念前身所爲，然吾絕無能記焉，並無聞人有能記之者焉，則無前世，明甚！

中士曰：佛老之書，所載能記者甚多，則固有記之者。

西士曰：魔鬼欲誑人而從其類，故附人及獸身，詒云爲某家子，述其家事，以徵其謬則有之。記之者必佛老之徒，或佛教入中國之後耳。萬方萬類，生死衆多，古今所同，何爲自佛氏而外，異邦異門，雖齊聖廣淵，可記千卷萬句，而不克記前世之一事乎？人善忘，奚至忘其父母，並忘己之姓名，獨其佛老之子弟以及畜類，得以記而述之乎？夫詭談以欺市井，或有順之者。在英俊之士，辟雍庠序之間，當論萬理之有無，不笑且譏之，鮮矣。

中士曰：釋言人魂在禽獸之體，本依前靈，但其體不相稱，故泥不能達。

西士曰：在他人之身，則本體相稱矣，亦何不能記前世之事乎？吾昔已明釋人魂之爲神也。夫神者，行其本情，不賴於身，則雖在禽獸，亦可以用本性之靈，何不能達之有？若果天主設此輪迴美醜之變，必以勸善而懲惡也。設吾弗明記前世所爲善惡，何以驗今世所值吉凶？果由前世，因而勸乎懲乎，則輪迴竟何益焉？

二曰，當上帝〔二〕最初生人以及禽獸，未必定以有罪之人變之禽獸，亦各賦之本類魂耳。使今之禽獸有人魂，則今之禽獸魂與古之禽獸魂異，當必今之靈而古之蠢也。然吾未聞有異也，則今之魂與古者等也。

三曰，明道之士，皆論魂有三品：下品曰生魂，此祇扶所賦者生活長大，是爲草木之魂；中品曰覺魂，此能扶所賦者生活長大，而又使之以耳目視聽，以口鼻啖嗅，以肢體覺物情，是爲禽獸之魂；上品曰靈魂，此兼生魂、覺魂，能扶植長大及覺物情，而又俾所賦者能推論事物，明辨理義，是爲人類之魂。若令禽獸之魂與人魂一，則是魂特有二品，不亦紊天下之通論乎？凡物非徒以貌像定本性，乃惟以魂定之。始有本魂，然後爲本性；有此本性，然後定於此類；既定此類，然後生此貌。故性異同，由魂異同焉；類異同，由性異同焉；貌異同，由類異同焉。鳥獸之貌既異乎人，則類性魂豈不皆異乎？人之格物窮理，無他路焉，以其表而徵其內，觀其現而達其隱。故吾欲知草木之何魂，視其徒長大而無知覺，則驗其內特有生魂矣。欲知鳥獸之何魂，視其徒知覺而不克論理，則驗其特有覺魂矣。欲知人類之何魂，視其獨能論萬物之理，明其獨有靈魂矣。理如是明也，而佛氏云禽獸魂與人魂同靈，傷理甚矣。吾常聞殉佛有謬，未嘗聞從理有誤也。

四曰，人之體態奇俊，與禽獸不同，則其魂亦異。譬匠人欲成椅卓（桌），必須用木；欲成利器，必須用鐵。器物各異，則所用之資亦異。既知人之體態不同禽獸，則人之魂又安能與禽獸相同哉？故知釋氏所云人之靈魂，或託於別人之身，或入於禽獸之體，而回生於世間，誠誑詞矣！夫人自己之魂，衹合乎自己之身，烏能以自己之魂，而合乎他人之身哉？又況乎異類之身哉？亦猶刀衹合乎刀之鞘，劍衹合乎劍之鞘，安能以刀合劍鞘耶？

五曰，夫云人魂變獸，初無他據，惟疑其前世淫行，曾效某獸。天主當從而罰之，俾後世爲此獸耳。然此非刑也，順其欲，孰謂之刑乎？奸人之情，生平滅己秉彝，以肆行其所積內惡，而尚衹痛其具人面貌，若有防礙，使聞後世將改其形容，而憑己流恣，詎不大快？如暴虐者常習殘殺，豈不欲身着利爪鋸牙，爲虎爲狼，晝夜以血污口乎？倨傲者習於欺人，不識遜讓，豈不樂長大其形，生爲獅子，爲衆獸之王乎？賊盜者以偷人財貨度活，何憂化爲狐狸，稟百巧媚以盡其情乎？此等輩非但不以變獸爲刑，乃反以爲恩矣。天主至公至明，其爲刑必不如是也。如曰自人之貴類，入獸之賤類，即謂之刑，吾意爲惡之人，却不自以生居人類爲貴，大抵不理人道，而肆其獸情，所羞者具此人面耳已，今得脱其人面而雜於獸醜，無恥無忌，甚得志也。故輪迴之謊言蕩詞，於沮惡勸善無益，而反有損也。

六曰，彼言戒殺生者，恐我所屠牛馬，即是父母後身，不忍殺之耳。果疑於此，則何忍驅牛耕畎畝，或駕之車乎？何忍覊馬而乘之路乎？吾意弑其親，與勞苦之於耕田，罪無大異也。弑其親與恒加之以鞍，而鞭辱之於市朝，又等也。然農事不可廢，畜用不可免，則何疑於戒殺之説，而云人能變禽獸，不可信矣！

中士曰：夫人魂能爲禽獸者，誠誑語也，以欺無知小民耳。君子何以信吾所騎馬爲吾父母、兄弟、親戚，或君、或師、朋友乎？信之而忍爲之，亂人倫；信之而不爲之，是又廢畜養，而必使不用於世，人無所容手足矣，故其説不可信也！然若但言輪迴之後，復爲他人，乃皆同類，亦似無傷？

西士曰：謂人魂能化禽獸，信其說則畜用廢。謂人魂能化他人身，信其說將使夫婚姻之禮與夫使令之役，皆有窒礙難行者焉。何者？爾所娶女子，誰知其非爾先化之母，或後身作異姓之女者乎？誰知爾所役僕，所詈責小人，非或兄弟、親戚、君師、朋友後身乎？此又非大亂人倫者乎？總之，人既不能變爲鳥獸，則亦不能變化他人，理甚著明也。

中士曰：前言人魂不滅，是往者俱在也，有疑使無輪迴以銷變之，宇内豈能容此多鬼哉？

西士曰：疑此者弗識天地之廣潤者也，則意若易充也；又弗通神之性態者也，以爲其有充所也。形者在所，故能充於所；神無形，則何以滿其所乎？一粒之大，而萬神宅焉，豈惟者，將來靈魂並容不礙也，豈用因是而爲輪迴妄論哉！

中士曰：輪迴之說自二氏出，吾儒亦少信之。然彼戒殺生者，若近於仁，天主爲慈之宗，何爲弗與？

西士曰：設人果變爲禽獸，君子固戒殺小物，如殺人比，彼雖殼貌有異，均是人也。但因信此誕説，朔望齋素以戒殺生，亦自不通。譬有人日日殺人而食其肉，且復歸依仁慈而曰，朔望我不殺人，不食其肉，但以餘日殺而食之，可謂戒哉？其心忍恣殺於二十八日，彼二日之戒何能增，何能減其惡之極乎？夫吾既明證無變禽獸之理，則並著無殺生之戒也。

試觀天主生是天地及是萬物，無一非生之以爲人用者。夫日月星辰麗天以我照也，照萬色以我看也，生萬物以遂我用也，五色悦我目，五音娱我耳，諸味諸香之彙以甘我口鼻，百端軟暖之物以安逸我四肢，百端之藥材以醫療我疾病，外養我身，内調我心，故我當常感天主尊恩，而時謹用之。鳥獸或有毛羽皮革，可爲裘履；或有寶牙角殼，可製奇器；或有妙藥，好治病疾；或有美味，能育吾老幼，吾奚不取而使之哉？借使天主不許人宰芻豢而付之美味，豈非徒付之乎？豈非誘人犯令，而陷溺之於罪乎？且自古及今，萬國聖賢咸殺生食葷，而不以此爲悔，亦不以此爲違戒，亦豈宜罪聖賢以地獄，而嘉與二三持齋無德之輩，躋之天堂乎？此無乃非達者之言歟！

中士曰：世界之物多有無益乎人且害之者，如毒蟲、蛇、虎、狼等。所言天主生萬物，一一以爲人用，似非然。

西士曰：物體幽眇，其用廣繁。故凡人或有所未能盡達，而反以見害，此自人才之蔽耳。人固有二：曰外人，所謂身體也；曰内人，所謂魂神也。比此二者，則内人爲尊，毒蟲虎狼，險外人而寧内人，卒可謂益於人焉。夫傷身體之物，俗稱惡物，而其警我畏天主之怒，使知以天以水以火以蟲，皆能責人之犯命者，吾於是不得不戒懼，以時祈乞其助，時念望之，豈非内正人者之大資乎？

且天主悲惜小人之心，全在於地，惟泥於今世，而不知惺望天堂及後世高上事情，是以兼置彼醜毒於本界，欲拯拔之焉。況天生初立世界，俾天下萬物，或養生或利用，皆以供事我輩，原不爲害。自我輩忤逆上帝[三]，物始亦忤逆我，則此害非天主初旨，乃我自招之耳。

中士曰：天主生生者，必愛其生，而不欲其死，則戒殺生順合其尊旨矣。

西士曰：草木亦稟生魂，均爲生類。爾日取菜以茹，折薪以焚，而殘忍其命，必將曰：天主生此菜薪以憑人用耳，則用而無妨。我亦曰：天主生彼鳥獸，以隨我使耳，則殺而使之，以養人命，何傷乎？仁之範惟言：「無欲人加諸我，我勿欲加諸人耳。」不言勿欲加諸禽獸者。且天下之法律但禁殺人，無制殺鳥獸者。夫鳥獸、草木與財貨並行，惟用之有節足矣。故孟軻示世主，以「數罟不可入洿池」，而「斧斤以時入山林」，非不用也。

中士曰：草木雖爲生類，然而無血無知覺，是與禽獸異者也，故釋氏戕之而無容悲。

西士曰：謂草木爲無血乎？是僅知紅色者之爲血，而不知白者、緑者之未始非血也。夫天下形生者，必以養，而所以得養者，津液存焉。則凡津液之流貫皆血矣，何必紅者？試觀水族中，如蝦如蠏，多無紅血，而釋氏弗茹，蔬菜中亦有紅液，而釋氏茹之不禁，則何其重愛禽獸之血，而輕棄草木之血乎？且不殺知覺之物，以其能痛也已，我誠不欲其痛，寧獨不殺，即勞之役之，將有所不可？凡牛之耕野，馬之驂乘，未免終身之患，豈伊不長有痛乎？較殺之之痛，止在一時者又遠矣。況禁殺牲，反有害於牲。蓋禽獸爲人用，故人飼畜之，飼畜之而後，禽獸益蕃多也。如不得之以爲用，人豈畜之乎？朝捐不急之官，家黜無能之僕，而況畜類乎？西虜懼食豕，而一國無豕；天下而皆西虜，則豕之種類滅矣。故愛之而反以害之，殺之而反以生之，是禁殺牲者，大有損於牧牲之道矣。

中士曰：如此則齋素無所用耶？

西士曰：因戒殺生而用齋素，此殆小不忍也。然齋有三志，識此三志，滋切滋崇矣。

夫世固少有今日賢而先日不爲不肖者也，少有今日順道而昔日未嘗違厥道者也。厥道也者，天主銘之於心，而命聖賢布之板册。犯之者必得罪於上帝[三]，所從得罪者益尊，則罪益重。君子雖已遷善，豈恬然於往所得罪乎？曩者所爲不善，人或赦弗追究，而己時記之愧之悔之。設無深悔，吾所既失於前，烏可望免之於後也。況夫今之爲善，君子不自滿足，將必以闕己之短爲離婁，以視己之長爲盲瞽焉。所責備諸己者精且厚，人雖稱以俊傑，而已愧怍如不置也；所省疚於心者密且詳，人雖謂其備美，而已勤敬如猶虧也。詎徒謙於言乎？詎徒悔於心乎？深自羞耻，奚堪歡樂，則貶食減飡，除其殽味，而惟取其淡素。凡一身之用，自擇粗陋，自苦自責，以贖己之舊惡及其新罪，晨夜惶惶稽顙於天主臺下，哀憫涕淚，冀洗己污，敢妄自居聖而誇無過，妄自饒己而須他人審判其非也乎？所以躬自懲詰，不少姑恕，或者天主惻恤而免宥之，不再鞫也。此齋素正志之説一也。

夫德之爲業，人類本業也，聞其説無不悅而願急事焉。但被私欲所發者，先已簒人心而擅主之，反相壓難，憤激攻伐，大抵平生所行，悉供其役耳。是以凡有所事，弗因義之所令，惟因欲之所樂。睹其面容則人，觀其行於禽何擇乎？蓋私欲之樂，乃義之敵，塞智慮而蒙理竅，與德無交。世界之瘟病，莫凶乎此矣。他病之害，止於軀殼。欲之毒藥，通吾心髓，而大殘元性也。若以義之仇對，攝一心之專權，理不幾亡，而厥德尚有地可居乎？嗚呼！私欲之樂，微賤也，遽過也，而屢貽長悔於心，以卑短之樂，售永久之憂，非智之謂也。然私欲惟自本身藉力，逞其勇猛，故遏其私欲，當先約其本身之氣。學道者願寡欲而豐養身，比方願滅火而益加薪，可得哉？君子欲飲食，特所以存命；小人欲存命，特所以飲食。夫誠有志於道，怒視是身若寇讐，然不獲已而姑畜之，且何云不獲已歟？吾雖元未嘗爲身而生，但無身又不得而生，則服食爲腹饑之藥，服飲爲口渴之藥耳。誰有取藥，而不惟以其病之所要爲度數焉者。性之所嗜，寡而易營，多品之味，佳而難遂。蓋人欲者之所圖，而以其所養人，頻反而賊人，則謂飲食殛人，多乎刀兵可也。今未論所害於身，祇指所傷乎心。僕役過健，恐忤抗其主也；血氣過强，定傾危乎志也。志危即五欲肆其惡，而色慾尤甚。豐味不恣腹，色慾何從發？淡飲薄食，色氣潛餒，一身既理約，諸欲自服理矣。此齋素正志之説二也。

且本世者，苦世也，非索翫之世矣。天主置我於是，促促焉務修其道之不暇，非以奉悦此肌膚也。然吾無能竟辭諸樂也，無清樂必求淫者，無正樂必尋邪者，得彼則失此，故君子常自習其心，快以道德之事，不令含憂困而有望乎外；又時簡略體膚之樂，恐其透於心，而侵奪其本樂焉。夫德行之樂，乃靈魂之本樂也，吾以兹与天神侔矣。饮食之娱，乃身之竊愉也，吾以兹與禽獸同矣。吾益增德行之娱於心，益近至天神矣。益減飲食之樂於身，益遜離禽獸矣。吁，可不慎哉！仁義令人心明，五味令人口爽。積善之樂甚，即有大利乎心，而於身無害也。豐膳之樂繁，而身心俱見深傷矣。腹充飽以餚饌，必垂下而墜己志於污賤。如此則安能抽其心於塵垢，而起高曠之慮乎哉？惡者觀人盤樂而已無之，斯嫌妬之矣。善者視之，則反憐恤之，而讓己曰：「彼殉汚賤事，而猶好之如此，懇求之如此。吾既志於上乘，而未能聊味之，未能略備之，且寧如此懈惰，而不勉乎哉！」世人之災無他也，心病而不知德之佳味耳。覺其味則膏粱可輕矣，謂自得其樂也。此二味者，更迭出入於人心，而不可同住者也。欲内此必先出彼也。

古昔有貢我西國二獵犬者，皆良種也。王以一寄國中顯臣家，以其一寄郊外農舍，並使畜之，已壯而王出田獵試焉。二犬齊縱入囿，農舍之所畜犬，身臞體輕，走覻禽迹疾趨，獲禽無算；顯家所養犬，雖潔肥容美足觀也，然但習肉食充腸，安逸四肢，不能馳驟，則見禽不顧，而忽遇路傍腐骨，即就而囓之，囓畢不動矣。從獵者知其原同一母而出，則異之，王曰：「此不足怪。豈惟獸哉，人亦莫不如是也！皆係於養耳矣。養之以逸甑飫飽，必無所進於善也。養之以煩勞儉約，必不誤君所望矣。」若曰凡人習於膗美厚膳，見禮義之事不暇，惟俛焉而就食耳，習於精理微義，遇飲食之甑亦不暇，必思焉而殉理義耳。此齋素正志之説三也。

夫齋有多端，余遍延天下多國，已備聞之。或不拘飱味，但終晝不食，迄星夜雜食衆味，此謂時齋。或不論時殮，惟戒諸葷，而隨時茹素，此謂味齋。或不擇味時，特一日間食一殮耳，此謂殮齋。或殮、時、味皆有所拘，衹午時茹素一頓，而惟禁止肉食屬陽者，其海味屬陰者不戒，此謂公齋。或禁止火食，終身山穴，專以野草根度生，茲歐邏巴山中甚衆，此謂私齋也。然夫數等之所齋，總歸責屈本己，要在視其人、視其身何如耳。富貴膏粱，減取其常，亦可謂齋。彼賤家民，時習粗糲，不可以爲齋也，不則丐子可謂至齋也。又須量本身之力何如。有衰病者，未免時以茲味養身也；有行役者，勞其四肢，不容久餓。故天主公教制，老者六旬已上、穉者二旬已下，身病者，乳子者，勞力爲僕夫者，皆不在齋程之內。

夫戒口之齋，非齋也，乃齋之末節也。究齋之意，總爲私欲之遏，不可不敦不盡矣。是以持齋而捨敬戒，譬如藏璞而弛其玉，無知也。

中士曰：善哉！法語，真齋之正旨也。吾俗行齋者，非緣貧乏而持齋以餬口，必其偷取善名，而陰以欺人者也。當衆而致齋，幽獨而無人，酒色忿怒，不義貨財，讒賢毁善，無所不有，嗚呼！人目不能逃，能矇上帝〔四〕乎！幸領高論，尚願盡其問。

西士曰：道邃且廣，不博問不可約守，詳問即誠意之效也，何傷夫！

校　記

〔一〕〔二〕〔三〕〔四〕「上帝」，輔仁本作「天主」。

第六篇　釋解意不可滅，並論死後必有天堂地獄之賞罰，以報世人所爲善惡

中士曰：承教。一則崇上帝爲萬尊之至尊，一則貴人品爲至尊之次，但以天堂地獄爲言，恐未或天主之教也。夫因趣利避害之故，爲善禁惡，是乃善利惡害，非善善惡惡正志也。吾古聖賢教世弗言利，惟言仁義耳。君子爲善無意，况有利害之意耶？

西士曰：吾先答子之末語，然後答子之本問。彼滅意之説，固異端之詞，非儒人之本論也。儒者以誠意爲正心修身、齊家治國平天下之根基，何能無意乎？高臺無堅基不克起，儒學無誠意不能立矣。設自正心至平天下，凡所行事皆不得有意，則奚論其意誠乎，虚乎？譬有琴於市，使吾不宜奏，何以售之？何拘其古琴今琴歟？且意非有體之類，乃心之用耳。用方爲意，即有邪正。若令君子畢竟無意，不知何時誠乎？《大學》言齊治均平，必以意誠为要，不誠則無物矣。意於心如視於目，目不可卻視，則心不可除意也。君子所謂無意者，虚意、私意、邪意也。如云滅意，是不達儒者之學，不知善惡之原也。善惡德慝，俱由

意之正邪；無意則無善惡，無君子小人之判矣。

中士曰：毋意，毋善毋惡，世儒固有其說。

西士曰：此學欲人爲土石者耳，謂上帝〔二〕宗義，有是哉。若上帝〔三〕無意無善，亦將等之乎土石也。謂之理學，悲哉悲哉！昔老莊亦有勿爲、勿意、勿辯之語，然已所著經書，其從者所爲注解，意固欲易天下而僉從此一端。夫著書，獨非爲乎？意易天下，獨非意乎？既不可辯是非，又何辯辯是非者乎？辯天下名理，獨非辯乎？則既已自相戾矣，而欲師萬世也，難哉！吾觀世人爲事，如射焉，中的則謂善，不中則爲惡。天主者，自然中於的者也，有至純之善，無纖芥之惡，其德至也。吾儕則有中有不中矣。其所修之德有限，故德有不到，即行事有所不中，而善惡參焉。爲善禁惡，縱有意猶恐不及，況無意乎？其餘無意之物，如金石草木類，然後無德無慝，無善無惡，如以無意無善惡爲道，是金石草木之，而後成其道耳。

中士曰：老莊之徒，祇欲全其天年，故屏意棄善惡，以絕心之累也。二帝、三王、周公、孔子，皆苦心極力修德於己，以施及於民，非止於至善不敢息。誰有務全身，滅意逍遥，以充其百歲之數者哉？縱充其百歲之壽，亦不能及一龜一朽樹之壽也，而徒以加二三旬之暫於此穢身，竟何濟哉？然二氏無足詆，所言德慝善惡，俱由意，其詳何如？聞夫順理者即爲善，而稱之德行；犯理者即爲惡，而稱之不才。則顧行事如何，於意似無相屬。

西士曰：理易解也。凡世物既有其意，又有能縱止其意者，然後有德有慝、有善有惡焉。意者，心之發也。金石草木無心，則無意。故鏌鋣傷人，復讐者不折鏌鋣；飄瓦損人首，忮心者不怨飄瓦。然鏌鋣截斷，無與其功者；瓦蔽風雨，民無酬謝。所爲無心無意，是以無德無慝、無善無惡，而無可以賞罰之。若禽獸者，可謂有禽獸之心與意矣，但無靈心以辯可否，隨所感觸，任意速發，不能以理爲之節制。其所爲是禮非禮，不但不得已，且亦不自知，有何善惡之可論乎？是以天下諸邦所制法律，無有刑禽獸之慝，賞禽獸之德者。惟人不然。行事在外，理心在内，是非當否，嘗能知覺，兼能縱止。雖有獸心之欲，若能理心爲主，獸心豈能違我主心之命？故吾發意從理，即爲德行君子，天主祐之；吾溺意獸心，即爲犯罪小人，天主且棄之矣。嬰兒擊母，無以咎之，其未有以檢己意也；及其壯，而能識可否，則何待於擊？稍逆其親，即加不孝之罪矣。昔有二弓士，一之山野，見叢有伏者如虎，慮將傷人，因射之，偶誤中人；一登樹林，恍惚傍視，行動如人，亦射刺之，而實乃鹿也。彼前一人果殺人者，然而意在射虎，斷當褒；後一人雖殺野鹿，而意在刺人，斷當貶。奚由焉？由意之美醜異也，則意爲善惡之原，明著矣。

中士曰：子爲養親行盜，其意善矣，而不免於法，何如？

西士曰：吾西國有公論曰：善者成乎全，惡者成於一。試言其故。人既爲盜，雖其餘行悉義，但呼爲惡，不可稱善。所謂西子蒙不潔，則人皆掩鼻而過之。譬如水壅，周圍厚堅，惟底有一罅，水從此漏，此壅決爲無用碎瓦。惡之爲情甚毒也。捨己之財，普濟貧乏，以竊善聲，而得非所得之位；所爲雖當，其意實枉，則其事盡爲不直，蓋醜意污其善行也。子爲親竊人財物，其事既惡，何有善意？吾言正意爲爲善之本，惟謂行吾正，勿行吾邪。偷盜之事固邪也，雖襲之以義，意不爲正矣。爲纖微之不善，可以救天下萬民，猶且不可爲，矧以育二三口乎？爲善正意，惟行當行之事，故意益高則善益精，若意益陋則善益粗，是故意宜養宜誠也，何滅之有哉！

中士曰：聖人之教，縱不滅意，而其意不在功效，衹在修德。故勸善而指德之美，不指賞；沮惡而言惡之罪，不言罰。

西士曰：聖人之教在經傳，其勸善必以賞，其沮惡必以懲矣。《舜典》曰：「象以典刑，流宥五刑。」又曰：「三載考績，三考黜陟幽明。庶績咸熙，分北三苗。」《皋陶謨》曰：「天命有德，五服五章哉！天討有罪，五刑五用哉。」《益稷謨》曰：「帝曰：迪朕德，時乃功惟敘。皋陶方祇厥敘，方施象刑，惟明。」《盤庚》曰：「無有遠邇，用罪伐厥死，用德彰厥善。邦之臧，惟汝衆，邦之不臧，惟予一人佚罰。」又曰：「乃有不吉不迪，顛越不恭，暫遇奸宄，我乃劓殄滅之，無遺育，無俾易種於茲新邑。」《泰誓》武王曰：「爾衆士，其尚迪果毅，以登乃辟。功多有厚賞，不迪有顯戮。」又曰：「爾所弗勗，其於爾躬有戮。」《康誥》曰：「乃其速由文王作罰，刑茲無赦。」《多士》曰：「爾克敬，天惟畀矜爾；爾不克敬，爾不啻不有爾土，予亦致天之罰於爾躬。」《多方》又曰：「爾乃惟逸惟頗，大遠王命，則惟爾多方探天之威，我則致天之罰，離逖爾土。」此二帝三代之語，皆言賞罰，固皆併利害言之。

中士曰：《春秋》者，孔聖之親筆，言是非不言利害也。

西士曰：俗之利害有三等：一曰身之利害，此以肢體寧壽爲利，以危夭爲害；二曰財貨之利害，此以廣田畜充金貝爲利，以減耗失之爲害；三曰名聲之利害，此以顯名休譽爲利，以讒斥毁汚爲害也。《春秋》存其一，而不及其二者也。然世俗大概重名聲之利害，而輕身財之損益，故謂「《春秋》成，而亂臣賊子懼」。亂臣賊子奚懼焉？非懼惡名之爲害不已乎？孟軻首以仁義爲題，厥後每會時君，勸行仁政，猶以「不王者，未之有也」爲結語。王天下顧非利哉！人孰不悦利於朋友，利於親戚？如利不可經心，則何以欲歸之友親乎？仁之方，曰不欲諸己，勿加諸人。既不宜望利以爲己，猶必當廣利以爲人，以是知利無所傷於德也。利所以不可言者，乃其僞，乃其悖義者耳。《易》曰：「利者，義之和也。」又曰：「利用安身，以崇德也。」論利之大，雖至王天下，猶爲利之微。況戰國之主，雖行仁政，未必能王；雖使能王天下，一君耳，不取之此，不得予乎彼。夫世之利也，如是耳矣。吾所指來世之利也，至大也，至實也，而無相礙，縱盡人得之，莫相奪也。以此爲利，王欲利其國，大夫欲利其家，士庶欲利其身，上下爭先，天下方安方治矣。重來世之益者，必輕現世之利；輕現世之利，而好犯上爭奪，弑父弑君，未之聞也。使民皆望後世之利，爲政何有？

中士曰：嘗聞之：「何必勞神慮未來？惟管今日眼前事。」此是實語，何論後世？

西士曰：陋哉！使犬彘能言也，無異此矣。西域上古有一人立教，專以快樂無憂爲務，彼時亦有從之者。自題其墓碑曰：「汝今當飲食歡戲，死後無樂兮。」諸儒稱其門爲「豬寮門」也，詎貴邦有暗契之者？夫無遠慮必有近患。猷之不遠，詩人所刺，吾視人愈智，其思愈遐；人愈愚，其思愈邇。凡民之類，豈可不預防未來，先謀未逮者乎？農夫耕稼於春，圖秋之穡。松樹百年始結子，而有藝之，所謂圃翁植樹，爾玄孫攀其子者。行旅者週沿江湖，冀老之安居鄉土。百工勤習其業，期獲所賴。士髫艸勤苦博學，欲後輔國匡君。夫均不以眼前今日之事爲急者也。不肖子敗其先業，虞公喪國，夏桀、殷紂失天下，此非不慮悠遠，徒管今日眼前事者乎？

中士曰：然。但吾在今世，則所慮雖遠，止在本世耳，死後之事似迂也。

西士曰：仲尼作《春秋》，其孫著《中庸》，厥慮俱在萬世之後。夫慮爲他人，而諸君子不以爲迂。吾慮爲己，惟及二世，而子以爲迂乎？童子圖既老之事，未知厥能至壯否，而莫之謂遠也。吾圖死後之事，或即詰朝之事，而子以爲遠乎？子之婚也，奚冀得子孫？

中士曰：以有治喪葬、墳墓、祭祀之事也。

西士曰：然。是亦死後之事矣。吾既死，所留者二，不能朽者精神，速腐者髑髏。我以不能朽者爲切，子尚以速腐者爲慮，可謂我迂乎？

中士曰：行善以致現世之利，遠現世之害，君子且非之，來世之利害，又何足論歟？

西士曰：來世之利害甚真，大非今世之可比也。吾今所見者，利害之影耳。故今世之事，或凶或吉，俱不足言也。吾聞師之喻曰：人生世間，如俳優在戲場，所爲俗業，如搬演雜劇。諸帝王宰官、士人奴隸、后妃婢媵，皆一時粧飾之耳。則其所衣衣非其衣，所逢利害不及其躬。搬演既畢，解去粧飾，漫然不復相關。故俳優不以分位高卑長短爲憂喜，惟扮所承脚色，雖丐子亦真切爲之，以中主人之意耳已。蓋分位在他，充位在我，吾曹在於兹世，雖百歲之久，較之後世萬禩之無窮，烏足以當冬之一日乎？所得財物，假貸爲用，非我爲之真主，何徒以增而悦，以減而愁？不論君子小人，咸赤身空出，赤身空返，臨終而去，雖遺金千笈，積在庫内，不帶一毫，何必以是爲留意哉？今世僞事已終，即後世之真情起矣，而後乃各取其所宜之貴賤也。若以今世利害爲真，何異乎蠢民看戲，以粧帝王者爲真貴人，以粧奴隸者爲真下人乎？意之爲情，精粗不齊，負教世之責者，孰先布其麄，而後不闡其精，必既切琢而後磋磨矣。需醫者，惟病者，非謂瘳者也。需吾教者，惟小人耳已，君子固自知之。故教宜曲就小人之意也。孔子至衙見民衆，欲先富而後教之，詎不知教爲滋重乎？但小民由利而後可迪乎義耳。

凡行善者，有正意三狀：下曰因登天堂免地獄之意，中曰因報答所重蒙天主恩德之意，上曰因翕順天主聖旨之意也。教之所望乎學者，在其成就耳，不獲已而先指其端焉。民溺於利久矣，不以利迪之、害駭之，莫之引領也。然上意至則下意無所容而去矣。如縫錦繡之衣，必用絲線，但無鐵鍼，線不能入，然而其鍼一進即過，所庸留於衣裳者，絲線耳已。吾欲引人歸德，若但舉其德之美，夫人已昧於私欲，何以覺之乎？言不入其心，即不願聽而去。惟先怵惕之以地獄之苦，誘導之以天堂之樂，將必傾耳欲聽，而漸就乎善善惡惡之成旨。成者至則缺者化去，而獨其成就恒存焉。故曰：惡者惡惡，因懼刑也；善者惡惡，因愛德也。

往時敝邑出一名聖神，今人稱爲拂即祭斯穀，首立一會，其規戒精密，以廉爲尚，今從者有數萬友，皆成德之士也。初有親炙一友，名曰如泥伯陸，會中無與比者，其學豁然，曰增無息。有一邪鬼憎妬，欲沮之，僞化天神，旁射輝光，夜見於聖神私居，曰：「天神諭爾，如尼伯陸，德誠隆也，雖然，終不得躋天堂，必墮地獄。天主嚴命已定，不可易也。」言訖弗見。拂即祭斯穀驚，秘不敢洩，而心深痛惜。每見如尼伯陸，不覺涕淚。如尼伯陸屢見而疑之，已齋宿，赴師座問曰：「某也日孜孜守戒，奉敬天主，幸在憫教，邇日以來，覺先生目有異也，何以數涕淚於弟子？」拂即祭斯穀初不肯露，再三懇請，盡述向所見聞。如尼伯陸怡然曰：「是何足憂乎？天主主宰人物，惟其旨所置之，上天下地，吾儕無不奉焉。吾所爲敬愛之者，非爲天堂地獄，爲其至尊至善，自當敬自當愛耳。今雖棄我，何敢毫髮懈惰，惟益加敬慎事之，恐在地獄時，即欲奉事而不可及矣。」拂即祭斯穀覩其容也，聽其語也，恍然悟而歎曰：「誤哉前者所聞！有學道如斯，而應受地獄殃者乎？天主必躋爾天堂矣。」

夫此天堂地獄，其在成德之士，少借此意以取樂而免苦也，多以修其仁義而已矣。何者？天堂非他，乃古今仁義之人所聚光明之宇；地獄亦非他，仍古今罪惡之人所流穢污之域。升天堂者已安其心乎善，不能易也；其落地獄者已定其心乎惡，不克改也。吾願定心於德，勿移於不善。吾願長近仁義之君子，求離罪惡之小人，誰云以利害分志，而在正道之外乎？儒者攻天堂地獄之説，是未察此理耳已。

中士曰：兹與浮屠勸世、輪迴變禽獸之説何殊？

西士曰：遠矣。彼用虛無者僞詞，吾用實有者至理。彼言輪迴往生，止於言利；吾言天堂地獄利害，明揭利以引人於義，豈無辨乎？且夫賢者修德，雖無天堂地獄，不敢自已，況實有之！

中士曰：善惡有報，但云必在本世，或不於本身，必於子孫耳，不必言天堂地獄。

西士曰：本世之報微矣，不足以充人心之欲，又不滿誠德之功，不足現上帝[三]賞善之力量也。公相之位，極重之酬矣，若以償德之價，萬不償一矣。天下固無可以償德之價者也。修德者雖不望報，上帝[四]之尊，豈有不報之盡滿者乎？王者酬臣之功，賞以三公足矣，上帝之酬而於是乎止乎？人之短於量也如是。

夫世之仁者不仁者，皆屢有無嗣者，其善惡何如報也？我自爲我，子孫自爲子孫。夫我所親行善惡，盡以還之子孫，其可爲公乎？且問天主既能報人善惡，何有能報其子孫，而不能報及其躬？苟能報及其躬，何以捨此而遠俟其子孫乎？且其子孫又有子孫之善惡，何以爲報，亦將俟其子孫之子孫以酬之歟？爾爲善，子孫爲惡，則將舉爾所當享之賞，而盡加諸其爲惡之身乎？可謂義乎？爾爲惡，子孫爲善，則將舉爾所當受之刑，而盡置諸其爲善之躬乎？可爲仁乎？非但王者，即霸者之法，罪不及胄。天主捨其本身，而惟胄是報耶？更善惡之報於他人之身，紊宇內之恒理，而俾民疑上帝之仁義，無所益於爲政，不如各任其報耳。

中士曰：先生曾見有天堂地獄，而決曰有？

西士曰：吾子已見無天堂地獄，而決曰無，何不記前所云乎？智者不必以肉眼所見之事方信其有，理之所見者，真於肉眼。夫耳目之覺或常有差，理之所是，必無謬也。

中士曰：願聞此理。

西士曰：一曰，凡物類各有本性所向，必至是而定止焉。得此則無復他望矣。人類亦必有止，然觀人之常情，未有以本世之事爲足者，則其心之所止，不在本世明也。不在本世，非在後世天堂歟？蓋人心之所向，惟在全福。衆福備處，乃謂天堂，是以人情未迄於是，未免有冀焉。全福之内含壽無疆，人世之壽，雖欲信天地人三皇及楚之冥靈、上古大椿，其壽終有界限，則現世悉有缺也。所謂世間無全福，彼善於此則有之，至於天堂，則止弗可尚，人性於是止耳。

二曰，人之所願，乃知無窮之真，乃好無量之好。今之世也，真有窮，好有量矣，則於是不得盡其性矣。夫性是天主所賦，豈徒然賦之，必將充之，亦必於來世盡充之。

三曰，德於此無價也，雖舉天下萬國而市之，未足以還德之所值。苟不以天堂報之，則有德者不得其報稱矣。得罪上帝〔五〕，其罪不勝重，雖以天下之極刑誅之，不滿其咎；苟不以地獄永永殃之，則有罪者不得其報稱矣。天主掌握天下人所行，而德罪無報稱，未之有也。

四曰，上帝〔六〕報應無私，善者必賞，惡者必罰。如今世之人，亦有爲惡而富貴安樂，爲善而貧賤苦難者，上帝〔七〕固待其人之既死，然後取其善者之魂而天堂福之，審其惡者之魂，而地獄刑之。不然，何以明至公至審乎？

中士曰：善惡之報，亦有現世，何如？

西士曰：設令善惡之報，咸待於來世，則愚人不知來世之應者，何以驗天上之有主者？將益放恣無忌！故犯彝者，時過饑荒之災，以懲其前而戒其後；順理者時蒙吉福之降，以酬於往而勸其來也。然天主至公，無不盡賞之善，無不盡罰之惡。故終身爲善，不易其心，則應登天堂，享大福樂而賞之；終身爲惡，至死不悛，則宜墮地獄，受重禍災而罰之。其有爲善而貧賤者，或因爲善之中，有小過惡焉，故上帝〔八〕以是現報之。至於殁後，既無所欠，則入全福之域，永享常樂矣；亦有爲惡而富貴者，乃行惡之際，並有微善存焉，故上帝〔九〕以是償之，及其死後，既無可舉，則陷深陰之獄，永受罪苦矣。夫宇宙内外，災祥由天主歟？由命歟？天主令外，固無他命也。

中士曰：儒者以聖人爲宗，聖人以經傳示教。遍察吾經傳，通無天堂地獄之説，豈聖人有未達此理乎？何以隱而未著？

西士曰：聖人傳教，視世之能載，故有數傳不盡者；又或有面語，而未悉録於册者；或已録而後失者；或後頑史不信，因削去之者。況事物之文，時有換易，不可以無其文，即云無其事也。今儒之謬攻古書，不可勝言焉。急乎文，緩乎意，故今之文雖隆，今之行實衰。

《詩》曰：「文王在上，於昭於天」；「文王陟降，在帝左右。」又曰：「世有哲王，三后在天。」《召誥》曰：「天既遐終大邦殷之命，茲殷多先哲王在天。」夫在上，在天，在帝左右，非天堂之謂，其何歟？

中士曰：察此經語，古聖人已信死後固有樂地，爲善者所居矣。然地獄之說，絕無可徵於經者。

西士曰：有天堂自有地獄，二者不能相無，其理一耳。如置文王、殷王、周公在天堂上，則桀、紂、盜跖必在地獄下矣。行異則受不同，理之常，固不容疑也。緣此人之臨終，滋賢者則滋舒泰，而略無駭色焉；滋不肖則滋逼迫，而以死爲痛苦，不幸之極焉。若以經書之未載爲非真，且誤甚矣。

西庠論之訣，曰正書可證其有，不可證其無。吾西國古經載，昔天主開闢天地，即生一男，名曰亞黨；一女名曰阨襪。是爲世人之祖，而不書伏羲、神農二帝。吾以此觀之，可證當時果有亞黨、阨襪二人，然而不可證其後之無伏羲、神農二帝也。若自中國之書觀之，可證古有伏羲、神農於中國，而不可證無亞黨、阨襪二祖也。不然禹迹不寫大西諸國，可謂天下無大西諸國哉？故儒書雖未明辯天堂地獄之理，然不宜因而不信也。

中士曰：善者登天堂，惡者墮地獄，設有不善不惡之輩，死後當往何處？

西士曰：善惡無間，非善即惡，非惡即善，惟善惡之中有巨微之別耳。善惡譬若生死，人不生則死，未死則生，固無弗生弗死者也。

中士曰：使有人先爲善，後變而爲惡；有先爲惡，後改而爲善，兹二人身後何如？

西士曰：天主乃萬靈之父，限本世之界，以勸吾儕於德，必以瀕死之候爲定。故平生爲善，須臾變心向惡而死，便爲犯人，則受地獄常永之殃，其前善惟未減耳。平生爲惡，今日改心歸善而死，則天主必扶而宥之，免前罪而授天堂，萬年永常受福也。

中士曰：如此則平生之惡無報焉。

西士曰：天主經云：人改惡之後，或自悔之深，或以苦勞本身自懲，於以求天主之宥，天主必且赦之，而死後即可升天也。倘悔不深，自苦不及前罪，則地獄之内，另有一處以置此等人，或受數日數年之殃，以補在世不滿之罪報也，補之盡則亦躡天，其理如此。

中士曰：心悟此理之是，第先賢之書云：何必信天堂地獄？如有天堂，君子必登之；如有地獄，小人必入之，吾當爲君子則已，此語庶幾得之。

西士曰：此語固失之，何以知其然乎？有天堂君子登之，必也；但弗信天堂地獄之理，決非君子。

中士曰：何也？

西士曰：且問乎子，不信有上帝[一〇]，其君子人歟？否歟？

中士曰：否。《詩》曰：「維此文王，小心翼翼，昭事上帝」，孰謂君子而弗信上帝[一一]者？

西士曰：不信上帝[一二]至仁至公，其君子人歟？否歟？

中士曰：否。上帝[一三]爲仁之原也，萬物公主也，孰謂君子而弗信其至仁至公者耶？

西士曰：仁者爲能愛人，能惡人。苟上帝[一四]不予善人升天堂，何足云能愛人？不進惡人於地獄，何足云能惡人乎？夫世之賞罰大略，未能盡公。若不待身後以天堂地獄，還各行之當然，則不免乎私焉。弗信此，烏信上帝[一五]爲仁爲公哉！且夫天堂地獄之報，中華佛老二氏信之，儒之智者亦從之，太東太西諸大邦無疑之，天主聖經載之，吾前者揭明理而顯之，則拗逆者必非君子也。

中士曰：如此則固信之矣。然尚願聞其說。

西士曰：難言也。天主經中特舉其概，不詳傳之。然夫地獄之刑，於今世之殃略近，吾可借而比焉。彼天堂之快樂，何能言乎？夫本世之患，有息有終，地獄之苦，無間無窮。聖賢論地獄，分其苦勞二般，或責其內中，或責其表外。若凍熱之不勝，臭穢之難當，饑渴之至極，是外患也。若戰慄視厲鬼魔威，恨妬瞻天神福樂，愧悔無及，憶己前行，乃內禍也。雖然，罪人所傷痛，莫深乎所失之巨福也，故常哀哭自悔曰：「悲哉！吾生前爲淫樂之微，失無窮之福，而溺於此萬苦之聚谷乎？今欲改過免此而已遲，欲死而畢命以脱此而不得！」蓋此非改過之時，天主公法所使，以刑具苦痛其人，不令毀滅其體，而以悠久受殃也。夫不欲死後落地獄，全在生時思省，思其苦，思其勞；思則戒，戒則不爲陷溺之事，而地獄可免焉。設地獄之嚴刑不足以動爾心，天堂之福，當必望之。經曰：「天堂之樂，天主所備以待仁人者，目所未見，耳所未聞，人心所未及忖度者也。」從是可徵其處爲衆吉所歸，諸凶之所遠焉。

夫欲度天堂光景，且當縱目觀茲天地萬物，現在奇麗之景，多有令人歎息無已者，而即復推思，此乃上帝[一六]設之，以爲人民鳥獸共用之具，爲善與作惡同寓之所，猶且製作成就如此，若其獨爲善人造作全福之處，更當何如哉！必也常爲暄春，無寒暑之迭累；常見光明，無暮夜之屢更。其人常快樂，無憂怒哀哭之苦，常舒恭，無危險，韶華之容常駐不變，歲年來往，大壽無滅，常生不滅，周旋左右於上帝〔一七〕。世俗之人，烏能達之？烏能言釋之哉？夫衆福吉之溶泉，聖神所常嗜，所常食，嗜而未始乏，食而未始饜也。此其所享不等，僉由生時所爲之善。功有多寡，而享福隨之，無有胥憎，何者？各滿其量也。譬長身者長衣，短身者短衣，長短各得其所欲，何憎之有！衆善爲侶，和順親愛，俯視地獄之苦，豈不更增快樂也乎！白者比黑而彌白，光者比暗而彌光也。

天主正教以此頒訓於世，而吾輩拘於目所恒覩，不明未見之理。比如囚婦懷胎，產子暗獄，其子至長，而未知日月之光，山水人物之嘉，祇以大燭爲日，小燭爲月，以獄内人物爲齊整，無以尚也，則不覺獄中之苦，殆以爲樂，不思出矣。若其母語之以日月之光輝，貴顯之粧飾，天地境界之文章，廣大數萬里，高億萬丈，而後知容光之細，桎梏之苦，囹圄之窄穢，則不肯復安爲家矣，乃始晝夜圖脱其手足之桎梏，而出尋朋友親戚之樂矣。世人不信天堂地獄，或疑或誚，豈不悲哉！

中士曰：悲哉！世人不爲二氏所誕，則蕩蕩如無牧之群，以苦世爲樂地天堂耳。兹語也，慈母之訓也。吾已知有本家，尚願習回家之路。

西士曰：正路茅塞，邪路反闢，固有不知其路，而妄爲引者，真似僞也，僞近真也，不可錯認也。向萬福而卒至萬苦辛，彼行路，慎之哉！

校記

〔一〕「上帝」，輔仁本作「天主」。

〔二〕「上帝」，輔仁本作「上主」。

〔三〕〔四〕「上帝」，輔仁本作「天主」。

〔五〕「上帝」，輔仁本作「上主」。

〔六〕〔七〕〔八〕〔九〕〔一〇〕〔一一〕〔一二〕〔一三〕〔一四〕〔一五〕〔一六〕〔一七〕「上帝」，輔仁本作「天主」。

第七篇　論人性本善，而述天主門士正學

中士曰：先辱示以天主爲兆民尊父，則知宜慕愛。次示人類靈魂，身後不滅，則知本世暫寄，不可爲重。復聞且有天堂爲善者升焉，居彼已定心修德，以事上帝〔一〕，與神人爲侶；況有地獄，居彼已定心不改惡，以受刑殃，致萬世不可脱也。兹欲詢事天主正道。夫吾儒之學，以率性爲修道，設使性善，則率之無錯，若或非盡善，性固不足恃也，奈何？

西士曰：吾觀儒書，嘗論性情，而未見定論之訣，故一門之中，恒出異説。知事而不知

己本，知之亦非知也。欲知人性其本善耶，先論何謂性，何謂善惡。夫性也者，非他，乃各物類之本體耳。曰各物類也，則同類同性，異類異性。曰本也，則凡在別類理中，即非茲類本性。曰體也，則凡不在其物之體界內，亦非性也。但物有自立者，而性亦爲自立有依賴者，而性兼爲依賴。可愛可欲謂善，可惡可疾謂惡也。通此義者，可以論人性之善否矣。

西儒說人，云是乃生覺者，能推論理也。曰「生」以別於金石；曰「覺」以異於草木；曰「能推論理」，以殊乎鳥獸。曰「推論不直曰明達」，又以分之乎鬼神。鬼神者，徹盡物理，如照如視，不待推論。人也者，以其前推明其後，以其顯驗其隱，以其既曉及其所未曉也，故曰能推論理者。立人於本類，而別其體於他物，乃所謂人性也。仁義禮智，在推理之後也。理也，乃依賴之品，不得爲人性也。古有岐人性之善否，誰有疑理爲有弗善者乎？孟子曰：「人性與牛犬性不同。」解者曰：「人得性之正，禽獸得性之偏也。」理則無二無偏，是古之賢者，固不同性於理矣。釋此，庶可答子所問，人性善否歟？

若論厥性之體及情，均爲天主所化生，而以理爲主，則俱可愛可欲，而本善無惡矣。至論其用，機又由乎我。我或有可愛，或有可惡，所行異則用之善惡無定焉，所爲情也。夫性之所發，若無病疾，必自聽命於理，無有違節，即無不善。然情也者，性之足也，時著偏疾者也。故不當一隨其欲，不察於理之所指也。身無病時，口之所啖，甜者甜之，苦者苦之，乍遇疾變，以甜爲苦、以苦爲甜者有焉。性情之已病，而接物之際，誤感而拂於理，其所愛惡，其所是非者，鮮得其正，鮮合其真者。然本性自善，此亦無礙於稱之爲善。蓋其能推論理，則良能常存，可以認本病，而復治療之。

中士曰：貴邦定善之理曰可愛，定惡之理曰可惡，是一説固盡善惡之情。敝國之士有曰「出善乃善，出惡乃惡」，亦是一端之理。若吾性既善，此惡自何來乎？

西士曰：吾以性爲能行善惡，固不可謂性自本有惡矣。惡非實物，乃無善之謂。如死非他，乃無生之謂耳。如士師能死罪人，詎其有死在己乎？苟世人者生而不能不爲善，從何處可稱成善乎？天下無無意於爲善，而可以爲善也，吾能無强我爲善，而自往爲之，方可謂爲善之君子。天主賦人此性，能行二者，所以厚人類也。其能取捨此善，非但增爲善之功，尤俾其功爲我功焉。故曰天主所以生我，非用我，所以善我，乃用我，此之謂也。即如設正鵠，非使射者失之，亦猶惡情於世，非以使人爲之。彼金石鳥獸之性，不能爲善惡，不如人性能之，以建其功也。其功非功名之功，德行之真功也。人之性情雖本善，不可因而謂世人之悉善人也。惟有德之人乃爲善人，德加於善，其用也在本善性體之上焉。

中士曰：性本必有德，無德何爲善？所謂君子，亦復其初也。

西士曰：設謂善者，惟復其初，則人皆生而聖人也，而何謂有生而知之，有學而知之之別乎？如謂德非自我新知，而但返其所已有，已失之大犯罪，今復之不足以爲大功，則固須認二善之品矣。性之善爲良善，德之善爲習善。

夫良善者，天主原化性命之德，而我無功焉。我所謂功，止在自習積德之善也。孩提之童愛親，鳥獸亦愛之，常人不論仁與不仁，乍見孺子將入於井，即皆怵惕，此皆良善耳。鳥獸與不仁者，何德之有乎？見義而即行之，乃爲德耳。彼或有所未能，或有所未暇視義，無以成德也。故謂人心者，始生如素簡無所書也。又如艶貌女人，其美則可愛，然皆其父母之遺德也，不足以見其本德之巧。若視其衣錦尚絅，而後其德可知也，玆乃女子本德矣。吾性質雖妍，如無德以飾之，何足譽乎？吾西國學者，謂德乃神性之寶服，以久習義，念義行生也。謂服則可著可脱，而得之於忻然爲善之念，所謂聖賢者也，不善者反是。但德與罪皆無形之服也，而惟無形之心，即吾所謂神者衣之耳。

中士曰：論性與德，古今衆矣，如闡其衷根，則玆始聞焉。夫爲非義，猶以污穢染本性；爲義，猶以文錦彰之，故德修而性彌美焉。此誠君子修己之功，然又有勉於外事，而不復反本者。

西士曰：惜哉！世俗之盡日周望，殫心力以疊僞珍，悦肉眼而不肯略啓心目，以視千萬世之文彩内神之真寶也。宜其逐日操心困苦，而臨終之候，哀痛懼慄，如畜獸被牽於屠矣。天主生我世間，使我獨勤事於德業，常自得無窮之福，不煩外借焉，而我自棄之，反以行萬物之役，趨百危險，誰咎乎？誰咎乎！夫人非願爲尊富，惟願恒得其所欲耳。得所欲之路無他，惟勿重其所求，得之不在我者焉。我固有真我也，我自害之；心之害，乃真害也。人以形神兩端相結成人，然神之精超於形，故智者以神爲真己，以形爲藏己之器，古有賢臣亞那，爲篡國者所傷，泰然曰：「爾傷亞那之器，非能傷亞那者也。」此所謂達人者也。

中士曰：人亦誰不知違義之自殃，從德者之自有大吉盛福，而不須外具也？然而務德者世世更稀，其德之路難曉乎？抑難進乎？

西士曰：俱難也，進尤甚焉。知此道而不行，則倍其愆，且減其知。比於食者，而不能化其所食，則充而無養，反傷其身。力行焉踐其所知，即增闢其才光，益厚其心力，以行其餘，試之則覺其然焉。

中士曰：吾中州士，古者學聖教而爲聖，今久非見聖人，則竊疑今之學非聖人之學，茲願詳示學術。

西士曰：嘗竊視群書，論學各具己私。若已測悟公學，吾何不聽命，而復有稱述西庠學乎？顧取捨之在子耳。夫學之謂，非但專效先覺行動語録謂之學，亦有自己領悟之學，有視察天地萬物而推習人事之學，故曰智者不患乏書册、無傳師，天地萬物盡我師、盡我劵〔卷〕也。學之爲字，其義廣矣。正邪、大小、利鈍均該焉。彼邪學固非子之所問，其勢利及無益之習，君子不以營心焉。吾所論學惟内也，爲己也，約之以一言，謂成己也。世之弊非無學也，是乃徒習夫寧無習之方，乃竟無補乎行。吾儕本體之神，非徒爲精貴，又爲形之本主。故神修即形修，神成即形無不成矣。是以君子之本業，特在於神，貴邦所謂無形之心也。有形之身，得耳目口鼻四肢五司，以交覺於物。無形之神有三司以接通之，曰司記含，司明悟，司愛欲焉。凡吾視聞啖覺，即其像由身之五門竅，以進達於神，而神以司記者受之，如藏之倉庫，不令忘矣。後吾欲明通一物，即以司明者取其物之在司記者，像而委曲折衷其體，協其性情之真於理當否。其善也，吾以司愛者愛之欲之；其惡也，吾以司愛者惡之恨之。蓋司明者達是又達非，司愛者司善善又司惡惡者也。三司已成，吾無事不成矣。又其司愛司明者已成，其司記者自成矣。故講學祇論其二爾已。司明者尚真，司愛者尚好，是以吾所達愈真。其真愈廣闊，則司明者愈成充，吾所愛益好，其好益深厚，則司愛益成就也。若司明不得真者，司愛不得好者，則二司者俱失其養，而神乃病餒。司明之大功在義，司愛之大本在仁，故君子以仁義爲重焉。二者相須，一不可廢。然惟司明者明仁之善，而後司愛者愛而存之；司愛者愛義之德，而後司明者察而求之。但仁也者又爲義之至精，仁盛則司明者滋明，故君子之學又以仁爲主焉。仁，尊德也。德之爲學，不以强奪，不以久藏毁而殺，施之與人而更長茂，在高益珍，所謂德在百姓爲銀，在牧者爲金，在君爲貝也。嘗聞智者爲事，必先立一主意，而後圖其善具以獲之，如旅人先定所往之域，而後尋詢去路也。終之意固，在其始也。夫學道亦要識其向往者，吾果爲何者而學乎？不然則貿貿而往，自不知其所求。或學特以知識，此乃徒學；或以售知，此乃賤利；或以使人知，此乃罔勤；或以誨人，乃所爲慈；或以淑己，乃所爲智。故吾曰學之上志，惟此成己，以合天主之聖旨耳。所謂由此而歸此者也。

中士曰：如是則其成己爲天主也，非爲己也，則毋奈外學也。

西士曰：烏有成己而非爲己者乎？其爲天主也，正其所以成也。仲尼説仁，惟曰愛人，而儒者不以爲外學也。余曰仁也者，乃愛天主與夫愛人者，崇其宗原而不遺其枝派，何以謂外乎？人之中雖親若父母，比於天主者猶爲外焉。況天主常在物內，自不當外。意益高者學益尊，如學者之意止於一己，何高之有？至於爲天主，其尊乃不可加矣，孰以爲賤乎？聖學在吾性內，天主銘之人心，原不能壞。貴邦儒經所謂明德、明命是也。但是明爲私欲蔽揜，以致昏瞑，不以聖賢躬親喻世人豈能覺？恐以私欲誤認明德，愈悖正學耳。然此學之貴，全在力行，而近人妄當之以講論，豈知善學之驗，在行德不在言德乎？然其講亦不可遺也。講學也者，温故而習新，達藴而釋疑，奮己而勸人，博學而篤信者也。善之道無窮，故學爲善者，與身同終焉。身在不可一日不學，凡曰已至，其必未起也。凡曰吾已不欲進於善，即是退復於惡也。

中士曰：此皆真語，敢問下手工夫。

西士曰：吾素譬此工如圃然，先繕地拔其野草，除其瓦石，注其泥水於溝壑，而後藝嘉種也。學者先去惡而後能致善，所謂有所不爲，方能有爲焉。未學之始，習心横肆，其惡根固深透乎心，抽使去之，可不黽黽乎？勇者，克己之謂也。童年者蚤即於學，其工如一，得工如十，無前習之累故也。古有一善教者，子弟從之，必問曾從他師否？以從他師者，爲其已蹈曩時之誤，必倍其將誠之儀。一因改易其前誤，一因教之以知新也。既已知學矣，尚迷乎色慾，則何以建於勇毅？尚驕傲自滿欺人，則何以進乎謙德？尚惑非義之財物，不返其主，則何以秉廉？尚溺乎榮顯功名，則何以超於道德？尚將怨天尤人，則何以立於仁義？秬卣盈以醯鹽，不能斟之鬱鬯矣。知己之惡者，見善之倪，而易入於德路者也。欲剪諸惡之根，而興己於善，不若守敝會規例，逐日再次省察，凡己半日間所思所言所行善惡，有善者自勸繼之，有惡者自懲絶之。久用此功，雖無師保之責，亦不患有大過。然勤修之至，恒習見天主於心目，儼如對越至尊，不離於心，枉念自不萌起，不須他功，其外四肢莫之禁，而自不適於非義矣。故改惡之要，惟在深悔，悔其昔所已犯，自誓弗敢再蹈。心之既沐，德之寶服可衣焉。夫德之品衆矣，不能具論。吾今爲子惟揭其綱，則仁其要焉，得其綱則餘者隨之。故《易》云：「元者善之長」，「君子體仁，足以長人」。夫仁之説，可約而以二言窮之，曰愛天主，爲天主無以尚；而爲天主者，愛人如己也。行斯二者，百行全備矣。然二亦一而已，篤愛一人，則並愛其所愛者矣。天主愛人，吾真愛天主者，有不愛人者乎？此仁之德所以爲尊，其尊非他，乃因上帝[二]。借令天主所以成我者，由他外物，又或求得之而不能得，則尚有歉，然皆由我内關，特在一愛云耳，孰曰吾不能愛乎？天主諸善之聚，化育我，施生我，使我爲人不爲禽蟲，且賜之以作德之性。吾愛天主，即天主亦寵答之，何適不祥乎？人心之司愛向於善，則其善彌大，司愛者亦彌充。天主之善無限界，則吾德可長無定界矣，則夫能充滿我情性，惟天主者也。然於善有未通，則必不能愛，故知寸貝之價當百，則愛之如百；知拱璧之價當千，則愛之如千。是故愛之機在明達，而欲致力以廣仁，先須竭心以通天主之事理，乃識從其教也。

中士曰：天主事理，目不得見，所信者人所言所錄耳。信人之知，惟恍惚之知，何能決所向往？

西士曰：人，有形者也，交於人道者，非信人不可，況交乎無形者耶？今余不欲揭他遠事也，子孝嚴親，無所不至，然子何以知孝？惟信人之言，知其乃生己之父也；非人言，自何以知之乎？子又忠於君，雖捐命無悔，其爲君亦祇信經書所傳耳，臣孰自知其爲己君乎？則吾所信有實據，不可謂不真切明曉，足以爲仁之基也。況夫天主事，非一夫之言。天主親貽正經，諸國之聖賢傳之，天下之英俊僉從之，信之固不爲妄，何恍惚之有？

中士曰：如此則信之無容疑矣，但仁道之大，比諸天地，無不覆載，今曰一愛已爾，似乎太隘。

西士曰：血氣之愛，尚爲群情之主，矧神理之愛乎？試如逐財之人，以富爲好，以貧爲醜，則其愛財也，如未得則欲之，如可得則望之，如不可得則棄志[三]，既得之則喜樂也，若更有奪其所取者則惡之，慮爲人之所奪則避之，如可勝則發勇爭之，如不可勝則懼之，一旦失其所愛則哀之，如奪我愛者强而難敵，則又或思禦之，或欲復之而忿怒也。此十一情者，特自一愛財所發。總之有所愛則心搖，其身體豈能靜漠無所爲乎？故愛財者必逝四極，交易以殖貨；愛色者必朝暮動費，以備嬖妾；愛功名者終身經歷百險，以逞其計謀，愛爵祿者攻苦文武之業，以通其幹才。天下萬事皆由愛作，而天主之愛獨可已乎？

愛天主者，固奉敬之，必顯其功德，揚其聲教，傳其聖道，闢彼異端者。然愛天主之效，莫誠乎愛人也。所謂仁者愛人，不愛人何以驗其誠敬上帝[四]歟？愛人非虚愛，必將渠饑則食之，渴則飲之，無衣則衣之，無屋則舍之，憂患則恤之慰之，愚蒙則誨之，罪過則諫之，侮我則恕之，既死則葬之，而爲代祈上帝[五]，且死生不敢忘之。故昔大西有問於聖人者，曰：「行何事則可以至善與？」曰：「愛天主而任汝行也。」聖人之意乃從此哲引者，固不差路矣。

中士曰：司愛者用於善人可耳，人不皆善，其惡者心不可愛，況厚愛乎？若論他人，其無大損；若論在五倫之間，雖不善者，我中國亦愛之，故父爲瞽瞍，弟爲象，舜猶愛友焉。

西士曰：俗言仁之爲愛，但謂愛者可相答之物耳，故愛鳥獸金石非仁也。然或有愛之而反以仇，則我可不愛之乎？

夫仁之理，惟在愛其人之得善之美，非愛得其善與美而爲己有也。譬如愛醴酒，非愛其酒之有美，愛其酒之好味，可爲我嘗也，則非可謂仁於酒矣。愛己之子，則愛其有善，即有富貴、安逸、才學、德行，此乃謂仁愛其子。若爾愛爾子，惟爲愛其奉己，此非愛子也，惟愛自己也，何謂之仁乎？惡者固不可愛，但惡之中，亦有可取之善，則無絕不可愛之人。仁者愛天主，故因爲天主而愛己愛人，知爲天主則知人人可愛，何特愛善者乎？愛人之善，緣在天主之善，非在人之善。故雖惡者，亦可用吾之仁，非愛其惡，惟愛其惡者之或可以改惡而化善也。況雙親兄弟君長，與我有恩有倫之相繫，吾宜報之，有天主誡令慕愛之，吾宜守之，又非他人等乎？則雖其不善，豈容斷愛耶？人有愛父母不爲天主者，兹乃善情，非成仁之德也，雖虎之子爲豹，均愛親矣。故有志於天主之旨，則博愛於人，以及天下萬物，不須徒膠之爲一體耳。

中士曰：世之誦讀經書者，徒視其文而闇其旨。某曩者嘗誦《詩》云，「維此文王，小心翼翼，昭事上帝，聿懷多福，厥德不回。」今聞仁之玄論，歸於天主，而始知詩人之旨也。志事上帝〔六〕，即德無缺矣。然仁既惟愛天主，則天主必眷愛仁人，何須焚香禮拜、誦經作功乎？吾檢慎於日用，各合其義斯已焉。

西士曰：天主賜我形神兩備，我宜兼用二者以事之。天主繁育鳥獸，昭布萬像，而其竟莫有知所酬報者，獨人類能建殿堂，設禮祭，祈拜誦經，以申感謝，何者？天主之愛人甚矣！大父之慈，恐人以外物幻其内仁，則命聖人作此外儀，以啓吾内德而常存省之，俾吾日日仰目禱祈其恩。既得之則讚揚其盛，而感之不忘，且以是明我本來了無毫髮之非上賜，而因以增廣吾仁，且令後世彌厚享賞也。

天主之經無他，祇是欽崇上帝〔七〕恩德而讚美之，或祈恕宥昔者所犯罪惡，或乞恩祐以勝危難，以避咎愆，以進於至德。故數數誦之者，必益敦信此道，愈闢心明以達學術之隱也。又恐污邪忘想，侵滑人心，因而渙散，於是天主又教之以禮，不拘男女，咸日誦經拜叩，以閑其邪。夫吾天主所授工夫，匪佛老空無寂寞之教，乃悉以誠實引心於仁道之妙，故初使掃去心惡，次乃光其闇惑，卒至合之於天主之旨，俾之化爲一心，而與天神無異，用之必有其驗，但今不暇詳解耳。吾竊視貴邦儒者，病正在此，第言明德之修，而不知人意易疲，不能自勉而修，又不知瞻仰天帝〔八〕以祈慈父之佑，成德者所以鮮見。

中士曰：拜佛像念其經，全無益乎？

西士曰：奚啻無益乎？大害正道！惟此異端，愈祭拜尊崇，罪愈重矣。一家止有一長，二之則罪；一國惟得一君，二之則罪；乾坤亦特由一主，二之豈非宇宙間重大罪犯乎？儒者欲罷二氏教於中國，而今乃建二宗之寺觀，拜其像，比如欲枯槁惡樹，而厚培其本根，必反榮焉。

中士曰：天主爲宇内至尊無疑也。然天下萬國九州之廣，或天主委此等佛祖、神仙、菩薩，保固各方，如天子宅中，而差官布政於九州百郡，或者貴方别有神祖耳。

西士曰：此語本失而似得，不細察則誤信之矣。天主者非若地主，但居一方，不遺人分任，即不能兼治他方者也。上帝〔九〕知能無限，無外爲而成，無所不在，所御九天萬國，體用造化，比吾示掌猶易，奚待彼流人代司之哉？且理無二是。設上帝〔一〇〕之教是，則他教非矣，設他教是，則上帝〔一一〕之教非矣。朝廷設官分職，咸奉一君，無異禮樂，無異法令。彼二氏教自不同，況可謂天主同乎？彼教不尊上帝〔一二〕，惟尊一己耳已，昧於大原大本焉，所宣誨諭，大非天主之制具，可謂自任，豈天主任之乎？

天主經曰：「妨之妨之：有著羊皮而內爲豺狼極猛者；善樹生善果，惡樹生惡果，視其所行，即知何人。」謂此輩耳。凡經半句不真，決非天主之經也。天主者豈能欺人，傳其僞理乎！異端僞經，虛詞誕言，難以勝數，悉非由天主出者。如曰「日輪夜藏須彌山之背」，曰「天下有四大部州，皆浮海中，半見半浸」，曰「阿函以左右手掩日月，爲日月之蝕」。此乃天文地理之事，身毒國原所未達，吾西儒笑之而不屑辯焉。吾今試指釋氏所論人道之事三四處，其失不可勝窮也：曰四生六道，人魂輪迴；又曰殺生者靈魂不升天堂，或歸天堂亦復迴生世界，以及地獄充滿之際，復得再生於人間；又曰禽獸聽講佛法，亦成道果。此皆拂理之語，第四、五篇已明辯之。又言婚姻俱非正道，則天主何爲生男女以傳人類，豈不妄乎？無婚配，佛從何生乎？禁殺生復禁人娶，意惟滅人類而讓天下於畜類耳。又有一經名曰《大乘妙法蓮花經》，囑其後曰：「能誦此經者，得到天堂受福。」今且以理論之，使有罪大惡極之徒，力能置經誦讀，則得升天受福。若夫修德行道之人，貧窮困苦，買經不便，亦將墜於地獄與？又曰呼誦「南無阿彌陀佛」，不知幾聲，則免前罪，而死後平吉，了無兇禍。如此其易，即可自地獄而登天堂乎？豈不亦無益於德，而反導世俗以爲惡乎？小人聞而信之，孰不遂私欲，污本身，侮上帝〔一三〕，亂五倫，以爲臨終念佛者若干次，可變爲仙佛也。天主刑賞，必無如是之失公失正者。夫「南無阿彌陀」一句，有何深妙，即可逃重殃而著厚賞？不讚德，不祈祐，不悔己前罪，不述宜守規誡，則從何處立功修行哉？世人交友，或有一二語誑，終身不敢盡信其言。今二氏論大事，許多誑謬，人尚畢信其餘，何也？

中士曰：佛神諸像，何從而起？

西士曰：上古之時，人甚愚直，不識天主，或見世人略有威權，或自戀愛己親，及其死而立之貌像，建之祠宇廟禰，以爲思慕之迹，暨其久也，人或進香獻紙，以祈福佑。又有最惡之人，以邪法制服妖怪，以此異事，自稱佛仙，假布誠術，詐爲福祉，以駭惑頑俗，而使之塑像祀奉，此其始耳。

中士曰：非正神，何以天主容之不滅之，且有焚禱像下，或致感應者？

西士曰：有應也亦有不應也，則其應非由彼神邪像也。人心自靈，或有非理，常自驚詫，已而規其隱者，不須外威也。又緣人既爲非，則天主棄之不祐，故邪神魔鬼，潛附彼像之中，得以侵迷誑誘，以增其愚。夫人既奉邪神，至其已死，靈魂墜於地獄，卒爲魔鬼所役使，此乃魔鬼之願也。幸得天主不甚許此等邪神發見於人間，見亦少以美像，常睹醜惡，或一身百臂，或三頭六臂，或牛頭，或龍尾等怪類，正欲人覺悟，知其非天上容貌，乃諸魔境惡相耳。而人猶迷惑，塑其像，而置之金座，拜之祀之，悲哉！夫前世貴邦，三教各撰其一。近世不知從何出一妖怪，一身三首，名曰三函教。庶氓所宜駭避，高士所宜疾擊之，而乃倒拜師之，豈不愈傷壞人心乎？

中士曰：曾聞此語，然儒者不與也，願相與直指其失。

西士曰：吾且具四五端實理，以證其誣。一曰三教者或各真全，或各僞缺，或一真全，而其二僞缺也。苟各真全，則專從其一而足，何以其二爲乎？苟各僞缺，則當竟爲卻屏，奚以三海蓄之哉？使一人習一僞教，其誤已甚也，況兼三教之僞乎？苟惟一真全，其二僞缺，則惟宜從其一真，其僞者何用乎？一曰輿論云：「善者以全成之，惡者以一耳。」如一艷貌婦人，但乏鼻，人皆醜之。吾前明釋二氏之教，俱各有病，若欲包含爲一，不免惡謬矣。一曰正教門，令入者篤信，心一無二。若奉三函之教，豈不俾心分於三路，信心彌薄乎？一曰三門由三氏立也，孔子無取於老氏之道，則立儒門；釋氏不足於道儒之門，故又立佛門於中國。夫三宗自己意不相同，而二千年之後，測度彼三心意，强爲之同，不亦誣歟？一曰三教者，一尚「無」，一尚「空」，一尚「誠」、「有」焉。天下相離之事，莫遠乎虚實有無也。借彼能合有與無、虚與實，則吾能合水與火、方與圓、東與西、天與地也，而天下無事不可也。胡不思每教本戒不同？若一戒殺生，一令用牲祭祀，則函三者，欲守此固違彼，守而違，違而守，詎不亂教之極哉！於以從三教，寧無一教可從。無教可從，必別尋正路。其從三者，自意教爲有餘，而實無一得焉，不學上帝〔一四〕正道，而殉人夢中說道乎？夫真，維一耳。道契於其真，故能榮生。不得其一，則根透不深，根不深則道不定，道不定則信不篤，不一不深不篤，其學烏能成乎？

中士曰：噫嘻！寇者殘人，深夜而起，吾儕自救，猶弗醒也。聞先生之語，若霹靂焉，動吾眠而使之覺。雖然，猶望卒以正道之宗援我。

西士曰：心既醒矣，眼既啓矣，仰天而祈上祐，其時也夫！

校記

〔一〕〔二〕「上帝」，輔仁本作「天主」。

〔三〕「志」，輔仁本作「之」。

〔四〕〔五〕〔六〕「上帝」，輔仁本作「天主」。

〔七〕「上帝」，輔仁本作「上主」。

〔八〕「天帝」，輔仁本作「天主」。

〔九〕〔一〇〕〔一一〕〔一二〕「上帝」，輔仁本作「天主」。

〔一三〕「上帝」，輔仁本作「上主」。

〔一四〕「上帝」，輔仁本作「真主」。

第八篇　總舉大西俗尚，而論其傳道之士所以不娶之意，並釋天主降生西土來由

中士曰：貴邦既習天主之教，其民必醇樸，其風必正雅，願聞所尚。

西士曰：民之用功乎聖教，每每不等，故雖云一道，亦不能同其所尚。然論厥公者，吾大西諸國，且可謂以學道爲本業者也。故雖各國之君，皆務存道正傳，又立有最尊位，曰教化皇，專以繼天主、頒教諭世爲己職，異端邪説，不得作於列國之間，主教者之位享三國之地，然不婚配，故無有襲嗣，惟擇賢而立，餘國之君臣，皆臣子服之。蓋既無私家，則惟公是務，既無子，則惟以兆民爲子，是故迪人於道，惟此殫力，躬所不能及，則委才全德盛之人，代誨牧於列國焉。列國之人，每七日一罷市，禁止百工，不拘男女尊卑，皆聚於聖殿，謁禮拜祭，以聽談道解經者終日。又有豪士數會其朋友，出遊於四方，講學勸善，間有敝會，以

耶穌名爲號，其作不久，然已三四友者，廣聞信於諸國，皆願求之，以誘其子弟於真道也。

中士曰：擇賢以君國，布士以訓民，尚德之國也。美哉風矣！又聞尊教之在會者無私財，而以各友之財共焉；事無自專，每聽長者之命焉。其少也成己德、博己學耳，壯者學成而後及於人。以文會，以誠約，吾中夏講道者或難之。然有終身絶色，終不婚配之戒，未審何意？夫生類自有之情，宜難盡絶，上帝〔一〕之性，生生爲本，祖考百千，其世傳之及我，可即斷絶乎？

西士曰：絶色一事，果人情所難，故天主不布之於誡律，强人盡守，但令人自擇，願者遵之耳。然其事難能，大抵可以驗德，難乎精嚴正行。凡人既引於德，則路定而不易矣。君子修德，不憚劬苦。吾方寸之志已立，則世上無難事焉。使以難爲爲非義，則甚難爲義者也。生生者上帝〔二〕，死死者誰乎？二者本一，非由二心，未開天地千萬世以前，上帝〔三〕無生一生者，生生之性何在乎？人心之卑暝，莫測尊極之心，矧云咎之哉！且人以上帝〔四〕之心爲心，非但以傳生爲義，亦有隙生之理。夫天下人民，總合言之，如一全身焉，其身之心意惟一耳，各肢之所司甚衆。令一身悉爲首腹，胡以行動？令全身皆爲手足，胡以見聞，胡以養生乎？比此而論，不宜責一國之人各同一轍。若云以此生人，又兼司教以主祭祀，始爲全備，竊謂婚姻之情，固難竟絶；上帝[五]之祀，又須專潔，二職渾責一身，其於敬神之禮，必有荒蕪。夫人奉事國君，尚有忍尅本身者；奉事上帝[六]，詎不宜克己慾心哉？

古之民寡而德盛，而一人可以兼二職。今世之患，非在人少，乃人衆而德衰耳。圖多子而不知教之，斯乃止增禽獸之群，豈所云廣人類者歟？有志乎救世者，深悲當世之事，製爲敝會規則，絶色不娶，緩於生子，急於生道，以拯援斯世墮溺者爲意，其意不更公乎！又傳生之責，男與女均。今有貞女受聘未嫁而夫卒者，守義無二，儒者嘉之，天子每旌表之。彼其棄色而忘傳生者，第因守小信於匹夫，在家不嫁，尚且見褒。吾三四友人，因奉事上帝[七]，欲以便於遊天下，化萬民而未暇一婚，乃受貶焉，不亦過乎？

中士曰：婚娶者於勸善宣道何傷乎？

西士曰：無相傷也。但單身不娶，愈靖以成己，愈便以及人也。吾爲子揭其便處，請詳察之，以明敝會所爲有所據否。

一曰，娶者以生子爲室家耳。既獲幾子，必須養育，而以財爲置養之資，爲人之父，不免有貨殖之心。今之父子衆，則求財者衆也；求之者衆，難以各得其願矣。吾以身纏拘於俗情，不能超脱無溺，必將以苟且[八]爲幸也，欲立志責人於義，豈能興起乎？夫修德以輕貨財爲首務，我方重愛之，何勸爾輕置之哉！

二曰，道德之情，至幽至奥。人心未免昏昧，色慾之事，又恒鈍人聰明焉。若爲色之所役，如以小燈藏之厚皮籠内，不益矇乎？豈能達於道妙矣。絶色者如去心目之塵垢，益增光明，可以窮道德之精微也。

三曰，天下大惑，維由財色二欲耳。以仁發憤救世者，必以解此二惑爲急。醫家以相悖者相治，故熱病用寒藥，寒病用暖藥，乃能療之。玆吾惡富之害，而自擇爲貧者，畏色之傷，而自擇爲獨夫者，處己若此，而後無義之財，邪色之欲，始有省焉。故敝會友捐己義得之財物，以勸人勿干非義之富，爲修道以卻正色之樂，以勸人勿迷於非禮之色也。

四曰，縱有俊傑才能，使其心散而不專乎一，則所爲事必不精。克己之功難於克天下，自古及今，史傳英雄攻天下而得之者多矣，能克己者幾人哉？志欲行道於四海之内，非但欲克一己，兼欲防遏萬民私欲，則其功用之大，曷可計乎？專之猶恐未精，况宜分之他務，爾將要我事少艾而育小兒乎？

五曰，善養馬者，遇騏驥騂騮，可一日而馳千里，則謹牧以期戰陣之用，懼有劣騸於色者，别之於群，不使與牝接焉。天主聖教亦將尋豪傑之人，能週遍四方之疆界者，以明道禦侮，息異論，迸邪説，而永存聖教之正也。豈欲軟其心以色樂，而不欲培養其果毅，以克私慾之習乎！故西士之專心續道，甚於專事嗣後者也。譬夫斂收五穀萬石，未有盡播之田中，以爲穀種者；必將擇其一以貢君，一以藝稼爲明年之穡。曷獨人間萬子，皆罄費之以産子，而無所全留以待他用者耶？

六曰，凡事有人與鳥獸同者，不可甚重焉。勞身以求食，求食以充饑，充饑以蓄氣，蓄氣以敵害，敵害以全己性命也，咸下情也。人於鳥獸此無殊也。若謹慎以殉義，殉義以檢心，檢心以修身，修身以廣仁，廣仁以答天主恩也。此乃生人切事，可以稱上帝〔九〕之大旨。從此觀之，則匹配之情，於務道之意，孰重乎？天下寧無食，不寧無道；天下寧無人，不寧無教。故因道之急，可緩婚；因婚之急，不可緩道也。以遵頒天主聖旨，雖棄致己身以當之可也，况棄婚乎？

七曰，敝會之趣無他，乃欲傳正道於四方焉耳。苟此道於西不能行，則遷其爰於東；於東猶不行，又將徙之於南北，奚徒晝身於一境乎？醫之仁者，不繫身於一處，必周流以濟各處之病，方爲博施。婚配之身，纏繞一處，其本責不越於齊家，或迄於一國而已耳。故中國之傳道者，未聞其有出遊異國者，夫婦不能相離也。吾會三四友，聞有可以行道之域，雖在幾萬里之外，亦即往焉，無有託家寄妻子之慮。則以天主爲父母，以世人爲兄弟，以天下爲己家焉。其所涵胸中之志，如海天然，豈一匹夫之諒乎！

八曰，凡此與彼彌似，則其性彌近。天神了無知色者，絶色者其情邇乎天神矣！夫身在地下，而比居上天者，以有形者而效無形者，此不可謂鄙人庸學也。似此清净之士，有所祈禱於天主，或天之旱，或妖鬼之怪也，或遇水火灾異之求解也，天主大都鑒而聽之，不然上尊何寵之哉？

然吾此數條理，特具以解敝會不婚之意，非以非婚姻者也。蓋順理娶也，非犯天主誡也，又非謂不娶者也，皆邇神人也。設令絶婚屏色，而不惓惓於秉彝之德，豈不徒然乎！乃中國有辭正色而就狎斜者，去女色而取頑童者，此輩之穢污，西鄉君子弗言，恐浼其口。雖禽獸之彙，亦惟知陰陽交感，無有反悖天性如此者。人弗赧焉，則其犯罪若何？吾敝同會者，收全己種，不之藝播於田畝，而子猶疑其可否，况棄之溝壑者哉！

中士曰：依理之語，以服人心，强於利刃也。但中國有傳云「不孝有三，無後爲大」者，如何？

西士曰：有解之者云，「彼一時，此一時」。古者民未衆，當充擴之。今人已衆，宜姑停焉。余曰，此非聖人之傳語，乃孟氏也。或承誤傳，或以釋舜不告而娶之義，而他有託焉。《禮記》一書，多非古論議，後人集禮，便雜記之於經典。貴邦以孔子爲大聖，《學》、《庸》、《論語》，孔子論孝之語極詳，何獨其大不孝之戒，群弟子及其孫不傳，而至孟氏始著乎？孔子以伯夷、叔齊爲古之賢人，以比干爲殷三仁之一，既稱三子曰仁曰賢，必信其德皆全而無缺矣。然三人咸無後也，則孟氏以爲不孝，孔子以爲仁，且不相戾乎？是故吾謂以無後爲不孝，斷非中國先進之旨。使無後果爲不孝，則爲人子者，宜旦夕專務生子以續其後，不可一日有間，豈不誘人被色累乎？如此則舜猶未爲至孝耳。蓋男子二十以上可以生子，舜也三十而娶，則二十逮三十，匪孝乎？古人三旬已前不婚，則其一旬之際，皆匪孝乎？譬若有匹夫焉，自審無後非孝，有後乃孝，輒娶數妾，老於其鄉，生子至多，初無他善可稱，可爲孝乎？學道之士，平生遠遊異鄉，輔君匡國，教化兆民，爲忠信而不顧產子，此隨前論乃大不孝也。然於國家、兆民有大功焉，則輿論稱爲大賢。孝否在內不在外，由我豈由他乎？得子不得子也，天主有定命矣，有求子者而不得，烏有求孝而不得孝者乎？孟氏嘗曰：「求則得之，舍則失之，是求有益於得也，求在我也。求之有道，得之有命，是求無益於得也，求在外者也。」以是得嗣無益於得，况爲峻德之效乎？大西聖人言不孝之極有三也：陷親於罪惡，其上；殺親之身，其次；脱親財物，又其次也。天下萬國，通以三者爲不孝之極。至中國而後聞無嗣不孝之罪，於三者猶加重焉。吾今爲子定孝之説。欲定孝之説，先定父子之説。凡人在宇内有三父，一謂天主，二謂國君，三謂家君也。逆三父之旨者，爲不孝子矣。天下有道，三父之旨無相悖。蓋下父者，命己子奉事上父者也，而爲子者順乎一，即兼孝三焉。天下無道，三父之令相反，則下父不順其上父，而私子以奉己，弗顧其上。其爲之子者，聽其上命，雖犯其下者，不害其爲孝也；若從下者，逆其上者，固大爲不孝者也。國主於我相爲君臣，家君於我相爲父子，若使比乎天主之公父乎，世人雖君臣父子，平爲兄弟耳焉。此倫不可不明矣。夫萬國通大西之境界，皆稱爲出聖人之地，蓋無世不有聖人焉。吾察百世以下，敝土聖人之尊者，咸必終身不娶。聖人爲世之表，豈天主立之爲表，而處己於不義之爲哉？彼有不娶而爲積財貨，或爲糊口，或爲偷安懈惰，其卑賤之流，何足論者！若吾三四友，一心慕道，以事天主，敝世歸元，且絶諸色之類，使其專任鄙見，無理可揭，誠爲不可，然而群聖以其身先之，萬國賢士美之，有實理合之，有天主經典奇之，亦可姑隨其志否耶？以繼後爲急者，惟不知事上帝[一〇]，不安於本命，不信有後世者，以爲生世之後，已盡滅散，無有存者，真可謂之無後。吾今世奉事上帝[一一]，而望萬世以後，猶悠久常奉事之，何患無後乎？吾死而神明全在，當益鮮潤，所遺虚軀殼，子葬之亦腐，朋友葬之亦腐，則何擇乎？

中士曰：爲學道而不婚配，誠合義也。我大禹當亂世治洪水，巡行九州，八年於外，三過其門而不入。今也當平世，士有室家，何傷焉？

西士曰：嗚呼！子以是爲平世乎？誤矣！智者以爲今時之災，比堯時之災愈洪也。群世人而盲瞽，不之能視焉，則其殘不亦深乎！古之所謂不祥，從外而來，人猶易見而速防，其所傷不踰財貨，或傷膚皮。今之禍自内突發，哲者覺之而難避也，況於恒人。故其害莫甚焉。如風雷妖怪之擊人，不損乎外，而侵其内者也。

夫化生天地萬物，乃大公之父也，又時主宰安養之，乃無上共君也。世人弗仰弗奉，則無父無君，至無忠至無孝也。忠孝蔑有，尚存何德乎？夫以金木土泥，鑄塑不知何人僞像，而倡愚氓往拜禱之，曰此乃佛祖，此乃三清也，且興淫辭奸説以壅塞之，使之汨濫中心，而不得歸其宗，且以空無爲物之原，豈非空無天主者乎？以人類與天主爲同一體，非將以上帝〔一二〕之尊，而侔之於卑役者乎？恣其誕妄，以天主無限之感靈，而等之於土石枯木，以其無窮之仁覆，爲有玷缺，而寒暑災異，憾且尤之。侮狎君父，一至於此！

蓋昭事上帝〔一三〕之學，久已陵夷。不思小吏，聊能阿好其民，已爲建祠立像，布滿郡縣，皆是生祠；佛殿神宫，彌山遍市，豈其天主尊神，無一微壇，以禮拜敬事之乎？世人也皆習詐僞，僞爲衆師，以揚虚名，供養其口，冒民父母，要譽取資。至於世人大父，宇宙公君，泯其蹟而借其位，殆哉殆哉！吾意大禹適在今世，非但八年在外，必其絶不有家，終身週巡於萬國，而不忍還矣。爾欲吾三四友，有子之心，有兄弟之情，視此爲何如時哉？

中士曰：以是爲亂，則亂固不勝言矣。時賢講學，急其表而不究其裏，故表裏終於俱壞。蓋未聞積惡於内，而不遽發於外者也。間有儒門之人，任其私智，附會二氏以論來世，如丐子就乞餘飯，彌紊正學，不如貴邦儒者，乃有歸元。此論既明，人人可悟，但肯用心一思衆物之態，必知物有始元，非物可比。聖也，佛也，仙也，均由人生，不可謂無始元者也。不爲始元，則不爲真主，何能輒立世誡？夫知有歸元，則人道已定，捨事天又何學焉？譬如一身，四肢各欲自存也，然忽有刀鎗將擊其首，手足自往救護，雖見傷殘，終不能已。尊教洞曉天主爲衆物元，則凡觀惡行，聞惡語，凡有逆於理，違於教者，若矛刃將刺天主然，亟迫往護，此亦惟知有天主之在上，而寧知天下有他物可尚乎？故不但不念妻子財資，吾身生命猶將忘之。吾輩俗心錮結，彷佛慕企，輶淺信從，奚云捨生命棄妻子？有因上帝[一四]道德之故，邇移半步，遙費一芥，且各惜之矣。嗟哉！

然吾頻領大教，稱天主無所不通，無所不能，其既爲世人慈父，烏忍我儕久居闇晦，不認本原大父，貿貿此道途？曷不自降世界，親引群迷，俾萬國之子者，明覩真父，了無二尚，豈不快哉？

西士曰：望子此問久矣！苟中華學道者常詢此理，必已得之矣。今吾欲著世界治亂之由者，請子服膺焉。天主始製創天地，化生人物，汝想當初乃即如是亂苦者歟？殊不然也。天主之才最靈，其心至仁，亭育人群以迨天地萬物，豈忍置之於不治不祥者乎哉？開闢初生，人無病夭，常是陽和，常甚快樂，令鳥獸萬彙，順聽其命，毋敢侵害，惟令人循奉上帝[一五]，如是而已。

夫亂夫災，皆由人以背理，犯天主命。人既反背天主，萬物亦反背於人，以此自爲自致，萬禍生焉。世人之祖，已敗人類性根，則爲其子孫者，沿其遺累，不得承性之全，生而帶疵，又多相率而習醜行，則有疑其性本不善，非關天主所出，亦不足爲異也。人所已習，可謂第二性，故其所爲，難分由性由習。雖然性體自善，不能因惡而滅，所以凡有發奮遷善，轉念可成，天主亦必祐之。但民善性既滅，又習乎醜，所以易溺於惡，難建於善耳。天主以父慈恤之，自古以來代使聖神繼起，爲之立極。逮夫淳樸漸漓，聖賢化去，從欲者日衆，循理者日稀。於是大發慈悲，親來救世，普覺群品，於一千六百有三年前歲次庚申，當漢朝哀帝元壽二年冬至後三日，擇貞女爲母，無所交感，託胎降生，名號爲耶穌。耶穌即謂救世也，躬自立訓，弘化於西土三十三年，復升歸天，此天主實蹟云。

中士曰：雖然，抑何理以徵之？當時之人，何以驗耶穌實爲天主，非特人類也？若自言耳，恐未足憑。

西士曰：大西法稱人以聖，較中國尤嚴焉，况稱天主耶？夫以百里之地君之，能朝諸侯得天下，雖不行一不義，不殺一不辜以得天下，吾西國未謂之聖。亦有超世之君，卻千乘以修道，屏榮約處，僅稱謂廉耳矣。其所謂聖者，乃其勤崇[一六]天主，卑謙自牧，然而其所言所爲過人，皆人力所必不能及者也。

中士曰：何謂過人？

西士曰：誨人以人事，或已往者，或今有者，非但聖而後能之。有志要名者，皆自强而爲焉。若以上帝及未來之事，訓民傳道，豈人力也歟！惟天主也。以藥治病，服之即療，學醫者能之。以賞罰之公，治世而世治，儒者可致。兹俱以人力得之，不宜以之驗聖也。若有神功絶德，造化同用，不用藥法，醫不可醫之病，復生既死之民，如此之類，人力不及，必自天主而來。敝國所稱聖人者，率皆若此。倘有自伐其聖，或朋輩代爲誇伐，或不畏天主，用邪法鬼工，爲異怪以惑愚俗，好自逞而悖天主之功德，此爲至惡。大西國妨之如水火，何但弗以稱聖乎？天主在世之時，現迹愈多，其所爲過於聖人又遠。聖人所爲奇事，皆假天主之力，天主則何有所假哉！

西土上古多有聖人，於幾千載前，預先詳誌於經典，載厥天主降生之義，而指其定候。迨及其時，世人争其共望之，而果遇焉。驗其所爲，與古聖所記，如合符節。其巡遊詔諭於民，聾者命聽即聽，瞽者命視即視，瘖者命言即言，躄者命行即行，死者命生即生，天地鬼神悉畏敬之，莫不聽命也。既符古聖所誌，既又增益前經，以傳大教於世，傳道之功已畢，自言期候，白日歸天。時有四聖錄其在世行實及其教語，而貽之於列國，則四方萬民群從之，而世守之。自此大西諸邦教化大行焉。考之中國之史，當時漢明帝嘗聞其事，遣使西往求經，使者半途誤值身毒之國，取其佛經傳流中華，迄今貴邦爲所誑誘，不得聞其正道，大爲學術之禍，豈不慘哉！

中士曰：稽其時則合，稽其人則通，稽其事則又無疑也。某願退舍沐浴，而來領天主真經，拜爲師，入聖教之門。蓋已明知此門之外，今世不得正道，後世不得天福也。不知尊師許否？

西士曰：止因欲廣此經，吾從二三英友，棄家屏鄉，艱勤周幾萬里，而僑寓異土無悔也。誠心悦受，乃吾大幸矣。然沐浴止去身垢，天主所惡乃心咎耳。故聖教有造門之聖水，凡欲從此道，先深悔前時之罪過，誠心欲遷於善，而領是聖水，即天主慕愛之，而盡免舊惡，如孩之初生者焉。吾輩之意，非爲人師，惟恤世之錯回元之路，而爲之一引於天主聖教，則充之皆爲同父之弟兄，豈敢苟圖稱名辱師之禮乎哉！天主經文字異中國，雖譯未盡，而其要已易正字。但吾前所談論教端，僉此道之肯綮，願學之者退而玩味，於前數篇事理，了已無疑，則承經領聖水入教，何難之有？

中士曰：吾身出自天主，而久昧天主之道。幸先生不辭八萬里風波，遠傳聖教，彪炳異同，使愚聆之，豁然深悟昔日之非，獲惠良多，且使吾大明〔一七〕之世，得承大父聖旨，而遵守之也。吾静思之，不勝大快，且不勝深悲焉。吾當退於私居，温繹所授，紀而録之，以志不忘，期以盡聞歸元直道。所願天主佐佑先生仁指，顯揚天主之教，使我中國家傳人誦，皆爲修善無惡之民，功德廣大，又安有量歟！

校記

〔一〕〔二〕〔三〕〔四〕「上帝」，輔仁本作「天主」。

〔五〕「上帝」，輔仁本作「上主」。

〔六〕「上帝」，輔仁本作「天主」。

〔七〕「上帝」，輔仁本作「大主」。

〔八〕「苟且」，輔仁本作「欲且」。

〔九〕〔一一〕「上帝」，輔仁本作「上主」。

〔一〇〕「上帝」，輔仁本作「天主」。

〔一二〕「上帝」，輔仁本作「上主」。「上」原誤作「土」，據輔仁本改。

〔一三〕「昭事上帝」，據輔仁本作「人生昭事」。

〔一四〕「上帝」，輔仁本作「上主」。

〔一五〕「上帝」，輔仁本作「天主」。

〔一六〕「勤崇」，輔仁本作「欽崇」。

〔一七〕「大明」，輔仁本爲「現生」。

重刻《天主實義》跋[一]

自昔聖賢之生，救世爲急。蓋體陰隲之微權，隨時而登之覺路，繼天立極，有自來矣。三代以還，吾儒主鬯。自象教東流，彼説遂熾。夫世衰道微，押闔變詐之機，相爲蟊賊，毋亦惟是，狥生執有之見致然。竺乾居士，予以正覺，超乘而上，庶幾不墮於迷塗，蓋化實而歸於虛，欲人人越諸塵累，不謂於世道無補也。夫始而入，既而濡，乃今虛幻之談，浸爲真諦。學人不索之昭明，而求之象罔，喝棒則揚眉，持咒則瞬目，豈不謂三昧正受乎哉？何夢夢也。利先生憫焉，乃著爲《天主實義》。

夫上帝降衷，厥性有恒，時行物生，天道莫非至教，舍倫常物則之外，又安所庸其繕修。此吾儒大中至正之理，不券而符者也。蓋道隆則從而隆，道污則從而污，持今日救世之微權，非挽虛而歸之實不可。夫逃空虛者，得聞足音，跫然而喜，不亦去人愈久，悦人滋深乎？今聖道久湮，得聞利先生之言，不啻昆弟親戚之謦欬其側也。淳不佞，深有當焉，特爲梓而傳之。

萬曆三十五年歲次丁未仲秋日新都後學諸生汪汝淳書

校記

〔一〕輔仁本、河間府本無此跋。

畸人十篇

附畸人十規、西琴曲意

〔意大利〕利瑪竇撰　周岩點校

《畸人十篇》附《畸人十規》《西琴曲意》前言

一

一六〇八年三月六日，利瑪竇給遠在羅馬的同鄉高斯塔神父寫信，介紹他在中國的傳教情況。這封信很長，其中很重要的內容之一就是向高斯塔神父敘述了他的最新著作《畸人十篇》。利瑪竇的心情是愉快的，他對高斯塔神父說：「在我用中文所撰寫的書籍中，最受中國人歡迎、影響最大的當推出版不久的《畸人十篇》。」[一]

《畸人十篇》西文書名是*Les 10 Paradoxes*，是利瑪竇的重要著述，有人將其與《天主實義》並稱爲姊妹篇。《畸人十篇》是由利瑪竇與中國的九位官員、士大夫的談話組成的，討論了有關天主教倫理的十個問題。關於這十個題目，利瑪竇在上述給高斯塔神父的信中，認真地講述了他的設想和初衷：

（《畸人十篇》）書中大意是與衆不同的看法，我特選認爲有代表性的十個題目，加以敘述。由此可見，這些問題與古人的看法不盡相同：「罪無大小」（Omnia Pecata sunt，aequalia），「智者不惑」（Omnes sapientes et soli sunt liberi） 以及其他類似的思想。茲把十篇的題目報告如下，每篇皆佔大頁百張篇幅：

第一篇　不應追懷過去的歲月。此篇我强調要善用光陰，指出俗人的通病是他們每日祇做些虚僞無益之事。

第二篇　世界並非我們真正的家園。此篇我以論人類的痛苦災難立論，此種論調在中國可謂前所未聞。結論是我們的真正家鄉止在身後纔能找到。

第三篇　常常思念死亡並非不吉祥。此篇儘量引用教會聖賢與歐洲古哲人論死亡的名言。

第四篇　常思死亡可獲五種利益。此篇談論準備善死能獲得很多好處，因爲天主將以人在世時行爲的善惡來審判人。神父，您想不到「畸人」的這兩點思想給予中國哲人的刺激有多大啊！數年前就有一知名學者因而拋棄了他祖先給他遺留下的大批圖書，因爲他在書中找不到一個「死」字。死亡一詞在中國表示生命的結束且爲不祥之事。而我這兩篇正提供給他們莫大的勸言與啓示，這是中國向所未聞的。因此很多人争相閲讀，再三向我索取此書。

第五篇　論静默與寡言。請多指教，是否還有應説而未説的材料。

第六篇　基督徒守小齋，並非由於不可殺生。中國有兩個宗教均有吃齋的習慣。我在這篇極力駁斥、攻擊現世享樂與奢侈主義。

第七篇　論省察。每人每日應自省，（如有過）應自責。這也是中國人感到驚奇的。我告訴他們，祇是不做壞事或不想壞事不足成爲有德之人，而還應去做善事，希望行善纔行。

第八篇　天堂。真福不在今世，地獄也不在生前出現，此篇主要是對儒家而言，所以篇幅最長，也最受歡迎。

第九篇　抽簽問卦以卜吉凶有害無益。此篇除揭發算命者的謊言外，也把相信那些鬼話的後果與災害分析出來。

第十篇　富人比乞丐受罰更重。在此篇我極力攻擊吝嗇貪財。有人以爲本書所講的恐無人相信。進士徐光啓卻以爲藉此書可平服在北京日漸引起的對教會的反感。事實的確如此，因爲自此書出版後，學者已開始訪問我們，有些且已皈依了。〔二〕

一六〇八年八月二十二日，利瑪竇在給阿桂委瓦的信中又説：「《畸人十篇》與其他一些適合中國人口味的東西，也頗受人推崇。神父，您應知道書中不過是古代中國哲人的

一些奇特的想法……簡直該稱『思想畸奇』(Paradoxa)爲『思想叛逆』(Catadoxa)了。」[三]

九位與利瑪竇對話者分別是：

一、李太宰：李戴，字仁夫，河南延津人。萬曆二十六年（一五九八）任吏部尚書（故稱太宰），萬曆三十一年（一六〇三）致仕回籍。利李對話爲第一篇《人壽既過誤猶爲有》，内有「時方造艾」，知二人相識於一六〇二年十月利瑪竇五十歲生日之前。

二、馮大宗伯：馮琦，字用韞，號琢庵，山東臨朐人。萬曆二十九年（一六〇一）十月晉禮部尚書，古以《周禮》春官宗伯喻禮部職銜，故稱馮大宗伯。萬曆三十一年（一六〇三）三月卒。利馮對話爲第二篇《人於今世惟僑居也》。

三、徐太史：徐光啓。萬曆三十二年（一六〇四）進士，改庶吉士，時亦諛稱太史。利徐對話爲第三篇《常念死候利行爲祥》、第四篇《常念死候備死後審》。

四、曹給諫：曹于汴，字自梁，號貞予，山西安邑人。利瑪竇在京時任吏科都給事中。利曹對話爲第五篇《君子希言而欲無言》。

五、李水部：李之藻，字我存，又字振之，號涼庵，浙江仁和（今杭州）人。萬曆二十六年進士。曾任工部都水清吏司，由主事而郎中，人稱水部。利李對話爲第六篇《齋素正旨非由戒殺》。

六、吳大參：吳中明，字知常，號左海。萬曆二十七年（一五九九）任江寧分守道。明代守道官銜例爲承宣布政使司參政，故稱大參。曾以公帑修訂利氏所刊《萬國全圖》。利吳對話爲第七篇《自省自責無爲爲尤》，利氏稱「這次談話是在一六〇〇年五月十九日南京發生的」。

七、龔大參：名不詳，字或號道立。本書第八篇《善惡之報在身之後》，首謂「乙巳年（一六〇五）龔大參賫捧入京」，又述首次對話「既三日，韶陽侯蘇子張飲爲大參祖道」，而利子答語有「子治一方」等語，可知龔氏時或以廣東布政使司參政，分守南韶連道。萬曆三十三年（乙巳）龔氏入京，又復返本任，與利氏討論天堂地獄、身後賞罰事。

八、郭敦華：萬曆十七年（一五八九）在韶州受洗入教。曾有人爲郭敦華算命，預言他六十歲將死，而這一年他已五十九歲，故驚慌不已。利瑪竇與他的談話爲第九篇《妄詢未來自速身凶》。利氏對民間盛行的算命占卜之風，深惡痛絕，他曾給他的上級寫信談道：「因爲在中國鄉人無知識相信這一套，連讀書有智慧之人也深信不疑。大街小巷都有算命測字者，在南京一地就有五千多人以此爲生。」〔四〕

九、一友人：南昌富豪，當爲教友，利瑪竇隱其姓名。利瑪竇與他談話爲第十篇《富而貪吝苦於貧窶》。利氏曾勸他爲贖罪而捐獻財産，但從對話内容可知，關於救贖的雄辯終不敵現世利益的驅動，悲夫！《聖經》謂富人欲進天堂比駱駝穿針眼還困難。

二

虞淳熙致利氏書中有云：「既而翁太守周野，出《畸人十篇》，令序弁首，慚非玄晏，妄譏玄白，負弩播粃，聊爾前引。」[五]以利瑪竇講論天主教義之書，而乞序於一反天主教之人，其結果非拒絶，即譏彈，德園乃出以後者。

方豪先生在《李之藻研究》中回憶往事，説：「民國十六年，陳援庵先生曾有書報余曰：『德園在明季佛教中負盛名，曾爲利瑪竇序《畸人十篇》，文存《德園集》中，頗多嘲諷語，故今本《畸人》不載，未識足下曾見此文否？』時余年纔十八歲，方肄業杭州修道院，院藏《畸人十篇》，乃竟有此序，亦可見爾時教中人之雅量也。」錄載於此，以見之藻同時同里佛教學者對天主教之態度。」序曰：

利先生出自西國，來游中華，余從郡伯翁公，得其書而寓目焉，作而歎曰：「此固一新至是乎！」其所載之道曰「自責自省，利行爲祥」，要以薰惡而迪善；乃其言不爲吾儒，並不爲柱下、漆園、竺乾氏，而獨揭天主之教以爲之宗，古未之前聞也。至若篇中譚生死之際、出世之法，旁引博喻，其中種種創獲，而其旨附會合離，死轉關生，無所不入，使人煩，讀之而清；怒，讀之而愉；昏倦欲眠，讀之而醒。俗念忽消，道念潛滋。嗚呼！寧獨其言之新奇若是哉！抑儒之變而爲柱下、漆園也？柱下、漆園之變而爲竺乾氏也？雖大旨歸於薰惡迪善，而其説由實入虛，由近入遠，漸墮乎恍惚沉洋，不可端倪之域！故賢者藉之以融其執滯，不肖者亦藉之以濟其跳慝，蓋利害各得半焉。若茲篇者，根極彝則，敕懋繩檢，約遠傳近，課虛徵實，不可得而影響模棱，以閃寄於善惡之間，此吾儒之藩園，百世利而無害者也。今朝廷方統一聖，其矯易邪慝，諸有以二氏之宗標幟啓疆者，輒從自敗。是編揆諸功令，政自合符，豈可廢而不存哉？

檢閱國家圖書館藏清刻本，知這篇序爲「浣城劉胤昌」所作，並不是虞淳熙所作。此外，這個刻本還附有《温陵張二水先生贈西泰艾思及先生詩》。這首詩是張瑞圖贈給艾儒略的，也不是贈給利瑪竇的。虞淳熙的《〈畸人十篇〉序》，收在《虞德園先生全集》卷六中，但文字與方豪先生所錄的完全不同。關於利虞二氏辯教之文字往來，可參見《辯學遺牘》有關內容[六]。

關於《畸人十篇》的印刷問題，利瑪竇也曾自述道：「很多中國學者爲此書撰寫序言，上已言及，在出版時刻在正文之前。我止揀出兩篇序言刻於北京版本中。這兩篇序言是我們兩位翰林院朋友所寫的，其中一位除撰序言外，又把每一篇用詩體吟出來，使本書聲譽更隆。我已聽説這本書在兩三省已經重印（指南京、南昌），很多地方的人向我討這本書，幾百本已分散給人了。」〔七〕

與《畸人十篇》刻印、序跋有關的人士，有以下幾位：李之藻，字振之，杭州人，《杭州府志》有傳，信教事見方豪先生《中國天主教史人物傳》；周炳謨，字仲覲，無錫人，官至吏部侍郎，《明史》有傳；王家植，字木仲，山東濱州人，編修；張瑞圖，字長公，號二水，明末大書法家，《明史》有傳；劉胤昌，生平不詳；虞淳熙，字長孺，號德園，浙江錢塘人，官至吏部稽勛郎中，《浙江通志》有傳；汪汝淳，號孟樸，明末刻書家，生平不詳。

三

《畸人十篇》的版本問題不是很複雜，兹將所知所見臚列如左：

明

萬曆天啓年間李之藻初刻《天學初函》本，收二十種文獻，《畸人十篇》列於其中。中國國家圖書館藏，索書號A〇一二五九。

崇禎年間遞刻本《天學初函》，中國國家圖書館藏，索書號〇五二〇〇。扉頁題：「利西泰先生著　畸人十篇　慎修堂繡梓」。

張瑞圖校本，二册。據《日本内閣文庫圖書第二部漢書目錄》。未見。

清

康熙三十四年（一六九五）夏金臺聖母領報會版《重刻畸人十篇》。據日本新輯天理圖書館之《圖書館分類總目錄》。未見。

道光二十七年（一八四七）重刻本，二册。刻有「主教熱羅尼莫馬准」字樣。中國國家圖書館藏，索書號一三三七七六。鈐「陳垣同志遺書」印，有援老批注，如第二序未署名，援老批：「浣城劉胤昌」；並批「據蜀本則劉名署在前序之末。」這個刻本應該是清康熙聖母領報會版的重印本。

光緒十五年（一八八九）山東兖州府天主堂重版，「總理兖沂曹濟教務主教安准」。安，安治泰（J.B.Anzer），魯南代牧。准，批准。封面鈐有「崇正堂」堂記，並注「公堂用」，是當年陳放教堂閱覽的圖書。北京師範大學圖書館藏。

民國

一九二〇年山東兗州府天主堂印書局版，「山東南界（兗州教區）主教韓准」。韓，韓寧鎬，魯南代牧。

一九二八年十二月上海土山灣印書館第三版，南京主教姚准。姚，姚宗李，南京代牧。准，批准。

國外版本

日本寫本，二册，文化三年（清嘉慶十一年，一八〇六）。據《日本内閣文庫圖書第二部漢書目録》。未見。

附畸人十規

費賴之書目著録：「《畸人十規》，即《天主十誡》，是利瑪竇在一五八四年刻於肇慶的第一本教理書，時在羅明堅的《聖教實録》刊行後不久。」說《畸人十規》是《天主十誡》，不確。利瑪竇曾說：「其中一位除撰序言外，又把每一篇用詩體吟出來，使本書聲譽更隆。」這個「詩體」的文字，就是現在我們看到的《冷石生演畸人十規》。撰寫者是《畸人十篇》序者之一——王家植。王家植在《題〈畸人十篇〉小引》中説：「世無二理，人無二心，事無二善，仰無二天，天無二主，謂利子之異爲吾人之常，豈不可乎？即木仲子所演《十規》，木仲子之心也，利子之心也，人人之心也，亦天主之心也。」王家植，號木仲子，亦號冷石生。

附西琴曲意八章

利瑪竇在《西琴曲意》中説：「萬曆二十八年歲次庚子，竇具贄物赴京師獻上。間有西洋樂器雅琴一具，視中州異形，撫之有異音。皇上奇之，因樂師問曰：『其奏必有本國之曲，願聞之。』竇對曰：『夫他曲，旅人罔知，惟習道語數曲，今譯其大意，以聖朝文字，敬陳於左。第譯其意，而不能隨其本韻者，方音異也。』」從中，我們可以知道萬曆二十八年（一六〇〇）利瑪竇入京朝貢。通過這段文字，我們還可以知道，利瑪竇還是注意西方歌曲配中文歌詞會改變原有聲韻的音樂先驅。

至於利瑪竇獻的是何琴，《利瑪竇中國札記》作「clavichord」，當時稱爲「大西洋琴」、「西琴」、「雅琴」（《西琴曲意》）、「鐵弦琴」（《大西泰利先生行跡》），今人譯作「古鋼琴」、「擊弦古鋼琴」、「翼琴」，也音譯作「克拉維科德」。關於這種琴《續文獻通考》卷一二〇《樂考》

說：「萬曆二十八年，大西洋利瑪竇獻其國樂器。利瑪竇自大西洋來，自言泛海九年始至。因天津御用監少監馬堂進貢土物，其俗自有音樂，所爲琴，縱三尺，橫五尺，藏櫝中，弦七十二，以金銀或煉鐵爲之，弦各有柱，端通於外，鼓其端而自應。」以《續文獻通考》之描述，與克拉維科德之特徵相符。

《中國大百科全書·音樂卷》「克拉維科德（clavichord）」條謂：

擊奏弦鳴樂器。十五至十八世紀流行於歐洲，十九世紀初被鋼琴所取代。曾譯名「古鋼琴」、「擊弦古鋼琴」等。外形爲一長方箱體，下有四根支柱。用鍵盤操縱，音域爲3·5—5組。箱內琴弦與鍵盤平行，並按雙弦排列；右端有弦軸、音板和長弦馬，左端有扣弦軸和覆蓋在弦上的制音氈，由銅鍥擊弦發音。銅鍥裝在琴鍵的裏端，按下琴鍵，銅鍥擊弦後繼續抵住琴弦。僅銅鍥至弦馬之間的一段弦振動發音，銅鍥左面部分因有制音氈而不震動。

利瑪竇所獻之琴，時京師不少士大夫都曾見過，劉侗、于奕正撰《帝京景物略》卷四、馮時可撰《蓬窗續錄》都有記述。當然，對利瑪竇所獻之琴，也有不同稱謂，費賴之《書目》稱爲「斯頻耐琴」（é pinette），耶穌會教史專家說利氏所獻爲一「手琴」（aspinet，也稱大鍵琴）。克拉維科德也因擊弦結構不同，而分爲不同品種，而且從十四世紀始，這種琴在演變過程中在歐洲各地也有不小的變化。因此，除非有實物發現，否則很難描述清楚。

利瑪竇進貢克拉維科德後，萬曆帝曾遣四名宫廷樂師來拜訪利瑪竇，請求學習這種樂器。這項工作就由龐迪我神父擔任。龐迪我不但會彈這種琴，而且還懂得和弦。在龐神父的指導下，四名樂師進步得很快。其中兩名較年輕的樂師請求利瑪竇將他們學習的曲子配上中文歌詞。應他們的要求，利瑪竇寫下了《西琴曲意》，共八章，這就是流傳到現在的這份音樂文獻。《西琴曲意》的歌詞基本來自《聖經·聖詠》。

《利瑪竇中國札記》（何高濟、王遵仲、李申譯）中對這段宫廷音樂生活作了較詳盡的描繪，其中一段文字説到《西琴曲意》的由來：宫廷樂師們「很有興趣爲他們演奏的樂曲配上中文歌詞，於是利瑪竇神父利用這個機會編寫了八支歌曲，他稱之爲『古琴之歌』。這些歌曲都是涉及倫理題材，教導著良好的道德品行的抒情詩，並引用了基督教作家的話加以妥善的説明。這些歌曲非常受人歡迎，許多文人學士都要求神父送給他們歌曲的鈔本，並高度贊揚歌中所教導的內容。他們説，這些歌曲提醒皇帝應該以歌曲中所提到的品德來治理國家。爲了滿足對歌曲鈔本的需求，神父們把它們連同其他一些曲子用歐洲文字和漢字印刷成一本歌曲集」。

鍾鳴旦、杜鼎克兩先生於二〇〇二年在臺北利氏學社出版的《耶穌會羅馬檔案館明清天主教文獻》第十二册中，影印了艾儒略的《大西利先生行跡》，其後亦附有《西琴曲意》八章。

本編所收《畸人十篇》即以《天學初函》本，與國家圖書館所藏清道光二十七年重刊本比對校勘。

二〇〇七年元旦北京騆方周岩謹識

注　釋

〔一〕《利瑪竇全集》四，《利瑪竇書信集》下，臺北：光啓出版社一九九七年版，第三五三頁。

〔二〕同〔一〕，第三五七頁至第三五九頁。

〔三〕同〔一〕，第三八六頁。

〔四〕〔七〕同〔一〕，第三八七頁。

〔五〕《虞德園先生全集》卷二十四《答利西泰》。

〔六〕詳見本書附錄《明末清初天主教史文獻叢編》卷一《辯學遺牘》之《虞德園銓部與利西泰先生書》和《利先生復虞德園銓部書》。

刻《畸人十篇》

西泰子浮槎九萬里而來，所歷沉沙狂颸，與夫啖人略人之國，不知幾許；而不菑不害，孜孜求友，酬應頗繁，一介不取，又不致乏絶，殆不肖以爲異人已。覩其不婚不宦，寡言飭行，曰惟是潛心修德，以昭事乎上帝〔一〕，以爲是獨行人也。復徐叩之，其持議崇正闢邪，居恆手不釋卷，經目能逆順誦，精及性命，博及象緯輿地，旁及勾股算術，有中國儒先累世發明未晰者，而悉倒囊若數一二，則以爲博聞有道術之人。迄今近十年，而所習之益深，所稱妄言、妄行、妄念之戒，消融都淨；而所修和天、和人、和己之德，純粹以精，意期善世而行絶畛畦，語無擊排。不知者莫測其倪，而知者相悦以解。閒商以事，往往如其言則當，不如其言則悔，而後識其爲至人也。至人侔於天，不異於人。乃西泰子近所著書十篇與《天主實義》相輔行世者，顧自命曰「畸人」。其言關切人道，大約澹泊以明志，行德以俟命，謹言苦志以修身，絶欲廣愛以通乎天載。雖强半先聖賢所已言，而警喻博證，令人讀之而迷者豁，貪者醒，傲者愧，妬者平，悍者涕。至於常念死候，引善防惡，以祈宥於帝天〔二〕，一唱三嘆，尤爲砭世至論，何畸之與有？蓋嘗悲夫死之必於不免，且不能以遲速料也。上帝〔三〕之臨汝而不可貳也，獲罪於天之莫禱也，惡人齋戒之可以事帝也，童而習之，智愚共識。然而迷繆本原，怠忽秖事。年富力强而無志迅奮，鐘鳴漏盡而尚諱改圖者衆也。非譚玄以罔生，即侒佛爲超死。死可超，生可罔，世有是哉？人心之病愈劇，而救心之藥不得不瞑眩。瞑眩適於德，猶是膏粱之適於口也。有知《十篇》之於德適也，不畸也！

萬曆戊申歲日在箕虎林李之藻盥手謹序

校記

〔一〕〔三〕「上帝」，北師大藏本作「上主」。

〔二〕「帝天」，北師大藏本作「天主」。

重刻《畸人十篇》引

余遊於利先生，習其人，蓋庶乎古所稱至人也，而名其與諸公問答之語曰「畸人」。余讀之，求所爲「畸人」者何在。其大者在不怖死，其不怖死，何也？信以天也。至其自信以天，又非矯誣於冥冥也。曰：「天所佑者，善耳。吾善乏，蘄有善焉；吾善細，蘄大善焉。密之念念刻刻，以用克厭天心者，永食天報，而去來之際，自無弗灑然也。夫世之芒於死生者，聚聞若說，有不駭以爲吊詭者耶？即謂之『畸人』宜也。」

抑余考載籍，所稱天主、天堂、地獄諸論，二氏書多有之。然其言若河漢，欛柄莫執，而西庠之傳不然。其指玄，其功實。本天之宗，與吾聖學爲近。第聖學言現在，不言未來。故曰：「未知生，焉知死。」蓋藏隱於顯，先民於神也。至其獨參獨證，而指點於朝聞夕死之可，則所謂性與天道，中人不可得聞矣。乃彼中師傳曹習，終日言而不離乎是，何也？大抵吾儒之學，主於責成賢哲。以故御天之聖首出庶物，而立命之笑，亦無貳於殀壽之數，彼百姓特日用不知耳。而西庠之學，兼於化誨凡愚，是以其教之行，能使家喻戶曉，人人修事天之節，而不及參贊一截事。此則同而不同者也。雖然吾華誦説聖言者不少矣，利害得失，臨之而能不動者幾人，況生死乎？童而習焉，白首而莫知體勘者衆耳。今試取兹篇讀之，耳目一新，神理畢現。直指處，何寤弗醒，反覆處，何結弗破，不令人爽然自失，而竦然若上帝之臨汝耶？則兹刻之裨世道非小也！

客有問於余曰：「如子言，西學，其遂大行於吾土耶？」應之曰：「是未可知也。乃余嘗讀《墨子·天志》諸篇矣。其道在尊天事鬼，兼利天下而不蓄私，每篇之中於天意三致意焉。雖出於道家，多附會，較《畸人十篇》精麄殊科，然大指可覩矣。夫《墨子》者，固周漢間與孔氏並稱者也。吾以知兹刻之行於華，與天壤並矣。」客曰：「然」。遂並書之，以復於利先生云。

勾吳周炳謨書

題《畸人十篇》小引

木仲子因徐子而見利子。利子者，大西國人也。多鬚寡言，持其國二十經者甚力。間以語，聽者不解，利子乃爲《天主實義》，以著其凡，能聽者解矣。利子乃爲《畸人十篇》，以析其義。木仲子終其業，而深嘆利子之異也。西國去中州十萬里，有天有地，而不能相通，通之自利子始。利子經國都以百數，獨喜中州。其航海也，蛟龍獮鬼之區，諸啖膾人類者不少。利子從枕蓆井竈上過之，去身毒爲最近，獨深闢其教。所習爲崇善重倫事天語，往往不詭於堯舜周孔大指。每過一國都，輒習其國都。入中州，即習其語言文字，經史聲韻之詳，不少乖盭。且不難變其俗，而從中州冠履之便。爲利子者，有八難世俗所服，爲能離遠、能杜慾者，不與焉。木仲子終其策，而深歎利子之異也。噫！世無二理，人無二心，事無二善，仰無二天，天無二主。謂利子之異，爲吾人之常。豈不可乎？即木仲子所演《十規》，木仲子之心也，利子之心也，人人之心也，亦天主之心也。即世無利子，利子之道固行矣。彼顯處視月，牖中窺日，存乎其人，何與利子？請不以世代之古今、道路之遠近、幽明之隔閡障之。

渤海王家植木仲識

《畸人十篇》卷上

人壽既過誤猶爲有第一

李太宰問余之年。余時昉造艾，則答曰：「已無五旬矣。」太宰曰：「意貴教以有爲無耶？」余曰：「否也。是年數者，往矣。實不識今何在，故不敢云今有爾。」太宰疑之。余繼而曰：「有人於此，獲粟五十斛，得金五十鎰，藏之在其廩若槖中，則可出而用之，資給任意，斯謂之有已。已空廩槖，費之猶有乎？夫年以月，月以日，累結之。吾生世一日，日輪既入地，則年與月，與吾壽，悉減一日也。月至晦，年至冬，亦如是。吾斯無日無年焉，身日長，而命日消矣。年歲已過，云有謬耶？云無謬耶？」太宰悍余先答之意，大悦曰：「然。歲既逝，誠不可謂有與？」余又曰：「苟有人焉，獲金幾許鎰，粟幾許斛，用之易布帛什器以自養，養老慈幼，無即無矣，猶可爲有焉。若呼盧擲去之，或委諸壑，或與之非其人也，是無爲真無矣。惜乎實已往之年，於國治無功，於家政無營，於身德無修，是年時已用，徒用也，則今無而誠無之矣。今我僞云猶有乎？」太宰曰：「噫！子何言之謙也。以爲徒過光陰，無所事事。無前壽矣。世有不肖子，從少臻耄，侮天耳，害人耳，污己耳。天大慈，更益之以壽，望其改行，而彼反用之增愆也。迨身將斃，則年數與惡積等焉。殆哉！子言之。其壽有乎，無乎？」余曰：「不如未生矣。」既而太宰易席於堂，見其諸戚，述前問答語，曰：「夫西庠實學，大獲裨於行，汝儕當繹之。勿忘矣。」嗚呼！時之性，永流而不可留止焉。已往年不爲有，矧未之來與！

余故爲《日晷箴》曰：「時之往者，已去而不可追。時之來者，未至而不可迎。」時者何在？惟目下過隙白駒，可修可爲。藉如用此，以作無益，則有益者待何時乎？凡物之失，以力可追復，以勤可裨補，惟時者否也。今日一去，來日益多，今日益遠矣，胡能復回乎？來日之日，力僅足來日之事爲耳，胡有餘以補今日之失乎？春已至，農不得補冬之失時；老已至，人不得補少年之失時也。故無時可徒費焉。夫物之爲我有，而便於用者，無如吾之年。年者，與我同生同死，無人能强脱[一]之，無時不我隨，無處不我左右矣。智者，知日也，知日之爲大寶矣。一日一辰，猶不忍空棄也。

昔日吾鄉[二]有一士，常默思對越天主，務以行事仰合其旨，不得爲俗事所脱[三]。一日值事急，茫然一辰，忘而勿思，既而猛省，即悔歎曰：「嗟嗟！晝一辰，弗念天主，如禽獸焉。」兹士一辰不思道，咤已爲禽獸，有人終日無是念，期年忘之，奚不詈已爲草木土石乎哉？至人者，惟寸景是寶，而恒覺日如短焉。愚人無所用心，則覔戲玩以遣日。我日不暇給，猶將減事以就日也，暇嬉游哉！實心務道者，視己如行旅，懷珍貝，走曠野，俄日暮昏黑，而不識路，又不知安宿處遠耶，近耶？是時可緩行乎，可不戒心勤慎乎？夫日，本無不祥，無空亡。凡有日，不聊用寡汝過，不聊用長汝德，即此日也，可謂日之不祥，日之空亡耳。常人爲財有急用，恒自惜財，君子爲日有正用，恒自惜日。嗚呼！世人孰有重視時，孰不輕一日容易棄擲焉。而烏知一日之功，吾可致無盡善，可免無量愆？鄙哉蜘蛛之爲蟲也，終身巧織，張細罟，羅蚊虻，而數爲風所散壞也。人有終生務淺微事，而猶不得遂，何異此乎？

夫世事世物，吾不可卻，亦不可留。故賢者借心焉，不肖者贈心焉，借者暫寄，贈即非吾有矣。吁，世之人何大誤也。晨夕亟於俗情，若論及道德，檢心修行事，便曰：「豎也，𨋢也，第吾不暇耳。」處不豎，不𨋢則暇，迄爲豎且𨋢重者，即曰不暇，非猖狂哉！人縱有甚急事，未嘗不日日卻冗，再三食也，未聞曰不暇矣。以養身必卻冗於事隙，如此其勤焉，以養心不能乎？爲養心德，求汝卻冗於事隙，亦足靦赧甚矣，矧求而不得之與？痛哉！痛哉！

校記

〔一〕〔三〕「脱」，陳垣先生批：「疑與奪通。脱，蓋敚之誤也。」

〔二〕「吾鄉」，原作「吾鄉年」，據中國國家圖書館（以下簡稱國圖）藏清刻本改。

入於今世惟僑寓耳第二

馮大宗伯問余曰：「吾觀天地萬物之間，惟人最貴，非鳥獸比，故謂人參天地。然吾復察鳥獸，其情較人反爲自適，何者？其方生也，忻忻自能行動，就其所養，避其所傷，身具毛羽爪甲，不俟衣履，不待稼穡，無倉廩之積藏，無供爨之工器，隨食可以育生，隨便可以休息，嬉遊大造，而常有餘閑。其間豈有彼我、貧富、尊卑之殊，豈有可否、先後、功名之慮，操其心哉？熙熙逐逐，日從其所欲爾矣。

人之生也，母先痛苦，赤身出胎，開口便哭，似已自知生世之難。初生而弱，步不能移，三春之後，方免懷抱，壯則各有所役〔一〕，無不苦勞。農夫四時反土於畎畝，客旅經年遍度於山海，百工無時不勤動手足，士人晝夜劇神殫思焉。所謂君子勞心，小人勞力者也。五旬之壽，五旬之苦。至如一身疾病，何啻百端。嘗觀醫家之書，一目之病，三百餘名，況罄此全體，又可勝計乎？其治病之藥，大都苦口，即宇宙之間，不論大小蟲畜，肆其毒具，往爲人害，如相盟詛。不過一寸之蟲，足殘七尺之軀。人類之中，又有相害。作爲凶器，斷人手足，截人肢體，非命之死，多是人戕！今人猶嫌之古武器[二]不利，則更謀新者。展轉益烈，甚至盈野盈城，殺伐不已。縱遇太平之世，何家成全無缺？有財貨而無子孫，有子孫而無才能，有才能而身無安逸，有安逸而無權勢，則每自謂虧醜。極大喜樂而爲小不幸所泯，蓋屢有之。終身多愁，終爲大愁所承結，以至於死，身入土中，莫之能逃。故古賢有戒其子者曰：『爾勿欺己，爾勿昧心，人所競往，惟於墳墓。吾曹非生，是乃常死，入世始起死，曰死則了畢已。月過一日，吾少一日，近墓一步。常畏所不得避患，何時安乎？』夫此衹訴其外苦耳，其内苦。誰能當之？

凡世界之苦辛爲真苦辛，其快樂爲僞快樂，其勞煩爲常事，其娱樂爲有數。一日之患，十載訴不盡，則一生之憂事，豈一生所能盡述乎？人心在此，爲愛惡忿懼四情所伐。譬樹在高山，爲四方之風所鼓，胡時得靜？或溺酒色，或惑功名，或迷財貨，各爲己欲所牽，誰有安本分而不求外者？雖與之四海之廣，兆民之衆，不止足也。愚矣！然則人之道，人猶未曉，況於他道？而既從孔氏，復由老氏，又從釋氏，而折斷天下之心於三道也乎！又有好事者，别立門戶，載以新説，不久而三教之岐，必至於三千教而不止矣。雖自曰正道正道，而天下之道，日益乖亂，上者陵下，下者侮上，父暴子逆，君臣相忌，兄弟相賊，夫婦相離，朋友相欺，滿世皆詐諂誑誕，而無復真心。嗚呼！誠視世民如大海中遇風濤，舟舶壞溺，而其人蕩漾波心，沉浮海角，且各急於己難，莫肯相顧。或執碎板，或乘朽篷，或持敗籠，隨手所值，急操不捨，而相繼以死，良可惜也。不知天主何故，生人於此患難之處，則其愛人反似不如禽獸焉。」

余答之曰：「世上有如此患難，而吾癡心猶戀愛之不能割，使有寧泰，當何如耶？世態苦醜，至如此極，而世人昏愚，欲於是爲大業，闢田地，圖名聲，禱長壽，謀子孫，篡弑攻併，無所不爲，豈不殆哉？古西國有二聞賢，一名黑蠟，一名德牧。黑蠟恒笑，德牧恒哭，皆見世人之逐虛物也。笑因譏之，哭因憐之耳。又聞近古一國之禮，不知今尚存否？凡有産子者，親友共至其門，哭而吊之，爲其人之生於苦勞世也，凡有喪者，至其門作樂賀之，爲其人之去勞苦世也。則又以生爲凶，以死爲吉焉。夫夫也，太甚矣！然而可謂達見世之情者也。見世者，非人世也，禽獸之本處所也，所以於是反自得有餘也。人之在世，不過暫次寄居也，所以於是不寧不足也。請以儒喻。

夫大比選試，是日士子似勞，徒隸似逸，有司豈厚徒隸而薄士子乎？蓋不越一日之事，而以定厥才品耳。試畢，則尊自尊，卑自卑也。吾觀天主，亦置人於本世，以試其心而定德行之等也。故見世者，吾所僑寓，非長久居也。吾本家室，不在今世在後世，不在人在天，當於彼創本業焉。今世也，禽獸之世也。故鳥獸各類之像，俯向於地。人爲天民，則昂首向順於天。以今世爲本處所者，是欲與禽獸同群也。以天主爲薄於人，固無怪耳。天主所悲憫於人者，以人之心全在於地，以是爲鄉，惟泥於今世卑事，而不知惺望天原鄉，及身後高上事，是以增置荼毒於此世界，欲拯拔之焉。且天主初立此世界，俾天下萬物或養生，或利用，皆以供事樂我輩，而吾類原無苦辛焉。自我輩元初祖先忤逆上帝[三]，其後來子孫又效之，物始亦忤逆我，而萬苦發，則夫多苦，非天主初意，乃我自招之耳。」

大宗伯聞畢，歎曰：「噫嘻！此論明於中國，萬疑解釋，無復有咎天之説。天何咎乎？夫前聖後賢，凡行道救世者，其一生所作，莫非苦辛焉。設造物者，令成道人，身後與草木並朽，而無有備樂地，使之永常安享，則其所歷苦辛，造物者竟無以酬之，豈不使世人平生疑惑乎哉？且高論所云，無非引烝人於實德，沮人欲不殉虛浮，堅意以忍受苦辛，不令處窮而濫，强志以歸本分，别尊類於醜彙，皆真論也。」從是日，大宗伯大有志於天主正道，屢求吾所譯《聖教要誡》，命速譯其餘，又數上疏排空幻之説，期復事上帝[四]之學於中國諸庠。嗚呼，傷哉！大宗伯大志將遂，忽感疾而卒，遂負[五]余之所望也。嗚呼！嗣而後大都之中，有續成其美意者歟？余日望之。

校　記

〔一〕「所役」，原作「所後」，據國圖清刻本改。

〔二〕「武器」，原作「武」，據陳垣先生批注補。

〔三〕〔四〕「上帝」，國圖清刻本作「上主」。

〔五〕「負」，原作「孤」，據國圖清刻本改。

常念死候利行爲祥第三

余問於徐太史曰：「中國士庶皆忌死候，則談而諱嫌之，何意？」答曰：「罔已也，昧已也，智者獨否焉。子之邦何如？」余曰：「夫死候也，諸嚴之至嚴者。生之末畫，人之終界，自可畏矣。但敝邑之志於學者，恒懼死至吾所，吾不設備，故常思念其候，常講習討論之。先其未至，豫爲處置，迨至而安受之矣。人有生死兩端以行世，如天有南北二極以旋繞於宇內，吾不可忘焉。生死之主，不使人知命終之日，蓋欲其日日備也，有備則無損矣。《聖經》曰『守矣』。夫將來如偷者，偷者闞主莫慮耳，是以凡聞訃者皆驚曰：『某斃乎？』曰『某斃乎』，誠不意其死矣。聖教中凡稱神稱聖者，無不刻刻防〔二〕死候，目對心惟，以爲沮惡振善之上範也。」徐子曰：「如是急乎？」余曰：「生人所明，莫明乎死之定；不明，莫不明乎死之期。不論王公賤僕，盡人之子，誰不有一日焉？或旦不及暮，或暮不及旦乎？誰居甲能保乙乎？汝不知死候，候汝於何處？汝當處處候彼可耳。故智士時冀死候，相值持此爲生也。世之大惑，視死候若遠焉，抑孰知此身恒被死耶？吾今已死大半耶！既往之年，皆已爲死將去耶？旅人航海，宿舶中，坐立臥食，如停不行焉，而其身晝夜遷移，曾無止息，且不問汝欲不欲，倏就岸而須登矣。二船相值，其間各以彼爲行動，以己爲住止，而實則俱行矣。世人或謬云『吾命今日如是，詰朝亦如是，』而吾生實汲汲逝趨沒無停也。雖誤云『彼有疾且死，我安且生』，而彼我息息並就終也。有以勺勺盡瓮水，將謂末一勺乃竭盡之乎？非也，自初至末，每勺竭盡之矣。夫人命亦謂卒日爲終，而實日日終之矣。夫吾此生命也，非如西江之水也。江水有源，下流洩之，上流增之，則江永存不涸也。生人者如燭耳，恒自消化，誰益之膏油乎？故漸至燼滅矣。人少而冀長，長而冀壯，皆冀死也。已壯之後隨老，老之後隨死矣。誰欲行路，而不欲至其域乎？是以總總蒼生，吾未識死人寓此世界中活耶，抑活人寓此世界中死耶？未定也。」

徐子曰：「子之玄語皆實，今世俗之見，謂我念念、言言、行行悉向善，即善矣。如念死候之不祥，便目爲凶心凶口焉，是故諱之。」余曰：「不然！施我吉祥，即爲吉祥；施我凶孽，即爲凶孽。是死候一念，能祐我，引我釋惡而執善，則世之祥，孰祥乎是耶！彼言域，而實言至域之道矣。欲至其域，先由其途也，惟途難焉。子不聞爲善如逆流行舟乎？有常念死候之近，而不得免心於縱恣者焉。況以是憚凶心凶口而諱言之，豈非長惡之門歟？凡不肖從欲者，概由忘死之近，而自許壽修之僥倖耳。若爲善者，自許壽，不如自許夭矣。蒼生之生宇內，如矢如鳥，速飛無遺跡。如影如夢，無體可持也。而人於此營大業，如永久居焉。哀哉！

南方有國名黑人多，古法未造墳墓，不得製室屋。其俗居室陋隘，而墳絕廣大，謂居室次寓數年之暫，吾常居者獨墳耳。故以此爲急，崇飾之也。敝鄉昔年有隱士，曰雅哥般，棄家游世，一切捐舍，人目爲清狂。有所知買得四雞，囑令攜歸家。雅哥般許之，逕持去。其人還家，問則無有，謂雅哥般誑己也。他日遇諸途，就而問之。曰『向託汝雞，安在乎？』曰：『汝命歸汝家，安在乎？』其人訝之。引與偕行，至其人生壙中，則四雞在焉。其人愈益訝，曰：『吾託汝攜歸家，曷置之塚乎？』曰：『彼，汝寓。此，汝家也。』嗟乎！雅哥般曷狂，其爲此以警我曹不其深歟！

夫造物者，造人貴絶萬類，但其壽不及樹木與禽獸者，何意乎？今之人壽短乎古，造物者惜憐之耳。子不見世愈降，俗愈下乎？父之世不如祖，生我世不如祖、父，而我以後，將轉之於益下者，孫也。人增咎，天增罰，不善之殃矣。然則人之生世，亦終身煩冤耳，徒得生之名，而實與苦俱來、與苦俱去也。百年之中，非是度生，是度苦海也。則死豈非行盡苦海，將届岸乎？苟歲月久長，豈非逆風阻我家歸乎？嗚呼！世人以命之約者，省苦也，減咎也，則死非凶，凶之終竟耳；似不爲刑罰，刑罰之赦〔二〕耳。君子明知天主借我此世以僑寓，非以長居，則以天下爲寓，不以爲家，吾常生别有樂地，爲我常家焉。且本生之壽縱長久，比之常生不滅，其爲短也，可勝言哉！《輿地總志》記泥羅河之濱有鳥焉，日出而生，日入而死，則其壽盛，乃一晝耳。必夫在卯爲嬰，偶死爲殤矣；以辰巳爲幼爲壯，能見日中爲至艾、頒白；以未爲老，而幸得至申酉，爲耋爲耄矣。豈異吾於百歲之微，置是節乎？是以志乎常生者，凡有終之生，咸爲須臾。特此須臾端倪，爲吾身後全吉大凶之所竅係。故不可不慎焉。

凡所望於壽修者，冀以了畢是生之事耳。智者未至死，而生之事已完矣。若不肖者已死，而未嘗始生也。凡真實急切之行，俱待明日矣。不知從明日者，必不能得之焉。已至明日，明日非明日，乃今日也，明日已往矣。誠如翻車水筩，先後比次，次筩裁上，則前筩已傾矣。席上設有肴饌百器，而曰中有一器，蠱也，食必死，則此百器者，吾全不甘嘗之矣。吾數日之命，明知必有一日待〔三〕死。而不知何日，則我宜一一疑之〔四〕，而不迷於其樂。夫人命非獨短淺而已，短淺之中，尤無定期矣。何日不聞某暴病死乎？某被壓、被溺、被焚死乎？某行市偶飛瓦中首，冒風死乎？某出門偶蹶，輒偃僵不起乎？某腹痛，誤飲湯一杯死乎？某夜新娶，詰朝已亡乎？塵埃易散，琉璃易碎，猶不足喻人命之危脆也。吾命無一日之定，而忙〔五〕人圖多年之謀，若壽在其手焉，從而分定其事，如製衣者，置帛於案，而分畫之，以若干爲衣，若干爲裳，愚也哉。嗚呼！毋恃年之茂、身之強矣，所見死亡，往往幼者多乎老者，强者多乎弱者也。子入陶肆閱諸器，小大厚薄不一，問是諸器孰先壞，必不曰薄者先壞，厚者後壞也。又不曰先出陶者先壞，後出者後壞也。惟曰先偃地耳。葆祿聖人謂人之身與靈〔六〕曰：『吾曹得金貝，藏於陶具也。』則此身體，陶器焉，易碎矣。何論稚老哉？吾視世圖畫，以手模之，其所畫物物皆近，而巧士以法加減色，使我目誤視，如或遠焉，或近焉。

界一圖畫耳，人人皆近於死，無復遠者，不可信目之訛〔七〕而謬曰或遠或近矣。以是觀之，吾不謂今日乃我所稟。命終之日，必不能使我善用此日也。以吾年寡，多爲善行，是豫獲長壽利矣。至耆老而不能爲善，豈不失長壽利乎？人壽恒短，人欲恒長，短其壽者，戒其欲之長也。苟能自知前路不長，所當止宿不遠，何必盛聚資費哉！未老謀善度生，已老則圖善受死，可也。老者勤積財，尤異焉。家彌邇，彌急於路費乎？特伯國法，老者至八旬，毋許用醫，曰：『此時非謀生之時，乃備死時耳』。士君子生，或逢時不幸，不容我善度生，孰能禁我善受死乎？吾願生死均善，不可得兼，寧善死焉。一死光明，照耀終生也。昔有問西土，『賢疇之壽爲至長』，曰：『至至善之候。』又問：『君子生世宜幾何時？』曰：『至可生之分限耳？』辣責得滿，西土之名邦也。其習俗視生死無二，惟論理當否。有詩人作詩云：『士臨陣，與其失命，寧失刃』。當路聞之，以爲大僇〔謬〕，流之遠方，其餘風及於閨閣，亦皆輕死尚義。本國史載：一母有子，出禦寇死之。或告之曰：『令子死國難矣。』母安坐弗動，曰：『我政爲今日生此兒也，是生已足矣。』由此論之，可見本世生姑爲生，而煩苦實甚，歲月漸消，危淺無比，則生而似死焉。此理明甚，無可疑也。然此世界中無他生，不得不以知覺運動爲生。既以爲生，不得不以氣盡命終爲死。但此死期，凡有生者，常當念之，念之甚有利於道行矣。故今猶須略揭其形狀也。

夫死之候有三艱：一在死前，一在死際，一在死後焉。

凡人將死，即先遣厲虐疾，不可療已，則良友泣涕，屬耳語之，曰：『有後事宜相付囑者，速言之矣。命幾以泯矣。』吾從蓐間聞此語，則慄慄戰懼，不知身後何如也。惟默歎曰：『此日月已矣，我永永不可再覩之矣。吾所愛良田廣宅，珍貝盈篋，非我有，徒爲他人積矣。妻子兒女，不得復相聚矣，徒戀愛無益矣。嗚呼！已往若干年，遽去如電，而使我至此殢⿰歹彖也。』蓋曩所甚愛，此時覩之，甚傷心也。存之以樂，失之以憂，則前多愛，今多死矣。是故賢妻孝子女，此時避不忍見也，見面增彼此之哀痛故也。爲吾友者，或備棺槨，或製衰麻，爲親戚者，或斂家具，或守財笈。吾展轉床第間，惟有幽憂填膺耳。此則未死前也。

死非他，惟靈魂與身形分別耳。凡二物相膠合者，莫如靈與身之親切也。合既密，分之愈難矣。兩友偕行於途，臨歧尚猶惜別，況一生同體之交乎哉？即見遍身失潤色，而貌變目深，鼻稜口暗，耳燥足冷，脈亂心動，四體流汗，哀哉哀哉。夫人以母痛入世，以己痛出之，出入皆痛，惟死時痛在我身尤切矣。及至將死，則仰而見天帝〔八〕忿怒，吾前行，俛而視一生之歲月，都費之以造惡。向前而觀無窮之瞑幽，時下而視，地獄苦谷之門大開，以我翕吞，左右旋而睹鬼魔，俟我神魂出身將之，傷哉！此時欲進而不堪，欲退而不容，欲悔而無及，既恨其生而死已。此則死際也。

及至死後，所患苦又甚焉。何者？死之後，我之所存，魂與魄耳。魄即爲屍，屍爲腐肉，腐肉爲蟲蛆，蟲蛆化歸於土，此則賢否無異焉。請隨視惡人之靈魂矣。夫既出身外，忽見移幽陰異界，輒置之天地主嚴臺前，以審判一生之所爲，則盡出籍[九]記，詳載行事無遺。於是所得非義之財，所取非淨之樂，藐法欺君，酷虐暴民，順私意，傷剝孤弱者，皆來受其報也。於是淆亂神道，抗侮上帝，妄尊異端，詐僞誣世，無所懼畏，既見天主威，在上審罰，毋奈顫慄，而無所逃也。於是不肖人所掩諸醜情，陽廉陰貪，外師正內釀邪，見過不圖改，見義不肯若，諸隩隅闇事，心中所藏逆公之謀、非禮之欲、非法之念，人目所不及，一一發露不可蔽焉。天地萬物，並我自心，皆從而訐我證我，則我焉辭乎？在生多見天主慈惻，天主寬容，至此始見天主怒忿，天主嚴威也。則我何禱乎？誰獲解救之乎？於是方知財賄已無，而惟有犯理得財之罪也。穢樂之味速過，而取穢樂之咎常遺也。傲矜之氣已隨風而散，而惟留傲矜所招天刑，永悠不脱于身也。則第得恨己、恨天地，懊惱而受，無限殃痛（哭），嗚呼不已矣。此難之至難，在死之後也。」

校記

〔一〕「防」，原作「陳」，據國圖清刻本改。

〔二〕「赧」，國圖清刻本作「赦」。

〔三〕「待」，原本作「帶」，據國圖清刻本改。

〔四〕「之」，據國圖清刻本補。

〔五〕「忙」，原作「芒」，據國圖清刻本改。

〔六〕「靈」，原作「神」，據國圖清刻本改。

〔七〕「訛」，原作「化」，據國圖清刻本改。

〔八〕「天帝」，國圖清刻本作「天主」。

〔九〕「籍」，原作「藉」，據國圖清刻本改。

常念死候備死後審第四

徐太史明日再就余寓曰：「子昨所舉，實人生最急事。吾聞而驚怖其言焉，不識可得免乎？今請約舉是理，疏爲條目，將錄以爲自警之首箴。」

余曰：「常念死候。有五大益焉。其一，以斂心檢身，而脫身後大凶也。蓋知終乃能善始，知死乃能善生也。知家財乏，則用度有節；知壽數不長，則不敢虛費寸陰。不然者，如行霧中，前後不知，惟見目下耳。舡三老使舡，必有路程，有地圖，日記已行幾何，以知其所餘於後也。坐必舡後，即知其舡前事，乃以舵張翕之矣。吾人行此生之路，亦如是也。日記其日已往，而自置已於此生之末，乃能善迪檢一生之事也。又如魚潛，以尾引海中路也；鳥飛，以尾導空中路也。行此世，非如於海於空乎？非以死候之尾，永言念之，難乎免焉。恒以心居死候，則知生際所當爲。吾欲知生際一事，當行耶，否耶，即思此事，是我死候所願得於生前者耶，抑否耶。如此開導，豈不痛切哉！古賢斐羅谷氏，六年處塚內，伯辣漫人之俗，家門之外，即是墳墓。出入顧瞻之。西土吾同道幾百國，大概葬死皆於城中。夫皆懼忘死之備，而立計畫以自提醒耳。昔西鄰國有賢王，傳不傳其世代名號，惟時君老僅一子，當嗣國，子輕佻無威儀，荒縱自肆，國民患之。有司以誥王，請戒諭焉。王訓約百方，弗若也。則命士師曰：『王世子犯重法。依律治之勿赦。』不日，世子以舊行奸宄事，士師拘囚，訊鞫之，律當大辟。至日則出以行刑，世子見事窘，請詣王所，與父王面訣，許之。至王前訴曰：『以王之子，國之上嗣，如匹夫死於刑下，理乎？情乎？』王灑泣曰：『非我也，法也。

吾豈忘父子恩？既爾暫免汝目下刑，吾讓爾爲王七日。七日之內，恣汝意行樂，滿七日，自往士師所伏法矣。』語畢，既解王衣裳衮冕服之，令即王位，百官皆聽其命，已退而燕處，了不與國政矣。第俾一陪僕，從世子，每日夕即提稟云，七日限，今已過若干日也。如是諸日，世子一意盤樂，娛玩無倦。獨至夕，聞僕之提警，即大驚痁，憂愁不勝。迨第七日，期已逼迫，啓請游樂畢，無歡悰矣。王至期出，即問世子：『七日之樂，何如？』曰：『何樂乎？』王曰：『國之力，不足供一人樂乎？』對曰：『然而夕夕有一僕來，以就刑日數提刺我心，於是諸日日知我命就終，竟滅諸樂已。』王曰：『人人日日無不就終，壽數不等，而均寡焉已矣，以後汝可保國矣。往昔所犯，大赦於汝，惟自今後，令此陪僕，依前七日，夕夕提警汝念也。』通國士民，聞之大喜。世子謝教謝恩，而悉改前行。父歿代立，亦爲賢君也。視此可驗幾載之教誨百端，以移其心，終不能致，而七日死候之念，致之矣。是陪僕之設，智者不可無也。恐世事悅〔二〕其心，而忘之故也。

其二，以治淫欲之害德行也。五欲之炎發於心，則德危而受彼燒壞。此死候之念，則一大湧泉，滅彼熾焰，故於懲戒色欲，獨爲最上良藥也。吾在世，若已結證罪案犯人，從囹圄中，將往市曹行刑，標榜我自負之以行，而於道中適遇喜樂事，猶堪娛玩乎？若翰聖人設一喻，狀世人取非禮之樂也，甚善。其言曰：『嘗有一人行於壙野，忽遇一毒龍欲攫之，無以敵，即走，龍便逐之，至大阱，不能避，遂匿阱中。賴阱口旁有微土，土生小樹，則以一手持樹枝，以一足踵微土，而懸焉。俯視阱下，則見大虎狼張口欲翕之，復俛視其樹，則有黑白蟲多許，齕樹根，欲絶也，其窘如此。倏仰而見蜂窩在上枝，即不勝喜，便以一手取之，而安食其蜜，都忘其險矣。惜哉！食蜜未盡，樹根絶，而人入阱，爲虎狼食也。』是奚謂乎？人行壙野，乃汝與我生此世界也；毒龍逐我者，乃死候隨處逐人，如影於形也；深阱者，乃地獄之憂淚苦谷也；小樹者，乃吾此生命也；微土者，乃吾血肉軀也；虎狼者，乃地獄鬼魔也；黑白蟲吃樹根者，乃晝夜輪轉，減少我命也；蜂窩者，乃世之虚樂。哀哉！人之愚，甘取之迷，而忘大危險，不肯自拯拔焉。哀哉！西土有兩泉相近，其一泉水，人飲之便發笑，至死不止，其一泉水，人飲之便止笑，而瘳其疾也。使人笑至死之水，是乃世樂迷人，壞其心也；止笑瘉疾之水，則死候之念耳，可不旋酌之乎？

其三，以輕財貨功名富貴也。夫物者，非我有也，非我隨也，悉乃借耳。何足戀愛乎？身後，人所去所也，彼所無用財爲，亦無重財爲矣。吾曷不萃彼所之所尚乎？惜乎，妄人於己所不在受譽，於己所在受苦也。夫物汝曾嚌其得之之娱，而未試其失之之恨，請毋覩其來觀其去，毋觀其面而觀其背歟。夫進而聊帶僞樂而退，乃大遺真憂也。《聖經》所謂財人已畢其寐，而手中無所見也。言有人夢捉得金銀滿手，喜甚急握固之，忽然而寤，即空拳耳。《經》不曰『人財』，而曰『財人』，以是貪得者，非我使財，爲財所使，是財奴也。不曰『得財』，惟曰『夢得財』。蓋其富厚百年，猶一夜之短夢耳。且狀其情，以一舊事，極著明焉。昔有一士，交三友，而情殊〔二〕不等。其一愛重之深於己，其一愛重之如己，其一甚菲薄，希覯面焉。忽遇事變，國主怒，逮訊之詔獄。士聞之，即急走其上友，訴己窘急，幸念夙昔，冀援手焉。其友曰：『今日特不暇救汝，政與他友有嬉遊之約，當候於此，不得動移。祇能送汝衣一襲、輿一兩耳。』士悵然歎息，則走其中友，愈益悲泣，訴己患，祈勿襲前友，特脱我於厄也。友曰：『今日適遠行不暇，惟得偕汝行至中途，遠則至公府門耳。訊獄在内，吾不得與聞也。』則益窘，而悔曩昔擇交之誤也。既而思彼小友，素忠實，或能救我乎？未可知。至其所，無奈愧怍。不得已，先告以二友相負狀，又自咎曩之菲薄，請勿介意也。惟幸念一日之雅，願徼大德，無棄我矣。友曰：『吾故寡交，恒念汝。汝今勿憂。此等事惟我能任之，便相拯濟，爲好我者勸也。』言畢，即先行趍王所。此友之寵於王也異甚，則一言而釋，士竟無虞矣。是奚謂乎？士遇事變，即人至死候，上帝〔三〕將審判我一生不善行也。其三友者，一財貨，一親戚，一德行矣。夫財貨、室屋、田産，自不能運動，惟與我葬服及棺槨耳。夫親戚、朋友，惟送我山間及墳墓之外，自不能入矣。第德行陰隲，人雖不甚重之，却能保身後之急，且以我救也。以是可見，死候之念，導人以明世物之虚實矣。能隨我者，乃我事也，實也；不隨我者，非我事也，虚也。沙竦丁者，西方七十國之總王也，將薨，取葬衣，命一宰臣，揭諸旗竿之首，行都邑中，順塗而大呼曰：『沙辣丁，七十國王，今去世，惟攜此衣一稱耳。』噫！詎不亦此意乎？野狐曠日饑餓，身瘦臞，就雞棲竊食，門閉無由入。逡巡間，忽睹一隙，僅容其身，饞亟則伏而入，數日，飽飫欲歸，而身已肥，腹幹張甚，隙不足容，恐主人見之也，不得已又數日不食，則身瘦臞，如初入時，方出矣。智哉，此狐！吾人習以自淑，不亦可乎？夫人於入生之隙，空空無所有也，進則聚財貨富厚矣，及至將死，所聚財貨，不得與我偕出也，何不習彼狐之智計，自折閲財貨，乃易出乎哉？問何者爲真富？必曰廣有重物，能恒存不受壞者爲真富，故良田腴産，謂富人之本業焉。夫田産於人，火不得爇，水不得漂，盜不得負而趨，年遠不得銷損，於諸物中獨爲堅久，故善持富者寶之，何況於德，更萬倍堅久乎？德不畏水火盜賊，彌久彌固，不相脱離，生死我隨也。此爲人之大本業也必矣。

其四，以攻伐我倨敖心也。倨敖之氣，諸德之毒液也。養敖者，其道心固敗矣。夫敖之根柢本弱也，以虛爲實，以無爲有，以他爲己也。故常念死候，不俾自昧自爽己矣。孔雀鳥，其羽五彩，至美也；而惟足醜，嘗對日張尾，日光晃耀，成五彩輪。顧而自喜，倨敖不已，忽俯下視足，則斂其輪，而折意退矣。敖者何不效鳥乎？何不顧若足乎？足也，人之末，乃死之候矣。當死時，身之美貌，衣之鮮華，心之聰明，勢之高峻，親之尊貴，財之豐盈，名之盛隆，種種皆安在乎？何不收汝輕妄之輪乎哉！古者西土有總王，名歷山，奄有百國，幅員數萬里，無勝其富，而心敖甚，猶若不足。既薨，葬埋之侈，殫極華美。時有名賢觀其塋，譏之曰：『夫人昨也踵土，今也爲土踵矣；昨也彼藏金玉，今也金玉藏彼矣；昨也寰宇不足容之，今也土窟三尺則足矣』。嗚呼！行世之際有尊卑，死之後無尊卑也。誠若象戲焉，運於楸局，將卒異位殊道，及事畢覆局，則雜位同道矣。目者無所不見，惟不見己也，見己有道，以鏡照焉。人者無所不識，惟不識己，識己豈遂無道乎？以死者之髑髏鑒焉。彼昔如我今，我後如彼今也。往日余有友，常畫髑髏形懸於齋室，以自警也。庸詎不善於圖畫古器之設乎？

其五，以不妄畏而安受死也。造物主每造一物，即各賦以愛己之心，是者不論靈蠢，物物有之，則畏死欲生之性，人人均也。然而生死，皆聽天主命。人自求死即不可，人强求生即不可，何者？天主固不令人自擅死也，若士卒非帥命，不敢離行伍也。倘終竟不欲死，是爲悔既生焉。夫生死之主，借爾此生，實陰約以死而還之，如左券在彼，不願死則失約而悔其已生矣。貪財不可，而貪生可乎？欲負約賴人之財不可，而欲負約賴天主之生，可乎？吾鄉人亞入西勞氏，西極之名將也，經踰阿林波山，時方市，市爲天下最盛，或請觀之，曰『無貨不備』。辭曰：『有售長生者，吾則往矣。』陋哉！若人不貪貨而貪生，並貪下〔四〕流也。別有真儒，承國主大封，問使者曰：『上賜我此祿，亦賜我壽命，以久享之乎？』使者曰：『否，此天主恩耳。』儒者曰：『既爾，我則往事天主，自修我行，以我身後求享天祿矣。』辭不拜受。夫願常生，則進求常生之路可也，汝於死人之域，於常生謬矣。夫死候者，須臾耳，雖嚴而速畢，何當懼之乎？吾不能無死，然而能免死之懼也。狂者與嬰兒不懼死，吾反弗克焉，彼愚而我智也。愚能與人以安，智能與人以不安，哀哉！夫真智之君子，備死也，不畏死也。死候無時不在其念，譬如良將，時時不忘戰，是備敵也，非畏敵也。夫死候之念，初來以威，次來以慰，卒來以喜也。武士入都試，或有驚馬，則數日前皆知肄習之馬埒間，使勿驚，至試日，馬已習，弗驚也。人心也，於死候驚馬矣。吾以念死，心習之埒間，至真死候，則已習，弗誤我大事也。夫人所畏於死者，非死之瞬息，乃瞬息之後所紀也。此畏也，最能引我於善，則宜存養之，不宜卻去之也。試思吾自今以後，有日將我一生中日日刻刻，凡眼所視，耳所聞，口所啖，鼻所嗅，四體所動，才所論，心所愛，合理與否，一一籍計無漏焉，無爽焉，凡善與惡，悉審察以按判，孰不懼乎？既懼之，必有助以斂心，以謹行者矣。故敝鄉有賢者，修道八十餘年，臨歿時四體戰兢，旁人問其故，答曰：『是懼也。非始自今也，吾平生有之。』人曰：『衆皆云夫子道已成也。何懼？』答曰：『天主審判嚴矣，其耳目我也，猶人乎哉。可弗懼與？』古又有一人，死而兩日後復生，又生世十餘年，竟不發一語，亦絶不見笑哂，默居靜修，其復死日，諸友强問之，惟曰：『人不知死後審何如，使知之夫。』語畢而死。蓋君子於天下，無所與，無所與即無所愛，無所愛則捨之無恨也。其志在天上，不在人間，以彼爲家。客聞欲近家，不啻無憂且大喜焉。以此軀殼爲囚禁，爲桎梏，則見其壞朽，無任娱樂，如囚人視狴犴垣壁裂，桎梏壞爛，乃望其解脱拘繫，可歸故鄉，何憂哉？第兢業日慎，不敢輒自居安，輒自居賢，猶恐德未成也。是以孜孜矻矻，惟日不足矣。」

徐子曰：「於戲！此皆忠厚語，果大補於世教也。今而後，吾知所爲備於死矣。世俗之備於死也，特求堅厚棺槨卜吉宅兆耳，孰論身後天臺下嚴審乎！」

余曰：「迂哉！重所輕，輕所重，莫凶乎是也。文王墓在豐鎬，而周公作詩，以誥其後王曰：『文王在上，於昭於天。』則豐鎬之文王，文王之灰燼焉耳。吾忘己之精靈，而獨顧休吾灰燼乎？夫遺魄朽於高，朽於下，終生思之，未審何異歟？棺槨所不覆，固天覆之，奚厭其薄乎？然厚葬親者，自是人情，不必非之，所丁寧者，惟毋自菲薄吾神靈焉。此世一生耳，而身後永常苦樂，皆自今造之。今世也，吾有不善可蠲，吾有善可增，此生以後絶不能也。死後按察賞罰之時也，有未犯王法，未得罪於人，而偶經過於司生殺者之前，入其庭，猶且惴惴焉。矧終其身所爲，莫非違天命，獲罪於天〔五〕，臨死時，將至乾坤主宰嚴臺之前，按我萬萬世罪殃，而且得晏然乎？不思乎？妄望僥倖免乎？自昧而不信乎？謬矣。

夫善備死候者，萬法總在三和。三和者，和於天〔六〕，和於人，和於己是也。得罪於天〔七〕無所逃，不從而禱於天〔八〕，天孰禱乎？繫在此，則祈解亦在此矣。即復勤詢天主所貽至教，習其情悔，責吾前非，立心於守聖戒，以息天〔九〕怒，以致其神寵，此以和天也。吾藏人非義財物，即還之其人。嘗毀謗人，玷缺其名行，即以真實語獎許之，復成立之。嘗與人交爭，敖狠有讎，即恕宥和睦好待之，此以和人也。凡有以酒色自污蠛本身，以醜念邪情亂熒心靈，即時洗滌新新，修善志，歸道體，或有誘感我於非義，遠離廢之勿惜，此以和己也。嗚呼！

倘死者已受天刑，今能復生於世一刻，以改前非，移心於道德，不難出無量數價，無苦不甘心取之以易之，其如不可得，而吾承啓心以忖悟，備死候之實範，不圖迅行之，何心哉？」

校記

〔一〕「悦」，原作「脱」，據陳垣先生批注改。

〔二〕「殊」，原作「待」，據陳垣先生批注改。

〔三〕「上帝」，國圖清刻本改爲「上主」。

〔四〕據國圖清刻本補「下」字。

〔五〕「天」，國圖清刻本改爲「天主」。

〔六〕〔七〕〔九〕「天」，國圖清刻本改爲「主」。

〔八〕「不從而禱於天」，國圖清刻本改爲「不從主而禱於天主」。

君子希言而欲無言第五

曹給諫問余曰：「聖人皆希言，而欲不言也，奚謂乎？」余答曰：「夫言，非言者所自須，乃令人知我意耳。若人己心胥通，何用言？如人面語，可省簡牘也。聖人言以誨民，民自知，則其言之功止矣。民弗知，聖人始言焉。然博雅之言，言約而用廣，蓋粹言比金鋌焉，微而賈重矣。是以聖人罕言，而欲無言也。無言則人類邇於鬼神[一]，所謂人以習言師人，以習不言師神也。故天主經典。及西土聖賢，莫不戒繁言，而望學者以無言矣。」

曹子曰：「吾幼讀孔子，木訥近仁及利佞之説，即有志於減言，且聞貴邦尚真論。今願聞禁言之法言，幸以告我，以證聖人之旨，以堅此寡言於同志也。」余曰：「竇承命不敢辭。然茲論也，浩且博，吾試揭數端，子自推其詳備焉。凡不肖者，言不顧行，行不踐言，則易其言也。言也，如飛之彙，一出口，不得追而復含之矣。鳥出籠，即自此樹飛於彼樹，言出舌，亦自此口傳於彼口，不還也。故智者多默希言，乃爲翦其羽矣。天主《聖經》曰：『多言之際，不能無訧，能守己舌，乃智之至也。』又曰：『愚者不言，則人將謂之賢者。』釋之者曰：『愚者未言，與賢者無異，惟舌與音，爲其愚之徽耳。』是故宜恒以手掩口也。束亂氏，古之賢者。於大衆會不言。或譏之曰：『言之窮乎，性之愚乎？』曰：『然。愚者不能勿言先世之所寄，臣曰惟命[二]，獨有一物，臣不敢受寄。』問：『何物？』曰：『隱密之言耳。』曰：『何謂也？』曰：『言也，難收矣。不洩之以聲，恐露之以形，不漏之以醉，恐傳之以夢也。』中古西陬一大賢瑣格剌得氏，其教也，以默爲宗。帷下第子，每七年不言，則出。出其門者，多知言之偉人也。是默也，養言之根矣。根深養厚，而株高，幹枝盛也。又嘗出一名師，教人論辯，所著格物窮理諸書，無與爲比，至今宗用之，而其人每靜默希言。或問之曰：『子自不言，何能教人言？』對曰：『子不見夫礪石乎，已不動，不利，能使刃利焉。』凡器之小而虛，則其聲揚，器之大而充，則無音。何謂小人，中無學問，惟徒以言高耳。君子充實而美，斯無言也，善行爲善言之證也，行也無音而言矣。故曰：『善言者，不可以邪行壞之。』若言行不相顧，豈不以邪行壞其善言乎？造物者製人，兩其手，兩其耳，而一其舌，意示之多聞多爲而少言也。其舌又置之口中奥深，而以齒如城，以唇如郭，以鬚如欞，三重圍之，誠欲甚警之，使訒於言矣。不爾，曷此嚴乎？夫口也，又心之藩籬焉。故《經》曰：『守言即守心也。』園無藩籬，外患即侵而毁之；心無口之禁，不止受外入之累，自亦逃而失己矣。舌毋先心可也，吾未嘗不言而悔，止多有言之悔耳。敝社之東，有大都邑，名曰亞德那，其在昔時，興學勸教，人文甚盛，所出高俊之士，滿傳記也。責煖氏者，當時大學之領袖也，其人有德有文。偶四方使者，因事來庭，國主知使者賢，甚敬之，則大饗之，而命諸名俊備主賓之禮，責煖氏居首。是日所談，莫非高論，如雲如雨，各逞才智，獨責煖終席不言。將徹，使問之曰：『吾儕歸復命乎寡君，謂子何如？』曰：『無他，惟曰亞德那有老者，於大饗時能無言也。』

祇此一語，蘊三奇矣。老者四體衰劣，獨舌彌强毅，當好言也。酒於言，如薪於火，即訥者於是中，變而譁也。亞德那彼時賢者所出，佞者所出，則售言大市也。有三之一，難禁言，矧三兼之乎？奇哉！教可傳之四表，故史氏不誌，諸偉人高論，而特誌責煖氏之不言也。

邦伴氏，至德之士。初發志修行，即入學，其師方講經，次經曰：『吾將守我行，以免舌之咎。』聞此一句，即辭，而曰：『足矣！請先習是句耳。』久修而後反學，師問曰：『何遲之久也？』曰：『未盡習初句，不敢還也。』自後德名藉藉，遽入深山，獨居默修，用以晦跡剷名，而名日益高。夫名也，如影焉，避就者，就避者，而愈晚愈長。是以邦伴雖屏居數年，四方共景仰之。於時有尊位持教官，赴山中見之。邦伴了無言，官曰：『乞賜片言，小吏取以布教。』曰：『子不取我不言，何能取我言乎？』此可謂盡習初句者矣。載香器，必固塞其口，不爾，原氣渙矣。子承傳於心，苟冀儲之，以備施用，莫若閉口默蓄矣。吁！今之學，非爲己，悉爲人耳。故大學師，有人以其弟來學，其弟久侍而不言，學師令曰：『言之，余以觀汝。』夫人在目前，必令言以觀之乎？覿面則視其形，聞言則視其心矣。試人如試陶等焉，叩擊之，陶以音著其裂，人以言顯其疵也。西邑諺曰：『舌頻回於病齒。』故吾先正每曰：『吾未聞一人言，常畏之。』往時有一士，嚴坐於衆士列，良久不言。俄發言，言其所不達。或曰：『此人也而終不言，不亦可謂士乎？』默之一藥，能療言之萬疾矣。

世之大惑者，每從師以肆言，無師以習不言也。第不言難，惟英俊能之耳。言欲遂而强止之，如以口含滅光燭，豈不難耶？誌載昔非里雅國王彌大氏，生而廣長，其耳翌然如驢，恒以耳璫蔽之，人莫知焉。顧其方俗，男子不蓄髮，月鬋之。恐其鬋工露之，則使鬋之後，一一殺之矣。殺已衆，心不忍，則擇一謹厚者，令鬋髮畢，語以前諸工之被殺狀，若爾能抱含所見，絶不言則宥爾。工大誓願曰：『寧死不言。』遂生出之。數年抱蓄，不勝其勞，如腹腫而欲裂焉，乃之野外屏處，四顧無人，獨自穴地作一坎，向坎俛首，小聲言曰：『彌大王有驢耳。』如是者三，即復填土而去，乃安矣。後王耳之怪，傳播多方，或遂神其説，曰此坎中從此忽生怪竹，以製簫管，吹便發聲如人，言曰：『彌大王有驢耳。』國民因而知其事也。嗚呼！禁言之難，乃至此歟！

是故昔西國君，誥其賢臣曰：『吾子卿屬，有人之胸，特爲流言溝焉，即入即出，無留乎心，無增乎行矣。』彼喧嘩之心，無殊於隙甕，雖斟之美液，四處漏，奚得滿乎？欲塞言之漏，縱不得不言，可不慎於言乎？曷事敗不因言而敗，曷國覆不因言而覆乎？所謂〔三〕人之生死，都由舌也。善馬不轡銜不可御，人士不謹言不成德。東方鶴，初冬去之西土，道牛山，牛山産大鷹，鳥鶴所忌也。鶴過山，則御小石，恐忘而妄鳴，且受害，踰山昉捨石矣。人輩亦過此世之險山，五欲之鷹，張爪吻以傷此心，何不以默之石塞口，而終日讙讙乎？

世之害莫大乎佞者。佞者以巧言迷人心，如仇類以金爵酖人命也。其所言非昌，徒以巧詞綺語，飾而出之。如塗朱傅粉，兒女之事，非大丈夫之氣也。束格剌得〔四〕氏，當亂世，卓立自好，正言不屈，奸人謀而陷之於罪，被拘囚以誅焉。其門弟子大憂之，獨己至死不色變，於時有一名士，大雄辯，論理無對，則代之慟，而作一文字，剖析事理，中雪枉抑，使束格剌得持於公堂庭辯之，必免刑也，躬詣獄致之。束格剌得讀畢，曰：『不對，不堪用！』士曰：『此文言言切中夫子之事，奚云不對，不堪用也？』曰：『婦人履，稱我足，我亦不著矣。男子氣雖斷於殃，不取於卑陋巧言，而汝安取之，以自敗其德乎哉？』佞者致言之病耳。蓋言之期，期以人信焉。立言而無人信，如創室而無人居也。人所深信，乃其所明視耳。汝以言之葉矇之，則有所不通矣。故人疑而弗信也。藏麥於窖，麥得土氣欲坼〔五〕，出而量之，多於初，然麥浮敗矣。言在佞人，口盛而增多，惟無孚也。嘗聞人稱譽人以多聞，未聞〔六〕稱譽以多言。言雖善也，多則人病之；善言不可多，而虛言、妄言、罪言可多乎？

或曰：『既爾，宇內何以言爲？寧不皆銜枚而瘖然行世乎？』曰：『否也！聖人勸寡言，拯扶世流耳矣。無言，孰世乎？禽世耳。惟言，衆人以是別鳥獸，賢以是別愚，文明之邦以是別夷狄也。人無言，虞庭何以拜昌言？孔孟何以知言？且今多聞者，從何而得聞乎？利兵以捍國禦奸也，有妄持之以刺正人，則目爲凶器而禁之，非其人不藏焉。是貶言之原，由人誤用耳。聖人欲不言，欲人人皆正行矣。如醫之慈者，欲無醫乎，乃欲天下無病者乎。』

阨瑣伯氏，上古明士，不幸本國被伐，身爲俘虜，鬻於藏德氏，時之聞人先達也。其門下弟子以千計，一日設席宴其高弟，命阨瑣伯治具。問：『何品？』曰：『惟覓最佳物。』阨瑣伯唯而去之屠家，市舌數十枚，烹治之。客坐，阨瑣伯行炙，則每客下舌一器。客喜而私念，是必師以狀傳教者，藴有微旨也。次後每餚異醬異治，而充席無非舌耳。客異之，主慚怒，咤之曰：『癡僕！乃爾辱主，市無他餚乎？』對曰：『王命耳。』藏德滋怒曰：『我命汝市最佳物，誰命汝特市舌耶？』阨瑣伯曰：『鄙僕之意，以爲莫佳於舌也。』王曰：『狂人！舌，何佳之有？』曰：『今日幸得高士在席，可爲判此，天下何物佳於舌乎？百家高論，無舌孰論之？聖賢達道，無舌何以傳之，何以振之？天地性理，造化之妙，無舌孰究之？不論奥微難通，以舌可講而釋之矣。無舌，商賈不得交易有無，官吏不得審獄訟、辯黑白，以舌友相友，男女合配，以舌神樂成音，敵國説而和、大衆聚而營宫室、立城國，皆舌之功也。

讚聖賢，誦謝上帝重恩，造化大德，孰非舌乎？無此舌之言助，兹世界無美矣。是故鄙僕市之，以稱嘉會矣。』客聞此理辯，則躍然喜，請貰之，因辭去。厥明日，共詣師謝，語昨事，以謂非僕所及，意師之豫示之也。師曰：『否否！僕近慧，欲見其聰穎耳。』衆猶未信。師曰：『若爾，請復之。』隨命阨瑣伯曰：『速之市，市餚。宴昨客，不須佳物，惟須最醜者，第得鮮足矣。』阨瑣伯唯唯，去則如昨市舌耳，畢無他餚也。席設，數下饌，特見舌，視昨無異，客益異之。主忿怒，大詈之，問曰：『舌既佳，疇命汝市佳者，何弗若我，而惟欲辱我乎？』對曰：『僕敢冒主乎？鄙意舌，乃最醜物耳。』王曰：『舌佳矣，何爲醜乎？』曰：『吾解鄙見，請諸客加思而審之。天下何物醜於舌乎？諸家衆流無舌，孰亂世俗乎？逆主道，邪言淫辭，無舌何以普天之下乎？冒天荒誕妄論，紛欺下民，無舌，孰云之易知易從？大道至理，以利口可辯而毁矣。無舌，商賈何得詐僞罔市？細民何得虛誣諍訟，而官不得别黑白乎？以舌之謗譭，故友相疏，夫婦相離。以舌淫樂邪音，導欲溺心。夫友邦作讐，而家敗城壞國滅，皆舌之愆也。侮神訕上帝，背恩違大德，孰非舌乎？無此舌之流禍，世世安樂矣。是故鄙僕承命市醜物，遍簡之，惟見舌至不祥矣。』客累聞二義，陳説既正，音吐〔七〕祥雅，俱離席敬謝教。是後主視之，如學士先生也。以是觀之，舌也本善，人枉用之，非禮而言，即壞其善。是故反須致默，立希言之教，以遂造物所賦原旨矣。

夫縠言，無五毋，有五有也。污、邪、巧、謗、誇，五毋也；真、直、益、減、時，五有也。言毋污，則近淨，而潔者就之，無縱吐污言以吒小人，而先穢己口也，勿曰彼耳是宜聞，惟曰吾口是當言耳。惡言來，吾用惡語報之，是火將熾，而吾施之韝，初惡一，今惡二矣。苟用善言迎之，是火漸延，而吾徙薪，豈非以我善致彼善乎？毋邪則近正，而端者取之。正心必發正言，正言未必由正心也。雖然，而正言之時，心能據正。恒自據正，即有邪心，亦可匡也。若果僞者，並亦不能恒作正言，斯爲邪耳。鸚鵡鳥能人言，而不自達其意，平時諄諄，與人無異，忽逢攖擾，即揚禽聲，而復其咈咈也。詐正人，善爲仁言，而不自通其旨也，無事便便，與人無異，俄值拂逆，便轉邪情，而還其偏本也。詐不可久，矧能恒乎？毋巧。則近質，而誠者尚之。法言素樸，而自光美，不求鮮華之飾。戾言病醜，不能不借於繪工，愚者雅之，智者病之，行行古之道，言言今之詞耳。毋謗則近恕，而忠者若之。世道衰下，讒言易發易傳也，故當戒口以言，戒耳以聞也。無聽讒者無讒，故讒人與聞讒者，吾未識罪孰重矣。毋誇則近謙，而傲者去之。自伐善者，非因已既行德而言之，乃行德以言之耳。如是，以虛德爲實慝矣。以慝易德，吾所伐善安在乎？吾之譽在我口，是反爲訾也。彼稱我善，愛道而長己德·;吾自稱己善,冒名而泯己德也。此五毋也。

言有真則無誕,而人即信焉。真言全體相結,僞言始終不類也。真者如明燭焉,光四射,縱掩藏之,必乘隙而出矣。蒙者、醉者、狂者,三人之言,咸真實無僞。汝爲不然,豈不居三人之下乎?·直則無詭曲,而人悦依焉。直路一,而去彼界近,曲之無數,而皆彌遠矣。汝冀蚤赴家,莫善於從徑途也。視利而行,行不得義,察色而言,言不得直也。發矢不直是無力,安能中乎?·張絃不直,則無音,胡得和乎?·發言不直,則無志無氣,必不及致其所圖也。益則無窮,而人以爲用焉。有千金之言,有無價之言,誰曰言無直歟,富贈人財,仁贈人言。珍貝利財,忠言利德,二者孰利乎?·凡無利於衆,無補於身,悉妄言也。遇事當言,度言之勝乎不言,而後言無悔矣。減則不繁,而人好繹焉。凡真論欲人易曉,莫若淡且簡也。約言近乎不言,故爲趣矣。少可以成事,何用多爲?·無餘無缺,始爲減也。有不言之處,有希言之處,無盡言之處矣。吾言之末寧〔八〕使人嗣之以思,無寧使斷之以厭也。時則不誤,而人願聆焉。時而不言,猶不時而言也。時雨,人翹首而望之。時言,人傾耳而納之,皆得其欲也。不對病之藥,縱善而傷身;不合時之言,縱昌而敗事也。雖然,知言之當以時發,衆也,知當言之時,幾人乎?·體仁之言真,從義之言直,由禮之言減,敦信之言益,惟智之言時矣。此五有也。使言毋斯五毋，獲斯五有，談自旦迄夕者，或謂之多言，吾敢謂之希言焉。有言者，人一聞而喜。此言者，人百聞而猶喜也。」

語竟，曹子悅曰：「旨哉。聞之曰，人也於言，如鍾於音焉。大叩之大音，小叩之小音也。若無叩而音，其妖鍾已！請益。」余曰：「瞻已，恐中國士〔九〕誚我曰，西士以喋喋勸希言也歟！」

校記

〔一〕「鬼神」，國圖清刻本改爲「天神」。

〔二〕「臣曰惟命」，國圖清刻本改爲「故臣曰其他惟命」。

〔三〕「所謂」，原作「所請」，據國圖清刻本改。

〔四〕「東格刺得」，今譯蘇格拉底。

〔五〕「欲拆」，原作「欲圻」，據國圖清刻本改。

〔六〕「未聞」，原作「水聞」，據國圖清刻本改。

〔七〕「音吐」，國圖清刻本作「音韻」。

〔八〕「言之未寧」，國圖清刻本作「言之真寧」。

〔九〕「士」，原作「土」，據國圖清刻本改。

齋素正旨非由戒殺第六

李水部設席招余。是日值教中節日，余食止蔬果而已。李子曰：「貴邦不奉佛，無殺牲戒，而子齋素，何也？」余曰：「豈獨敝國！中國自三代以前，佛教未入，悉不奉佛也，皆以太牢事上帝，悉不戒殺牲也。然而祭之前，有散齋，有致齋。齋者，悉不飲酒，不茹葷。今所見士大夫，遇郊社大典，咸斷酒肉，出居官次。是則齋素之義，不由釋氏始，不以殺牲故，明矣。」李子曰：「然。吾儒將祭而齋者，將以齊一心志，致其蠲潔，對越明神也。敢問貴國齋素，何意？」時余篋中適有舊稿一帙，中説天主教齋素三旨，即出帙觀之。其辭曰：「因戒殺牲，而用齋素，此殆小不忍也。然齋有三志，識此三志，滋切滋崇矣。夫世固少有今日賢而先日不爲不肖者也；有今日順道，而昔日未嘗違厥道者也。厥道也者，天主銘之於心，而命聖賢布之版册。犯之者，必得罪於上帝。所從得罪者益尊，則罪益重。君子雖已遷善，豈恬然於往所得罪乎？曩者所爲不善，人或赦弗追究，而已時記之、愧之、悔之。設無深悔，吾所既失於前，烏可望免之於後也？況夫今之爲善君子，不自滿足，將必以闞己之短爲離婁，以視己之長爲盲瞽焉。所責備諸己者精且厚，人雖稱以俊傑，而己愧怍，如不置也。所省疚於心者密且詳，人雖謂其備美，而己勤敬，如猶虧也。詎徒謙於言乎？詎徒悔於心乎？深自羞恥，奚堪歡樂，則貶食減飡，除其餚味，而惟取其淡素。凡一身之用，自擇粗陋，自苦自責，以贖己之舊惡，及其新罪。晨夜惶惶，稽顙於天主臺下，哀憫涕淚，冀洗己污，敢妄自居聖，而誇無過。妄自寬己，而須他人審判其罪也乎？所以躬自懲詰，不少姑恕，或者天主惻恤而免宥之，不再鞫也。此齋素正旨之一也。

夫德之爲業，人類本業也。聞其說，無不悦而願急事焉。但彼私欲所發者，先已簒人心而擅主之，反相壓難，憤激攻伐，大抵平生所行，悉供其役耳。是以凡有所事，弗因義之所令，惟因欲之所樂，睹其面容則人，觀其行與禽何擇乎？有人於此人其性也，而將易之，使禽其形，寧死不願之。今者人其形也，而禽其性則安之，何哉？夫私欲之樂，乃義之敵，塞智慮而蒙理竅，與德無交，世界之痼疾，莫深乎此矣。他病之害，止於軀殼，欲之毒藥，通吾心髓，而大殘元性也。若以義之仇寃，攝一心之專權，理不幾亡，而厥德尚有地可居乎？嗚呼！私欲之樂，微賤也，遽過也，而屢貽長悔於心。以卑短之樂，售永久之憂，非智之謂也。然私欲惟自本身，藉力逞其勇猛，故遏其私欲，當先約其本身之氣。學道者願寡欲而豐養身，比方願減火而益加薪，可得哉？君子之欲，飲食也，特所以存命；小人之欲，存命也，特所以飲食。夫誠有志於道，怒視是身，若寇讎然，不獲已而姑畜之，何者？吾未嘗爲身而生，但無身又不得而生，則服食爲腹饑之藥，服飲爲口渴之藥耳。誰有取藥，而不惟以其病之所須，爲度數焉者乎？吾輩此身，皆當爲蟲所食，甘食厚味，以益其膏，不幾爲蟲作牧人乎？性之所嗜，寡而易營；多品之味，佳而難遂。若窮極口體，逞意貪圖，則以其養人者頻反而賊人，謂飲食殛人，多乎刀兵，可也。今未論所害於身，獨指所傷乎心。多聚飲食之處，多來貓鼠蟲蟻；多饕飲食之人，多招罪過其身也。僕役過健，恐忤抗其主也；血氣過强，定傾危乎志也。志危則五欲肆其惡，而色欲尤甚。豐味不恣腹，色欲何從發？淡飲薄食，色氣潛餒。一身既理約，諸欲自服理矣。古有問賢者：『何則爲學？』答曰：『脱身耳。』解之者曰：『阻心之達真者，莫甚乎身樂之誘也。身之樂，以重霾霧晦我心才，使不得外脱種種諸像，内釋五官之欲，而往察物性，以率造物主命也。故有意於學者先當拔心於身外也。身也者，知覺屍也，機動俑也，飾墁墳也，罪慾餌也，苦憂肆也，囚神牢也，實死而似生也。家賊用愛誘損我心，纏縛於垢土，俾不得冲天享其精氣也。能拔此身，百凶盡熄，心脱阻礙，任天游馴命矣。古賢甘餓，求餒不求飽，其於身也，似仇而實親焉。』此齋素正旨之二也。

且本世者，苦世也，非索翫之世矣。天主置我於是，促促焉務修其道之不暇，非以奉悦此肌膚也。然吾無能竟辭諸樂也。無清樂必求淫者，無正樂必尋邪者，得彼則失此，故君子常自習其心，快以道德之事，不令含憂困而望乎外；又時簡略體膚之樂，恐其透於心，而侵奪其本樂焉。夫德行之樂，乃靈魂之本樂也，吾以兹與天神侔矣。飲食之娱，乃身之竊愉也，吾以兹與禽獸同矣。吾益增德行之娱於心，益近至天神矣；益減飲食之樂於身，益逖離禽獸矣。吁！可不慎哉！仁義令人心明，五味令人腐腸。積善之樂甚，即有大利乎心，而於身無害也。豐膳之樂繁，而身心俱見深傷矣。腹充飽以餚饌，必垂下而墜己志於污賤。如此則安能抽其心於塵垢，而起高曠之慮乎哉！惡者觀人盤樂，而已無之，斯嫌妬之矣。善者視之，則反憐惜之，而讓己曰：『彼殉污賤事，而猶好之如此，懇求之如此，吾既志於最上，而未能聊味之，未能略備之，且寧如此懈惰，而不勉乎哉！』世人之災無他也，心病而不知德之佳味耳。覺其味則膏粱可輕矣，謂自得其樂也。此二味者，更迭出入於人心，而不可同住者也，欲内此必先出彼也。古昔有貢我西國二獵犬者，皆良種也。王以一寄國中顯臣家，以其一寄郊外農舍，並使畜之。既而王出田獵試焉，二犬齊縱入囿。農舍之所畜犬，身臞體輕，走躡禽獸，跡疾趨〔一〕攫猢，獲禽無算。顯家所養犬，雖潔肥容美足觀也〔二〕，但習肉食充腸，安佚四肢，不能馳驟，則見禽不顧，而忽遇〔三〕，路傍腐骨，即就而齕之，齕畢，不動矣。從獵者知〔四〕其同産則異之。王曰：『此不足怪，豈惟獸哉？人盡然也，皆係於養耳矣。養之以佚翫飫飽，必無所進於善也；養之以煩勞儉約，必不誤若所望矣。』若曰凡人習於珍味厚膳，見禮義之事不暇，惟俛焉而就食耳；習於精理微義，遇飲食之翫亦不暇，必思焉而殉理義矣。此齋素正旨之三也。」李子讀竟，曰：「此實齋素真旨，吾儒宜從焉。」乃謝而請録之。

重刻畸人十篇卷上

校　記

〔一〕「跡疾趨」，原作「不顧而」，據國圖清刻本改。

〔二〕「觀也」，原作「獵者知」，據國圖清刻本改。

〔三〕「不顧，而忽遇」，原作「跡疾趨」，據國圖清刻本改。

〔四〕「獵者知」，原作「觀也然」，據國圖清刻本改。

以上四處實詞語互闌。

《畸人十篇》卷下

自省自責無爲爲尤第七

吳大參昔於白下問余曰：「貴教坐功否？」余曰：「吾輩爲功，與俗功異焉。吾所圖者蓋在神鬼，不在形身。」吳子曰：「既神則無有衰老，自得常生，何以功爲？」余曰：「夫人體貌屬形，至壯至老，日漸衰滅；智志屬神，至壯至老，反更强確。足徵神不可殺，不能死滅矣。吾因其常生，謀其常善，永安無虞也。常生而苦辛，毋乃常死乎？與其常死，寧速死乎？此功所爲用耳。」吳子曰：「善。然則功在行，不在坐歟？」余曰：「坐。坐而默繹之，以擇，以定，以誠，以篤用，果其行也。且行有二等，有出於身外，有留於神內。留於神之行重矣，而神之行，於坐時固可行焉。」

吳子問善神之肇端初功。余曰：「夫初功者，每朝時，目與心偕，仰天籲謝上帝生我、養我，至教誨我，無量恩德；次祈今日祐我必踐三誓，毋妄念、毋妄言、毋妄行；至夕又俯身投地，嚴自察省，本日刻刻處處所思、所談，及所動作，有妄與否？否即歸功上帝，叩謝恩祐，誓期將來繼續無已。若有差爽，即自痛悔，而據重輕，自行責罰，禱祈上帝慈恕宥赦也，誓期將來必改必絶。每日每夜，以此爲常。誠用是功，自爲己師，自爲己判，日復一日，毋奈過端消耗矣。

吴子曰：「功哉功哉！自爲己證，則過不及辭，況文罪與？自爲己判，則不欲欺己，豈待外人諫責焉？先治内心，次攻其表。於言於行，則功。得序、得全、得實，喻如靈藥，必效不誤也。夫百人百罰，不如獨責。君子慚懼己知，甚於人知之，所謂自知，則萬證矣。殊乎小人，惟念人知，是愧是憚耳。其於行也，不圖善，惟圖隱矣。縱可欺人，使之矇曰是也是也，而夫心之良，隱隱心聞，若或警呼曰非矣非矣，孰能强暗而已之乎？則莫如當夜時，晝事已畢，燈已滅，追求檢察一日之事何如，且詔己令，詳審責問，今日嘗治心之何病，禁止何欲，洗滌何污，改變何醜行？今日移幾步於德域也，夫身今日善於昨乎否也？兹功行，則怒心可滅可除，惰心可振可翌，慾心可懲可化矣。且既自知，日日又日會，當追至天理臺前，從公審判，即此諸種妄念不敢發也。自貶自褒之後，固可晝夜安臥無慮焉。第此功也，精矣美矣，得至無過便已聖人，何謂初功耶？」

余曰：「去聖人猶遠矣。是者初功，又有初之初、中、末三也。蓋凡未行道，而立志行之，其始事猶混濁，未得便澄，惟戒其大非耳。既聊進，方克省其非也。至近善地，乃察細微過者也。譬之如泉，久淪濁，欲清之，先除其粗石耳。水已靜，方可視小石去之，水既澄，則其渺末土沙，沈居水底，悉可睹而汰之矣。此三者，皆埽除之役，屏棄諸惡耳，未及爲善也。吾曾久作前功，進於此則兼起行善之功，行善精美矣。行善者，於念、於言、於行，非惟審有妄否，猶察夫既有善否。未有善，則自悔自責，如犯誡焉，此時又以無善爲愆也。至善盛，乃可入聖人域也。」

吳子曰：「信夫聖德雖無惡，及其成道，尚在爲善。貴教作功，一在誠實，斯途轍顯然，程效不虚矣。惜今之俗，淪染佛乘，云空尚無則論道者一稟高玄，無翅飛天，乃人之所不能行矣。但論，以論不以行，故不顧實虚乎？子談道以行，即所談者悉可效於事也。然嘗聞志仁無惡無過失，乃近仁也。無過失，曷爲與聖人遠乎？」

余曰：「兹者能無疵誰乎？齋舍中人與物一一蠲潔，而日埽日除，垢何居？風中難免塵埃也。故在本世，德雖高，前功之篲不得暫捨手也。縱設有人了悉埽除諸等醜咎，而於聖人之域邇乎？農夫既易田者，猛獸已驅，荆棘已拔，野草已燼，瓦礫已脱，地形已平，而無所種藝，是近上農乎哉？子有傭僕，以應家役，彼未嘗竊主財物，未損家械，不擊子詈子，不博不酗，而日惟游閑坐卧，一切不爲，子以爲是僕善乎？不肖乎？總總生靈，皆農夫，皆僕役，爲天王所傭，以治此道之田，以寅亮上帝工也，必欲收投而獻諸主庾，必欲行其役而充本職也，豈啻望不爲非禮耶？今也全德之君子罕見，則非但無過，能寡過即目爲賢爲聖焉，世衰故耳。吾天主大教，論人罪惡，凡有二端，一因不善之有，一因善之乏，俱可悔也，俱可改也。」

吳子曰：「談愈微愈美矣。凡夫孰知無爲於善，有爲於惡，兩者等乎。蓋凡善，吾力所能行，無非吾分所當爲矣。若此審己也，進道無疆矣。」

善惡之報在身之後第八

乙巳年，龔大參賚捧入京，即余問曰：「天也至公至正，凡行善者，凡爲惡者，必有吉凶報應。第今人多曰，善惡之報，全在見世，加於本身；若身後則無有佛氏所傳輪迴六道、天堂地獄之虛説也。不識貴教云何？」

余曰：「是何言歟？豈可以輪迴六道之虛説，輒廢天堂地獄之實論乎！吾天主聖教不如是輕薄德勛。以爲順者，天下福祿足賞之；逆者，天下災禍足罰之也。德之根柢高峻，從天而發，天下萬物，皆卑陋異類，孰有價值相應，可以酬德者哉？天下君以天下位絀陟國吏，天上君亦以是償天吏乎？明達世界之情者，咸曰遍大地皆從欲者，逈拔衆凡而爲君子，每世得幾人耳。君子欲行道於世，常不脱終身之苦辛，則此世界也，謂之地獄氣象猶可，若謂天堂，殊不似矣。試觀世人群類，無不自稱苦焉。苦中有天堂耶？天堂中有苦耶？彼小民勞於農力，險於經途，汗於百工，疲於戍守，每仰縉紳持權者爲安樂；且曰世界有天堂，居高官食厚祿者，即是其人，豈不然乎！今子臨民有年矣，敢問身所得天上樂，何如哉？」

大參曰：「否否。世界有地獄，居官者陷於其深區焉。泥塗中肩重負，此之爲勞，不及於位小官、署輕任者，矧等而上之乎？人不識縉紳士所茹荼苦，故謀掇而加諸身，令識之，偶值諸路，必速過不拾取也。古人比吏道，如黄金桎梏，拘於囹圄，甚得其情也。是以吾今思抽簪投紱，歸耕娱老，冀幸不虚此生耳。」

余曰：「信矣。子治一方，見勞如此其甚，矧治多方乎？即其苦奚啻百倍也。位愈高，心愈危也。西土古昔有棲濟里亞國，王曰的吾泥削。國豐廣，爾時有臣極稱其福樂。王謂之曰：『汝能居王座，而安食一饌，則以位遜汝。』即使著王衣冠，昇王座，設舉盛饌，百執事以王禮御之，而寶座之上，則以單絲繫利劍，垂鋒而切其頂。此臣昇座，初觀王庭左右侍人奔走趨命，即大歡喜，既仰視劍欲墮，便慄慄危懼，四體戰動。未及一餐，遽請下座曰：『臣已不願此福樂也。』王曰：『嗟乎！余時時如此，子以爲福樂也。兆民畏君，君無所畏耶？嚴主在上，日日刻刻，以明威之懸劍懼我焉。』俗人不知居上之苦，故慕之，因嫉之。倘知之，反憐之矣。吾嘗且笑且惜，彼經世之士，謀安而溺於阨，努力攻苦，以立功增職。王法亦差功疏爵，次第加之。誰知吾以苦市苦，朝廷亦以苦償苦乎？今子謀歸田耶？歸而能意卻人緣，專務一己生死大事，則得矣。苟圖度離苦就甘，恐甘者無時可就，苦者無時可離也。世如壙野，滿皆荆楚，何逝不刺身焉？藥氏者，西土聖人。嘗曰：『鳥生以飛，人生以勞。』是以生人際此齟齬未及了坦，而逼迫他患已便萌發，如候缺次補焉。吾於辛苦，如仇國卒世相攻，中或可圖，暫瞬解休，曷得其泰平乎？智者時防其侵也，易居易職，非謝苦也，如荼蓼芩蓮，僅易苦之別味耳。四方民無不哀號，曰世俗勞生。吾以爲圖免之，不如圖忍受之。必欲免者，須尋他世界。苟於此，未見未聞有人倖免焉。此世界譬若細長繩，作急密締結糾纏盤互，令群生一一解之。我群生者，先盡解其生命，而繩之締結，不盡解也。造物主祐君子者，令不屈於患，莫免其患矣，毅其心以甘受憂，不息其憂矣。故君子小人，德雖不等，憂患雖殊，由而見困苦均焉。」

大參曰：「信哉，率四海之濱皆苦乎？」既三日，韶陽侯蘇子張飲爲大參祖道，余在席。大參目我而哂曰：「世界人皆樂矣，何也？今日又復相晤，談論歡嬉，非樂乎？且吾尚有疑焉。生若苦者，世何以無願死悉嗜生乎？非但問富庶、康逸、榮華者，問貧窶裸裎、卧淩跣冰、丐於街市，及諸耄耋、目盲耳聾、偏體衰憊，若老病痼毒、晝夜僵地、傷痛不間，咸猶寧生不寧死焉。奚不咸恬樂行世之驗乎？此非樂地，人人何肯愛戀之，弗忍捨去之？且善惡之報，天下萬國各立君主，用專賞罰之權，君又選士居方，定律設法，綱紀民心，以賞賜正之，以刑僇齊之。是今善者必榮樂，惡者必危辱，足爲勸懲焉，奚待後世之遐且遲乎？」

余曰：「固也。竇未始曰此世有苦，而竟無樂也。特曰此世樂，不足稱上帝〔二〕酬仁人之神德；若此世苦，亦不足明著上帝〔三〕殃不仁之凶禍也。故當造身後真天堂、真地獄，盡善惡之報，以大顯宣上帝全能淵旨矣。昔者吾述《天主實義》，已揭其理，今復舉其端倪。

夫天降禎祥妖孽，多不因善惡，況合其德慝輕重乎！世病柄世權者，賞罰偏私，則以省疑造物主弗理視世事；或又解之曰，此天之未定焉。嗟乎！天豈有弗定，有弗定豈可爲天？則曷不信此後有日焉，各得其所當得，且補今之缺，而並鞫彼偏私之咎耶？嗚呼！持世權者，縱爲公平，而所褒貶功績與否，惟耳目是信耳，無審據者弗克究也。民之庸情，有所妬憎，則泯其善，揚其惡，壅蔽莫達，有所親愛者反是。則在上者，時或不及，聞其人之功罪，何能不失法意乎？豈惟人也，己亦掩己矣。雋德之精，多舍於內，不露於外。發外者，德之餘耳，非其人易粉飾焉。善者彌誠，彌隱己德，何啻曰隱也，且不有其德也。人與己不知之，則疇從而褒之。惡慝之本，素釀於心，不洩於外，見外者慝之末耳，詐善者不難文藏焉。惡者滋熟，滋匿己慝，奚徒曰匿也，且不覺己慝矣。人與己弗達，則誰從而貶之？夫己自蘊蓄己不有之，同類之人，又覆蓋之，秉法君臣又不及知之，復有天主暫容，姑且未報，或姑報而不盡也。此必待來世天之主宰明威神鑒，按審無爽矣。

至若人情無不願生者，此別有故。天主造天堂地獄爲善惡之報，本自親口傳宣，令人遽信，不待忖量。其奈人情染惡，自塞天牖，神傳大光，無由得入，便不能明知身後所受；又自古人死少有復生者，益復不知死後事情也。既不知其情，誰願往乎？譬如人情戀土，若有人從他鄉還，明知彼處利樂，便願裹糧從之；若去者自古及今無一人還，非萬不得已，誰欣然肯行哉？狐最智，偶入獅子窟，未至也，輒驚而走；彼見迒中百獸跡，有入者無出者故也。未死，亦人之獅子迒矣，故懼之。懼死則願生，何疑焉！仁人君子信有天堂，自不懼死戀生；惡人應入地獄，則懼死戀生，自其分矣。」

大參曰：「子論人之報人善惡，苦樂渺小，不能相稱；渺小之中，又有法律所不能窮究者，是則然矣。然人與法律所不曁者，吾方寸中，具有心君，覺是覺非切報之，則報仍在己，在今，不俟身後也。仁人有天堂，即本心，是心真爲安土，爲樂地，自然快足，自然欣賞矣。汝若辦一德，心即增福祿一品；備全德，即備全福樂。故謂仁者，集神樂大成也。慝生於心，心即苦海，罪創於內，百千殃械，應時肆陳，則慝自歉自罰矣。吾犯一戒，自招一孽；放恣無法，則是地獄重刑也。何者？吾既違天命，即吾自羞恥心告訐證我，我胡得辭乎？即我自惴懼心，桎梏囚我，我胡能遁乎！自性天理審判，按我罪我，我可以賄賂脱乎？可望主者慈宥乎？則哀痛悔慘，種種諸情，四向內攻，殃毒無方，我何能避哉？矇人者不得矇己，逃人者不得逃己。故曰逢艱患，賢不肖無大異，蓋苦樂均也，則請毋睹其膚，視其臟矣，請毋睹其面，視其心矣！君子不因外患改其樂，小人不據外榮輟其憂也。若然德慝之償在身內，不由身外，豈不信夫？」

余曰：「固也。凡生覺之類，不論靈蠢，行本性之順，自忻愉，遇己性之逆，自哀慽矣。饑渴而飲食，滋液洗腆則甘嘗焉。倘乏其所嗜，或啖食草具，餲飯敗漿，即委頓嘔逆焉。此何故也？造物者之奥旨，迪物以就其生育，而避之乎失養也。軀殼之陋，飲食之卑，行物主引之以味，而靈神之崇，作德之偉，行無味乎？必踐道，即心休焉，違道則心厄焉。夫然後天主賦我本性靈才，本善無惡，足著明矣。但德之味，誘民以從德，非以是賞德功也。惡之困，以沮人勿爲惡，非以是罰惡之咎也。世主馭臣，從命者、方命者，褒貶賞罰將由君。何故？此蒼生之衆，其順逆天命之報，獨由己畢不關天君哉？家有燕喜，主人置酒召客，命樂工陳歌舞。樂工謳歌舞踊，終日曼聲趨容，娱樂極矣。卒燕，主人豈謂樂工曰：『汝今日妍歌妙舞，自娱樂無量也，吾弗予若直乎。』仁者，既集德之神樂大成，洵自愉悦，然本以娱樂天人也，即天地之主，豈以仁人自愉悦，竟無他報稱，用酬其無涯尊情也歟？子曷不察上國故典也？三載考績，三考黜幽陟明，且有五服五章、五刑五用，以賞善罰惡，曷嘗曰鴟義奸宄，禦人國門之外者，身歷險艱，且勞勩困苦有餘刑矣。無俟吾法律誅戮之耶？又豈曰幹國澤民、忠貞之士，縱懋勞績，自謀德不圖報矣？作德日休，已自享其福樂，國家無煩表門閭，勒旗常不必詔之以祿而豐其爵耶！

夫人知行善之愉悦，不足以報德；爲惡之況悴，不足以責咎；而外設法例，以命以討，厚售其值，詎不知天上君法例愈精愈備乎？君考臣功，視勳庸，又視國力，乃賞焉。然國藏微矣，上德嘗不得其酬也，故有不賞之功。上帝六合之主，其能無盡，以無量數給人，未滅其所有之毫毛，則至校德之時，德乃獲其盡報焉。西國史，記曆山王至豐盛，一日丐者進前乞捨，王予之萬金，丐者辭曰：『小人得數鐶幸甚，何敢徼分外如此？』王曰：『汝第知丐子承數鐶捨則足矣，何復知曆山捨人不萬金不可哉？』命悉負之去。夫寥廓之主，寧若地尊氣象偏小哉？俗之弊，乃獨尚耳聞目見耳已，不知其耳目所不及之福樂也；惟驚駭本世刑災，不慮此世後殊凶極殃矣。」

龔大參曰：「席中忻際，其身後患不堪問，惟願聞來世喜樂何如？」余曰：「夫天堂大事，在性理之上，則人之智力弗克洞明。欲達其情，非據天主經典，不能測之。吾察天主經稱，天堂者居彼之處，一切神聖[三]具無六禍，此世中無人無有其一；具有六福，此世中無人有其一。六者，一謂聖城，則無過而有全德也。世道莫盛乎聖人。聖人行世，猶以寡過爲功，況其次乎？經云義人一日七落。落者，違也。循義之人，於小節每日七犯，則不循義者何如也？世塗險滑，道心惟危，稟氣柔弱，性理懵昧，民焉克免乎？凡自云無過，過重矣。居天堂者，已臻其域，安毅光明，無惑無屈，潔淨庸正，中立不倚，無過矣。侍世之尊君，其衣必靜嘉。侍天尊，其心畢無垢塵也。且世人不但過失稠，而善行又疏也。有窮年困攻一慝，慝不去，有盡年懋致一德，德不至。故自少詣老，幸得辦二三德行，民仰而稱賢矣。孰勇具辦道德大全耶？若天上君子道純，則德備也。比之如上庾所蓄糧者，秕糠已去惟精鑒是存；比之如上庫所蓄財者，渣滓既銷，惟兼金是儲矣。是以曰聖域也。二謂太平域，則無危懼而恒恬淡也。吾於世有三仇焉，本身其一，世俗其二，鬼魔其三。三者同盟，以害我矣。本身者，以聲色臭味以怠惰、放恣、婾佚，闇溺我於內矣。世俗者，以財勢、功名、戲樂、玩好，顯侵我於外矣。鬼魔者，以倨傲、魅惑，誑我眩我，內外伐我，則我於其間亟於防守，迫於抵拒，自不遑暇息矣。嗟乎！區區一心，上畏天命，下懼不虞之變，左恐覆於險難，右憚迷於佚欲，前怵往年積累多愆，後愓來世未決大凶，內悚於己，外驚於人，詎得不皇皇乎？使吾不肖耶，懈惓於克己之功，窘於三仇之勢，而委心奉之，雖得暫安，而實奉敵讎之逆命，反天主之正命，爲患大矣。使吾爲君子耶，立志存正，而率循天命，其功雖高，乃仇之寃對，至死方止，則當在生時，功未成就，略不敢安寧矣。既昇天域，則戰陣已休，功績已立，釋干戈而特享其榮賞，恬無事也。故曰太平域也。三謂樂地，則無憂苦而有永樂也。世人不求憂，而憂屢至；勤以尋樂，而樂罕得。憂已至，力求以雪之，而憂反自熾焉。樂既來，吾慎以留延之，而樂愈速消滅焉。茲真爲苦世，何疑哉？且世樂者，五官受之，受之全賴此身，身歿，世樂並渙矣。譬如葛藟纍樛木耳。木偃仆，葛藟無自立矣。今人八十爲耋，上壽也，鮮得焉。縱得之，較之常生，得幾何長乎？又八旬之中，且得全享樂歟？請計其實數，以著世樂之妄焉。嬰兒時無知覺，則孩提之年竟無樂也。七十以後，大概身疲劣，目眯耳重，口不知味，已失享樂之具，即逢樂事，無以樂矣。八十之中，除其初末各一旬，聊可樂者六十年耳。夫人寤則能樂，寐則畢不省事，無樂焉。世習懈惰，未厭夜寢，猶躭晝眠，故日之大半，爲寢所得，而六旬之徑，醒且樂者，僅三旬也。及三旬之徑，計幼時習藝業，屬父師之繩束，急於樹基，時被夏楚，樂無由。至壯而承其家任，易其稼穡，鞠其妻孥，酬應萬事，曷云喜樂乎？或暇日微及之，其間孰不遭父母兒女之喪乎？孰不值水旱饑饉瘟疫之災乎？誰久身安無瘡痏無傷殘無楚痛乎？此皆非樂之時焉。如是展轉淘汰，三十年中，日每十得樂其一，幸甚矣。則一生之樂，日不亦希歟？夫世之憂至極，聊帶微僞樂耳。若天上罄無憂焉。憂於是處，無根無種，故無從發萌，而全爲樂也。《聖經》謂始進天門者曰：『善僕汝忠，入汝主之樂矣。』言此世之樂微少，則樂入於我中；彼處之樂廣大，則我入於樂中，是以曰樂地也。四謂天鄉，則無冀望而皆充滿也。人類本天民，其全福獨在彼耳。客流於他界，故常有本鄉之望，常歎息之。既未得其本所，則有欠缺；有欠缺，則有希冀；有希冀，則明其無全福，全福無冀也。吾人衆性所欲，必得無窮之美好乃慰耳。世所謂美好者，咸微眇，咸有限焉。則吾性於是不得慰滿，不得其所欲得矣。故人以爲世界缺陷，福樂不足，是乃實理實情，不足異也。倘以世樂自滿足，此真足異耳。譬如王有上嗣，宜君大邦，而自安寢陋之處，行役度生，且恬然不思。復其尊位，不亦異乎？吾人本國，天國也。天國主，乃吾世人大父，而吾儕乃自忘本國，逆嚴尊大旨，惟蕩流殉世卑賤之務，是湛是悦，孰知而不深加歎恤乎哉！吾既歸天鄉，大小之欲無有不遂，所宜享福，非漸次分取之，惟合併全受之，則無庸冀望也。蓋天上君子，分外不得而圖，不得而望，故雖享福者，有巨細品級，卻皆充滿，比之如大小甕，各以佳液飽滿斟酌，故無增加之覬覦焉。衆人爲伴侶，爲昆弟，相視如皆己身也。常得其所願，而不得願其所不能得也，是以曰天鄉也。五謂定吉界，則無變而常定於祥也。夫世界人未必無成德且備也，無安且恬也，無樂且永也，無克且足也。第四福者未定耳。經曰，無人知己在天主所愛耶，所惡耶。世事既畢，吾吉凶始定，無復更動矣。又逐世務者，如步行江流之上，無安隱之處可印吾跡也。此心乍悦向道，忽翻然而思非道者也。本心汝不能持，矧他人乎？世態恒轉如輪焉，何德無罪？何安無危？何靜無搖？何樂無憂？何隆無殺？何峻無墮？何往無復？則本世謂之反覆無常世，特以無常爲常耳。所獲福祿，惟暫借也，吾不能爲之主焉。若天上吉福，是乃大定不易，吾可恒恃遠攸據也。是以曰定吉界也。六謂壽無疆山，則人均不死而常生也。夫有限之生，其狀近乎死也。蓋生日日消化，而不可遲留也。故經謂世人，曰『坐於闇及死陰也』。今見在天下萬國人民與鳥獸等諸種生類，百年以後，大概皆死，而新者迭生。其生死之數正等，則本世者謂之生域可，謂之死域可也。又其生時短，死時長，故西土古賢者，常呼人曰將死者，呼世界曰將死之土也；常呼居天者曰不死者，呼天國曰生者之地也。夫人世之壽縱修，而歲月日時悉有既也，有既則必死，必死則心懷死之慮，蓄死之慊。故能死者，其福樂不得全圖。若神靈昇天者，固常生不亡矣，是以曰壽無疆山也。壽無疆則並前諸福，俱永久不滅，此天主切答仁人之情也。何者？仁人德盛，至死而已，而其立志曰，使吾常生於世，即常行善不止。故天主賜之常生常德以實其志也。入地獄者不仁人，亦未嘗滅亡，曷不謂之常生乎？彼受罪犯人，不勝其痛苦萬端，則懇求死以息殃也，而不得死，則其生似爲常生，實爲常死矣。彼生時爲惡已熟，至死乃已，而其立志亦曰，使吾常生於世，常爲惡不止。故天主俾其永存不滅，常受惡報者，報其定於惡也。是則天主之法，一世之善惡，報以萬世之吉凶，大指如是已。佛氏竊聞吾西方天堂地獄之説，又攙入吾前世閉他卧剌所妄造輪迴變化之論，遂造作教法，云居天堂、置地獄者，過去若干劫，亦有又還生於世。此奚知造物主情乎？設昇天受福者，知若干劫後，將失其安樂，而復生苦世，更爲凡民，受福雖大，亦大有欠缺。福固不全，必生憂懼，不稱天堂至樂充滿也，又非天主善妙方，以振世德者也。蓋謀向道者將曰，吾縱爲道至善，而我大事終不得安定不移矣。使人地獄受刑者，知若干劫已滿，其苦將止，還於元界，復爲世人，其苦雖大，亦大有異望，不爲至極，翻生喜慰，非所謂地獄無量苦惱也，且非天主所施沮惡善法也。蓋小人迷於私欲，且曰吾縱逆道至惡，而我大事不不得盡敗，猶可幸復立矣。此佛氏不知情一也。夫樂之時，易過則見短，苦之日，難度則見長，此情無賢愚共達焉。吾推而可識，樂甚也一日當一刻，苦甚也一刻當一日矣。兩者又盛，則樂者一年疑一日，苦者一日疑一年也。若天上樂及地獄苦，人言不及闡發之，心不及思測之，則天堂之千年，爲世界不能一日耳；地獄之一日，爲世界不啻千年也。《經》謂天堂曰：『天主御前，千載如已過之昨日也。』不曰如現運日而曰已過之日，不曰今日而曰昨日，若無有者然，以指其短之至也。謂地獄曰大日甚苦也，忻之日不長，惟患之日長大矣。《聖神實錄》記，昔年西土有一道會，數友共居一山舍中修行。一友者，失其名，道盛而天主殊寵眷之。一日天神降，命之入深山某壘，享以天筵，使嘗天上福樂也。朝往其處，塗次稍淹，至其所筵，將徹矣，僅嚌一二臠，覺異常味。即還，詣舍欲入，閽人大詫之，云：『汝何人？輒闌入内也。』其友曰：『余會中友，晨出遊山中，今返，汝何人？遂不識我乎？』閽人奇其言，請會長及諸友諦視之，則無有知其名、識其面者矣。彼此大驚愕，審問。忽一老友悟曰：『會中記事書稱二百年前，一友名某出遊山中，竟不還，則此人是也。』復視，信然也。此足證天樂千年一日矣。

又記大聖人額肋卧略者，昔居持教尊位十餘年矣。時有總王德慝不相掩，宜入地獄。聖人惜之，告禱天主，願代受苦罰，以贖其無盡罪殃也。天主俯聽，即委一天神報之曰：『代王或終身腹痛，或四刻受地獄之苦，二者擇取其一，則可免彼無量苦也。』聖人計之，腹痛苦不爲甚，恐在終身，久難堪忍；地獄之苦至甚，而四刻之頃，且幸遠過，遂擇地獄刑也。天神置之地獄中而去，聖人不任其痛之極，覺踰期且遠矣，即自疑悔，不知可禱耶否耶，抑罪應入地獄竟不得出耶？既而天神往見之，問：『何如？』曰：『何如此大欺我！先謂四刻暫耳，而乃使我受苦萬餘年乎？』天神曰：『何謂乎？向者至今止二刻耳，更如許則迄期矣。』聖人聞之大駭，搖首曰：『已矣！請終身腹痛，則輕於地獄之一息也。』其後額肋卧略果終身腹痛也。衆人知其病，少知其緣也。以是可觀天上地獄之年日不同，而佛氏曰入地獄受苦若干劫止，雖長固不爲過，惟曰居天堂若干劫，即速逝之甚也，此佛氏不知情二也。

實今識真天堂所有六福，所無六禍，常久不滅者，則天主賞善報德，真實法意也。世界無斯六有斯六，世界無真天堂矣。夫治今與治後，兩世一主耳。吾人之德業德報，兩世一功耳。今者爲行路，後者爲詣域。西聖人設兩喻，喻是事理，甚著明也。一曰務德業如造大廈，木石諸材雜散厝置，顛倒失序，愈當華美之處，愈受斧鑿，廈未成故也。廈成，則峻美者萬年峻美，卑陋者萬年卑陋。今世人位淆亂，不可因所居位，即徵其德否也。善者頻患苦，不善者多安樂，如司馬遷稱顔回、盜跖之倫，世世多有之。愚者或曰世無德慝，或曰禍福莫非偶命，皆謬也。明哲之士，乃知善者無位，用以增其德，而繕其功耳，終當結天殿靈庭，不須憫恤之；不善者冒得非其位，用以釀其惡而厚其罰耳，終將置最下處，殊足可憐矣。一曰譬之如樹木，隆冬時佳惡無異，非其時故也。常有菀枯二樹，同植於苑，俱無花葉，俱無果實，以判生死，則此時特内異耳。一則根存液注，生意勃然；而一者根已朽，液已乾，淒然死矣。春夏既至，人方辨之。生者即萌蘖怒生，沃然光澤，灼灼其華，蓁蓁其葉，有蕡其實也。彼枯木者，既負場師期望，衆棄賤之，則斤斫斧截，析而付之燎爨耳。吾人既孜孜業業，勤奉天主大教，豈即榮富乎？豈即身無疾乎？家無虞乎？與不奉教者無大異焉，則汝何不竢其時乎？彼其根液内充，汝不得而見之，是本世也，真爲人之冬耳。迨來世乃其春夏矣，則善惡者之所受，始分明焉。善者則於其身神生大光輝，視太陽七倍甚焉，目得見此世所未見景光，耳得聞此世所未聞聲樂，口鼻得啖嗅此世所未啖嗅味香，四體得覺此世所未覺安逸也。冬已往，而爲春夏者無量年，榮茂無替矣。惡者既負天主重恩，爲天神所厭惡，則其身神變成黑醜，貌相類鬼魔焉，如不材枯木，棄之地獄爲薪燎，以供其永爇爨火耳。其苦痛萬端，非言所及也。前世小患已畢，而後世大患無限矣。請子無疑《聖經》及聖人醇言也。」

大參曰：「竊聽精論，即心思吾中國經書，與貴邦經典相應相證，信真聖人者，自西自東，自南自北，其致一耳。但貴邦經典全存，故天堂地獄之説，致爲詳備，吾儒書曾遇秦火焉，子知之乎？故此燼餘，大多殘缺，而後世之報應，具不明不諳焉。因而伎儒者疑信半混之有無之間也。然有能據今經典推明其説，亦足與大教互相發也。《詩》云：『文王在上，於昭於天。』『文王陟降，在帝左右。』又云：『世有哲王，三后在天。』又云：『秉文王之德，對越在天』。《召誥》曰：『天既遐終大邦殷之命，兹殷多先哲王在天。』經載是語，以示身後上昇天堂，以弘德，享弘報，而世反疑無天堂，豈周公爲矯誣上天及祖宗，且以疑誤後世乎？三王爲德，必有反身而誠、俯仰不愧之樂於内，而天猶從而榮之以至尊之位於外，又錫之以天上福，何也？則子言身後有天堂，燦然白矣。周公、仲尼、老聃，三聖之賢，不下三王，高於後世帝王遠矣，而不得尊位，則天未必以世之富貴酬德，而咸令永享天堂樂，又可知也。三王、周公、仲尼、老聃，既已在天，則夏桀、商紂、盜跖，歷代之凶人何在乎？暴虐奸回，不地獄安所置之哉？有此賞則有此罰，有此人則有此置頓之處，天堂地獄相有無也。信天堂不信地獄，其有陽而無陰，造化安得運流乎？惟《中庸》語舜，云『大德必得其位』，『必得其壽』，得無以是爲德之報耶？」

余曰：「固嘗言之。天主者，前後世禍福之原，豈不能以世福報德？子思子誘世於德，見世人重位嗜壽，即指人所期望之報而揚厲之，但不可以是爲常，以是爲至報焉。故不曰仲尼無位，顔回無壽，必無其德也。苟世外無他報，惟位與壽爲至報焉，則正位之後，所立功德，何以償之乎？爲道之故，致命遂志，此之爲績，賚誰乎？余竊觀賢者位彌峻，壽彌修，其心彌勵，其身彌勤，則意者天主施彼以世福，非酬其德之功也，惟以廣其功耳，酬德固在後也。吾西偏庠校，所論休戚，大異他校也。其言曰：『黄白出諸深坑，珍珠探於海底，美玉韞之石璞。凡諸珍寶物，每舉諸窮險，矧德爲至寶，必不可得之於安樂矣。』德者，安地，而詣德之道，至危難也。有育身之道，可導我以育心者。身無恙，了無作務，惟事閑居宴安，鴆毒劇於病卧。何者？閑居則厭飫食飲，不得其養，勞身則餒，餒則甘飲甘食，雖粗淡，常得其養焉。心不勤動以事道，是不嘗德味，不needed其養也。貪得者，愈得愈欲得；嗜德者，愈德愈圖德。民之秉彝，好是懿德，豈於積財不厭多，於積德獨願寡乎？道以行成名耳，在道者固利乎進，不利乎止，利乎速，不利乎淹。《聖經》曰：『天道狹，天門卑，進者鮮矣。』汝索德於自寬之地，縱自高竦，從衆不從賢，恐非其路，而難入天門矣。生知者寡，而學困者多，世世然也。故憚苦避勞而成爲大丈夫者，希矣。苦勞也爲萬善母，安樂乃道德之賊。止水不流不動，必生蛆而敗，故謂世樂爲仁人之苦，仁者以是爲敵讎矣。弱劣之輩，入德無因焉，其聞道語，寒心驚魄，如卒無膽氣，聆鼓聲以接戰也。昔賢睹幼年之迷於色者，遽退而去。或問之：『奚不化誨斯人乎？』曰：『新酥不上筯也。』夫取樂而爲慝者，當念樂之忽逝，而慝之獨留永久，遺悔辱於身也。行苦而爲善者，宜繹苦之忽往，而爲善之德，永久遺光榮於心也。葆祿聖人曰：『以瞬息之輕勞，致吾無窮之重樂也。』余敢轉其語曰：『以瞬息之輕樂，招吾無涯之重苦也。』若此兩言，疇不當用爲終身箴儆歟？且天主經自始迨末，無不戒人安於逸樂如陷水火也。嘗誨人以今世真福八端，一一由劇艱趨義耳。今惟述第八則，子自可知其餘也。曰：『爲義被窘難者乃真福，爲其已得天上國也。』生靈之類，無不屯苦，若爲利祿，爲功名，爲邪淫，及種種非義者，徒屯苦矣。若爲天主、爲義而受窘難，此乃福也，故謂已得天國矣。茲且未離下界累，曷謂之已得天國耶？已積其賈也。夫爲義而人答之以讚譽，以腆脫，以敬崇，以祠宇，以碑記，皆足爲福，而非真福也。將懼吾以是萌生矜傲，反足敗德，而後祈天主賞，天主即曰『汝曾得汝報已』；惟行義者竟無計賞，且人反報之以毁、以辱、以讎，而吾惓惓操節無悔，此乃上品德耳。人輩無以答之，全功爲天主所酬，必盛必重也。所以天主教士，以德報讎，宜也；不以讎爲讎，且用讎以資己德也。金無煉不成精美，香無爇不生郁烈。君子德，不得小人之窘難，無以致其成就，鴻聞於天下也。敝邦所産木，有一種曰巴耳瑪，華言掌樹也，性異凡木，每以任重，任重則曲。凡木之曲，曲而向下；掌樹之曲，曲而向上。故戰勝有功者班賞，有掌樹之枝焉，蓋曰勇邁〔四〕觸敵，自然奮增，不奮增非勇也。凡德以屯患爲砥，用自磨厲也。不畏劬勞，何功不成乎？視苦如樂，視樂如苦，苦樂化齊，不爲所動，不爲所屈，而反精粹，斯亦爲德者之掌樹已。是故吾教中聖賢，習求勞困，甚乎俗人於冒安樂也。或辭后王君公尊位重祿，而終身順聽師命，躬行賤役，自古筋骨受淩辱，以扶難拯迷者，或豐家盛財，久習安樂，旨餚衣美，而盡施於窮乏，身行乞於衢市，食淡服麤，睡卧堅勁牀地，克責體膚。或在鄉文業已成，足自聞達，而離父母國、骨肉親，客流遠方，煩劇身心，鏟滅名跡，以談道勸德，博修陰隲。或睿穎足逢世，而棄俗業，特以闢邪教謬言，證天主正傳，甘心服殃，置命刑下也。嘗有聊歇息，非謀歇息，惟以耐以勉以久受勞苦，皆萬計謀爲義之故，生死違樂就苦耳。倘有曠日弗逢拂志之事，輒自省察，恐或得罪天主，爲所棄也。蓋伏屈苦勞之下，則是爲彼抑覆，若踵踏苦勞，身行其上，是以苦勞爲上天階矣。吾國人見學士者，千數百年以來，無異論、無異行，以此爲常，無議之爲非人情也。倘以是爲衆庶所怪，即明哲者因是益尊尚之矣。」

大參曰：「施我富爵安樂、名譽顯達，則我不得已姑受之；施我貧賤憂患、鬱没無聞，則我領其意，忻然取之。此中國未聞奇範也。此範得見尊尚，以爲道何有乎？子能行此説於中國，民不治而治矣。人所爭競者，財耳，位耳，功名耳，喜樂資耳。除爭競之薪，彼鬬亂之火，從何而熾乎？則太平自久長矣。雖然身所甘受之苦，身自取之，則苦不爲苦，吾惟樂之是避，即樂反爲苦也。且苦既習也，亦無不樂也，則賢人者，此世亦樂矣，後世亦樂矣。」

校　記

〔一〕〔二〕「上帝」，國圖清刻本作「大主」。

〔三〕「神聖」，原作「聖神」，據國圖清刻本改。

〔四〕「勇邁」，原作「通遇」，據國圖清刻本改。

妄詢未來自速身凶第九

昔余居南粤之韶陽郡，所交一士人曰郭某。其尚德慕道，非庸俗人也。一日踵余門，涕淚交頤而曰：「吾來辭吾師，不再見矣！」余怪問所往，曰：「將去世也。」余驚而曰：「子年未耄，體壯甚，何從知壽命當終，如此其亟乎？」曰：「往歲之犬馬齒五十有五時，遇高人談星命如神，爲我推算，預説後來五載事也。其吉者未必然，凶則言言驗矣。謂命終之期，曰今年四月中，必不得免焉。今月内果乃夢見諸不祥，豈不爲徵應乎？嗚呼！客歲吾滿六旬，方産一子，今已矣，獨此呱呱泣者，誰顧育之？痛夫！」余憐其誤也，數頓足惜之。語竟太息而慰之，曰：「此世間至虚至妄，無若星家之言與夜夢所見兩者，而子以爲實然，以爲定然，不亦爽與？」曰：「睹其孚，得無信乎？」余曰：「拙工盡日射，固有一二中的，非巧也，其偶得也，奚獨人乎？以數叩五木而問之，數投之，必有一二合者。星命之允，解夢之符，則拙工之中五木之合耳。況星家之輩，有種種巧術，傳遞鈎致，能無合乎？然終不合者多也。有人於此十試之，有二三焉。以黑爲白，以晝爲夜，吾即知其爲瞽人。夫星家與夜夢者，無日不混黑白晝夜，紛紜其云，而令我反爲之眩瞀，目爲神靈，何與？以多妄不爲妄，徵以一二三偶合，即爲信徵乎？此無他，乃帝之刑僇，以譴責不肖子敢徼倖〔一〕不可達之天命者也。吉凶，是非之應耳。吾無是非，非自爲之，豈有吉凶？非自招之乎！天下無物能强汝爲惡，則無物能强汝入凶也。是故人心强於星也。星家即不知人之善惡，豈宜妄言其知人之禍福乎？汝冀吉忌凶，我何獨不然？惟迎吉避凶有道，改惡遷善耳矣。汝染惡不思洗，見善不圖行，乃欲僥倖免禍受福，星家縱予汝，而天主鬼神正理必不予之，汝猶望得之與。悠悠之俗，錯指禍福吉凶久矣，無不以富貴爲福，以貧賤爲禍，以生爲吉，以死爲凶。錯指之，又錯捨取之。若是之吉福凶禍，忠臣孝子難遇難避也。而此間欲論道何由哉？吾值君父家國之難，則義當急拯之，問星家曰吉我往，曰凶我不往乎？大小萬事皆然，則何徒問之爲？夫善惡是非可否，惟賢智者能審明之。吾有疑，叩賢智者而問之，則能謂汝擇地而蹈焉。彼何人？斯能許人大福，而先索人少財，何不自富貴，而免居肆望門之勞乎？自詫知未來百數十年，曷不識今茲足下乎？吾儕所踐土下，多有古藏金寶，何不扣〔二〕一孔以自資，而巡路求人乎？則彼將曰：『非其命不得而取之。』嗟夫！果非命不得取，有命不得辭，安用推算爲？彼是人者，豈不亦明知其爲虛爲誕，而不恥以是爲業，則吾能信其爲天神所寵異，詔以未來之奧幽乎？夫又奚足讁也。第有人焉，甘以自欺，又甘以欺人，强令信此僞術，侈言某人不信星命，不簡時日而死，而不言萬人深信之，事事差擇，亦死矣。無理可據，惟贅述星家先言後允故事，眩汝聽焉，則汝曷不信正理，而令我信若人所記所詒虛哉！且星家所自來，非中國賢聖所作，有陰計，有邪法，鬼魔暝佐，令推得隱事，或自作迷人事，正人以是故不屑求之，曷足信從與？上帝恤生靈之勞於晝，則使之夜寢，以宴息無事焉。設人不以夢爲夢，而强欲謂之事，不負上帝慈旨而自作孽乎？有人偶誑汝以一二虛言，其後有實言，不敢即信之。夫夢昔，昔皆謬亂，偶一合則爲實事乎？」郭生曰：「星家誠妄，吾往者故不信之。惟此人先説吾數年未來凶禍若神，不敢不信焉。一二，偶合也；一一合，烏云偶乎？」余曰：「痛夫！子知往數年之禍，胡爲來乎？彼授之，子掇之，藉令彼不言，子不信，畢不來矣。則子之問彼也，自求禍也。」郭生大訝吾言，問曰：「何謂也？」余曰：「吾初入中國，窺見大邦之民俗，酷信星命地理之術，受其大害而莫之覺，甚惜之。遽有意爲説擿之，第復睹士民舊俗，安於故習，已非一日，吾材質下，不敢以撮土謀逆塞江流也。然頗有俊士祇慎其行，知凡事行止，當量實理，不宜以庸人之度度之也，因而垂問敝國庠校士人風習，吾論其大誡及天主教所禁止，無不稱善，而憬然忖悟，願改前失，斷絕種種自作之害也。子能聽愚言，其存命不難耳。」郭生蘇然喜，頓耳以聽。余嗣曰：「夫身之安危，咸賴心耳，故名爲心君，其居身中，如君於中國焉。人值憂懼之耗，不論真僞，即四肢血氣急來護寧其心，如兵將分列四外，一聞事變亟赴京師捍衛君主也。以故人懼，則面色青白，四肢搖顫，良由血往於心，不在肢體故耳。若惶懼太甚，血氣迫聚於心，反鬱逼之，令心氣遽絶，故有因懼而死者。夫民之貪，莫切乎貪生；則其懼，莫切乎懼死也。吾儕永居百險之中，無處安妥，則其危事易信焉。故忽聞之，不暇繹其真僞，駭懼急發，不得止矣。恍聞之音，惚見之影屢生，心之大傷也。夫懼之病，最難治也，療之愈增也，謀消之愈長也。遇將蹈之患，乃重患也。何者？懼患，亦一患也。則懼患者，是以患加患也。豈惟加之，懼患之患，頻大於所懼之患者也。故曰不知以忽受災者，至災也。諺云：『信之則有，不信則無。』正謂此等虛妄事耳。若實事者，彼既實有，汝縱不信，何由得無乎？然虛妄之事，若言吉福，亦非信之所能得有；惟是所言凶禍之事，因懼生災，以爲驗耳。何者？汝信彼言當得吉福，汝則喜悦；人生吉福，固非喜悦所能招致。汝信彼言當得凶咎，汝則憂懼；憂懼之深，則生病患，其應若響。汝向固云『吉未必然，凶則盡驗，』不其然乎？吾行於地，所必須者惟地八寸以持足耳，然有八寸之木，置絶高處，令汝踐之，縱無人推墜，自傾隤矣；使置木於平地，則汝疾趨其上，無恙也。此何謂乎？豈木在高則狹，在地則廣哉？惟天養人以從容耳，見窄則嘔矣，故八寸之外，苟有餘地，乃安行也。子今信妄人之云，是則已命乃在八寸地耳，意無餘地於行，何得不急傾倒乎？西國中古有一國醫，論其時俗虛言熒惑大爲民害，國王大臣竟未信之。彼醫乞以王命，往拘獄中罪人，宜受大刑者來，可徵驗也。王輒許之。罪人至庭，醫謂之曰：『汝法重情輕，斫首巨痛，王實憐汝，我國醫也，有術於此，用針刺脈，微漸出血，略不覺痛，已得死矣。王既許我，汝爲何如？』囚乃叩謝，但幸不痛，安意就死。醫則以曾帛障蔽其目，出其臂，刺以芒針，了無創傷，亦未出血。別有錫器，穿底一竅，實水其中，令自竅出，承之以椀。僞爲大聲曰：『血已出矣！人身止血十斤耳，如是出者八椀，則死矣。』如是每椀以次傳報。囚聞水聲，又聞傳報，信謂血出，漸次衰弱。報至八椀，宛其死矣。衆視其身，實無傷也。王始信國醫之説真實理論。駭懼之言，不可輕發，不可輕聞焉，則以嚴法大戒國民，而禁革僞術，迄今不得行也。嗚呼！造物者天主大慈也，罰罪中不忘其悲心。故藏世人未來凶咎，於天命之寂寞，不忍預苦之，而妄人反鑿其空，陰固欲拔之以疊其罪，以速其禍，以重其苦乎？」郭生曰：「卜未來，喜其吉，不懼其凶，不亦可乎？是故古人屢卜，而無所傷焉。」余曰：「卜不卜在我，懼不懼已不由我矣。聞死候至而不懼，聖人難之，凡人能乎？故不若不卜矣。夫古之卜，非今之卜也。古之卜筮，以決疑耳，今者惟僥倖是求耳。善惡之分易審，二善之中指孰善難也，於是決之以卜筮。卜筮者，以訊二善之孰善者已。故《春秋》惠伯曰：『《易》不得以占險也。』《洪範》曰：『汝則有大疑，謀及乃心，謀及卿士，謀及庶人，謀及卜筮。』古之卜最後也，今之問星命最先也。《大誥》曰：『予曷其極卜，敢弗於從。率寧人有指疆土，矧今卜並吉。』可見周公不以卜爲重也。曩者子無二善之疑可決，則徒卜不可，況問星命以犯天主首誡乎？若曰命在天主之上，非天主所已定，則謬莫大，犯愈極矣。若曰在天主下，原爲天主所定，而令小人用以取小財，造作小術便可測量，亦侮天主不淺矣。人心不可測，而至神之深旨可測乎？」郭生聞吾言大悟，即拜謝教曰：「吾命也，吾師實更生之。不聞大教，枉自斷棄耳。自今以後，兒復得父，婦復得夫，一家安全，敢忘所自乎？」余乃引之天主臺下，叩謝丁寧之，必勿聽五星地理諸家虛誕浮說，惟正心候天主正命也。郭生別後，了無恙。踰四年又得一子。舊歲八旬，猶健飯不減昔日也。

校　注

〔一〕「徼倖」，原作「徼達」，據陳垣先生批校改。

〔二〕「抇」，原作「拍」，據陳垣先生批校改。

富而貪吝苦於貧窶第十

余居南中時，一友人性質直，其家素豐〔二〕，貪得而吝於用，識者慨惜焉。余爲說誡之曰：「貪得者或歷山谿，或涉江海，或反上於田畝；習武者損力於弓矢，冒險於戰陣；習文者疲神於書牒，煩勞於政事，皆曰吾欲且聚財，俾老弱獲賴耳。此效夫蟻者也。蟻蟲之智也，以小身任大勞，夏勤力急箝穀食，以爲冬儲，入其垤，弗肯舍之出矣。汝之情孰異於此？徒欲以富上人耳，無暑無寒，殖貨不厭，不亦異哉！以積增積，彌得彌欲，欲與財均長焉。汝庾藏粟幾萬鍾，而腹幾許大，於我能容乎？循塗負穀而鬻諸，未必多茹於不負者也。如曰吾取於大廩有味乎，所取則一也，於巨廩微廩奚擇焉。余儕所須之水，止一瓶耳。汝意將必酌之於大江，不酌之於涓泉，倘臨江而值暴風，水大至，波浪崩江涯，汝身陷水中，誰愍之乎？知止足則不酌水於濁流，又不失命於波浪矣。欲者在衣食之內則可，越衣食之外，是則無定、無止焉。貧者之所乏也寡，貪者之所乏無限矣。萬金，重貨也。有以豔羨得之，有以不意得之。兩者孰高乎？財之於用，如履之於足也，適度焉爾矣。短則拘迫，長則傾倒耳。若財能增智減愚，則世有吝踰於我者，吾恥之。然吾覩智非因財長，愚非因財消也。衆人昧於似善而非善者，曰：『富善於貧，求財不可已也。吾身榮辱在財盈耗耳，財愈多，人愈重我也，貧人終身受辱也。』噫嘻！寡有非貧匱，多欲乃貧匱耳。多有非富足，寡欲乃富足耳。夫財縱盛不滿汝欲，汝以爲薄焉，如此豈不常居窮哉？除此慾心，則罔貧矣。貧者安於本分則富矣。貧者缺財，以爲不足；富者嗜財，亦以爲不足也。財免我何災乎？財之禍，自不能救矣。財者習逃僕耳，雖以繩急縛之，偕繩而走矣。嘗置人以守財，而守者攜財而遁矣。夫財本虛物，如其實也，何不能塞得者之欲乎？如有甚渴者，終日飲水而渴不息，必懼而覓醫。汝久嗜財聚財，得之滋多，嗜之滋猛，何不懼而覓醫乎？凡患疾，用所嘗服藥，弗瘳，必懼此藥也或反致傷耶？弗服矣。嗜財之疾醫以聚財之藥，弗瘳，何不能捨其藥耶？夫善者，善得者之心者也；財也，煽人欲、培驕矜、反謙遜、速諛諂、拂直言、振侈泰、誘邪念，非善甚也，孰如富而存貧者之節乎？夫財與德，不共存之物也。慕財之事，乃世俗之大害也。君子倘不以得順其所欲，即以欲順其所得。不屈於貧，不惑於富，兹所以爲君子歟？嘗有喜得而弗享其所已得。生平居患，而弗得脱也，吾若之何哉？西邑古有一人，富而甚吝，所衣穢衲，賤於奴虜。過市人揚聲而指誚之。渠曰：『彼誚我！我還室私視金滿笈，自樂矣。』陋哉！誌傳曩一富家甚吝，後懼滅其財，則舉其資産盡鬻之，得數萬金，成一巨鋌，埋土中，自拾林下苦葉食之。既而盜扣以去，痛哭於藏所不已。有鄉人慰之曰：『汝有金既悉不用之，今覓一巨石，大小與金等，代汝金埋之土中則同矣，奚而痛哭如此！』汝今已得若干萬金，以百重所固收之笥篋中，閉而不用，則或石或金在笥篋中何異乎？此如但大氏之渴也，而不得飲近水焉。古有云，但大氏生世饕惏而吝，死置地獄中不受他刑，惟居良水澤中，口不勝渴，水僅至下唇。晝夜欲就水，隨口所就，其水輒下。徒煩冤竟不獲飲之，是其咎殃焉。汝何笑耶？後人將以但大氏事轉謂汝哉！汝内嫌僕者，外防盜者，勤於扃守，夜不敢寢，恨得利未暢，則節食補之，而饑不餐也。惶惶逐逐，自勞自苦耳。古語曰：『汝詛吝者何禍乎？詛其長壽而已。』親戚朋友鄉黨，俱避匿之、厭惡之，惟願彼速死，無有沾其潤者故也。吝諸己，胡能捨諸人乎？吝如牢豚，生而穢濁，人不屑近，惟俟既死，乃益於人焉。吝嗇之污，亦無親人，既死之後，人利其財與？貪與吝相隨，貪必吝，吝必貪。如人已死，毋望之言；若人已吝，毋望之財。專於殖貨者，每思盈一數，數盈即忌減缺，以此爲念，則常覺減缺，所有所無，爾俱乏焉。有人於此，聚篙楫帆檣之衆，而了無艘艇之用；集鑿鋸斧斤之廣，而絶不爲梓匠之工；貨筆研楮墨之盛，而竟不爲文字之需，不謂病狂者歟？汝今積金無數，而一不捨用，而自以爲智乎？汝何不明哉！財之美在乎用耳，豈宜比之如古器物，徒以爲觀；如神像，以參謁而已哉？此非汝獲物，物反獲汝也。財主使財，財僕事財。爲人之僕，人猶愧之，而爾安心爲小物之僕乎？上古之時馬與鹿共居於野而爭水草也，馬將失地，因服於人，借人力助之，因以伐鹿。馬雖勝鹿，已服於人，春不離鞍，口不脱銜也，悔晚矣。爾初亦不知而惡貧，且借財力以剋之，迨貧已去，心累於財，戀財爲病，且爲財役矣。曷不如馬悔乎？

吾西士昔有一人，忘其名，富而愛財，甚乎身命。俄而病，嗇於治療，久之增劇，熟寐不醒。其友醫也，哀而謀醒之，令家人設几席其榻前，取鑰發篋，置金几上，其親戚皆手權衡，爲分財狀。其友醫就病耳，大呼其名曰：『汝睡而不顧汝財，人將瓜分之！』病者聞若言，迅醒而立曰：『吾不猶在乎？』病小間，醫曰：『今病已愈，但腹弱，須服一丸藥即瘳。』病者問丸之值，曰：『一金。』病者怒罵曰：『此與盜者何異？』醫退而立死，奈何哉！不久則死亦將踵汝門，豈可以賄賂辭耶？所萃槖中金，能攜乎？吾於此不見人無財，見財無人也。吁！財無人，不如人無財，是以吾慘傷之爲此纂言，三昔不寐，思還汝於汝，祈汝片時視而思歸也。」吾友聆勸，恍然有悟，即捨殖貨之事，焚其會計具，而慷慨求道，余爲欣然。

廿九日焚之，初一日復製新器，理前業矣。悲哉！

校注

〔一〕「豐」，原作「封」，據國圖清刻本改。

《畸人十篇》跋

涼庵居士

或問畸人之言天堂地獄也，於《傳》有諸？曰：未之覩也。雖然，其説辯矣。顔貧夭，跖富壽，令不天堂不地獄也，而可哉？大德受命，受命而德施彌溥，報以蒼梧伐木削跡之身。兩楹奠而素王終，即血食萬世，浪得身後榮，聖人不起而享也。報在子孫乎？丹朱傲，外丙、仲壬殤，伯邑考醢，奚報焉！惟是衍聖之爵延世，顧易世。而子孫之面目，名號賢愚，悉不可知，以代聖人受賞，此足以厚聖人乎？不天堂又不可也。或曰：秦燄酷，而其義不存。是一説也。

顧西泰子所稱引經傳非一，固可繹也。然則與瞿曇氏奚異？而云儒曰：彼所爲寶玉大弓之竊，西泰子別有辯也。經術所未睹，理所必有，拘儒疑焉，令瞿曇氏竊焉。又支誕其説以惑世，而西泰子孑身入中國，奪而歸之吾儒，以佐殘闕，而振聾憒，不顧詹詹者之疑且訕。其論必傳不朽，其原則創非常，是以自謂「畸人」。

涼庵居士識

附《畸人十規》

冷石生　演

《十規》，西國之微旨也。或曰細藴，或曰顯道，或曰臆之，或曰公之，或曰事天交友，兹其濫觴。

人不可以無年？可以無年？眇年眇澥。人可以無歲？不可以無歲？多歲多慧。日隱天夜，念息人夜，屑越戲娛，獸行禽化。歲與年契，年與歲雠，來者誰牽？去者誰留？智者知日，大智憂年，不祥空亡，贈心嗜慾。惟勤心活，惟虚氣聚，冥去冥來，昭格天主。

萬鎰行估，百金僦屋，匄子嗷號，一錢信宿。息氣接睫，僦焉迺同，不如歸家，務我圃農。人之處世，亦復然然，棄家馳逐，夫何有焉？失或寒冰，獲斯火熾，仰雠大圜，爾司何事？濁貪貪利，清貪貪名，清其如蚓，濁其如鼪。西國先達，黑蠟、德牧，黑蠟恆笑，德牧恆哭；笑嗤失心，哭傷喪性，一念沉淪，比諸破鏡。堅忍順受，棲澹化瞋，天主降鑒，脱之苦辛。

爾緣何息，云胡不生？爾依何來，云胡不死？死匪可諱，死乃得止。胡齒斯促？而欲斯長。胡生斯繁？而歸斯駛。思矣思矣，不如退而修行，徐候其所。下士生不如死，死不如生。至人生如其生，死如其死。惟其能生，是以能死，非仙非佛，不怖不恃。法雅哥般，問黑入多，既覲天主，不廢嘯歌。

殀壽不貳，朝聞夕死。傳茲靈心，日修日俟。旦晝所行，宵無嗔乎？生生所營，死無顰乎？冰天胡婦，爲熖熄乎？南海黎渦，堪〔二〕矜式乎？當境諠赫，誰賸觴乎？身後虛名，可留繫乎？施勞伐善，驕且吝乎？卻老躭存，擅以爭乎？馴茲五益，用守三和，如雲經天，如水隨波。數嬴皇皇，數消懔懔，存順没寧，天主用甒。

四時不行，萬物不生。雖稱玄默，了無一成。惟其無言，行生相禪。終日風雷，寂寂莫見。載塞其竅，載捫其舌。不言躬行，何騰虛説。瑣格刺得，邦伴責煖。有口如人，載緘載罕。欽惟天主，守舌寡尤。匪醉匪夢，鼓妖可羞。

不戒殺，不窮味，苦不厭荼，甘不厭薺；饑渴害心，饜飫損氣；清虛日來，渣滓日棄。先正曰：「人莫不飲食也，鮮能知味也。」吾酌之以玄酒，調之以太羹，奉而薦之天主。天主嘉澹泊，賞攖寧，習於嗇，遠於豐。

中士治身，上士治神；中士治氣，上士治心。省是良藥，爲是煎煮，夜夜朝朝，心口相語。經火爊灼，見炭顫動，自訟自悲，再犯再病。省是良藥，悔是良方，珍重一爲，何用不臧？辟諸農夫，去礫去草，苟無種藊，荑稗翻好。辟諸僕人，不搏不酗，苟爲坐糜，不如井杵。纖惡必除，微善盡體，天主鑒之，錫以福祉。

鳥生以飛，人生以勞。勞者息以死，飛者息以巢。情所歡喜，中藏煩惱。世人不知，遂心是好。情所勞頓，中藏鼓舞。世人不知，勞形是苦。苦者不苦，不苦者苦。豈忍一逸，易兹百苦？爲善亦苦，去惡亦苦。受苦一生，卻能離苦。天路甚樂，天門甚卑，天時甚長，天堂甚低。地下有獄，一入不出。向時躭淫，變爲觳觫。彼浮屠氏，竊其近似，設爲輪回，變人心志。惟樂最苦，不苦不樂，天主召之，駐兹寥廓。

人以死生，患得患失。一引其心，皇惑成疾。或説五行[二]，或説風水，一中膏肓，畏死不正。請驅小數，請芟邪魔。我生有爲，我死無他。善種種心，惡種種語。黜陟分別，天主自主。

世間作業人，莫如守財虜。剖身以藏珠，朝夕事斂聚。纖利竭羊羔，顆粟堆倉庾，不肯瞷窮乏，但知敬商賈。疲精如馬牛，心計師狐鼠，嗜利類蚋蝨，驕癡類虓虎。嗚呼氣盡時，持何見天主？貧者士之常，善者福之府。兩路分人禽，智者自識取。多少聰明漢，惺惺檢絲縷。

校記

〔一〕「堪」，原作「湛」，據陳垣先生批校本改。

〔二〕「五行」，原誤「吾行」，據陳垣先生批校本改。

附《西琴曲意》八章

萬曆二十八年歲次庚子，竇具贄物赴京師獻上。間有西洋樂器雅琴一具，視中州異形，撫之有異音。皇上奇之。因樂師問曰：「其奏必有本國之曲，願聞之。」竇對曰：「夫他曲，旅人罔知，惟習道語數曲，今譯其大意，以聖朝文字，敬陳於左。第譯其意，而不能隨其本韻者，方音異也。」

吾願在上　一章

誰識人類之情耶？人也者，乃反樹耳。樹之根本在地，而從土受養，其幹枝向天而竦。人之根本向乎天，而自天承育，其幹枝垂下。君子之知，知上帝者；君子之學，學上帝者，因以擇誨下衆也。上帝之心，惟多憐恤蒼生，少許霹靂傷人。常使日月照，而照無私方兮；常使雨雪降，而降無私田兮。

牧童游山　二章

牧童忽有憂，即厭此山，而遠望彼山之如美，可雪憂焉。至彼山，近彼山，近不若遠矣。牧童牧童，易居者寧易己乎？汝何往而能離己乎？憂樂由心萌，心平隨處樂，心幻隨處憂。微埃入目，人速疾之，而爾寬於串心之錐乎？已外尊己，固不及自得矣，奚不治本心，而永安於故山也。古今論皆指一耳。遊外無益，居内有利矣！

善計壽修　三章

善知計壽修否，不徒數年月多寡，惟以德行之積盛，量己之長也。不肖百紀，孰及賢者一日之長哉！有爲者，其身雖未久經世，而足稱耆耄矣。上帝加我一日，以我改前日之非，而進於德域一步。設令我空費寸尺之寶，因歲之集，集己之咎，夫誠負上君之慈旨矣。嗚呼！恐再復禱壽，壽不可得之，雖得之，非我福也。

德之勇巧　四章

琴瑟之音雖雅，止能盈廣寓、和友朋，逕迄牆壁之外，而樂及鄰人，不如德行之聲之洋洋，其以四海爲界乎？寰宇莫載，則猶通天之九重，浮日月星辰之上，悦天神而致后帝之寵乎？勇哉大德之成，能攻蒼天之金罡石城，而息至威之怒矣！巧哉德之大成，有聞於天，能感無形之神，明矣！

悔老無德　五章

余春年漸退，有往無復，蹙老暗侵，莫我恕也。何爲乎窄地，而營廣廈；以有數之日，圖無數之謀歟？幸獲今日一日，即亟用之勿失。吁！毋許明日，明日難保；來日之望，止欺愚乎。愚者罄日立於江涯，竢其涸，而江水汲汲流於海，終弗竭也。年也者，具有輶翼，莫怪其急飛也。吾不怪年之急飛，而惟悔吾之懈進已！夫老將臻而德未成夫。

胸中庸平　六章

胸中有備者，常衡乎[一]靖隱，不以榮自揚揚，不以窮自抑抑矣。榮時則含懼，而窮際有所望，乃知世之勢無常耶！安心受命者，改[二]命爲義也。海嶽巍巍，樹於海角，猛風鼓之，波浪伐之，不動也。異於我浮梗蕩漾，竟無內主，第外之飄流是從耳。造物者造我乎宇內，爲萬物尊，而我屈己於林總，爲其僕也。慘兮慘兮！孰有抱德勇智者，能不待物棄己，而己先棄之，斯拔於其上乎？曰吾赤身且來，赤身且去，惟德殉我身之後也，他物誰可久共歟？

肩負雙囊　七章

夫人也識己也難乎？欺己也易乎？昔有言，凡人肩負雙囊，以胸囊囊人非，以背囊囊己慝兮。目俯下易見他惡，回首顧後囊，而覺自醜者希兮。覗他短乃龍睛，視己失即瞽目兮。默泥氏一日濫刺毀人，或曰汝獨無咎乎，抑思昧吾儕歟？曰有哉，或又重兮，惟今吾且自宥兮。嗟嗟！時己如是寬也，誠闇矣。汝宥己，人則奚宥之？余制虐法，人亦以此繩我矣。世寡無過者，過者纖乃賢耳。汝望人恕汝大癰，而可不恕彼小疵乎？

定命四達　八章

嗚呼！世之芒芒，流年速逝，逼生人也。月面月易，月易銀容，春花紅潤，暮不若旦矣。若雖才，而才不免膚皺，弗禁鬢白。衰老既詣，迅招乎〔三〕凶夜來瞑目也。定命四達，不畏王宮，不恤窮舍，貧富愚賢，概馳幽道，土中之坎三尺，候我與王子同坳兮！何用勞勞，而避夏猛炎？奚用勤勤，而防秋風不祥乎？不日而需汝長別妻女親友，縱有深室，青金明朗，外客或將居之。豈無所愛，苑囿百樹，非松即〔四〕楸，皆不殉主喪也。日漸苦，萃財賄，幾聚後人，樂侈奢一番即散兮！

校注

〔一〕「乎」，陳垣先生批注爲「平」。

〔二〕「改」，陳垣先生批注爲「敬」。

〔三〕「乎」，據國圖清刻本補。

〔四〕「即」，據國圖清刻本補。

齋旨

附司鐸化人九要

〔意大利〕利瑪竇撰　周岩點校

《齋旨》前言

《齋旨》，利瑪竇撰。費賴之《在華耶穌會士列傳及書目》、徐宗澤《明清間耶穌會士譯著提要》均著録。然撰述時間不詳，也未見出版之版本。

鍾鳴旦先生等編《徐家滙藏書樓明清天主教文獻》（輔仁大學神學院，一九九六年）收《齋旨》鈔本兩種：第一種有欄格的，可稱爲甲種本；第二種無欄格的，可稱爲乙種本。甲種本文字準確，但可惜「奥思定聖師云：人若問我何者爲一生緊要之德」之下闕略。不知是原稿之脱，還是《徐家滙藏書樓明清天主教文獻》漏影。好在乙種本是完全的，研判之時可以乙種本補足。但乙種本文有錯舛，所以本編没有以之作爲文獻點校的底本。

目前國内學術界罕有研究這部著作的，相關利瑪竇的作品集，也没有收録這部著作，可見此書流傳不廣。

兩鈔本全文均未見「天主」二字，全以「上主」稱至高之神。這樣嚴格的行文，很像是康熙朝「禮儀之爭」之後抄成的。因此，我推測，這兩個本子應該都是清鈔本。

二〇〇四年九月十五日北京騆方周岩謹識

齋旨

齋有三旨焉，識厥三旨，滋切滋崇。

夫世固少有今日賢，而昔日不爲不肖者也；少有今日順道，而昔日未嘗違道者也。道爲上主之所命，違之者必獲罪焉。所獲罪者彌尊，則罪彌重。君子雖已遷於善，而責備於己者，精且厚；省疚於心者，密且詳。愧怍悔懼，罔敢飫樂，一身之需，力擇觕陋。自苦自罰，稽顙涕泪，以贖舊惡，而避新污，庶上主惻恤而赦宥之，不再鞫也，此齋旨一也。

夫德之爲業，人類本業也。第形軀私欲，先簒入人心而擅主之，塞智慮，伐德性，平生行爲，悉供其役。究之躭暫微之樂，取永巨之殃，不亦悲乎？故修士怒視己身若寇仇，然不獲已而姑蓄之，誠以身也者。知覺屍也，機動俑也，飾墁墓也，罪愆餌也，苦憂肆也，梏神獄也，實死而似生也。頎然七尺，未幾當爲蟲齧，甘食厚味，以益其膏，不且爲蟲作牧人乎？僕役過强，慮忤主；氣血過强，恐害人。心則五欲肆毒，而色欲更甚，惟淡飲薄食，氣色潛餒，一身既理約，諸欲自服理矣，此齋旨二也。

且本世苦世也。主置人於是促促焉，修其道之不暇，非可樂玩之候，然吾無能竟辭諸樂也。無清樂必求污者，無正樂必就邪者，故當快吾心以道德之事，勿令憂困而忘乎外。夫德行之饜，靈魂之本適也，吾以兹與天神侔矣。飲食之腆，形身之竊娱也，吾以兹與禽獸等矣。惡者觀人盤樂，而己無之，則嫌妒之念生，善者視之，則反憐惜焉，而讓之曰：彼殉污賤，而篤效之如此，懇求之如此。吾有志於最上，而未能聊味之，未能略備之，寧如此懈惰而不勉乎哉？世人之災無他，心病而不知德之佳味耳！覺其味，則膏粱可輕矣，謂自得其樂也，此齋旨三也。

余遊歷天下諸國，備聞齋説，或終晝不食，迄星夜雜食衆味，此謂時齋；或戒諸葷而隨時茹素，此謂味齋；或不擇味時，日特一餐，此謂餐齋；或餐時味皆有所拘，祇日午茹素一次，而惟禁肉食，其水味屬陰者不戒，此謂公齋；或終身禁止火食，僅茹野卉以延生命，歐邏居山中甚衆，此謂私齋也。數等之齋，總歸責屈本己，亦視其人，視其身何如耳！富貴稍減膏粱，即爲貶損，貧賤日習粗糲，無與清修。聖教公制：老者六旬以上、穉者二旬以下、病者、乳子者、勞力者，皆不在齋程之内。蓋口齋乃齋之末節，究齋之意，總爲私欲之遏，不可不盡也。

附司鐸化人九要

一要曰誠。凡人多向世俗、肉身、虛假之事者，不得謂之誠。即有時切向上主，而間斷不專者，亦不得謂之誠。所謂誠者，乃超性之德，根於心，發於事，時時無不專向上主也。倘無向上主之誠，而爲揚自己之聲名，爲顯口才之雄辨，爲誇學問之宏通，或以巧語勝人爲能，或以重語壓人爲快，或以强詞問難、塞人之口爲得計，更有人前論道講經，原非本願，或出於偶然，或出於不得不然。若此之類，皆不可謂之純心向主，亦無效驗。

二要曰智。誠而不智，是有體而無用，智德之本分，能分别孰先孰後之序，不致倒施而逆行。勸人之道，必先始於自身，化及一家，然後可以通行遐邇。《經》云：「先行後傳，仁人君子之言，取效最速。」若教中冷淡之友，竟如慢絃塵積之琴，音難入耳。

三要曰廉。智而不廉，雖次序秩然，人多疑議，無私無欲之心，最能動人信服。若因勸人之名，兼取己身之利，被人窺破，指摘隨之，阻人遷善，其弊無窮。成人之美而不言謝，天上人也。

四要曰勇。廉而不勇，雖一介不取，而向主之誠，修齊之智，難行於外，故勇爲傳教人切要之德。己之厭煩，勇以克之；人之疑慮，勇以解之；更有世俗邪魔、左右往來之阻礙，勇以退之。胆怯之害，每因些微之扞格，不曰此非講道之地，早應退藏，即云今非傳教之時，暫宜遲緩，或嫌其黨不可與言，或疑其人恐生隱禍。種種推委，衹圖旦夕之安，總不思畫一全善之策。救人靈魂，可爲痛哭流涕者也。

五要曰實。凡人徒知勇於行事，而不知事事切實與否，即不知本末輕重之分矣。或處難行之時，或值難行之地，或遇難行之人，即宜置而不論，衹論其吃緊者。此理不明，易墮奸魔之網。屏絶異端，爲守身之實；明白十誡爲修身之實；痛責前非，嚴防復犯，使知畏懼而不敢獲罪於上主，爲謹身之實；勉人行善，立功勸人，超凡入聖，爲立身之實。

六要曰和。聖多俾亞當造次顛沛時，人人交相贊美，甚至異教之人，感其大德，總因秉性温和，持躬柔順，煦如春日，藹若春風。或甘旨延賓，或親朋慶會，令人知吾名教中，未嘗無可樂之地，故其效如此。因憶吾主耶穌爲訓門徒，不可太嚴，不可固執，故有時婚筵赴而不辭。又如嘉禄聖人，苦身克己，酒不沾唇，後至一異端之地，風俗以酣飲爲樂。聖人即隨俗共觴，籍兹和順，化導多人。而聖方濟各沙勿略，常賴和顔悦色，適人之意，雖元惡大奸，多有悔過自新者。若非光風霽月之襟懷，則臭味難投，無從覿面，何自而成勸化之功？乃有一等聲價自高、不近人情之輩，或出言粗率、不合時宜之人，既無親愛先施，難望他人欽服。極其害，必至人自爲人、我自爲我而後已。

七要曰恒。夫誠、智、廉、勇，諸德俱全，而且事得其本，氣極其和矣。乃惟圖速效，遂無恒心則前功盡棄矣。上主以恒心救我，顯然可以自證，何我不恒心以救人。金口聖人若望云：「我等用心料理他人之靈魂，必如上主用心料理我等之靈魂。」即此之謂也。倘或重勞心力，躭誤時日，而無此應驗，即或有驗，而弗遂所懷，不可自生淆惑，以棄從前熱愛之苦心。

八要曰義。夫義者何？事之宜也。先言傳教者，必由身以及人，智也；次言奉教者，當重本而輕末，實也。首所謂義者，專爲料理教事之人，當統計事情之緩急，酌其遲速以行也。聖多俾亞先能裁奪神工之品第，孰當加意用心，孰可稍從簡便；又必裁奪工夫之忙閑，孰當速往，孰可遲行。胸中早有卓識，故臨事不致溷淆。或因管領一病人，或爲傳洗一孩童，不獲誦經，不便守齋，不能與彌撒，如此緊要工夫，豈惟無罪，且有大功。

九要曰謙。上言和以待人，茲言謙以持己。蓋謙者乃諸德之基，諸德之輔，諸德之飾。凡實心傳教之人，必先具此德，否則隨口閒談，如鐘響鑼鳴，有何益處？聖保禄云：「何敢以我之能言，抹煞十字架之能力。差惡之心，人皆有之。才智人與才智人遇，則兩不相下，誰肯降心相從。惟以謙，未有不心服者。夫以卑勝高，以愚勝智，其相勝之光榮，不歸於人，惟歸上主。故能丕揚休命，適愜衆心也，見有數人信服，即欣欣自滿，似乎不可一世者，獨不思變化人心，可是人力能爲之事乎？蓋問己身，保無有大罪不改，保無有缺久未償，保無有貪淫惰傲之端、文過飾非之弊。反而求之，尚難革面革心，有何證據，將他人遷善之功，攘爲己有耶？若再轉憶從前，許多親戚朋友，因我偷安懈懶，或未曾悔罪自新，或未曾領洗入教，方負罪痛懲之不暇，安敢以微勞自許？上主准人立德立功，是人受上主之恩，非人有恩於上主也。奧斯定聖師云：「人若問我何者爲一生緊要之德？〔必應之曰：謙爲第一。再問其次，亦以謙應之。更問其次，仍以謙應之。」然見吾輩中未能存仁讓之心，不能體認自己，無能勸化者若而人必少荷主恩，懶於誦禱者也。欲冀其弗斷神工，周旋同學難矣哉！〕〔一〕

校記

〔一〕文中所標〔 〕爲以乙種本補。

闢釋氏諸妄

附辯不奉祖先説

〔明〕徐光啓撰　周岩點校

《闢釋氏諸妄》前言

梁家勉先生《徐光啓年譜》「公元一六一五年（萬曆四十三年乙卯）。五十四歲」條載：「此頃，閒居養病，兼從事農圃及著述工作。『乘閒暑』，撰成《闢妄》、《諏諮偶編》及《擬復竹窗天説》。據説，均係『闢佛老』、『補儒』之書。」

《闢妄》，即《闢釋氏諸妄》。此書版本甚夥。

一、明刻本。四周單邊，九行二十字，首葉題寫撰人等處有塗抹。原書藏梵蒂岡教廷圖書館。臺灣學生書局吴相湘教授主編《天主教東傳文獻續編》影印。本編以此爲點校底本，稱梵蒂岡本。

二、清刻本。藏中國國家圖書館古籍館，索書號138127。此本版式與梵蒂岡本相同，僅改梵蒂岡本「釋以咒爲佛氏真言」，爲「釋氏以咒爲佛氏真言」，及「一呼百誥」爲「一呼百諾」二處未至精微之詞。其餘文字及神的稱謂，均仍其舊。書中避「玄」字諱，刻印工精，惜闕十三、十四葉。本編稱國圖本，此本可補梵蒂岡本漫漶或塗抹不可識之文字。

三、清鈔本。原上海徐家匯藏書樓之舊藏品，今在臺灣。鍾鳴旦、杜鼎克、黄一農、祝平一編《徐家匯藏書樓明清天主教文獻》影印。首葉題「吴淞徐光啓撰」，避「玄」字諱，本編稱徐匯本。這個本子的文字改動很别緻，不是晚清教會改動先賢的通常手法，構思周備，詞微理玄，益信某教會通儒之所爲。但「輪迴之妄」一章，竟漏鈔了三百五十四字，這是非常可惜的。

四、清刻本。題「前明相國徐光啓撰」，九行二十字，左右雙邊，藏北京師範大學圖書館，爲原輔仁大學圖書館之舊藏品。避「玄」字諱，與明刻本相比，其文字改動是較多的：迴避「上帝」、「帝」等名詞，而代之以「天主」、「主」；文言改爲淺易之語，如「不功天而功佛」，改爲「不歸功於上主，而歸功於佛」。這些都是晚清改動教會先賢作品較典型的手法。本編稱爲輔仁本。

中國國家圖書館藏有其他幾種《闢妄》版本，這些本子都是與輔仁本屬於同一系統的：一、香港納匝肋静院清光緒二十二年活字印本；二、上海慈母堂清光緒二十九年鉛印本；三、上海土山灣印書館民國三年鉛印本；四、上海土山灣民國二十年鉛印本等。其中，上海慈母院本《闢妄》，爲原北平北堂圖書館之舊藏，有北堂圖書館書簽及印鑒，覩之備感親切。

另外，徐匯本《闢妄》書末附了一篇《辨不奉祖先説》，佚名撰。文章不長，是爲教會辯白不肯敬祖之誤解而寫的。康熙年間，中國與羅馬教廷禮儀之争起，其中是否允許教友跪拜祖先，是争執的重要内容。因此，這篇文章應當是「禮儀之争」期間的作品，由此，也可以推測鈔本之年代。因有關教史，附在本書書末。但文章不是徐光啓寫的，撰人已不可考，故署佚名撰。

二〇〇六年三月十四日北京䣉方周岩謹識

《闢釋氏諸妄》目錄

佚名

闢釋氏諸妄

吴淞徐光啓撰

釋氏不知人魂歸於何所，創爲破獄、施食、燒紙等説，以誘愚蠢。誕妄鄙淺，齊東野人，本無足辯。然習俗久矣，賢者不免，姑爲拈出一二義，砥柱狂瀾，庶江河猶知返乎？

一曰破獄之妄。夫地獄以爲有耶無耶？無則罪人原自不入，可以不破；有則爲大主所説，堅於鐵圍，乃困苦冥魂者，竟爲無賴凡流，唸數番言，獄破魂走，有是理乎？且破獄時，止放一魂乎？抑概放衆魂乎？如止放一魂，是衆魂造罪，一魂獨以情面幸免。非平等觀，何以服衆魂耶？天網偏私，先自主獄者始矣〔一〕。此不可云大者。若佛法廣大慈悲，衆魂皆放，則一人破獄，衆魂得以幸免，獄止待一人破足矣，地獄可以不設矣。且使唸動真言，地獄即破〔二〕，則人之權反重於大主。雖極惡人，有錢者皆能修齋破獄；雖極善人，無錢者難以設供召僧。必如所云，是地獄亦有錢得生，無錢得死也。冥魂日鬧於泉壤，坤維不寧矣。此破獄之最妄者矣。

校記

〔一〕「始矣」，徐匯本作「失矣」。

〔二〕「且使唸動真言，地獄即破」，徐匯本改作「且佛言既有靈驗，何不將陽世囹圄，唸動真言，一試其能破否乎？夫不能破之於陽，而專能破之於陰，此必不得之數也。儻地獄可破」。

一曰施食之妄。佛氏以爲唸咒設供，則遠近冥魂，齊來赴會。夫既有地獄以禁冥魂矣，而主之者又云爲地藏王菩薩，與十殿閻君矣。當聽咒時，獄主開門，不分輕重，不問姓名，令其一齊争出乎？抑挨次點名，令其魚貫有序乎？若魚貫有序，則施食已完，名點不盡；若一齊争出，則冥主無從稽考，就使一齊得出，還令一鬼押一魂乎？抑任其飄盪，使之自去自來乎？若任其飄盪自去，又復自來，冥魂無此痴蠢之理。若一鬼必押一魂，則安得許多空閒獄卒耶？且東家之齋事未完，西家之齋事又起，倘赴東不赴西，魂爲揀擇取捨，倘東應西不應，咒又爲有靈有不靈。如凡施食之地皆赴，則魂終年在世，饗用優遊，爲極樂場。而地獄中獨一幽冥教主、地藏王菩薩與十殿閻君，相對守空獄而已矣。地獄之設，不滋多事乎？大主設之而佛氏廢之，是庶人有靈，而天子無權也，此施食之妄也。

一曰無主孤魂血湖之妄。釋氏又云：我所召請者，非冥司魂，乃無主魂；有百千不等之死，有百千不等之魂，皆屬在外孤魂野鬼，不受獄收。豈地獄中别有他魂，爲有主之魂，而地獄外盡不收之魂爲無主乎？豈外鬼可施以食，而獄鬼獨不可施以食乎？況人魄降屍僵業已死矣，遊魂爲變，或昇天堂，或入地獄，即孝子慈孫，四時享祭，不過盡生者心，冀其洋洋如在耳。是有主之魂，尚不敢必其來格，況無主閒散孤魂，飄忽流浪，身形既無，復有何嗜慾而生饜飫乎[一]？且人死雖子孫滿前[二]，其魂自孤，福也？禍也？總由不得自己，又求不得他人。是謂無主孤魂，豈可以客死者爲無主，以家死者爲有主乎？季札所謂魂氣無不之者，何謂乎？又以有後者爲有主，無後者爲無主。寇萊公、王孝先、鄧伯道輩皆無子，皆無主孤魂乎？魂與人生死異路，原無不孤之魂，雖長平四十萬，一日偕死之魂，亦自家心性自家知耳，總是孤魂。然總聽上主賞罰，蓋天命謂性，無分人鬼，皆上帝爲主，豈得以孤魂謂之無主哉[三]。故謂有主孤魂可也，謂無主孤魂不可也。主謂上主，原非人主。即入地獄者，亦路際弗爾爲主，而不由人所主也。若人可爲主，則人子燃一香、設一供，皆可呼之即來，上不由上主，下不由冥司，又不借重僧道唸咒矣。且唸咒時云：萬里孤魂，一時俱至，吾恐一日之間，有東家齋事，復有西家齋事，遍天下施食處所無算。則此孤魂，終年在世，享用逍遥爲極樂場，而地獄中魂，嗷嗷受餒，反爲無主者矣，不若在外之孤魂野鬼矣。何德於在外孤魂，而絕恩於在内諸魂乎？此必無之事。愚僧妄僭主權，不知當人何等地獄。

至若血湖地獄，更屬悖誕。設産婦血污有罪，則上主不該令産婦生人，以生産爲陷阱，害天下萬世婦人矣。有是理乎？況婦人之血，在上爲乳汁，在下爲月經。言其月月依期而至，愆期曰病，豈婦人所喜有者。惟受孕以經，盡包含而成，天施地生之道也。若無精血交媾，不能成胎，又豈婦人所喜無者。子在母腹九月，必資血而長，臨産必俟血行而生，無血則兒不下。是知此血爲生人之至寶，無血則成乾血癆矣，烏得云罪耶？據佛所云：衆生艱嗣，唸我求我，即生男女。既生男女矣，是佛之靈生之也。佛之靈既生無罪之男女，何乃貽有罪於父母，不幾父母之求男女者，反自求加其罪乎？多一男女，深一血湖。是以男女爲餌，而以血湖爲阱也。佛經既免血湖，則不必自造血湖；佛力不能造血湖，又不能免血湖，是狐埋之而狐搰之，是不亦自相次擊之大誕乎？良可笑矣。此等皆不必辯，亦不必多辯，明者自解之。

校　記

〔一〕「況人魄降屍僵業已死矣，遊魂爲變，或昇天堂，或入地獄，即孝子慈孫，四時享祭，不過盡生者心，冀其洋洋如在耳。是有主之魂，尚不敢必其來格，況無主閒散孤魂，飄忽流浪，身形既無，復有何嗜慾而生饜飫乎？」輔仁本改作「且人已死，其魂或昇天堂，或入地獄，豈能自由，安有無主閒散孤魂，飄忽流浪在天地中間乎？」

〔二〕「且人死雖子孫滿前」，徐匯本改作「且天命謂性，無論人與鬼，皆上帝爲主，既飄泊數萬里外，盡爲上主統攝，非無主者，無則雖子孫滿前」。

〔三〕「蓋天命謂性，無分人鬼，皆上帝爲主，豈得以孤魂謂之無主哉」，徐匯本無此句。輔仁本將「上帝爲主」，改爲「天主作主」。

一曰燒紙之妄。自古祀典，惟用牲醴。所謂事死如事生，事亡如事存也。故設其裳衣，薦其時食，即〔二〕祀天地山川諸神，不過牲宰、圭璧、幣帛止耳，未有焚化冥錢。如今人用金銀錁錠，鑿楮爲錢，又彩畫圖像，火焚爲敬者也。嗚呼？塵世貪財，爲衣食計耳。天上神明，無求不得，至公無私，何用衣食，何用假錢紙灰，以買衣食乎？豈人見爲紙灰，而鬼神反見爲真錢乎？若果見爲真錢，是鬼神由人兒戲，不必燒紙矣；若不見爲真錢，止見紙灰，則鬼神怒人兒戲，又不敢燒紙矣。況彩畫圖像，指爲此係某神，彼係某神，付於炬火烈焰中，立成飛灰，不知神有何罪，必欲焚其屍揚其灰乎？如謂神不在此，則不必焚；如謂神果在此，則不敢焚。人子雖極悖逆、極頑冥，未有焚祖宗遺像爲孝者，何獨繪神像而焚之爲敬乎？神如有靈，吾知其必加重罰矣。至於楮錢金銀錁，當其未焚，不過紙耳。豈既焚乃有大能，變爲真錢真金銀乎？即真金銀，天神亦無所用，况假灰乎？且錢法歷代之制不同，各國之式又異，何獨以楮錢而歷代各國守之如一乎？則亦不究其源矣。自古作俑，設衣裳，製明器，始有焚帛之禮，意生者曾用此，死或不廢此耳。至唐玄宗開元二十六年，以王璵爲祠祭使，因物力不給，始改帛用紙爲錢以祭。夫以楮爲帛，矯誣甚矣，况又以爲錢乎？如楮果可爲錢，玄宗以前，鬼神俱無錢用矣；如楮不可爲錢，又何取塵世之造爲欺罔，污穢神明耶？吾誰欺，欺天乎？然楮起自蔡倫，則秦以前且無楮矣。太公造九府泉法，則周以前並無錢矣。無楮則無紙錢，並無金銀錁，鬼神何幸富於王璵既生以後，何不幸貧於王璵未生以前耶？何幸以正直無私，潔於王璵未生以前？何不幸賄賂贓私，污於王璵既生以後耶？今乃各山進香，以焚化錢紙多寡爲厚薄，而釋氏又演出預修寄庫等誣説，以誘人死後地獄用度之費。夫預修者，生前先備以待死後去用也。寄庫者，將楮帛作爲金銀錁錢、衣飾冥資等物，焚之以寄於地獄之庫也。云地獄者，比之監牢也。監牢，犯罪者萬不得已而入之，欲求出而不可得。世間焉有人不犯罪，而先將銀錢買監牢去坐乎？若此則雖至愚至痴之人，決所不爲，而况設預修寄庫，而買地獄永久之殃乎？且也人獨不思欽崇天主，爲善向上，死後歸於天堂，反溺於惡而預爲焚修，甘心下地獄也。又言祖宗父母，藉此追薦，以爲超生出獄。殊不知祖父等去世多年，善惡賞罰，天主已定之矣。而若子及孫，焚修於世世代代，忍擬祖父永處於地獄，孝乎不孝乎？又謂少冥司錢若干，以在世焚化錢紙多寡爲貧富，總屬欺上主，無敬忌，名爲事神，實係侮神；名爲事祖，實係衊祖。吾不知此輩當得何報矣。今而後燒神像於空中，不如存主像於心內；焚楮錢於冥漠，不如修實德於身心，常存熱愛，勿致灰冷，便是日夜燒真金銀耳。

校記

〔一〕「所謂事死如事生，事亡如事存也。故設其裳衣，薦其時食，即」，輔仁本無此句。

一曰持咒之妄。釋〔氏〕〔二〕以咒爲佛氏真言，持誦千萬遍，隨求即得。是以有諸佛菩薩等咒，而今之準提咒，遍天下矣。此佛方曰持我咒，可以求官位得官位，求男女得男女；彼佛又曰持我咒，可以求官位得官位，求男女得男女，果諸佛菩薩自與之乎？抑代祈上主轉與之乎？若説自與，則諸佛菩薩亦父精母血所生，與人類等，原無禍福之權。若代祈上主轉與，則人或可自祈，何勞諸佛菩薩僕僕作通事、作稟事吏耶？且呼此名，則此去稟某事；呼彼名，則彼又去稟某事，何異獻媚小人，望尊長顔色，聽尊長聲音，一呼百〔諾〕〔三〕者耶？設使持咒可以與男女富貴，未知各佛菩薩，與各樣之男女富貴乎，抑與一樣之男女富貴乎？如有各樣，則官上加官，子外添子，一持咒而人不可勝用矣。以多寡爲强弱，持誦應有炎凉，如係一樣，則男女富貴無有差異。誦一佛咒，而彼佛不能加於此佛之外，又不必政出多門矣。即諸佛菩薩，方聽此人呼唤，又聽彼人呼唤；方代此人祈求，又代彼人祈求。惟恐以人不驗，則自家没趣。及持誦既久，茫無效驗，始諉曰：爾心未誠，誦未久。迨誠矣久矣，終不驗。又曰：前世多愆，宜持至來世以期後效。夫佛咒果靈，則一語亦效。如朝廷頒旨，祇在一字一句，無不奉行。若其不效，如乞兒蓮花落，終日叫街何益乎？是以舉世持誦，而貧苦孤孑如故也。未有在世爲人無一權柄，死而爲鬼乃爲千里眼、順風耳，鬧聚傳送，探人意向，爲人奔走，無頃刻暇，且隨禱即應者。死生有命，富貴在天，各有定限。而佛咒必敢於逆天，以破此限，何異天王已封建厥國，一夥賣菜傭相噱曰：不必天王，但唸我小張、小李，便爾公爾侯，不大可笑乎？且咒盡胡言黑語，不可番譯，捏爲肉髻湧出，此即猻行者之毫毛變化也，醜矣。

或曰：某富貴人亦曾持咒。曰：不知是人。或有微善不功天，而功佛〔三〕，是逆子承父之産，而拜隣丐爲生身也，其罪莫贖矣。作善降祥，積善餘慶，此天主〔四〕咒。當持，請思之。

校記

〔一〕〔二〕據國圖本補。

〔三〕「不功天而功佛」，輔仁本改爲：「不歸功於上主，而歸功於佛。」

〔四〕輔仁本無「天主」二字。

一曰輪迴之妄。釋氏所云輪迴，以爲舊靈魂乎，以爲新靈魂乎？若係舊靈魂，則是靈魂有數也。今日之人必用當日之魂也，上主何巧於造初生之魂，而拙於造後生之魂耶？魂既有輪迴矣，無論大者，即食一魚，而永世之業報不盡，如蝦蟹蚊蛤，種種多命，咸來索取償報，不百年而人類盡矣？胥化爲四生六道矣。何三代以後之人〔一〕，日新月盛，不可窮詰，億萬多於上古之人耶？若係新靈魂，則天命之性，無時不生〔二〕。後來之人，自不借資上古之魂矣。父精母血，人類猶可以傳新肉身，而上主爲大哉乾元，至哉坤元，豈不能造新靈魂耶？既可以造新靈魂，則此身必不借資彼魂矣。人死而魂受應得之賞罰，則一魂之事已畢。而新生之人，自有新魂，猶肉身新生，不得指是既朽之肉身，有形之肉身，且不相貸，而況無形之靈魂，反相貸乎？如謂肉身雖多，靈魂不再，則靈既化爲異類矣，又將何魂以爲人乎？若魂止於變遷流浪，輪迴爲人，又不得有魂輪迴以爲四生六道矣。即人之輪迴復轉生爲人，將父或爲子，母或爲妻，皆天心所不忍。倘謂轉爲異類，則人子將食親肉，而寢親皮，乃桀、紂所不爲，而至慈上主令人爲之乎？蓋人之魂與四生六道之魂，靈蠢原殊。孟子所謂犬之性不猶牛性，牛之性不猶人性者也。

或曰：人無輪迴，何以有富貴貧賤之不同？曰：世人有富貴貧賤之不同，此如人身，有首有足。如祇有首，而無手足任其勞，大小便出，其穢不成人矣。世界止有一天，而無地，何以載；天止有一日，而無星月雲露，何以覆；人世止有一君，而無百工伎藝，何以使。孟子謂無君子莫治野人，無野人莫養君子。天下之通義也，不關前世輪迴也。作善認主，雖貧賤亦得昇天；作惡悖主，雖富貴亦應墮獄。長江後浪催前浪，豈浪亦有輪迴乎哉？朱子謂輪迴之説，止可以愚傭夫爨婢，不意今士君子反信之，妄指因果，謂某人曾説前世事，以訛傳訛，茫無實據。設億萬中偶然有一，亦誕魔暫時附會，久則如夢，不足爲信。故輪迴之説，人所必無者也。人且無輪迴，則四生六道，更無輪迴矣。牲可得而殺，人可得而養，恐懼修省，及時寡過，以爲歸根復命之地。西儒另有專書備論，不暇詳説也。

校記

[一]自「人，日新月盛」至「其穢不成人」，徐匯本漏鈔三百五十五字。

[二]「天命之性，無時不生」，輔仁本改爲「上主全能，可以隨時賦畀。」

一曰唸佛之妄。釋氏勸人修浄土，唸南無阿彌陀佛，徑往西方，即得蓮花化生，爲横出三界。夫阿彌陀佛，以爲人耶？神耶？理耶？如爲人，則父精母血等耳，即與伏羲、神農、堯、舜相類，亦無變化生死之權；如爲神，則風雲雷雨之司，與社稷山川之吏，皆奉上主[一]，各勤厥職，察人間修省善惡、功罪大小，一禀主命，以行賞罰，未有敢自創一境土，自裁一蓮花，以爲諸魂投胎化魄之所，無論不敢，抑無此能；如爲理，則彼言阿彌陀佛，此譯無量壽覺。文言無量壽覺，即俗言常遠明白之謂也。南無，譯言皈依，即俗言投順也。夫投順常遠明白，未指常遠明白者何事。既然心明，則不必口唸；既然口唸，則心終不明。所謂知者不言，言者不知也；唸者不明，明者不唸也。若説唸佛爲念想之念，非口唸也，念既在佛矣。虛無渺茫，妄思幻理，有何實據，誰引冥魂赴於蓮花池上耶？若以爲因想成像，如俗傳趙子昂好畫馬，現馬形之類。則人之貴於異類者，以其有靈魂也。異類之賤於人生者，以其無靈魂也。若人生於蓮花，是以無知生有知，以極賤生極貴矣。試觀中國，桃樹不能李花，池藕不能結他果，而蓮花乃能生人乎？如謂蓮花爲出水不染，借喻清浄之義，則化生爲誕妄不實。如謂蓮花實能化生，甚於莊子程生馬，馬生人，怪誕不經極矣。且是蓮花，以金鐵作莖鬚乎？不然則擎託人身不起，抑人身以蝶粉爲軀殼乎？不然則棲住蓮花不安，又不知自蓮花生出後，如嬰辭母胎，亦躍出池外，另尋安樂窩乎？或永世如桎梏枷鎖，生根在蓮花上而不能去乎？則亦何取生於蓮花乎？伊尹之生於空桑也，儒者不信，指空桑爲地名，何獨信蓮花生人乎〔二〕？且釋氏以蓮爲貴耶？人爲貴耶？若以蓮爲貴，則以蓮花生蓮花足矣。若以人爲貴，何不生於浄胎之人，而必生於無情之花耶？釋氏著《妙法蓮花經》，彼地止見一蓮花耳。此無異遼東豕，而指爲人類轉生之地乎？夫人身死後，止有天堂地獄兩途。大地圜球外，原無西方極樂世界。天命謂性，則天是本鄉，當念念不忘，自可在帝左右。如不昇天則入土，非佛命之謂性也〔三〕。佛生乃人也，死乃鬼也〔四〕，毋勞妄唸也。

校記

〔一〕「上主」，徐匯本作「上帝」。

〔二〕徐匯本於此添：「即上主之降誕也，亦借聖母瑪利亞，純德至善人類以生，未聞生於慶雲景星也，況蓮花乎？」

〔三〕「天命謂性，則天是本鄉，當念念不忘，自可在帝左右。如不昇天則入土，非佛命之謂性也。」輔仁本改爲「性從主賦，則主是本根，當欽崇弗替，自可歸根復命，非佛能操其權也。」

〔四〕「死乃鬼也」，輔仁本改爲「死下地獄也」。

一曰禪宗之妄。釋氏以明心見性，即成佛道。而明心見性，不出禪宗兩門。禪屬詳解，宗由立悟。掉唇搖舌，惑世誣民，彼於心性無論，不見不明。即見矣明矣，知而不行，有何干涉，况離根本乎？先儒謂佛氏知性，不知有天命之性，故言「性不言天」；又言「天上天下，惟我獨遵」，又言「清净法身，忽生山河大地」，此非知性者之言也。如果知性，敢爲怪誕罪妄至此乎？彼既見性矣，高僧見性者，代不乏人，曾能隨意生一蟻乎？起一丘乎？極小不能而又動稱山河大地乎？且不知大地無須彌山，而妄稱三十三天、三千大千世界乎？談禪者窮年累世，講經説偈，總如捉風捕影，性不能窺。不得已逃而爲宗，不用文字，喝棒交作，立地成佛。如庭前柏樹子、狗子有佛性等，是賤性也。以人而同於動植，又賤佛也。至「青州布衫十六斤，天王殿後乾屎橛」，又死性也。以人而淪於臭腐，又死佛也。

或曰：非也，借此明心見性耳。余更曰：非也！董子謂：「道之大原出於天。」不求之於歸根復命，生天生地，生人生物之真宰，而瑣瑣計竹頭木屑，認爲大哉乾元，萬物資始，至哉坤元，萬物資生者，我可以安身立命乎？不幾莊子所謂「道在瓦礫，道在屎溺」之餘唾乎？且有見性之後，可以毀律破戒，如羅什吞針，誌公啗鴿，鬼怪狂誕，尤屬可笑。甚有鎖骨菩薩，甘爲妓女；觀世音三十二應，乃現異類身而爲説法。此於存心養性，殀壽不貳之旨，有當萬一乎？夫禪不得而逃之宗，宗不得而求之戒。瑣屑鄙細，俱非戒慎恐懼大體。即如齋之一端，原爲克己減嗜，或節食，或蔬食，皆非禮勿視、聽、言、動之大旨。既蔬食菜羹瓜祭，亦爲報本追遠，非鬼神果食氣也。氣且不食，而況柤滓乎？奉戒禪和，過午不食，謂過午係鬼食，讓於鬼也。夫鬼果食，原不勞人讓，人即食，非奪自鬼糧。禪和子即不食，而飯蔬自在也，不過省一飡米耳，未聞施貸貧乏也，而何爲讓於鬼食乎？且鬼無眼耳鼻舌、腹臟腸胃，何從得食乎？於鬼性且不知，而又何以見自己之性乎？而況於天命之性乎？佛氏之傳迦葉也，曰：「法法本無法，無法法亦法。付汝無法時，法法何曾法。」此不過談空耳，豈知萬有根宗，爲造物主耶？又《金剛經》須菩提反復云：「阿耨多羅，三藐三菩提。」譯言無上正等正覺，亦浮淺無味，衍出許多詭譎神奇，世共尊爲至寶，總由不思耳。《心經》之觀自在菩薩，不知大主；《首楞嚴》之諸觀，乃求於地水火風等，又不認大主，理不關於實踐，行不定於一尊，東馳西鶩，恬不知妄，更不知羞，難逃帝鑒〔二〕矣。

校記

〔一〕「帝鑒」，輔仁本改爲「主鑒」。

附辯不奉祖先説（徐匯本附）

佚名撰

世俗訛傳天主正教，不奉祖先。此事關係人道極大，亟宜辯明。

夫聖教十誡，爲人彀率。前三誡，教人欽崇天地萬物真主；後七誡，教人愛人如己。而七誡之首，曰孝敬父母。誡以愛天主之下，莫如此爲重也。故父母生則養，盡生盡物；死則事，如生如存。斯爲孝敬，豈如世俗所傳毁木主、不奉事乎？

觀此中縉紳奉教者，其家中廟宇必崇飾，品物必隆備，禮節必準古，此足明徵。惟是教中祀禮，微與俗不同。凡紙錢銀錠、冥器冥衣，是佛教所重，教中皆謂之假僞虚物。親存時，即不敢用此奉獻；死後亦不敢以此欺褻，故概置不用。惟獻過品饌，多撤以送貧戚，爲亡者廣仁。且於是日奉祈天主，增其冥福，此正善於奉祖宗者也。

今士庶之家，供邪像於家堂，稱爲仙公佛祖，大都與祖宗牌位共在一處，甚且列在祖宗之上。聖教勸人專一欽崇天地真主，除此淫祀，弗爲非鬼之祭，世遂訛傳不奉祖先，有不知而誤信者，此不可不辯。

造物主垂象略説

〔明〕徐光啓述　周岩點校

《造物主垂象略説》前言

《造物主垂象略説》，吳淞徐光啓述。明刻本，九行十九字，雙邊，梵蒂岡教廷圖書館藏，鍾鳴旦等主編《徐家匯藏書樓明清天主教文獻》影印。

《造物主垂象略説》，文内有「天主降生於一千六百一十五年之前」云云，由此可推寫作時間當在一六一五年（明萬曆四十三年）。文内有言：「那十戒在《天主教要》上，祇説得個題目。」按柏應理之《徐光啓行實》述徐光啓萬曆三十一年往南京訪利瑪竇，不遇，接待徐公的是郭居靜、羅如望二會士：「羅子因以利子所譯《實義》及《教要》諸書送閱，公持歸邸舍，徹夜不寐，讀之欣喜無已。」《教要》，即《天主教要》。時隔十二年，徐光啓著述《略説》，述及《教要》，體現了他對《教要》印象之深刻、理解之透徹與闡述之精要。

《略説》題「吳淞徐光啓述」。檢徐宗澤《明清間耶穌會士譯著提要》、梁家勉《徐光啓年譜》，均未提及徐公有此《略説》，而題名曰述，蓋出於口述，或授意也。此《略説》實爲明季罕見之教會白話文教理讀物。文末附楊廷筠跋。

二〇〇五年十二月五日北京騔方周岩謹識

造物主垂象略説

吴淞徐光啓述

造物主者，西國所稱「陡斯」，此中譯爲天主。是當初生天、生地、生神、生人、生物的一個大主宰。

且道天主爲甚麽生天？天有兩件：一件是我們看得見、上邊有日月星辰的天，造這天與我們做蓋覆，造這日月星辰與我們做照光，此乃是有形的天，爲我們造的；一件是我們如今看不見的，叫做天堂，乃是天神及諸神聖，見天主享受無量無限的〔真〕〔一〕正福樂的居處。我們做好人，爲天主所愛，後來命終，身形歸土，其靈魂亦得居於天堂，與天主神聖一同享受無邊無量、永遠真正福樂也。這就是如今看不見的天，是我們做好人，纔上得去的。

再説天主爲什麽生地？地有兩件：一件是我們看得見、上邊有山川人物的地，造這地來乘載我們，造這萬物來養育我們，此乃是看得見的地，爲我們造的；一件是我們如今看不見的，叫做地獄，乃是邪魔惡鬼及諸惡人，受無量無限之〔真〕正〔二〕苦難的居處。我們做不好人，得罪於天主，後來命終，靈魂亦要墮入地獄，爲魔鬼所苦，與他同受無量無窮、永遠真正苦惱也。這就是如今看不見的地，是我們做了不好人，定要下去的。

再説天主爲甚麽生神？當初造天地的時節，造出許多神，用他奉事天主，聽候使令，守護人類，扶植萬物。這神至靈亦純，是神體，無有形質，神數極大，總分作九品。天主造成了這許多神，其大半誠心奉敬，曲服於天主，謝造他的恩。故天主賜之入天堂，永遠受真福樂。我們在世賴他扶持，如今作好人，死後與他同住天堂受福。這善神就是如今衆人説的天神。衆神中有一個最尊貴，名曰露際弗爾。天主賜他大力量、大才能。他見這力量才能，便驕傲起來，要似像天主一般。九品裏邊有許多神，亂從露際弗爾傲心，與他背天主。所以天主同罰他下地獄，受無量無窮、永遠真正苦惱。這神獨爲惡不爲善，常受苦無福樂，這是衆人説的邪魔惡鬼。天主容他在此世界，陰誘世人的心。一則以煉善人的過失，增善人的功德；一則以罰惡人的罪，使改惡遷善。人不識認天主，不能力行善道，便要被他哄誘了去，做許多惡事，死後便與他同在地獄受苦也。

再説天主爲甚麽生人？生人的意思，與生天神的意思一般，也衹要我們奉事天主，便立功德，得昇天堂受福。後來我們不肯純一爲善，就分了兩個路頭：一路是善，一路是惡。世界上又有三件甚能哄誘我們爲惡，叫做三仇。第一仇，是肉身。我身上的耳目口鼻四肢，要被這些聲色香味安佚等件引誘去，便爲惡。第二仇，是世俗。外邊這些風俗、習慣的事、人情、大家喜歡的事，把個人埋没在裏頭，難跳出去，便爲惡。第三仇，是魔鬼。他的計較又多，或把肉身、世俗上的情欲引誘人；或把功名富貴引誘人；或把陰陽術數，詭説先知，謂可趨吉避凶引誘人；或造假經假像，説道祭祀他，奉承他，便可求福免禍引誘人，人纔中了他的計較，便爲惡。有此三仇，所以我們爲惡最易，爲善最難也。

世人亦大概都被三仇引去入了地獄，豈不辜負了天主生人的聖意。所以古時天主降下十戒來，使人遵守，使人不被這三仇引誘去。若人真能守定十戒，無所干犯者，必定不被三仇引去，必是可昇天堂，免墮地獄也。那十戒在《天主教要》上，衹説得個題目，中間還有道理要曉得，畢竟要與傳教的仔細講解，方得明白，方得遵守。

古時，天主雖然降下十戒，有許多聖賢講解，勸人遵守，卻因這聖賢都是人，他没有力量赦免得天下萬世的罪過。到這聖賢自家身上曾有的罪過，更不是自家赦免得的。所以，天主自家降生爲人，傳受大道，把自家身子贖了天下萬世人的罪過。然後，人得昇於天堂，其改惡爲善，免於地獄都不難。

天主降生於一千六百一十五年之前，歲次庚申，當漢哀帝元壽二年，名曰耶穌，解曰救世者。上邊供敬的正是耶穌聖像也。降生爲人三十三年，在世親傳經典，揀選宗徒十二人，顯出許多聖跡，都在天主經典上，一時説不盡。及至後來，功願完滿，白日昇於天堂，遺下教規，令十二宗徒遍行於世，教人知道天地間，祇有一造物真主，至大至尊，生養人類，主宰天下，今世後世，賞善罰惡，乃人所當奉事拜祭的。其餘神佛、天地、日月、衆星，都是天主生出來的，不能爲人的真主，不當拜祭。又教人知道人的靈魂常在不滅，今世當守十戒，爲善去惡。雖曾犯有過失，如今聞了耶穌的聖教，從了耶穌的遺言，誦了耶穌的經典，卻把從前的罪過悉祈天主赦免。立意赦免之後，必常守十戒，遵行不犯；命終之後，其靈魂必得昇天堂，不墮地獄也。

這十二宗徒散佈天下，傳教於萬國，自近及遠，到今一千六百餘年。天下許多國土，但是耶穌聖教大行的，其國中君臣士庶、老幼男女，一心爲善者多；其地方永遠昇平和睦，所以，人人得安意爲善。其中讀書學道的，一心要推廣天主聖教，使萬國萬世人人得昇天堂，所以發心經世願，離了本鄉，勸化遠方。這是何意？一則爲天主宣傳聖教，是於天主位下立了功勳；一則天下人同爲天主所生，就是骨肉一般。勸得人識天主，改惡爲善，以免地獄，昇天堂，是又有益於人。所以雖出海外百千萬里，亦所不辭。所以雖遭了風波、虎狼、蠻夷、盜賊之災，亦所不避也。

說有天堂地獄，雖然未見，卻是實理。且看古今，善人爲善，惡人爲惡，世間何曾報得他盡，若非死後天主報他，豈不枉了善人，便宜了惡人。所以說天堂地獄，不是虛無玄遠的，今雖不見，待我們見時又翻悔不轉了。所以要及今翻悔轉來，祇要真，天主自然赦罪賜福。不要說如今，就是臨終時一刻，聽從了天主的教法，也還翻悔得轉來，直到氣盡了、罷了，萬萬無及矣。但天主教中說個爲善去惡，都要遵依了十戒，從自己身心上實實做出來方是。說個改過悔罪，都要將自從來過失，真心真意，痛悔力除，後來不敢再犯方是。若不是這等的真實，今世必定要被三仇引誘，後世必定下地獄，不得昇天。天主豈是欺瞞得的，天堂豈是僥倖到得，地獄豈是僥倖免得的。

如今釋道家要人施捨些錢財，備辦些齋飯，燒化些紙張，便是功果，便要昇天堂，脱地獄，此必無之理也。恐見者不察，謂天主聖像與釋道二家的像一般，故略說其理如此，若要明白，還須細細講解，兹不能盡述。

校記

〔一〕〔二〕真正，原爲〔年正〕，據上下文改。

跋

維皇上帝，語出《詩》《書》。學者信之，未有疑其無者。天主，即上帝别名耳。今非疑爲無，即駭爲異。是知二五而不知十也；知魯有孔子，不知即仲尼也，亦狃於積習之過矣。或者曰：吾所信者，無形無聲之上帝，今繪之爲像，演之爲教，不殊人類，似反褻之，故不敢信。曰上帝之靈，包乎天地之外，超乎萬物之先，既可造無爲有，化有爲無，則宇宙之大，何所不有，正顯上帝全能。安見執無形無聲，必爲上帝；有形有聲，必非上帝。而我以凡夫意見，反欲高過造物主宰也，獨非褻乎？今奉天最虔，無如回回，亦不設像，不識儒者，以彼爲是耶？非耶？

至釋氏琳宫梵宇，儼然像教，又來自異域，舉世習而安之，何也？若曰佛教，其來已久。久故不疑，是不問是非，惟計新故，已非通論。況久之先，必有初矣；今之初，後即久矣。不能克類，豈稱達觀，即積習之説，亦有所未通也。要之能測其理，説無亦可，説有亦可；不求其故，説有已非，説無尤非。

楊廷筠識

辯學疏稿

〔明〕徐光啓撰　周岩標點

《辯學疏稿》前言

《辯學疏稿》，明崇禎刻本，藏梵蒂岡教廷圖書館。臺灣學生書局《天主教東傳文獻續編》影印。

《辯學疏稿》，題「徐文定公諱光啓具題」。徐光啓崇禎六年逝世，謚文定，書内遇「高皇帝」、「御」、「欽」等處，均破格示敬，知爲明崇禎朝刻。書内遇「上帝」、「天主」、「天」，亦破格示敬，又知爲教會人士刊刻也。

萬曆四十四年（一六一六）五月，南京禮部侍郎沈漼上《參遠夷疏》（見《明末清初天主教史文獻叢編》所收之《破邪集》卷一），疏請查辦西來教士。七月三日，徐光啓「復原職」，仍任翰林院檢討，頃即上疏申辯，即本《辯學疏稿》也，又稱《辯學章疏》。

沈漼疏中有「而説者或謂其類實繁，其説浸淫人心，即士大夫亦有信向之者」，故光啓疏中答曰：「臣嘗與諸陪臣講究道理，書多刊刻，則信向之者臣也。」疏中爲教會爲教士逐條辯護，提供試驗之法三、處置之法三，態度堅決明朗，言辭率真勇敢，故此疏爲教中辯教之名篇也。八月，漼再上疏，不報。十二月，漼遂致人逮捕西洋教士王豐肅及鍾鳴禮等，南京教案事起。

徐光啓曾有家書談及沈㴶疏及南京教案，函云：「西洋先生被南北禮部參論，不知所由。大略事起於南，而沈宗伯又平昔稱通家還往者，一旦反顏，又不知其由也，遽云爲細作，此何等事，待住京十七年方言之？皇上藐若不聞，想已洞燭。余年伯不甚知諸先生，疏中略爲持平之論，亦頗得其力矣。南京諸處移文驅迫，一似不肯相容，杭州諒不妨。如南京先生有到海上者，可收拾西堂與住居也。」

《辯學疏稿》一名《辯學章疏》，傳刻傳鈔版本甚夥。康熙十五年（一六七六）鎸成石碑，立於上海教會公墓，光啓孫爾覺、爾默撰《上海縣城南耶穌會修士墓碑記》，《碑記》云：「柏鐸師樹碑勒石，特揭先文定《辯學章疏》，以彰學師講學修道之跡，以著先公衛道廣學之傳。敬跋碑陰，以導來者。孫男爾覺爾默謹記。大清康熙十五年丙辰八月穀旦。」故是疏又有拓本。

是疏入徐光啓文集，除明陳子龍《皇明經世文編》之《徐文定集》外，傳世之「徐集」：清光緒二十二年李杕編《徐文定公集》四卷，上海慈母堂印行；清宣統元年徐允希編《徐文定公集》六卷卷首一卷，上海慈母堂印行；民國三十三年徐宗澤編《增訂徐文定公集》

八卷，上海徐家匯藏書樓印行；一九六三年十二月王重民編《徐光啓集》十二卷，中華書局印行，均收有此疏。

王重民教授編《徐光啓集》《辯學章疏》首句，爲「左春坊左贊善兼翰林院檢討臣徐光啓謹奏」，而《疏稿》無此句。

按梁家勉《徐光啓年譜》，徐光啓「任詹事府左春坊左贊善兼翰林院檢討」，係於萬曆四十五年二月六日，晚於疏文，故《章疏》之具銜，爲後人所加。

又，王本《辯學章疏》，内文在「路不拾遺」之上，略去「大小相卹」等三十字；在「夜不閉關」下，又略去「至於悖逆」等二十四字。這與陳垣先生之略《辯學遺牘》利先生《復虞銓部書》之三十七字相類，蓋皆爲隱去西國西教溢美之辭也。此外，「上帝」改爲「上主」，而「夷」改爲「洋」，則道咸弛禁以後之筆跡也。

今《徐光啓集》甚易見，故本編收入《辯學疏稿》時，爲存真起見，原文照錄，不再與別本相校。

二〇〇五年七月十四日北京騮方周岩謹識

辯學疏稿

徐文定公諱光啓具題

爲遠人學術最正，愚臣知見甚真，懇乞聖明，表章隆重，以永萬年福祉，以貽萬世乂安事：

臣見《邸報》，南京禮部參西洋陪臣龐迪我等，内言其説浸淫，即士君子亦有信向之者。一云妄爲星官之言，士人亦墮其雲霧。曰士君子曰士人，部臣恐根株連及，略不指名。然廷臣之中，臣嘗與諸陪臣講究道理，書多刊刻，則信向之者臣也。亦嘗與之考求曆法，前後章疏，具在御前，則與言星官者亦臣也。諸陪臣果應得罪，臣豈敢幸部臣之不言，以苟免乎。然臣累年以來，因與講究考求，知此諸臣最真最確，不止蹤跡心事，一無可疑，實皆聖賢之徒也。其道甚正，其守甚嚴，其學甚博，其識甚精，其心甚真，其見甚定。在彼國中，亦皆千人之英，萬人之傑。所以數萬里東來者，蓋彼國教人，皆務修身以事天主。聞中國聖賢之教，亦皆修身事天，理相符合。是以辛苦艱難，履危蹈險，來相印正。欲使人人爲善，以稱上天愛人之意。其説以昭事上帝爲宗本，以保救身靈爲切要，以忠孝慈愛爲工夫，以遷善改過爲入門，以懺悔滌除爲進修，以生天真福爲作善之榮賞，以地獄永殃爲作惡之苦報。

一切戒訓規條，悉皆天理人情之至，其法能令人爲善必真，去惡必盡。蓋所言天主生育拯救之恩，賞善罰惡之理，明白真切，足以聳動人心，使其愛信畏懼，發於繇衷故也。

臣嘗論古來帝王之賞罰，聖賢之是非，皆範人於善，禁人於惡，至詳極備。然賞罰是非，能及人之外行，不能及人之中情。又如司馬遷所云：「顏回之夭，盜跖之壽，使人疑於善惡之無報。」是以防範愈嚴，欺詐愈甚。一法立，百弊生，空有願治之心，恨無必治之術。於是假釋氏之説以輔之。其言善惡之報，在於身後，則外行中情，顏回盜跖，似乎皆得其報，謂宜使人爲善去惡，不旋踵矣。奈何佛教東來，千八百年，而世道人心未能改易，則其言似是而非也。説禪宗者，衍老莊之旨，幽邈而無當。行瑜珈者，雜符籙之法，乖謬而無理。且欲抗佛而加於上帝之上，則既與古帝王聖賢之旨悖矣。使人何所適從，何所依據乎？必欲使人盡爲善，則諸陪臣所傳事天之學，真可以補益生化，左右儒術，救正佛法者也。蓋彼西洋隣近三十餘國，奉行此教，千數百年以至於今。大小相卹，上下相安，封疆無守，邦君無姓。通國無欺謊之人，終古無淫盜之俗。路不拾遺，夜不閉關。至於悖逆叛亂，非獨無其事無其人，亦並其語言文字而無之，其久安長治如此。然猶舉國之人，兢兢業業，惟恐失墜，獲罪於天主。則其法實能使人爲善，亦既彰明較著矣。此等教化風俗，雖諸臣所自言，然臣審其議論，察其圖書，參互考稽，悉皆不妄。

臣聞繇余西戎之舊臣，佐秦興霸；金日磾西域之世子，爲漢名卿。苟利於國，遠近何論焉。又伏見梵刹琳宫，遍布海内，番僧喇嘛，時至中國。即如回回一教，並無傳譯經典，可爲證據。累朝以來，包荒容納，禮拜之寺，所在有之。高皇帝命翰林臣李翀、吴伯宗與回回大師馬沙赤黑、馬哈麻等，翻譯曆法，至稱爲乾方先聖之書。此見先朝聖意，深願化民成俗，是以褒表搜揚，不遺遠外。而釋道諸家，道術未純，教法未備，二百五十年來，猶未能仰稱皇朝表章之盛心。若以崇奉佛老者崇奉上帝，以容納僧道者容納諸陪臣，則興化致理，必出唐虞三代之上矣。皇上豢養諸陪臣一十七載，恩施深厚，諸陪臣報答無階，所抱之道，所懷之忠，延頸企踵，無繇上達。臣既知之，默而不言，則有隱蔽之罪。是以冒昧陳請，儻蒙聖明採納，特賜表章，目今暫與僧徒道士一體容留，使敷宣勸化。竊意數年之後，人心世道，必漸次改觀，乃至一德同風，翕然丕變。法立而必行，令出而不犯，中外皆勿欺之臣，比屋成可封之俗，聖躬延無疆之遐福，國祚永萬世之太平矣。

儻以臣一時陳説，難可遽信，或恐旁觀猜忖，尚有煩言。臣謹設爲試驗之法有三，處置之法有三，併以上請。試驗之法，其一，盡召疏中有名陪臣，使至京師，乃擇内外臣僚數人，同譯西來經傳。凡事天愛人之説，格物窮理之論，治國平天下之術，下及曆算醫藥、農田水利等，興利除害之事，一一成書，欽命廷臣，共定其是非。果係叛常拂經，邪術左道，即行斥逐。臣甘受扶同欺罔之罪。其二，諸陪臣之言，與儒家相合，與釋老相左，僧道之流，咸共憤嫉。是以謗害中傷，風聞流播，必須定其是非。乞命諸陪臣，與有名僧道，互相辨駁，推勘窮盡，務求歸一。仍令儒學之臣，共論定之。如言無可採，理屈辭窮，即行斥逐，臣與受其罪。其三，譯書若難就緒，僧道或無其人，即令諸陪臣，將教中大意，誡勸規條，與其事跡功效，略述一書，並已經翻譯書籍，三十餘卷，原來本文經典一十餘部，一併進呈御覽。如其踳駁悖理，不足勸善戒惡，易俗移風，即行斥逐，臣與受其罪。此三者，試驗之法也。

處置之法，其一，諸臣所以動見猜疑者，止爲盤費一節，或疑燒煉金銀，或疑夷商接濟，皆非也。諸臣既已出家，不營生産，自然取給於捐施。凡今衣食，皆西國捐施之人，展轉託寄。間遇風波盜賊，多不獲至，諸臣亦甚苦之。然二十年來，不受人一錢一物者，蓋恐人不見察，受之無名，或更以設騙科斂等項，罪過相加，且交際往來，反多煩費故耳。爲今之計，除光禄寺恩賜錢糧照舊給發外，其餘明令諸臣，量受捐助，以給衣食；足用之外，義不肯受者，聽從其便，廣海夷商，諭以用度既足，不得寄送西來金錢，仍行關津嚴查阻回。如此音耗斷絶，盡釋猜嫌矣。其二，諸陪臣所居地方，不擇士民，不論富貴貧賤，皆能實心勸化，目今宜令隨其所在，依止焚修，官司以禮相待，使隨人引掖，或官司未能相信，令本地士民，擇有身家行止者，或十家二十家，同具一甘結在官，如司教之人，果有失德猥行，邪言妄念，表率不端者，依今部議，放流迸逐；甘結諸人，一體科坐，其無人保結者，不得容留。若他人有以違犯事理，傳聞告言者，官司亦要體訪的確，務求實跡，則掩飾難容，真僞自見矣。其三，地方保舉，儻有扶同隱匿，難以遽信，再令所在官司，不時備細體察。除有前項違犯，登時糾舉外，其道行高潔，地方士民願從受教者，有司給與印信文簿二扇，令司教者循環抱數在官，年終正印官備查從教人衆曾否犯有過惡，問有罪名，另籍登記。三年總行考察，如從教人衆，一無過犯，兼多善行可指，印官於司教之人，優行嘉獎。如從教者作奸犯科，計其人之衆寡、罪之輕重，甘結士民，量行罰治。若從教之人，故犯罪惡，司教同教，戒勸不悛，因而報明官司，除其教籍者，或教籍未除，而同教之人，自行出首者，或過犯在從教以前，事發在後者，罪止本身。同教之人，並不與坐，如此官府有籍可稽，諸人互相覺察，不惟人徒寡少，仍於事體有益。其他釋道諸人，或争論教法，更不必設計造言，希圖聳聽，祇須分民司教，亦同此法。考察賞罰，誰是誰非，孰損孰益，久久自明矣。此三者，處置之法也。已上諸條，伏惟聖明裁擇，如在可採，乞賜施行。

臣於部臣爲衙門後輩，非敢抗言與之相左。特以臣考究即詳，灼見國家致盛治、保太平之策，無以過此。儻欽允部議，一時歸國，臣有懷不吐，私悔無窮。是以不避罪戾，齋沐陳請，至於部臣所言風聞之説，臣在昔日亦曾聞之，亦曾疑之矣。伺察數歲，臣實有心窺其情實，後來洞悉底裏，乃始深信不疑。使其人果有纖芥可疑，臣心有一毫未信，又使其人雖非細作奸徒，而未是聖賢流輩，不能大有裨益，則其去其留，何與臣事；修曆一節，關係亦輕。臣身爲侍從之臣，又安敢妄加稱許，爲之遊説，欺罔君父，自干罪罰哉？竊恐部臣而伺察詳盡，亦復如臣，其推轂獎許，亦不後於臣矣。臣干冒天威，不勝惶恐待命之至。

萬曆四十四年七月　日

鴉鸞不並鳴説

〔明〕楊廷筠撰　周岩點校

《鴞鸞不並鳴説》前言

《鴞鸞不並鳴説》，明楊廷筠撰。今國内無傳本，此據臺灣吴相湘氏《天主教東傳文獻續編》影印梵蒂岡教廷圖書館藏本點校。書共五葉，書末有楊廷筠跋。關於《鴞鸞不並鳴説》的著述時間，刻本無標識，也未見著錄。文末有跋，傳教士「入吾地三十餘年」云云，惜未説明耶穌會士入華之時間，所以，從作品本身還是無法確定著刻時間。

學術界有一種説法，認爲楊廷筠此文是在南京教案期間撰成，時在萬曆四十四年（一六一六）。然而南京教案主要原因是沈㴶處心積慮，以王豐肅神父「公然潛住（南京）正陽門裏、洪武岡之西，起蓋無樑殿，懸設胡像，誑誘愚民」所致。洪武岡係王地，且「城外又有花園一所，正在孝陵衛之前」。沈㴶在疏文中，没有一字一句提及無爲、白蓮等教，既然沈㴶没有言及，楊廷筠應該也不會以此爲辯。所以，萬曆四十四年楊廷筠著成《鴞鸞不並鳴説》的説法，應該不成立。

第二種説法，認爲著成於天啟二年（一六二二）。這一年沈㴶入閣，誣天主教爲白蓮教，倡亂天下，時大學士葉向高出面爲天主教辯護。各地又逐神士，金尼閣、羅如望、鄧玉函等教士避居楊廷筠家。所以，楊廷筠在這個時候著成《鴞鸞不並鳴説》的可能性是很大的。

鍾鳴旦先生在《楊廷筠：明末天主教儒者》中就是這種觀點。他運用曾德昭神父的《年信》（西文史料，*Litterae Annuae* 1622），從而將《鴞鸞不並鳴説》著成時間與歷史背景，説得非常明白。他説：明季「白蓮教由徐鴻儒率領，自稱有二百萬追隨者，在山東大規模造反。六個月後，到一六二二年末，這場白蓮教暴動被朝廷軍隊平定。在南京的紛亂中，一名基督徒由於替一名被誤控爲白蓮教分子的鄰居辯護而被捕，又因在他家搜出十字架等物，於是導致了更多人受害」。爲此楊廷筠和徐光啓不停地上書朝廷命官，楊廷筠的文章就是這篇《鴞鸞不並鳴説》。

《鴞鸞不並鳴説》剖辯天主教與白蓮、無爲諸教之不同，「較然不同者有十四，所可察知其異者有三」。從而指出：天主教「可以補儒教之闕，可以正釋老之誤，不虞與末俗異端，竟水火不相容」。

關於《鴞鸞不並鳴説》的流傳，還有兩條史料，抄在下面：其一，《破邪集》卷六《誅夷論略》中，林啓陸説：「適逢崇禎八年，利妖之遺毒艾儒略輩，入丹霞，送余有《天主實義》、《聖水紀言》、《辯學遺牘》、《鴞鸞不並鳴説》、《代疑續篇》諸妖書等。」其二，《正教奉褒》載崇禎十六年六月，福建建寧縣正堂左光先之告示引此書，作「鴞鸞説」。可見此書當時流傳之廣。

檢古郎氏《中國書目》（*Catalogue des Livres Chinois*），著録作《鴞鸞説》，也作《鴞鸞不並鳴説》，編號爲6690。可見其名有簡繁，其實一也。

《天主教東傳文獻續編》之影印本，字或有難辨闕漏者，又以鍾鳴旦先生《徐家滙藏書樓明清天主教文獻》之影印本校補。

二〇〇六年一月二十日北京駬方周岩謹識

鴞鸞不並鳴説

武林淇園彌格子楊廷筠識

或問近世邪慝盛行，明坐左道惑衆，王法所必誅也。乃有舉西國天主教，與之同類而非，然乎？否乎？居士曰：否。大謬不然。凡事涉疑似，可就其疑似處議之。若白之與黑，火之與冰，晝之與夜，判然爲二，愚夫愚婦，不能惑之。今無爲、白蓮，邪教也，亂道也。每事與天學相反，正可參伍比儗。第略舉之，其較然不同者有十四，所可察知其異者有三。

邪教引人爲惡，西教祇引人向善，一不同也；邪教事不傍理，西教必窮理盡性以至於命，二不同也；邪教夜聚曉散，藏匿甚秘，西學遍於通都大邑卜宅，無人不可見，三不同也；邪教所誘皆鄉愚之最下者，西士則與卿相諸名人游，以其所信向而各出序頌褒美之，四不同也；邪教之書皆市井俚語，村學究不屑觀，西書有圖有説，有原本有譯本，每一種出，可以考三王，可以俟後聖，亦可以達至尊而付史館，是當與三藏五千卷較是非，不當與五部六册論邪正，五不同也；邪教斂錢自潤，或用以圖謀惡事，西士皆自食其力，非禮錢一文不受，又教人不貪非分之財，亦不得妄想非分之財，六不同也；邪教妄言禍福，又以術使人見衣冠影像，歆人以非望之富貴，西教但論人死後，善者得真福，惡者得真禍，又教人輕賤世福，忍受世禍，七不同也；邪教男女混雜，西士自守童貞，又教人守貞，或守童身之貞，或守鰥寡之貞，或守一夫一婦之貞，凡淫言淫行淫心，悉禁絕之，八不同也；邪教重人引進，各相約束，西教不輕進人，審其能悔罪克己，志定而後受之，與人爲友不爲師，不受人一拜一揖，九不同也；邪教入門必設立重誓，所傳秘密之語，寧死不洩與教外之人，西教明白正大，所傳經典教規，人人能知之能言之，但能守能信者則入焉，十不同也；邪教必投愚俗之所便，人喜易從，西學教人求福，必須爲善免禍，必須改過，違人之便，人苦其難，十一不同也；邪教多以幻法，託名神通以動人，西士無求於世，故不祈動人，惟以人倫日用爲宗，而究推生死去來之因，以相勸勉，十二不同也；邪教惟以咒禁嚇人，不容人與辯，西學惟求人多辯，有百折而百不止者，十三不同也；邪教始於煽惑聚衆，究竟圖爲不軌，西教十誡中，以孝順爲人道第一，始於事父母，終於事君上，事官長，如事父母，不得有違，違者爲犯戒。又以爲道德忠孝節義等事，而受患難刑戮者，乃是真福，十四不同也。以此諸端，相提而論，白黑、冰火、晝夜，不啻懸殊矣，而世猶疑之，則此屬闇然自修，人不盡知，鄉僻小民，止得其改過悔罪之粗節，不能通達大義。地方惡少，以其愚懦易侮，又或妬其善行，或恨其勸戒，緇髡之流，又嫉其相抗相辯，欲乘此機逐去之，以是爲佛門金湯耳。

當事果有意爲世教，爲民風，去邪歸正，宜有法以稽查覈實之。其一，細查教中諸書，果有違道背理，犯義傷教否，果是令人爲善去惡，遷善改過否，知言者必能辨之矣。其二，細查教中諸人，所誦習勸戒者何言，所持循力行者何事，所究竟歸宿者將以何爲，知人者又必能辨之矣。其三，更或不信，試令一二解事人，入於西教；令一二解事人，入於白蓮、無爲等教，各與講究推求，得其底裏，如是而後，分別邪正，孰當去孰當留，甚易晰也。西學來歷更僕難詳，大意以爲三代而上，聖賢皆知天事天，故世教大治，儒道大明；三代而下，人人尊佛，至謂其教在吾儒之上，梵天帝釋，反拱立佛足之傍。故世教愈漓，儒術愈晦。西人不自揣量，來此求與三代聖賢相合。識者亦稱其可以補儒教之闕，可以正釋老之誤，不虞與末俗異端，竟水火不相容。今又且與釋氏之異端，同類而非之也。鴟鴞鸞鳳，同時並鳴，爲妖爲祥，豈能熒明者之聽，作《鴞鸞不並鳴説》。

跋

凡教之邪正，當觀主教之何如人。今西士之爲教主，不婚不官，無求於世，是恬澹之士也。不用世奉之佛法，而獨闢一宗，是特立之士也。窮天地人之理，而韜晦不露，甘於遯世，是闇修之士也。入吾地三十餘年，所接賢豪長者，無慮數百，齊民無算，曾不能指其一失。即仇讐用意窺瞯，終無暇隙可乘，是密檢之士也。

嘗見世人能論理者，未必修行；修苦行者，未必明理，西士則兼有之。儒者謂之誠明並進，釋氏謂之行解雙修。豈有此等人，乃教人不忠不孝，爲非作歹之事。本末不應，名實背馳；立直木而影則曲，具妍容而照則媸，必無是理。即從教愚民，容有不達義理，僅守粗跡，抑或志行不堅，流爲鮮終，則聖人有言，與其進也，不與其退也，奚必苛求若輩？況從來苛求，有一實犯一實證否耶？指鸞爲鴞，必細辨音聲乃可。

武林淇園彌格子楊廷筠識

〔意大利〕艾儒略撰　周岩點校

大西利先生行跡

《大西利先生行跡》前言

《大西利先生行跡》，鈔本，藏北京大學圖書館善本部，目録題爲明鈔本。

《行跡》，耶穌會士艾儒略撰，爲最早記敘利瑪竇生平事跡的漢文著述，閩中景教堂原刻。明人張賡浯撰《證妄説》内有「閲彼教中所刻《利子行實》」云云。《證妄説》約作於崇禎八年（一六三五），《行跡》刻於此前。閩刻本傳世極稀，國内尚未發現，祇知巴黎國立圖書館有藏本。《行跡》也没有其他刻本，所以在很長時間裏，《行跡》是以鈔本傳行於世的。

關於《行跡》的鈔本，原北京大學圖書館館長向達先生所見最富。他曾綜述國内國外所藏鈔本計六種，即：牛津大學藏一種，巴黎國立圖書館藏二種，原北京北堂圖書館藏一種，原獻縣天主堂藏一種，上海徐家匯藏書樓藏一種。雖然這六種鈔本中有三種藏於國内，但現在卻都看不到。北京北堂圖書館已不存，原藏書無從查閲；徐家匯藏書樓現雖存，但不開放；原獻縣天主堂藏本，因避戰亂，一九四六年連同其他所藏古籍珍本一併移入北京北堂圖書館，也因此無從查閲。

民國年間，《行跡》有兩種印本：一是陳垣先生民國九年（一九二〇）綫裝排印本，與

《辯學遺牘》、《明浙西李之藻傳》合刊一册；一是向達先生《合校本大西西泰利先生行跡》，民國三十六年上智編譯館刊行，研究利瑪竇行跡，此本價值最高。此外，民國十九年出版的張星烺先生編《中西交通史料彙編》第一編第六章中，《明末來華耶穌會士列傳》一節，將《行跡》全文收入，作爲史料一種；但編輯時對原文已作改動，亦没有標註《行跡》的名目。

現藏於北大的這個鈔本，原爲燕京大學圖書館舊藏。而向達先生編《合校本大西西泰利先生行跡》時没有見到，實爲憾事。北大本《行跡》先録利瑪竇《奏疏》一道，這是閩刻本没有的，也爲陳氏本、合校本所無。利瑪竇《奏疏》全文在明鈔本中得以發覆，就此一點，北大藏本就彌足珍貴。利氏《奏疏》有言：「伏念堂堂天朝，方且招徠四夷，遂奮志徑趨闕廷，謹以原攜本國土物，所有天帝圖像一幅、天帝母圖像二幅、天帝經一本、珍珠鑲嵌十字架一座、報時自鳴鐘一架、萬國圖誌一册、西琴一張等物，陳獻御前。此雖不足爲珍，然出自西貢，至差覺異耳，且稍寓野人芹曝之私。」又自薦道：「又臣先本國忝預科名，已叨禄位。天地圖及度數，深測其秘；製器觀象，考驗日晷，並與中國古法吻合。倘蒙皇上不棄疏微，令臣得盡其愚，披露於至尊之前，斯又區區之大願，然而不敢必也。」題奏時間爲萬曆二十八年十二月二十四日。這本奏疏，尚用「天帝」，且自稱「陪臣」，所據當爲明本無疑。

北大本的價值之高還在於可正別本之誤，如：利氏殁後，朝中請議賜葬地事，上報可。陳垣先生校本爲：吳道南「牒下京兆王公」；而北大本則爲：吳道南「牒下京兆黄公吉士」。二者孰是？檢國家圖書館古籍館藏崇禎年間刻本徐光啓、李康先等《奏疏》卷十二載李天經《禮部遵旨酌議恭請聖裁疏》，内有言：「該本司備查利瑪竇優恤原疏，係萬曆三十八年四月二十三日，本部署部事左侍郎吳道南、主客司郎中林茂槐等題給葬地。奉旨：是。隨經署府事府丞黄吉士查給阜成門外二里溝籍没私創佛寺三十八間、地基二十畝，付竇塋葬。」由此知北大藏本之是。

鈔本《行跡》未具撰著年月，陳垣先生《大西利先生行跡識》考證説：「此篇蓋作於宗達入閣後，之藻未卒前，崇禎三年秋冬之間也。」

北京輿方周岩謹識

奏疏

大西洋陪臣利瑪竇謹奏爲貢獻土物事

臣本國極遠，從來貢獻所不通，逖聞天朝聲教文物，竊欲霑被其餘。終身爲氓，庶不虛生。用是辭離本國，航海而來，時歷三年，路經八萬餘里，始達廣東。蓋緣音譯未通，有同喑啞，因僦居傳習語言文字，淹留肇慶、韶州二府十五年，頗知中國古先聖人之學，於凡經籍，亦略記誦，粗得其旨，乃復越嶺，由江西至南京，又淹五年。伏念堂堂天朝，方且招徠四夷，遂奮志徑趨闕廷，謹以原攜本國土物，所有天帝圖像一幅、天帝母圖像二幅、天帝經一本、珍珠鑲嵌十字架一座、報時自鳴鐘一架、萬國圖誌一册、西琴一張等物，陳獻御前，此雖不足爲珍，然出自西貢，至差覺異耳，且稍寓野人芹曝之私。臣從幼慕道，年齒逾艾。初未婚娶，都無繫累，非有望幸。所獻寶像，以祝萬壽，以祈純嘏，佑國安民，實區區之忠悃也。伏乞皇上憐臣誠慤來歸，將所獻土物，俯賜收納。臣蓋瞻皇恩浩蕩，靡所不容，而於遠人慕義之忱，亦少伸於萬一耳。又臣先本國忝預科名，已叨禄位，天地圖及度數，深測其秘；製器觀象，考驗日晷，並與中國古法吻合。倘蒙皇上不棄疏微，令臣得盡其愚，披露於至尊之前，斯又區區之大願，然而不敢必也。臣不勝感激待命之至。

萬曆二十八年十二月二十四日具奏。

大西利先生行跡

西極耶穌會士艾儒略述

西泰利先生瑪竇者，大西歐羅巴意大里亞國人也。其父居官，甚[一]有懿德，奉天主甚虔。其受業之師孟尼閣者，亦名賢也。利子得此賢親及師，從幼見聞，俱合正道，且穎異聰敏。十餘歲時，即有志精修。父以科第期之，冀紹其家聲，送到羅瑪京都，就名師習諸學之蘊奥。僅習三年，欲遂修道夙懷，不願婚娶利名，求入耶穌聖會[二]，時年已十九矣。因致書於父，具言此意。父驟聞之，未之許也，欲往羅瑪阻之，及起程，忽得病，不果往，稍愈又欲行，又病而回，如是者三，父迺翻然改曰：「是殆天主所默眷，欲使其傳道於四方也與？我安可使功名一途，加諸欽崇天主上乎？」復書具述屢往屢病之由，諄諄加勉。利子入會，既於文科理科，無不卓然。復於道科，日精日進，歷考七次，至撒責爾鐸德之尊品。嗣後立志航海，廣傳聖教於東方，遂請命於會長，面辭教宗，於天主降生後一千五百七十七年，閲數國迺至大西海濱名邦波爾都瓦爾[三]。利子入見，其王款待甚厚。航海東來，歷怒濤狂沙，掠人啖人之國，不災不害，次年至小西〔洋〕[四]，泊舟，爲開示所學。又次年，爲萬曆辛巳九年，始抵廣東香山嶴。制臺總督司馬兵部陳文峰[五]移文嶴内，請大西司教者，並治事之官，同商畧事。司教者請耶穌會士羅子諱明堅[六]，代赴其招，事畢而歸。越明年癸未，利子始同羅子入端州。新制臺郭公，並太守王公[七]甚喜款留，遂築室以居利子，閒製地圖、渾儀、天地球考、時晷、惜時之具，以贈於當道，皆奇而喜之。方知利子爲有德多聞高士也。

利子素有謙德，以異邦人甫居斯地，未免有侮，而利子不較也。一日有踰後垣而盜其柴，家人共爭。利子命讓其柴曰：「我烏可以微物而與人競。且其來者或爲貧也。」躬負柴就垣邊送之，其人慚謝而去。其居端州幾十載，初時言語文字未達，苦心學習，按圖畫人物，借人指點，漸曉語言，旁通文字。至於《六經》子史等書，無不盡暢其義，始稍著書，發明聖教。日惟勤懇泣下，默禱天主，啓迪人心，端其信嚮，朝夕不輟。且多方誘掖，欲使人人識認天地大主，萬民之大父母也。時有鐘銘仁[八]、黃明沙者，奥中有志之士也。慕利子之天學，時依從之。端州有鄉人夜過荒塚，爲魔所憑，忽發顛狂，其父母延僧道巫覡之流，祈禳百端，俱無效驗。有人告其父曰：「大西利先生者，崇奉天主正教，能驅魔立應，盍往誠求之？」其父懇祈利子，利子即至其家，見諸魔像符籙，諭之曰：「是皆邪魔之招也，悉取燬之。」因代誦經，籲祈天主，且取自佩之聖匱付之，病遂立愈。自是一家之人，無一不欽崇聖教。有一居官梁姓者，過壯無子，利子命入聖堂，代爲祈求，因連舉二子，遂並二子奉教焉。

其後司馬兵部節齋劉公，開府端州，知利子欲進内地，以廣宣其教，遂移文韶州府，命於南華寺居停，利子請附城河西官地，建天主堂棲止焉。其端州舊堂，則劉公取爲生祠，薄酬價於利子，力辭不受，劉公愈高之。姑蘇瞿太素，大宗伯禮部文懿公之長子也，適過曹谿，聞利子名，因訪焉。談論間深相契合，遂願從遊[九]，勸利子服儒服。同會郭子仰鳳偕利子處。一日劇盜强入，剽劫貲物。當道嚴捕賊黨，下重獄。利子復哀矜之，乞言諸當道，釋其獄，人咸服利子之德云。太素既歸，交利子，遂愈揚利子之學於縉紳間。利子因請曰：「公亦有所求乎？」太素曰：「吾年四十三，内子四十二，尚未有子。先生倘能爲我祈求天主乎？」利子代爲密禱，是年即生一男，名式穀是也。

利子嘗將中國《四書》譯以西文，寄回本國。國人讀而説之，以爲中邦經書，其能認大原，不迷[一〇]其主者乎？至今孔孟之訓，遠播遐方，皆利子之力也。厥後到南雄府，大京兆王公玉沙諱應麟，適宦南雄。一見利子，深相愛慕。少司馬石公，亦敬愛利子，遂攜利子之南都。到贛州十八灘，波濤險惡，從行有溺者，利子雖然無恙，心甚悲之，不禁淚下。比抵南都，未逢知己，殊爲悵然。一夜夢入一宫殿，莊嚴宏敞，有金匾額顔其上，醒而自思曰：是殆天主所默示者乎？今日雖鬱鬱於此，聖教終有興起之日也，乃捨南都而轉江右焉。適有醫士王繼樓者過，覩利子德容，心竊異之，遂延至家，館利子。醫士入告中丞陸仲鶴，公邀見甚喜，談論數日。利子因傳含記之學，順逆背誦之法，公益相敬愛。一日請觀大西奇物，其中有彩石一枚，目上映光，五彩爛然。公把玩不忍去手，利子因以獻公。公堅辭不受，徐謂利子曰：「此寶今長在先生處矣。」利子問故，公曰：「先生此寶，非賢者不送，然賢者必不受，故曰長在先生處也。」遂留駐利子於洪州。而同會蘇瞻清、羅懷中，亦自大西至，偕之共處焉。一日，上謁建安王，王賓禮之，設醴殊甚。王乃離席握手而言曰：「凡有德行之士，吾未嘗不友且敬之。西邦爲道義之鄉，願聞其友道何如。」利子退而著交友論，獻之於王。

越年戊戌萬曆二十六年，王大宗伯禮部忠銘者，素聞利子名，將入京，欲攜偕往。過韶州，遂攜郭子仰鳳，共到豫章，偕利子之京都。而韶州聖堂，則後來會士麥立修、石鎮予、龍精華居之。利子向在端州時，畫有《坤輿》，一幅爲心堂趙公所得。公喜而勒之石，且加弁語焉，然而尚未知利子者也。是時趙公方開府姑蘇，而王宗伯偕利子之南都。趙公餽禮物，並其前所愛輿圖以獻。王公奇之，示利子，方知利子作也。因作書以復趙公曰：「所畫《坤輿》之人，今在矣。」趙公喜出望外，即具車從邀〔二二〕利子，相得甚歡。利子出天主聖像，俾趙公瞻仰。趙公曰：「是不可褻觀也。」遂以常拜天之處〔二三〕，設高臺香燭，稽首敬禮焉。乃顧謂利子曰：「是像非常，真天地萬物之大主矣。」嗣後徧請當道諸公，同爲瞻仰。且留利子談論，旬餘不倦，而王公已先行矣。趙公命衙官護送之淮。利子到京師，適關白倡亂，朝鮮多事，未有朝見之機，復同郭子南回。時冬日河凍，暫留郭子於山東，獨回蘇州，與故人瞿太素之南都。時王大宗伯正官南都，大司寇刑部趙公、大司徒户部張公、少司寇王公、少宗伯葉公，群慕利子名，皆投刺通謁，迭爲賓主。理學名儒李公心齋、禮科都諫祝公石林，尤深相契合，雅有留駐意。而郭子自山東回，相與共謀築室矣。户部劉公斗墟者，見利子問曰：「聞子欲卜宅居此，信乎？」利子曰：「然。」公曰：「昔於洪武岡嘗備數椽，不意爲魔所據，吾子若不懼魔，甘心售子，毋論值也。」利子曰：「吾自少奉天地真主，受庇良多，況天主聖像，爲魔所極畏者，不必慮也。」偕劉公往觀，殊愜意，捐貲買之。是日於廳事立臺，奉天主聖像於其中，以聖水灑浄一室，夜同郭子及鐘念江等居之，魔絶無影響。至次日，相知諸公過訪問安，見其怡然無恙，俱詫爲奇。劉公論及此事，曰：「吾昔構此居，於堪輿尅應趨避之術，備極詳細，顧何以人不能居而魔居焉。乃知邪不勝正，堪輿擇日之俱誕也。抑此室將以爲至人所居，故魔守之耶。」

太史王公順菴，博學多聞士也，尚未知利子東來意，素有志於度數曆法之學，欲往從利子，先遣張養默就利子受業。張子好學，稱才士，久習始知利子其東來，實欲奉揚天主正教，故不屑以曆數諸學見長也。厥後張子於渾儀度數之學，既有通曉，喟然嘆曰：「彼釋氏之言天地也，但聞一須彌山，而日月繞其前後〔一三〕日在前爲晝，在背爲夜。其言日月之蝕也，則云羅漢以右手掩日而日蝕，左手掩月而月蝕。言地須彌山四面，分四大部洲，而中國居其南。天地之可形像測者，尚創爲不經之談，況不可測度者，其空幻虛謬可知也矣。今利子之言天地也，明有測驗可據，毫髮不爽，即其粗可知其細。聖教之與釋氏，孰正孰邪，必有能辨之者矣。」大司徒吳公左海〔一四〕亦交利子，見《坤輿圖》而悦之。温陵卓吾李公，在南都過訪利子，談論間因識天學爲真，賦詩爲贈〔一五〕。汝南李公，素以道學稱，崇奉釋氏，多有從之者。一日與諸公論道，多揚釋氏抑孔孟。時劉公斗墟在座，瞿然曰：「吾子素學孔孟也，今以佞佛故，駕孔孟之上，何也？不如大西利子奉天主真教，航海東來，其言故多與孔孟合，明辨釋氏之不正。」李公始知有利子，乃往邀焉。時有僧三槐者，已先在座。而利子偕瞿太素至，三槐岸然居上，利子以謙承之。三槐問利子曰：「吾〔聞〕〔一六〕子知天文之學，有諸？」利子曰：「頗識其略。」三槐曰：「子之考日月也，或上天看日月乎？抑日月下而與心目相接乎？」利子曰：「非我上天，亦非日月下地。我存日月之像於心，照此像可知日月矣。」三槐欣然曰：「若此則子能造日月於心矣，何人不可以造天地乎？」利子答曰：「是不然。有日月矣。而我見之，因所見而生是像於心，非無日月，而我能造日月也。譬之鏡然，懸之室中，物咸照焉，即天地日月。亦入照矣。照必先有物而後照有像，非無其物而鏡能自造其物也。」衆人稱善，三槐理屈〔一七〕不能對。時諸公復辯論心性善惡不一，利子默然不答。或謂利子未折其義也。利子集合衆論，具言人性爲至善之主所賦，寧復有不善乎？且砭萬物一體之説，人咸深賞其言。

萬曆二十八年庚子，遂與同會龐順陽，以禮科文引躬詣闕廷，貢獻方物，稍效芹曝之私，諸當道款接如禮。而山東開府心同劉公，閱貢物，倍加優待，乃越黄河，抵臨清。適督税内官馬堂，邀功攔阻，悉將貢物奏章，自行上進，奉旨起取赴京。利子始偕伴八人，同入燕都，獻天主聖像、天主經典、聖母像、自鳴鐘大小二具、鐵絃琴、萬國圖，皇上欣念遠來，另見便殿，垂簾以觀。命内臣學習西琴，問西來曲意，利子始譯八章以進〔一八〕。復蒙賜問大西教旨，及民風國政等事，於時欽賜官職，設饌三朝宴勞，利子等固辭榮禄，受廩餼。上受聖像於御前，置自鳴鐘於禦几，復命畫工繪圖進覽。時大宗伯蔡公者，以屬夷貢獻，必由本部，而利子乃從内官進，不無以此爲嫌。利子乃述馬堂强留邀功之意，公始釋然，暫循舊例，留利子於夷館中。利子以旅人浮海東來〔一九〕，觀光上國，住中華二十餘年，頗識文字，於他夷來賓爲名利者不同也，具疏請命，或兩京，「或」〔二〇〕吴越，乞賜安插，禮部並爲題覆，未蒙報可。内官出諭利子曰：「勿固辭，主上方垂意，若固辭，則上心滋不喜。」於是禮部趙公邦靖，周旋其間，利子始安意京師，偕龐子僦屋以居。至其日用飲食所需，取給於光禄，遵上命也。趙公後因他事去官，利子唁焉，對而爲之泣，趙公曰：「吾僚友或以冷情視吾，子獨爲我相知之深也，其異世俗之交乎？」其後趙公歸里，虔祀利子所著《實義》一部，朝夕拜奉，以志不忘。

相國沈公蛟門一貫，時爲設醴，且饋資斧焉。而大宗伯馮公琢庵琦，屢叩所學，深相印可，大有志於天主正教。時求所譯經典，且數上疏，排擊空幻之流，欲章明聖教，竟賫志以没，惜哉於時相國文忠葉公、太宰李公、司馬趙公、少司寇王公、少宗伯祝公、僉都慕岡馮公應京、都給諫〔曹〕〔二一〕公於汴、大參吴公、龔公、都水我存李公之藻，相與質疑送難，乃撮其要而成書，名曰《天學實義》。而僉憲馮公命速梓以傳，利子以文藻未敷，不敢輕許。馮公曰：「譬如垂死之人，急需藥療之，如必待包裹裝飾，其人已不可起矣。斯文爲救世神藥，焉可緩也。」並《二十五言》，梓行於世，馮公爲文弁其首。厥後諸書行世，人心漸明。大宗伯玄扈徐公〔二二〕，博學多才，欲參透生死大事，惜儒者未道其詳，諸凡玄學禪學，無不拜求名師。然於生死大事，竟無著落，心終不安。萬曆二十八年庚子，到南都見利子，而略道其旨，回家得一奇夢，如見圓圓堂中，設有三臺，一有像，二無像，天主預默啓三位一體降生妙義焉，尚未解其意。癸卯三十一年又至南都，入主堂，訪論天學之道，至暮不忍去。乃求《實義》諸書，於邸中讀之，達旦不寐，立志受教焉。羅子與講解經旨，覺十誡無難守，獨不娶妾一款爲難耳。先生獨有一子，尚未有孫，欲納側室以廣嗣也。羅子不允，曰：「有子無子，一憑主命，烏可以此犯誡。」先生躊躇良久，毅然堅決，不可犯誡。惟聽主命，遂欣然受洗。天主鑒其精誠，越年即得孫矣。後諸孫繞膝〔二三〕，愈知天主福善，不獨身後也。

中州都會，原有教堂，乃如德亞國所傳天主古教。適其教中艾孝廉計偕入京，造訪利子。利子請天主經典大全一部，係如德亞國原文，並翻譯大西文字示之。艾君誦讀其文，深喜而拜焉。艾子同袍張君，同訪利子，謂汴梁昔有一教，名十字教，以奉天主爲主，張孝廉亦奉教之後裔也。奈百年來，多不得其傳，利子以所佩十字架示之。張君一見，不禁淚下。是後利子遣從遊黃明沙，馳書訪其實，果如二君之言，但不得其初來傳之詳。且是後張君選關中教諭，時有從中西到關中鄠本篤者，亦耶穌會士也。風聞東方禮義文物之邦，人皆奉教，天地之主爲宗，以爲與天主聖教正相符合。欲得其實，陸行三年，經狂沙掠人之國，歷盡艱難，徑到關中，乃知所聞之國即中國。利子聞而遣人訪之，值其病篤，一見同會者，望外喜溢，遂安然去世矣。

利子住京師十年，交遊益廣，著述益多。時與名公論學，旁及度數。因著《畸人十篇》；及與徐宗伯玄扈所譯《幾何原本》、《測量》等書；與李冏卿我存所譯《同文算指》、《渾蓋通憲》、《乾坤禮儀》等書，俱已行世。自是四方有道之士，多致書請問，利子率手自裁答。時又爲寓中國西士之長，即答會士書劄，亦縷縷長言，利子不倦也。生平樂於接引，所稱明鏡不辭屢照，清流無憚〔二四〕惠風，利子有焉。每日除自躬瞻禮，存想省察誦經外，皆談道著書之候，而門有過訪，又亟倒屣出迎。時患頭風，雖伏枕呻吟，一聞問道至，即欣然延接，悉忘其苦。客退呻吟如故，於是從教日廣，喜與利子相親，利子率諄諄樂告之，即有貧賤者，利子亦作平等齊觀，其接見與大賓無異也。

庚戌歲三十八年，上計名公，及省試孝廉，輪蹄相錯，利子披示，各慊〔二五〕懷來。新到會士能有綱、費揆一，初未習中國語言文字。利子又時與指陳，殫其心力，持齋不用非時飲食。而〔當時教務□亦已〕〔二六〕應接不暇，諸會士皆以利子春秋漸高，何以都無倦色，不可謂非天主默佑簡閱之身也。太僕我存李公，久習利子，服其器量高識，凡有所行，多與相商。覺從利子之言則順，間有不從，後必有悔也。李公忽患病京師，邸無家眷，利子朝夕於牀笫間，躬爲調護。時病甚篤，已立遺言，請利子主之。利子力勸[二七]其立志奉教，於生死之際，公幡然受洗，且奉百金爲聖堂用，賴天主寵佑，而李公之疾痊矣。

利子累積勞瘁，自得病首日，即謂諸〔會〕[二八]士曰：「兹我去世之期也。」遂依教中善終〔諸〕[二九]規行之。諸奉教之來謁者，利子無不喜客接之，而加慰勉焉。時仰祈大主，垂佑中華，俾人人盡識聖教，得沾洪恩。復念皇上體恤遠人，懷恩報答涓埃，望天主福佑默啓，得以闡揚大教，此尤病中倦倦之意也。越數日，利子臨終，再告解，請領聖體，鐸德以禮捧之至寢，利子奮力强起，投地叩奉不已。同會以病篤，寬其安寢，利子不敢纖毫褻越焉。有頃忽閉目如有所思，安然坐逝矣。〔時〕[三〇]萬曆庚戌年四月也。太僕李公經其喪事，市堅木爲棺，會士阻之不得。匠人欲速其工，懼天炎而體變。李公曰：「勿亟，子弟加工，利子雖百日不壞。」越兩日始就木。諸縉紳來弔者，無不極口稱讚。先是利子數月前，嘗致書於郭子仰鳳，末有云：「此我盡頭之書，從此無書，永言別矣。」利子初病時，會中請其遺囑教中事理，種種畢陳至明。公往來書啓，去者去，留者留，無不先爲經理。利子病危，時已無及矣，必數月之前，預爲整頓，始知早識其善終之期矣。若夫利子一生至德，未易盡述。

夫人萬善之根，在默與上主神接。利子嘗默對越，每晨所得上主默啓，即下筆記之，不忘主佑，漸而成帙。諸會士多喜熟玩，領其訓誨。即儒略讀之，時有醒悟也。默道後，恭行彌撒，切祈所懷，務沾主佑。每日讚誦天主七次，昕夕嚴審其私，毫不自恕。薊北天寒，卧不重褥，時用木枕，所披之衣，不請更易，亦不問，心唯道德是樂，故輕視肉身耳。初傳教於中華，多有艱阻。利子以寬和謙忍，不以順事而傲，不以逆事而屈。故彼都人士咸相敬愛，時願親炙。待諸〔會〕[三二]士尤極温良。在洪州時，有一會士與之調自鳴鐘，將以獻大廷者，誤破其機。會士憂形於色，利子怡然曰：「無傷也，另覓其他可也。」人盡服其德量。會士入中夏者多，利子取《六經》諸書，爲之講究。與熊子講畢，熊子稱謝。利子遜不敏，即曰：「如講有不到，並日常過差，幸其恕我，以此爲謝可矣。」熊子有綱，感其真切，不禁淚下。有志之士，離家相從，或俗念復萌，就利子求解，利子一耳提之，無不冰消霧釋。利子入中邦，時寄書回羅瑪，祇勸其昆仲修德行善，仰答天主。諸兄弟感慕利子之意，自後有書至，必頂禮而開讀焉。

利子殁後，中朝諸公，議欲請葬地，而龐子順陽、熊子有綱，具疏奏請，命下禮部題覆。

相國吳公，以少宗伯署部事，偕侍郎林公、員外郎洪公、主政韓萬象公，具言其慕義遠來，勤學明理，著述有稱，伏乞收葬等情，上報可[三二]。吳公牒下京兆黃公吉士，有籍没楊内官私創二里溝佛寺，房屋三十八間，地基二十畝，畀葬利子，並爲龐、熊諸子恭奉天主，焚修祝釐之所。京兆玉沙王公，立石爲文以記之[三三]，有内官言於相國葉公文忠曰：「諸遠方來賓者，從古皆無賜葬，何獨厚於利子？」文忠公曰：「子見從古來賓，其道德學問，有一如利子者乎？毋論其他事，即譯《幾何原本》一書，即宜賜葬地矣。」自利子殁後，人多畫其像而景仰之者。太僕李公繪其像於聖堂左。太素瞿大人請利子小像爲聖牌，且珍藏其手書，以爲至寶。厥後[三四]張識，聖名彌額爾，奉教之虔，爲衆所仰。天啓癸亥年，從父孝廉夏詹，掌教中州。臨終時忽見天主聖容，審判其生平，尚加訶責。宗徒聖瑪竇與利子共現天主臺前，爲之懇仰天主，許登化光天焉。爾時頓甦，具爲其父言之，迺安然而逝。此亦利子之靈，介天主側，爲中國人祈求之一驗云。向利子未没時，見有道行之機，且爲熙朝曆法，歲久而差。禮部具疏，薦利子及龐子同修，有旨報可。利子以道之廣傳，及朝家重典，未可一人獨任，因寄書本國，招一二同志，多攜西書同譯。儒略始與二三友朋，如畢子今梁、史子建修，浮海東來，而利子是年殁矣。雖不及一面，亦躬造燕京，瞻拜賜墳，感激熙朝之厚仁也。於戲！利子挾天學東來，矢志宣揚正教，幾三十年。余不敏，略次先友行跡，以待後之君子，有志而願知者。

校記

〔一〕「甚」，合校本作「母」。

〔二〕「耶穌聖會」，陳本作「耶穌顯修會」。

〔三〕波爾都瓦爾：即今葡萄牙。明西洋艾儒略《職方外紀》卷二：「以西把尼亞屬國大者二十餘，中下共百餘。其在最西者曰波爾杜瓦爾。」

〔四〕小西洋，即今印度半島。明西洋艾儒略《職方外紀》卷二：「歐邏巴初通海道，周經利未亞，過大浪山，抵小西洋而至中國貿遷者。」原文作「小西」，「洋」字據陳本補。

〔五〕陳文峰，合校本引原注：「譯瑞，閩福州人。」句内「總督」、「兵部」原爲小字，今改大字入正文。

〔六〕「堅」，原作「監」，據陳本改。

〔七〕「王公」，原作「黄公」，據合校本改。王公即王泮也，别本有作「王潘」者。

〔八〕「鐘銘仁」，陳本作「鍾鳴仁」。

〔九〕「從遊」，原本作「遊從」，據合校本改。

〔一〇〕「不迷」，原本作「不有」，依合校本改。

〔一一〕「從邀」，原本作「邀從」，據合校本改。

〔一二〕「拜天之處」，原本於「天」字之下用紅筆別添一「主」字，依合校本未錄。

〔一三〕「前後」，原本誤爲「前彼」，依合校本改。

〔一四〕合校本引原注：「諱中明，歙縣人。」

〔一五〕合校本此句下有：「具載《焚書》篇中。」

〔一六〕「聞」，據陳本補。

〔一七〕「理屈」，原作「理窟」，據合校本改。

〔一八〕明《天學初函·畸人十篇附西琴曲意》八章。

〔一九〕「東來」，原作「來東」，據合校本改。

〔二〇〕「或」，據陳本補。

〔二一〕「曹」，據合校本補。

〔二二〕「玄扈」，原作「玄滬」，據合校本改，下同。

〔二三〕合校本此句之後，上有「至今」二字。

〔二四〕「憚」，原作悼。原眉批：「悼恐憚字，兹存原抄。」

〔二五〕「慊」，原本作「嫌」。依陳本改。

〔二六〕係據合校本補。

〔二七〕「力勸」，原作「立勸」，依合校本改。

〔二八〕「會」，據陳本補。

〔二九〕「諸」，據合校本補。

〔三〇〕「時」，據合校本補。

〔三一〕「會」，據合校本補。

〔三二〕原載《絶徼同文紀》卷五，據向達先生合校本《大西西泰利先生行跡》錄：「禮部署部事右侍郎兼翰林院侍讀學士臣吳道南等謹題：爲異域微臣，啣恩没齒，懇乞聖慈，給地收葬，以廣皇恩，以風遠屬事。主客清吏司案呈奉本部，送禮科抄出大西洋國陪臣龐迪峨、熊三撥等具奏前事。内稱臣本遠夷，嚮慕天朝德化，跋涉三載，道經海上八萬餘里，艱苦備嘗。至於萬曆二十八年十二月，偕臣利瑪竇及兼伴五人，始得到京朝見，貢獻方物。蒙恩給賜廩餼，臣等感戴不勝，捐軀莫報。萬曆二十九年正月内奏，乞天恩照例安插，以將柔遠等情。候旨多年，叨蒙廩給不闕。於意于萬曆三十八年閏三月十九日，利瑪竇以年老患病身故。異域孤臣，情實可憐。道途險遠，海人多所忌諱，必不能將櫬返國。伏念臣等久霑聖化，即係輦轂臣民。堯仁德披於華夷，生既蒙豢養於升斗；西伯澤及於枯骨，死猶望掩覆於泉壤。況臣利瑪竇自入聖朝，漸習熙明之化，讀書通理，朝夕虔恭，焚香祝天頌望，一念犬馬報恩，忠赤之心，都城士民共知，非敢飾説。生前頗稱好學，頗能著述。先在海邦，原係知名之士。及來上國，亦爲縉紳所嘉，似無愧於山澤隱逸之流。或蒙聖慈，再賜體訪，不無可矜可錄。臣等外國微臣，豈敢希冀分外。所悲死無葬地，泣血祈懇天恩，查賜閒地畝餘，或廢寺閒房數間，俾異域遺骸，得以埋瘞。而臣等見在四人，亦得生死相依，恪守教規，以朝夕瞻禮天主上帝，仰祝聖母聖躬萬萬歲壽。既享天朝樂土太平之福，亦畢螻蟻外臣報效之誠。臣等不勝感激屏營候命之至，等情具奏。奉聖旨：『該部知道。欽此。』欽遵。抄出到部送司。查得會典內一款，凡夷使病故，如係陪臣未到京者，所在布政司置地營葬，立石封識。又一款，夷使在館，未經領賞病故者，行順天府轉行宛大二縣，給與棺木銀。領賞之後病故者，聽其自行埋葬。今利瑪竇雖未經該國差遣，而嚮化遠來，久霑豢養之恩，茲以年老病故，道途險遠，勢難將櫬返國。孤魂暴露，不無可矜。合無查依龐迪峨所奏，參酌前例，覆題賜給葬地，以廣聖澤。案呈列部，看得我國家德化翔洽，雖遐荒絶域，上世所不賓之國，亦有嚮風慕義如利瑪竇者，跋涉遠途，入京朝貢，在館廩餼，十載於茲。而瑪竇漸染中華之教，勤學明理，著述有稱，一旦溘然物故，萬里孤魂，不堪歸櫬，情殊可憫。所據龐迪峨請給葬地一節，雖其自來中土，與外所遣陪臣不同，但久依輦轂，即屬吾人。生既使之糊口於大官，死豈宜令其暴骨於淺土。且龐迪峨等四人，願以生死相依，亦當並議優恤，相應俯從。伏乞勅下本部，轉行順天府，查有空閒寺觀隙地畝餘，給與已故利瑪竇爲埋葬之所。見在龐迪峨等許就近居住，恪守教規，祝天頌聖，此聖朝澤枯之德與柔遠之仁，迺所以風勵外夷，而永堅其嚮化之誠者也。緣係異域微臣，啣恩没齒，懇乞聖慈，給地收葬，以廣皇恩，以風遠屬事，及奉欽依，該部知道，事理未敢擅便，謹題請旨。

奉聖旨：是。欽此。

萬曆三十八年四月二十三日禮部署部事右侍郎兼翰林院侍讀學士吳道南、主客清吏司郎中林茂槐、員外郎洪世俊、主事韓萬象。」

〔三三〕清漳王應麟《欽勅大西洋國士葬地居舍碑文》，據向達先生合校本《大西西泰利先生行跡》錄：「粵稽古用賓，在九州廣萬里餘者，斯爲遼絶盡已。我國家文明盛世，懷柔博洽。迄今萬曆庚辰，有大西洋國士，姓利諱瑪竇，號西泰，友輩數十，航海九萬，觀光中國。始經肇慶，大司憲劉公旌之，託居韶陽郡。當其時余奉刺淩江，竊與有聞。隨同儔伴，齎表馳燕，跋庾嶺，駐豫章。建安王挹遘，若追歡篤交誼之雅。宗伯王公弘誨，竟傾蓋投契合之孚，相與沂遊長江，覽景建業。箴尹祝公世禄，司徒張公孟男，淹欵朋儕，行抒情素。西泰子同龐子諱迪峨，號順陽者，僅數友輩，迺越黄河，抵臨清。督税官閹官馬堂，持其貢表，恭獻闕廷。皇上啓閲天主聖像，珍藏禦帑，自鳴鐘、萬國籍圖、琴器類分佈有司。欣念遠來，召見便殿，寵頒一職，辭爵折風。饌設三辰，叨燕陛闕。欲親顔貌，更工繪圖。上命禮部賓之，遂享大官廪餼。是時大宗伯馮公琦討其所學，則學事天主，俱吾人禔躬繕性，據義精確。因是數數疏議，排擊空幻之流，欲彰其教。嗣後李冢宰、曹都諫、徐太史、李都水、龔大參諸公問答，勒板成書。至於鄭宫尹、彭都諫、周太史、王中秘、熊給諫、楊學院、彭柱史、馮僉憲、崔銓司、陳中憲、劉茂宰同文甚都，見於序次。矜紳秉翰墨之新，槐植賁行，館之重，斑斑可鏡已。歷受館餼十載，適庚戌春而利氏卒。龐迪峨偕兼具奏請卹。詔議禮部，少宗伯吴道南公署部事，言其慕義遠來，勤學明理，著述有稱。且迪峨等願以生死相依，宜加優卹。伏乞勅下順天府查給地畝，收葬安插，昭我聖朝柔遠之仁。奉聖旨：是。宗伯迺移文少京兆黄吉士，行宛平縣。有籍没楊内宦私創二里溝佛寺，房屋三十八間，地基二十畝，牒大司徒稟成命而畀之居，覆奏蒙允。余時職江右岳牧，轉任廣陽師表。實有承宣弘化之責，欣聞是舉，因而感節。抵寓順陽子與其友人龍精華、熊有綱、陽演西輩晉接久，習其詞色，洵彬彬大雅君子。殫其底藴，以事天地之主，以仁愛信望天主爲宗，以廣愛誨人爲切用，以悔罪歸誠爲入門，以生死大事有備無患爲究竟。視其立身謙遜，履道高明，杜物欲，薄名譽，澹世味，勤德業，與賢知共知，挈愚不肖共由。理窮性命，玄精象緯，樂工音律，法盡方圓，正曆元以副農時，施水器而資民用。翼我中華，豈云小補。於是讚我皇上盛治，薰風翔洽，邁際真敻絶千古者矣。斯時也，余承命轄東南，寧無去思之慨；附居郊處，慮有薪木之憂。赫赫王命之謂何，余與有責焉。故用識顛末於貞珉，紀我皇上柔遠休徵，昭示萬禩，嘉惠遠人於無窮至意。爲之記。葬以辛亥　月　日，記以乙卯三月朔日。

欽賜房地：房共四十間，地牆垣周圍十二畝。南至官道，北至嘉興觀地，東至嘉興觀，西至會中墳。」

〔三四〕「厥後」，原爲「張後」，據合核本改。

天童密雲禪師辯天説

〔明〕釋圓悟撰　周岩點校

《天童密雲禪師辯天説》前言

《天童密雲禪師辯天説》，署「匡山黄巖寺門人道忞述繇並録」。半葉十行二十字，四周雙邊，有書耳。明崇禎刻本。上海圖書館普通古籍部藏。

《天童密雲禪師辯天説》（以下稱《辯天説》），收密雲大師《辯天初説》、《辯天二説》、《辯天三説》，其弟子道忞又於每説前添《説繇》各一則，合成《辯天説》，書凡十八葉，毛訂。

明季福建士大夫黄貞，持所著辯天主教之書，至寧波天童寺示與密雲大師，並「請爲説以辯之」，於是密雲師便作《辯天初説》。《初説》雖短，二百七十五字，没有明指天主教一人一書，衹是譏諷天主教「以妄想執著而欲闢佛，是則自暴自棄，自闢自矣」。崇禎八年八月五日稿成。大師特遣天童寺僧潤禪「遍榜武林，索其辯論」。但等了「二旬餘日，不報」。到了八月二十一日，「有夢宅張君湉者，毅然直持天教之堂以告」。當時出來接待張廣湉的，是主持杭州教務的耶穌會士傅汎際，葡萄牙人。他很讚賞辯教的事情，説：「妙妙，向來原有這個意思。」但又表示爲難，因爲他馬上就要赴任江右，離開杭州，所以他雖然説「亦留一篇於此」，但又説：「尚有伏先生等在焉，亦足以與之辯明也。」而張廣湉卻留下「儻先生稿就，湉當過領」的話頭，傅先生以一册《辯學遺牘》相贈，張君辭出。過了三天，張氏前往天主堂索辯稿，然「司閽者拒之，不復使入」。司閽者説：「此僧去歲曾來會中，與辯不勝，發性而去，今又何必來辯？」張君索辯未得，回去説與密雲師，師不快，遂作《辯天二説》，時爲崇禎八年九月十五日。《二説》主要是論教會允而未辯這一事理，並辯白説：「余住天童，不踰甬東者五載，其去歲不過武林，江南北之人塗知矣。」《二説》成「如前致榜武林」。至十月九日又命張廣湉「持告天教之堂」。張君「坐移刻，始有范姓者出」。范氏告張廣湉説：不予答辯，「此是教中大主意」。於是范張二氏就應否辯教，當場進行了辯論。張氏回告密雲師，師作《辯天三説》，時在崇禎八年十二月八日。這篇《三説》很長，洋洋灑灑，就天佛二教事，論辯甚詳。

《辯天説》撰者密雲大師，《天童寺志》卷三《先覺考》有傳：「師諱圓悟，字覺初，宜興蔣氏子。」學道甚艱，住持天童寺十餘年。崇禎十四年「大報恩寺延師住持，以老病固辭，逾年示寂」。師「嗣法十有二人」，其中較著名的弟子就是本書的編輯道忞，字木陳。木陳忞與天主教傳教士另有一段淵源，陳垣先生有《湯若望與木陳忞》，述錄甚詳。因木陳忞請，順治帝諭密雲師《語錄》入《大藏》。

《辯天説》全文，徐昌治收入《聖朝破邪集》（或《破邪集》）卷七中。題《辯天説》，署釋圓悟，但已經密雲大師手訂。大師將《初説》前道忞的《説繇》略去，而《二説》與《三説》前道忞的《説繇》改爲正文。原來的「師説」云，俱改爲「余説」云。師改弟子之作，自然弟子之作在前，師改於後。所以《辯天説》成書早於《破邪集》。而且《辯天説》的一些錯誤，在《破邪集》中已被改正。如「自反而不縮，雖褐寬博，吾不惴焉」等語，原作「《傳》云」，《破邪集》已訂正爲「孟氏云」。當然收入《破邪集》中，文字也略經修潤。如張君再赴武林天主堂辯教，原爲「坐移刻」，後改爲「坐移時」，以申候見之長。此外，《破邪集》還收有張廣湉《證妄説》，述其索辯經歷，又收密雲大師《復張夢宅書》、普潤禪師《證妄説跋》和張氏《證妄後説》，均有關此次辯教事。

《破邪集》刻於崇禎年間，故《辯天説》爲明刻無疑，況此書避明諱，遇「高祖」、「成祖」、「旨」，一律破格示敬。但上海圖書館目錄題爲「清刻本」。此書版式寬大，有耳。書耳文字爲「支那」、「撰説」。此版式與密雲大師《天童和尚闢妄救略説》仿佛，祇是《辯天説》的版式尺寸略大。《救略説》，明崇禎刻本，本人在北京大學、中國科學院、上海等圖書館都見過。然而《辯天説》，余止於上圖見過，且未見其他書目著錄。雖不敢斷爲孤本，但敢言罕見。

《辯天説》中言及「伏先生」、「范姓者」二人。「伏先生」，伏若望，葡萄牙人，耶穌會士，司鐸江南、浙江，歿於杭州，葬方井南。「范姓者」，《説》中説他「乃中國人，蓋遊淇園楊公之門而篤信天教者也」。淇園楊公，即楊廷筠。那麽從遊淇園楊公的「范姓者」，就應當是范中，杭州府學生，聖名第慕德阿，崇禎末年著有《天主聖教小引》。

因《明末清初天主教史文獻叢編》已收《破邪集》，故本編收《辯天説》，對體例改動、寫作時間，略作説明。

二〇〇三年十月二十一日北京駬方周岩謹識

天童密雲禪師辯天説

匡山黄巖寺門人道忞述緣並録

辯天初説[一]

説緣[二]

辯天者何？辯泰西夷人所立之天主教也。何辯之？辯其闢佛而不知佛也。然則我國何以有是教也？自利夷瑪竇者倡也。瑪竇於萬曆初年入廣轝，稱重譯慕化，貢獻方物，其國人善製器，器多奇巧，於是得逗留中國不去矣。瑪竇死，其徒來自廣轝者日衆，乃即留都。洪武崗建事天堂，指所事之天主，名曰耶穌，謂漢哀帝時降神生西洋者也。一切人物皆緐是主所生，宜敬事。可即還天堂，不則天主且怒不可救。至矯以《詩》《書》昭事上帝等語，遂大誘中國人日有風聞。大宗伯沈公潅慮之，上疏極言其事，乃得旨放逐。未幾，賨緣復入。今江淮河漢間，多有其人，而廣閩尤甚。天香黄居士者，閩人也。有大宗伯之慮而無其力，乃負其書來，告中州人士，冀有以詎其説也，緐是叩師。師於座間明其妄執之非，天香遂以是意請爲説以辯之，師因筆此。

天香黄居士擬辯天主教，持其書以示余。余觀其立天主之義以闢佛，則知彼不識佛者，果何爲佛，又何足與之辯哉？但彼云不佛者置之不辯，亦非度盡衆生，我方成佛之本願者，則不惟不識佛，亦且不識衆生，何故我佛覩明星悟云：奇哉一切衆生，皆有如來智慧德相，但以妄想執著，不能證得。惟彼不能自證得，故執天主爲天主，佛爲佛，衆生爲衆生，遂成迷倒。故有人我、彼此、是非之相，此乃彼之病根。所以我佛云不能度無緣者，正以彼自執爲天主故也。苟彼不自執爲天主，則自然不執佛爲佛，不執一切衆生爲衆生，方始識我佛之旨，亦識度盡衆生之義。今彼以妄想執著而欲闢佛，是則自暴自棄，自闢自矣。經云：「外道聰明無智慧。」余固知其聰明，故聊示鞭影。倘彼尚執情不化，然後徐申其説，以與之辯。

〔崇禎八年八月五日〕〔三〕

校記

〔一〕《辯天初説》，《破邪集》本署「寓天童釋密雲圓悟著」。

〔二〕《破邪集》本無《説繇》二字。

〔三〕據《破邪集》本補。

辯天二説

説繇[一]

師[二]《初説》既出，恐彼教中人不聞不知，特遣潤公[三]遍榜武林，索其辯論，得二旬餘日不報。後八月念一日有夢宅張君湉者，毅然直持天教之堂以告，曰：「湉嘗遊二氏之門，第未入其閫奥。向聞大教倡乎敝邦，欲領教而未得也。頃有自四明來者，持《辯天初説》一紙。湉讀之，乃與大教辯學之説也。且聞大教中屢徵詰辯，故敢將以請教，以決所疑，以定所趨。」彼主教傅姓汎際者對曰：「妙妙！向來原有這個意思。」遽接讀之，沉吟再三，似不甚解。適我存李先生之子以引人入教在座，乃爲之解説，不覺愕然面赤，率爾問曰：「黄天香是何處人？」曰：「不知。」曰：「何從得此？」曰：「得之於友人處。」曰：「何不教這僧來這裏面辯？」曰：「此人乃一方知識，現在寧波，何得來此？乞先生出書爲辯可也。」曰：「善。」且曰：「吾將治行江右，亦留一篇於此。然吾尚有伏先生等在焉，亦足以與之辯明也。」既而張君告辭，曰：「儻先生稿就，湉當過領。」曰：「諾！」隨以《辯學遺牘》一册贈之。後三日往問曰：「書成否！湉特來領。」司閽者拒之，不復使入，乃曰：「此僧去歲曾來會中，與辯不勝，發性而去，今又何必來辯？且《初説》中都是他家説話，有何憑據？況自亦有許多我相執著不平之氣，實非欲與我辯者。不過恐其徒歸依我教，故作是説以遮之耳。若與之辯，則成是非，故不與之辯也。」曰：「既不與辯，請買其書得乎？」曰：「我教中書不賣錢者。唯真歸向天主，然後與之一二。不然，縱欲求之不可得也。」張君以其事來言，師復筆此[四]。

據張君親述如此，則見汝非不辯也，不能辯也。不能辯者，蓋義墮而莫可救也。唯義墮而莫救，故詞窮色沮，遁形露矣。然汝不能辯，而余復置之而不辯，則曲直終不分矣。故汝不能辯而我必辯之。夫辯者曷憑乎？憑理也；曷據乎？據理也。故以理爲憑，以理爲據，則以我辯他可也，以他辯他亦可也。今汝但謂都是他家説話，有何憑據？然則我説無憑，汝説應有憑，何不以汝説而辯我乎？汝不能辯，則汝説必無憑，而我説有憑矣。我之所憑者，何也？至理也。至理也者，天下萬世不易之道也。故余《初説》謂汝妄想執著者，以汝不達大道之元，但逐名相，故執天主爲天主，佛爲佛，衆生爲衆生，而不知佛者覺也，覺者悟也，人人覺悟則人人皆佛矣，又何間於天人群生之類哉！故佛無定形，在天而天，處人而人，不可以色相見，不可以音聲求，以其即汝我人人從本以來具足者也。以汝我從來具足者，不自覺悟而乃闢之，非自暴自棄與？今汝反謂余亦自有許多我相執著不平之氣，然則總不必以理論量，唯汝教是從，隨汝迷倒而後謂之無我相與？是大不然矣。夫理直氣壯，理屈詞窮，此必然之勢也。孟氏不云乎：「自反而不縮，雖褐寬博，吾不惴焉；自反而縮，雖千萬人吾往矣。」故余謂汝我相執著者，據理而斷也，自反而縮者也；汝之謂余我相執著者，唐塞之言也，自反而不縮者也。且汝初對張君則曰：「妙妙。向來原有這個意思。」既而則曰：「吾將治行江右，亦留一篇於此，然吾尚有伏先生等在焉，亦足以與之辯明也。」洎其卒也，則謂若與之辯，則成是非，故不與之辯也。嘻！俄爾之頃，貌言情態，何變幻錯出之若此也。且汝輩之來倡教於此土也，必確有一定之見。更無二三之說，而後可以約天下之歸趨。如鐘不考不聲，石不擊不光，共相悵恤，深相諍論，孰是孰非者，非汝利氏《辯學遺牘》之言乎？今汝又謂辯則成是非，抑何前後彼此互相矛盾者耶？夫天下之理同於大通，大通而後是非泯，是非泯而後諍論息。故我大聖人之嘆一切衆生，皆具如來智慧德相者，蓋親證大通之道也。汝既恐辯則成是非，則何不反諸己，躬而自證其大通之道乎？自證大通之道，則不見有人我、彼此、勝劣之相，一道平等，浩然大均矣。見不出此，徒詭譎其情形，遮護其短陋，何庸也！且汝有大誡十，其八曰毋妄證，註曰：儻人本無是事，而故誣陷之，如此者妄。

夫余住天童，不踰甬東者五載。其去歲不過武林，江南北之人塗知矣，況來汝會中，與辯不勝，而發去者乎？故誣陷人以本未嘗有之事，妄耶不妄耶？夫余其彰明較著者也，若夫渺茫之地，恍惚之間，其爲妄證，又安可勝計耶？故余謂汝所立之誡，所述之言，所勒之書皆妄也。汝若不妄，則應與聖賢經常之道互相表裏，何妨與天下之人共知共見，而必欲真歸向天主者而後與之一二也。

夫聖賢立言所以載道也，聖賢之言之所載之道者，非一己之道也，天下共相率繇之道也。故《六經》孔氏不以私其家，五千四十八部釋氏不以私其黨己之徒，藏之名山大川，散之通都國邑，聖天子頒之辟雍庠序，與天下之臣民世守之。高祖、成祖，定爲南北二藏，任天下之自信者，請焉弗禁也。唯聞焚香、白蓮等教，其説妖妄，非入其教者不得預聞。今余又不知汝書果何書，汝教果何教，而謂外人縱欲求之不可得也矣！

〔崇禎八年九月望日〕〔五〕

校　記

〔一〕《破邪集》本無「説繇」二字，將此段改歸正文。

〔二〕「師」，《破邪集》本改「余」。

〔三〕「潤公」，《破邪集》本作「潤禪」。

〔四〕《破邪集本》無「張君以其事來言，師復筆此」句。

〔五〕據《破邪集》本補。

辯天三說

說繇〔一〕

季秋之望，師〔二〕《二說》復出，如前致榜武林。而孟冬九日，夢宅張君仍持告天教之堂，坐移刻，始有范姓者出，乃中國人，蓋遊淇園楊公之門而篤信天教者也。張君具言前事，以《二說》示之。范君接得竟不目，即內諸袖，乃曰：「凡有書出來無不收，然必不答。實告於公，此是教中大主意。」張君曰：「公言誤矣。此非釋氏生事，蓋因貴教中言，理無二是，必須歸一，索辯之言，不一而足。且曰辯者吾所甚願也，故天童和尚爰出《初說》，欲與辯決，而貴教傳先生又面許酬答，後竟食言。頃《二說》來矣，今又曰不答，且曰「百說千說，一總不答」，何先後矛盾之甚耶？」范君曰：「教中雖有歸一之說，然而佛教與天教原是不同，必不可合者。蓋佛教雖重性靈而偏虛不實。唯我天教明言人之靈魂出自天主，則有著落，方是大全真實之教。雖然佛教以天堂地獄教化衆生，而我天教亦以天堂地獄教化衆生。如兩醫者，爾我如病人，隨服其醫之樂，唯期療病而已，何必是此非彼，況又欲合衆醫爲一耶？如病不瘥，則更醫可也。」張君曰：「此是病者分上事，夫醫者之理，豈有二哉？」范君曰：「理雖不二，亦未有見病人請二醫於家，使其爭論而合爲一者。」張君曰：「若是則並行而不悖，胡爲貴教著書排佛、毁佛形像，何也？」范君曰：「教門不同，自然要如此闢。」張君曰：「此即以是加彼，彼或以是報此，則終無歸一矣。」范君曰：「然。敝教皈依者，必先與講明天主大義，至再至三，然後受教。其進若此之難，故其出教亦不易。不似學佛之徒，倏爾進倏爾退。故彼欲化我，雖是好心，而我輩斷斷無捨天教而復皈依佛者。昔蓮大師〔三〕嘗著《天説》四條，欲辯天教，尚且不勝，豈今天童更有過於雲棲者乎？故不必空費許多氣力。」張君反命致詞，師復筆此〔四〕。

據張君親持《二説》〔往〕告〔五〕，西人不自面言，而假見我國之范君，且以必不答爲教中大主意，藏其貌，愎其詞，凛乎截乎？若示我嚴域堅兵無自而入者，蓋欲以含沙之計，陰肆其鬼蜮之懷。如去歲曾來會中，與辯不勝之説，或矯誣於異日，或揑造於他方，窮其心志，不過以之惑世行奸耳，豈明教辯學之意哉！抑當事者之有憂，余身林下老且死，何必與之計論。第據范君之言，則余又不可以不辯也。范君謂佛教雖重性靈，然偏虛不實，唯我天教明言人之靈魂出自天主，則有著落，方是大全真實之教。靈魂出自天主，且存後論。佛教偏虛不實，余言不足重，則我皇祖《御製心經序》，蓋論之詳矣，試爲范君陳之。皇祖之訓曰：

二儀久判，萬物備周。子民者君，君育民者法，其法也三綱五常以示天下，亦以五刑輔弼之。有等凶頑不循教者，往往有趨火赴淵之爲，終不自省。是凶頑者，非特中國有之，盡天下莫不亦然。俄西域生佛號曰釋迦，其爲佛也，行深願重，始終不二，於是出世間，脱苦趣；其爲教也，仁慈忍辱，務明心以立命。執此道而爲之，意在人皆若此，利濟群生。今時之人，罔知佛之所以，每云法空虛而不實，何以導君子訓小人，以朕言之則不然。佛之教實而不虛，正欲去愚迷之虛，立本性之實。特挺身苦行，外其教而異其名，脱苦有情。昔佛在時，侍從聽從者皆聰明之士，演説者廼三綱五常之性理也。既聞之後，人各獲福。自佛入滅，其法流入中國，間有聰明者，動演人天小果，猶能化凶頑爲善，何況聰明者知大乘而識宗旨者乎？如《心經》每言空不言實。所言之空，乃相空耳。除空之外，所存者本性也。所謂空相有六，謂口空說相、眼空色相、耳空聽相、鼻空嗅相、舌空味相、身空樂相，其六空之相又非真相之空，乃妄想之相爲之空。相是空相，愚及世人，禍及今古，往往愈墮彌深，不知其幾。斯空相，前代帝王被所惑而幾喪天下者，周之穆王、漢之武帝、唐之玄宗、蕭梁武帝、元魏主燾、李後主、宋徽宗，此數帝廢國怠政，惟蕭梁武帝、宋之徽宗以及殺身，皆繇妄想飛昇及入佛天之地。其佛天之地，未嘗渺茫，此等快樂，世嘗有之。爲人性貪而不覺，而又取其樂人世有之者何？且佛天之地，如爲國君及王侯者，若不作非爲，善能保守此境，非佛天者何？如不能保守而僞爲，用妄想之心，即入空虛之境，故有如是斯空相。富者被纏則淫欲並生，喪富矣；貧者被纏則諸惡並作，殞身矣。其將賢未賢之人被纏則非仁人君子也，其僧道被纏則不能立本性而見宗旨者也。所以本經題云《心經》者，正欲去心之邪念以歸正道，豈佛教之妄耶？朕特述此，使聰明者觀二儀之覆載，日月之循環，虛實之孰取，保命者何如，若取有道保有方，豈不佛法之良哉，色空之妙乎，於戲！

皇祖蓋聰明睿智、開物成務之大聖人也。使先佛之道，無當於理，皇祖豈肯偏黨不公，而獨謂其教實而不虛耶？夫聖人之道，必折衷於聖人，方始歸一而可行可遠，豈聖人之所然，而我反不以之爲然乎？不然聖人之所然者，則與聖人之見左矣。與聖人之見左，抑豈聖人之徒哉？范君殆將賢未賢之人，則亦聖人之徒也。聖人之徒必以聖人爲師，周公不曰文王我師也。若以道論，皇祖則亦范君之師矣。范君不師皇祖之言，而師夫皇祖所未折衷之人，而其人又其心行大有叵測者，蓋亦異於周公矣。況謂人之靈魂，出自天主方有著落，始是大全真實之教，無論其愚迷橫計，即一出言之表。立教之端，且不可爲訓，而況其拯世而化人耶？何也？靈魂者，蓋生死之大兆也，即我先聖呵爲識神者。是亦即世間俗人罪夫見事不清，詆爲魂靈者是也。以此爲端，以此爲表，教可知矣。然則范君與西人蓋全不知靈魂何起，性靈何歸，又烏怪其業識忙忙而作此外道魔説耶？夫唯性始無變易，魂則有動搖，既有動摇則有遊逸，既有遊逸則有起滅，既有起滅則惑斷惑常，禍且彌運，詎不亦生死之大兆乎哉？納民於生死大兆之中，反尊之爲教主，可乎不可乎？故靈魂出自天主，斷然遊必無之事。今且問范君天主其有靈魂耶？其無靈魂耶？若無靈魂，天主且屬烏有，何以靈魂出自天主？若有則天主之魂，應是渾然至善之體，出者既然，則爲所出者莫不皆然。今一家之内，一鄉一邑之間，何以智者愚者、仁者暴者，萬有不齊，至於莫可窮詰，而況殊方之外，異俗之人哉？然則天主何不一體同觀，平等化育，乃使其覬有餘、矜不足者之自古至今，相淩相奪而長此厲階耶？偏小虚妄，君當自擇，而大全真實之説，余不知其於義何居矣。若我先聖人之教則不然，明而號於人曰：奇哉一切衆生，皆具如來智慧德相。但以妄想執著，故不能證得。據其皆之意，豈非大者乎？據其具之意，豈非全者乎？據其人人皆具本有之性靈而告之，則盡虚空遍法界之類，無乎不同，無乎不合，豈非謂之至大、至全、至真、至實、至公［之大道］者哉？昔者我大聖人之既證此道也，復大觀乎群生生死往復之元，廣而導之，誨而不倦。故上極成其聖道，下極諸趣苦樂之相，莫不示其所以然。如良醫之治疾，明其症候，示其寒熱，投之以劑，無不霍然者也。

夫天堂地獄，蓋衆生業力所召，非夫病者所受之症候，所感之寒熱乎？而天教唱言，皈依者昇天堂，不則地獄而已。簧鼓愚民，欣上厭下，捨此趨彼，則已以病而加諸人矣。反以兩醫爲喻，抑何自昧而昧人耶？故范君謂佛教以天堂地獄教化衆生者亦妄也。佛蓋知夫天堂地獄之所繇來，故據人人本性之實爲教，引而復於昭曠之原耳。何也？一切衆生所以輪轉三界、流浪四生者，蓋業感爲其累也。業感之累，始於妄想之所因。妄想之因，始於不達本性之故。以其不達本性，著於前境，緣境爲識，循識爲業，繇業得報，故有六道種種差别之異果。果識爲因，熏發現行，而輪迴於是乎不息矣。然此如如正體，無始無終，不自天來，匪從人得，故曰無所從來，亦無所去，故名如來。但迷之則生死始，悟之則輪迴息，使天主苟不自悟，則亦浮沈三界之人耳，烏能以靈魂與人哉？使三界之人而苟自悟，則不妨隨處作主，遇緣即宗，在天而導夫天，處人而尊夫人，非夫天人而命夫天人。命夫天人者，而天人無以命之。然則所謂天主者，蓋名也虛也；而名乎天主者，非虛也，本性之實也。本性之實，則無物不同，無物不然。然自得其然，非有所以使之然；同自得其同，非有所以使之同。無使而同，是之謂大同；無使而然，是之謂大然。窺之不見其際，擇之莫測其源，包乎天地，貫乎古今。精日精月，靈鬼靈神，出入乎死生，主張乎天人。主張乎天人者，而天人烏得而主張之哉。出入乎死生者，而死生惡得而出入之哉。至哉妙乎！本性之實也。范君不務本實，徒羨虛名，執妄想之空相，而甘心於天主天堂之樂，非皇祖所謂爲人性貪而不覺，而又取其樂者乎？愚及世人，禍及今古，洋洋《聖訓》，「臨爾有赫」。奈何其不懷明畏，乃有所隕越耶？無論三界無安，猶如火宅。范君不宜俾晝作夜，畏日趣冥。然天堂亦非倖至之鄉，未有身行十不善道之業，而能高距六欲之境，而況其四禪八定者乎？

夫身有不善業者三：曰殺，曰盜，曰淫；意亦有三：曰貪，曰嗔，曰癡；口則有四：曰妄言，曰綺語，曰兩舌，曰惡口，皆絶人天之路之業者也。而殺盜淫爲首，殺尤首矣。貪嗔癡則其所自起者也。范君既謂天教亦以天堂地獄教化衆生，而反恣情縱欲，謂一切衆生固當食噉。蓋天生以養人者，天何頗耶？害性命以育性命，天道至仁豈然乎哉？倡如是説者，不過以口腹者，乃生人之大欲存焉。投其所欲以要人耳，行地獄之因，希天堂之果，豈非天堂未就，地獄先成者乎？據是則身行明示，尚乃如此，如謂必先講明天主大義，至再至三，然後受教，其進若此之難者，則余又豈能測其講明何義，而非私傳暗授不可知之説者乎？

夫教者導也，所以導人而證道者也。故非道莫導，非千歧而一致、萬類而一得之道，不可以爲道。性命之道，千歧而一致，萬類而一得者也。何人無性，何人無命，聖人無性命以與人者也，導之使各證其本有皆具之性命而已。以性命爲教導，則亦以迷悟爲進退。悟者爲進，迷者爲退。然悟亦無所得，迷亦無所失，故進亦無方隅，退亦無處所，總天下萬類之含靈，唯日進退出入於性命之中，聖人慮其昧而不覺也，故多方而啓迪之，於是乎有權教焉，有實教焉。實之所以示頓也，權之所以示漸也。漸者，漸見此道也；頓者，頓悟此理也。頓漸之示，機之所繇別也。權也者，有顯權，有冥權。聖人顯權之則爲淺教爲小道，與其信者爲其小息之所也；聖人冥權之則爲異道爲他教，爲與善惡同其事，與夫不信者廣爲其方便得道之緣也。是以道妙天人，而天人莫能測者也。然則聖人之道之教，固已彌綸三際，磅礴萬有者矣，豈以從己者爲私人，而旁徨於進退得失之間哉。

夫余所以與天教辯者，非求勝之而使人之從我也，畏夫人之不知道而昧己也。昧夫己則逐夫物矣，逐夫物則妄念生焉。未有妄念動於中，得爲仁人君子，而不罹夫殞身喪富之禍者也。何也？覬夫人，矜夫己，而不悟平等之理也。不悟平等之理者，不達本性之實也。達夫本性，則無欠亦無餘，無智亦無得矣。以無所得故無所求，匪無求也，求自本心而已；匪無得也，得自本性而已。所以先德云不著佛求，不著法求，不著僧求，常禮如是事，則皈依之義蓋可知矣。故范君謂余彼欲化我，雖是好心，夫子之説君子也，余豈敢當哉。謂我輩斷斷無捨天教皈依佛者，無乃駟不及舌與？

夫佛者覺也，覺盡本性而無餘覺者也，故名大覺，亦名正覺。其覺也匪一己之覺也，與萬靈同稟是覺，而特先證其覺者也。人不稟是覺，則無是人矣。物不稟是覺，則無是物矣。范君不稟是覺，則無是范君矣。無人無佛無范君則天地世界且空荒絶滅矣，誰爲名天名佛名教化名皈依者哉！夫范君即今能藏竄范君乎？范君能迴避范君乎？如不能藏竄，不能迴避也，則范君行皈依佛矣，范君住皈依佛矣，范君坐卧皈依佛矣。自有范君以來，固無劫無生無時無處而不皈依佛者也。乃至謂斷斷無捨天教而復皈依佛者，亦皈依佛矣。魚龍死生在水而不知水，衆生終日在覺而不知覺，可不謂大哀耶？惟人有覺而不自證其覺。有大聖人者，先證我所同然之覺，復不敢自私其覺而欺夫人之不覺。實而示之，權而教之，多方淘汰而啓牖之，必使其超然契證，直趨乎真際而後已，聖人何如心哉？聖人何如人哉？我與聖人同稟是覺，而不自知其覺，則我之負於人多矣。復不欲夫聖人之我覺而狎之侮之排之毁之，則是欺夫聖人矣。聖人與我同覺者也，欺夫聖則欺夫自矣。自不可欺而聖人固可欺乎？今閭巷之人，欲以言而辱人，必亦思曰彼福德人也，不可辱也，辱則折吾福矣。

夫佛者聖人之聖人也，以非死生而示死示生，以非天人而示現天人，與物同然而莫知其所以然，其古神靈睿智博大盛備之聖人乎？視閭巷福德之人爲何如哉？然則毁者之不特折福也明矣。余蓋重有憂焉，故不敢以不辯。若夫范君謂余豈今天童更有過於雲棲者，則斯言也，殆庶幾夫其近之矣。何也？一切衆生皆具如來智慧德相者也，豈余無過於雲棲，即極古之聖者神者，謂之盡其性則可，謂之過夫人則不可也。范君不聞乎？孟子曰：「何以異於人哉，堯舜與人同耳。」故余盡觀大地，無人不同，無人不合，所以不敢欺夫西人，卒惓惓與辯者，豈有他哉，正欲共明此無過夫人之一事耳。西人惟求過人，遂忘當世有不可欺之賢哲。自心有不可昧之寸靈，一味誣人以顯己，飾詐以驚愚。如范君謂雲棲嘗著《天説》四條，欲辯天教尚且不勝，至謂余亦不必空費許多氣力之類是也。夫印土被難，「芺」〔六〕師救義，況利集馳遍計之説，雲棲無義墮之詞乎！所不滿余意者，第未折衷於群生皆具之性本耳。然亦就機而談，即事而論者也，豈能盡雲棲之萬一而遂謂之不勝耶？且問范君，利氏曾與雲棲面質乎？曾與雲棲往復難問乎？概夫未之聞也。及按二人卒化之年，則利氏先雲棲五載矣。雲棲以是春出《説》，即以是秋入滅。《説》未出而預辯，何物鬼魅得能譸張爲幻耶？子曰：「視其所以，觀其所繇，察其所安，人焉瘦哉！」使范君與天下之人之從之者皆審此意也。詎不勝於余之辯之也夫。余蓋終以是意望夫范君與天下之人之從之者。

〔崇禎八年十二月八日〕〔七〕

校記

〔一〕《破邪集》本無「説繇」二字，將此段改歸正文。

〔二〕「師」，《破邪集》本作「余」。

〔三〕「蓮大師」，破邪集本作「雲棲大師」。

〔四〕《破邪集》本無「張君反命致詞，師復筆此」句。

〔五〕「往告」，據《破邪集》本改，原作「來告」。

〔六〕「奘」，原作「裝」，據《破邪集》本改。

〔七〕據《破邪集》本補。

進呈書像

〔德國〕湯若望譯著
周岩標點

《進呈書像》前言

《進呈書像》，德國耶穌會士湯若望譯著，「武林昭事堂（即杭州天主堂）刻」，清初刻本。中國國家圖書館古籍館藏，爲民國時期與瑞典烏僕沙拉大學之交換品。單葉，自版式風格推測，當與《論釋氏之非》、《闢輪迴非理之正》、《天主聖教約言》，似同爲當時天主堂之贈閱品。

據清季黃伯禄司鐸《正教奉褒》卷上「湯若望具疏進呈聖像聖書」條載：「崇禎十三年十一月，先是有葩槐國君瑪西理，錫工用細緻羊韉，裝成册葉一幀，綵繪天主降凡一生事跡各圖，又用蠟質，裝成三王來朝天主聖像一座，外施綵色，俱郵寄中華，託湯若望轉贈明帝。若望將圖中聖跡，釋以華文，工楷繕就。至是若望恭齎趨朝進呈，並具疏奏稱。」此爲湯若望進呈書像之始末。

葩槐，今譯巴伐利亞；國君，今譯大公。另據載，此精美圖册，非「郵寄來華」，乃金尼閣神父自歐洲攜來。

又據《正教奉褒》載：崇禎帝「覽奏，即將册葉聖像，置設御几，凝神細閱，幾不忍捨。

旋宣王后來前，將册葉事跡，指示講解。王后虔誠下拜。帝命將册葉聖像，供奉殿廷，令宫中諸人，隨時瞻拜」。此後，湯若望爲宫中貴婦施洗，洗名爲亞加大（Agatha）、赫萊娜（Hélène）、泰奧多爾（Théodore）。惜中文名已不傳。

《進呈書像》，即以聖像、聖書上崇禎帝之總説明。而現存文字，僅前部之導言，即「天主正道解略」，以後當爲聖像及文字説明，惜均已不傳。

書末署「辛丑孟夏武林昭事堂刻」。湯氏進呈書像，事在崇禎十三年。崇禎十三年以後之辛丑，即清順治十八年。此時湯若望於宫中尚有相當之影响。

二〇〇六年三月七日北京騆方周岩謹識

進呈書像

天主正道解略

耶蘇會遠臣湯若望譯著

天主者，天上真主，主天亦主地，主神主人，亦主百物，譬猶國家之有帝王，罔所不統，理無二上，不容齊耦，勢在必從，不容疑二者也。試觀普世之人，莫不瞻天敬天，蓋天非蒼蒼上覆之謂，正以上有真主，人心對之，自然加肅，不敢戲渝，比之臣民望九重而叩，叩九重內有聖明，非徒叩也。且天主者，自立神體，不著形聲，大智全能，造化萬有，而常宰制之。更於萬有之中，加愛人類，故當創造初人之時，賦以正理，而人各有生之初，莫不各有當然之則。所謂性教也，以故趨善避惡，不慮而知，凡遇忠孝大節，舉仰慕之若渴；凡遇奸頑大慝，舉疾惡之若讐。而有疾痛則呼父母，有患難則呼天，人窮反本，於兹益著，豈非秉彝同然哉！獨惜世風日下，人欲横流，人生其間，漸淪昏罔，而性教不足以勝之。於是天主大發仁慈，戢隱真威，同人出代，而不著形聲天主之體，降寓形聲人體之中，在世凡三十有三載，闡揚大道，普拯群生，而恩施此尤摯矣！救世功畢，亭午昇天，遺有經典六十三册，併命宗徒等布教萬國。凡遵其教者，必與上昇，以享真福。蓋天主至公，無善不報。此又比之人主，論功行賞，輕重大小，並及靡遺者然。從此宗徒等奔走四方，流行教法，代有好修樂道之士，上順主命，下重人靈，相繼傳宣，以至今日。即臣等輕棄家鄉，觀光上國，意實爲此，不敢隱也。總之天主正道，要與釋道等教殊趣，以昭事天地真主爲宗，以導人仁睦忠良爲本，以悔罪遷善爲入門，以生死大事有備無患爲究竟。王者用之治國，則俗樸風醇，人心和輯；君子奉之修身，則存順殁寧，永遠吉祥，誠普世之人，所當其務欽崇，以隆造物之本始，以一人生之歸向者也。臣故不揣荒陋，敢因進書而陳其大略如此，伏惟聖明垂察焉。

辛丑孟夏武林昭事堂刻

天學説

〔明〕邵輔忠撰　周岩點校

《天學説》前言

《天學説》，「明明子邵輔忠著梓」，明崇禎年間刻本，八行二十字，無欄，梵蒂岡教廷圖書館藏。臺灣學生書局吳相湘主編《天主教東傳文獻續編》影印。

邵輔忠，浙江定海人，歷官工部郎中、兵部尚書。《明史》卷三百六《傳》云：「邵輔忠，定海人。萬曆二十三年進士。爲工部郎中，首劾李三才貪險假横四大罪。尋謝病去，久之起故官。天啓五年附忠賢，驟遷至兵部尚書，視侍郎事。諸奸黨攻擊正人，多其所主使。七年三月，護桂王之藩衡州，加太子太保。還朝，時事已變，移疾歸。尋麗逆案，贖徒爲民。」「輔忠、(孫)杰本謀摇宫中，而事發於志選、夢環，故得輕論云。」又，《千頃堂書目》卷八《地理類》下著録「邵輔忠《舟山志》四卷」一種。

邵輔忠附魏忠賢，明季天主教人士多與東林黨人善，所以方豪先生論曰「或非其人」。「明明子」典出《詩經》。《小雅·小明》：「明明上天，照臨下土。」《大雅·江漢》云：「明明天子，令聞不已。」由此可見，邵氏當是以「明明」代指天主，「明明子」即天主子民之意，用典頗雅致。

《天學説》述緣起曰：萬曆朝利瑪竇西來，「始倡天主之教，其所立言以天文、曆數著，一時士大夫爭慕嚮之」。「今上（崇禎帝）復授泰西學者官，俾訂《大統曆》，於是其教益行於各省郡邑間。然不免有迷者、疑者、謗者、無有發明天主之義喻之者。」邵氏著此《説》，以俾天主教「教人」，「學者能不迷不疑，登天主之堂，入天主之室，而學焉、問焉、辯焉、思焉、行焉」。此即作《説》之由。

邵氏《天學説》最大的特色，則在於援易理，解説天學：以坤位解聖母；以震位解乾之長男，即天主之子；以震木之數三，解天主三位一體等。與當今一些教會文件之原則與宗教學論著之觀點頗爲暗合。書成於明季，三百年後讀之，真驚嘆其創見之不凡也。

二〇〇四年九月十日北京顒方周岩謹識

天學説

明明子邵輔忠著梓

我明國從來不知有天主也，自神宗朝泰西利瑪竇始倡天主之教，其所立言以天文、曆數著，一時士大夫爭慕嚮之，遂名天學云。今上復授泰西學者官，俾訂《大統曆》，於是其教益行於各省郡邑間。然不免有迷者、疑者、謗者，無有發明天主之義喻之者。

孔子曰："中人以下不可以語上也。"上何所指，非天乎？天豈謂蒼蒼之象哉？有主焉？主者，至一而無不統貫之。謂此主生天，則謂之天命；此主生人，則謂之人性。子貢曰："夫子之言性與天道，不可得而聞也。"天下惟中人以上不易有，則性與天道不易言，亦不易得聞。所以孔子以欲無言提醒子貢，及子貢若無述，復言之曰："天何言哉，四時行焉，百物生焉。"寥寥行生兩語，令今世學者從旁耳聽，不幾訝歟？吾身不相親切哉？乃子貢言下了悟，寂無疑辯。嗟乎！古今此天，古今此時此物，顧終日見天而不知天之主，終日行時中而不知時之所以行，終日生物中而不知物之所以生。予少而壯，壯而老矣，猶悵悵焉作一不知人哉。逮今而始悟，奉天主一從事焉。聞其教惟敬天，其學亦惟學天，閲《天問》〔一〕、《幾何原本》諸書，皆以明曆數。夫曆數豈非天主倡明行生造化譜乎？凡曆數一年十二月，一月三十日，一日十二時，不知者視爲欽天博士，家選擇言耳。反復思之，其中日之出入，月之晦朔弦望，與夫風雷霜露、草木魚鳥，無一不載之於曆，此何關於選擇事。予謂時有盈虚消息驗諸物，物有榮枯生死秉諸時。故春月物生，夏月物長，秋月物收，冬月物藏。有收藏便有生長，有生長便有收藏，此孔子所謂時行物生，對照鏡也。照物則須認己，己一物也；照時則須識天，天一時也。然物生而物何以生是時，時行而時何以行是天？非時無物，時在物中；非天無時，天在時中。則時之行，乃天之行也。顧天行一日則一小周，一歲則一大周；小周一晝一夜，大周積晝積夜而成一歲。日出而晝，萬物並作；日入而夜，萬物並息。是晝則天行地上，長而收也；是夜則天行地中，藏而生也。人不知春夏秋冬之爲生長收藏，而又何知一日之爲春夏秋冬，爲生長收藏乎？何者？以人之生，而父兄之養，師之教，莫不先以名利之念入之，名利之事成之。衹知向外務生務長，不知反内而收之藏之者，爲實能生之長之也。萬物中人爲最靈，萬物不識不知，順天之則，常收常藏。故常生常長，乃人違天而行，其獨衰老、死病、魔難、罪獄相尋而無能已，説者誤認死以爲歸藏而非也。孔子所謂「未知生，焉知死」，予亦曰：「未知藏，焉知生。」古歌云：「年年歲歲花相似，歲歲年年人不同。」可不哀哉？

子稽古帝堯書載命，羲和曆象，日月星辰，敬授人時，曰欽若，曰敬授，何隆重一至於此。惟是人時，蓋重人體天時，以盡人道也，不特人也。至堯老以天下傳舜，此古今第一大事，惟咨舜曰：「天之曆數在爾躬。」豈矜詡履帝位者，紀永年乎？明以天道傳焉，故繼之曰：「允執厥中。」中者何？天心也。先儒邵子曰「天向一中分造化」是也。孔子贊堯惟則天，故堯亦惟以天道傳舜。然云允執者何？黄帝《陰符經》曰：「觀天之道，執天之行，盡矣。」孔子對哀公亦曰：「誠者天之道也；誠之者人之道也，擇善而固執之者也。」從來聖聖相傳，道統心法，無以踰此。即《中庸》贊孔子曰：「仲尼祖述堯舜」，「上律天時」，其亦有見於此乎？然而我明國學者，止知尊信孔子，不知孔子自道「下學而上達，知我者其天」。何下爲學，何上爲達，何天爲知？

竊想孔子一生，所深知而得力者莫如《易》。《易》，天書也，天學之祖也。觀贊《易·乾卦》曰：「大哉乾元，萬物資始乃統天。」乾元統天，天主之説也，異其名而同其實也。贊《易·坤卦》曰：「至哉坤元，萬物資生，乃順承天。」坤無元，以乾之元爲元，乾施而坤承之也，故曰順承天。贊《易·六十四卦》曰：「乾以君之，坤以藏之。」不大明天主之義，而泄《易》之藴耶？孔子提醒子貢，時行者乾，物生者坤。下學者坤，是卑，法地；上達者乾，是崇，效天。而知我者天，則惟統天之乾元，與之爲一而通乎晝夜之知也。所謂大人者，與天地合其德，四時合其序者，此也。知孔子之贊《易》，則知天主之義矣，予未能悉知其義。

竊觀聖母天主像，而又借《易》以明之，聖母有坤之象焉。坤，母也，故懷子即天主，係所生子也。天主有震之象焉。震，乾之長男也，代乾行權，故手握天。震木之數三，又名天主三也。然既名天主矣，又生於聖母者，何也？天主有先天之主焉，則開天闢地生人，是天地人資始，而天主無始，故稱乾父有後天之主焉，則今圖像罷德肋、費略、彼利斯多三多，是生於坤之聖母者也。所稱代乾行權者也，故稱震男。泰西稱聖母童真，則此天主三又何以生焉？蓋乾體位上，坤體位下，何常見乾下交乎坤。然乾坤不交以體，而交以氣，乾行爲施，坤承爲受。則稱爲童真者，宛然模擬一坤藏乾之全體，於此見藏諸中則爲坎，生諸外則爲震，曰震，曰坎，曰艮，雖乾有三男之名，而止坤中之藏，爲坎中之一。天主名三而實一者，不誠相合一乎？故坎位子也。古人謂乾之元復於子，人之元胎於子，曆之元起於子。孔子於《復卦·象》曰：「雷在地中，復。」雷，震也。「先王於[二]至日閉關，商旅不行，后不省方。」得藏之之義焉。聖人以此洗心退藏於密者指此。《中庸》贊仲尼不特曰「上律天時」，又曰「下襲水土」。土坤，水坎，直指下學下達處。此上律之真源頭也，古今聖賢密相授受，子貢所謂性與天道不可得而聞者，亦惟此爾。

天主教不以言明人，而第以其像明人，使學者觀象而心悟之。孟子曰：「天下之言性也，則故而已矣。」苟求其故，天之高也，星辰之遠也，千歲之日，至可坐而致也。孔子後惟孟氏揭出夜氣，透露消息；孟子後惟先儒邵子云：「冬至子之半，天心無改移。」時行物生秘密，滿盤托出。嗣是而後知者，何人言者，何人不意。今日泰西天主教猶能發明斯義以教人，苟學者能不迷不疑，登天主之堂，入天主之室，而學焉、問焉、辯焉、思焉、行焉，則庶幾矣，故作《天學説》。

明明子邵輔忠著梓

校釋

〔一〕「《天問》」，指《天問略》，泰西陽瑪諾條答。

〔二〕「於」，別本作「以」。

論釋氏之非

〔清〕佚名撰　周岩標點

《論釋氏之非》前言

《論釋氏之非》，佚名撰。清順治十八年武林景教堂（杭州天主堂）刻。中國國家圖書館古籍館藏，爲與瑞典烏僕沙拉大學之交換品。

《論釋氏之非》，以戒殺、食素、善惡因果、輪迴爲論題，詳論釋氏之非。全書單葉，爲當時教堂之贈閱品。末署「辛丑仲夏武林景教堂刻」。辛丑，清順治十八年（一六六一），詳論見本編《進呈書像前言》。

二〇〇六年二月九日北京騆方周岩謹識

論釋氏之非

釋氏之誣民也，悉以戒殺吃素爲旨以惑人，論者當即其戒殺吃素之言以闢之可也。今問釋氏，禽獸之生，爲自主耶？抑誰主之？如謂自主其生，則焉有樂害於己，而生不已者乎？能自主其生，即能自其不生，天下將無禽獸矣！殺焉用戒，如謂佛主其生，今佛方嚴於戒殺，豈反生禽獸而誘人犯罪乎？則必不生，天下亦將無禽獸矣！殺焉用戒，今生者殺之，多殺多生，少殺少生，則知禽獸之生，非自主，亦非佛主，是天主主之也。天主特爲人用，而生萬物，佛安得而阻之。所以殺之者愈多，而生亦愈多矣。觀夫豕，人食者多，則其所生亦多；牛馬以代耕乘，人食者少，則所生亦少。至於水族，無論貧富之人皆食之，不啻億萬計矣。佛總不知生，又何戒乎殺？且天地間賞罰，佛主之乎？抑天主主之？如佛主賞罰，彼即能禁生物者不生，天下亦將無禽獸矣。今殺者自殺，生者自生，佛一無所阻，則知賞罰亦非佛主，而爲天主主之也。天主之主賞罰也，是賞爲善者，而罰爲惡者。非賞吃素，而罰殺生者也。佛不亦枉用心哉！又佛氏在禽獸則蠢動皆不可殺，在人則欲其男爲僧，女爲尼，使絕其生育，果如其教，不數十年而人類盡矣。如男爲僧而不耕，女爲尼而不織，不兩寒暑人皆凍餒死矣，奚待數十年哉！人類盡，則所哀皆不殺之禽獸，遍天下耳。是佛之心何心？與愛禽獸之心，正殺人之心也。

夫天主之生人也，善人有小惡，則或使受世之貧苦；惡人有小善，亦或使享世之富餘。後則此天堂地獄主報之。佛氏謬云今富貴者，因前世施捨而得；貧困者，因前生不施捨而不得。彼何意耳！惟冀富貴之人，慕前世施，今當再施，將分其有以與我也？今貧困之人，懼前世之不施，今當減口齋僧，亦惟欲其與我，正不顧千人之饑，止欲一己之飽耳。又天主之生人，亘古及今，人面並無一同。主之用意，一爲男女有別，一爲善惡之辯。且不獨人面，即音聲亦無一同。恐別於晝，而不別於夜，此重人倫者至也。佛氏又用輪迴之説以誣民。云前人之魂，又爲今人之魂。且雜入禽獸之魂，豈非聾瞽喑啞，而欲誨世之耳聰目明者乎？佛氏總不知人爲人模，物爲物模，又不知各物各模，人惟一模，説不經之論耳。試觀犬不生羊，牛不生馬，各一模也。物而各模，不可相通，而人乃可以相通乎？又天主生天堂，定於賞善。昇天堂者，則永享其福而不替。生地獄，定於罰惡。入地獄者，則永受其刑而不出。釋氏謬云，死者可以懺悔破獄，無論罪愆多寡，皆超度之生西方。如其經況果靈，則一懺便可出獄，生西方矣，何懺悔破獄之事，數爲之乎？彼惟爲己衣食計耳，安問其人之魂不可出獄也，亦安問其齋王之金錢，棄於無用之地也。且世之貧富，暫時事也，亦皆天主之命也。而釋氏以爲前世預修，今生享受。依其言，有錢爲預修，則富者世世常富，無錢爲預修，則貧者世世常貧。是預修寄庫之説，詎非導人爲竊乎？貧困者，既因前世不預修，今受其貧，今生又無金錢爲預修，來世又貧。且死入地獄，又不能使釋氏懺悔破獄，不得生西方，富足又不得致生，而貧困死受地獄，誰肯安於貧困哉！不如爲盜賊，且現致其富，既剖其十之一，與釋氏爲預修。則來世又富。是一作賊即可世世不窮，縱有罪入地獄，爲子若孫者，復以其盜竊之餘，使釋氏爲懺悔，則仍破獄生西方矣。人若憚而不爲盜賊哉，生而富足，死冀西方。故佛教漸盛以來，爲盜賊者無可底止，寧不倚西方爲盜藪，而賴佛爲窩主，與世教人心寧不悲哉！

然佛之意，雖千歧百輒以惑世誣民，究其指歸，惟欲盡人類而存禽獸也。故而人便以戒殺吃素爲言。佛之爲害若此，乃今愚痴尚喋喋唸佛，而求淨土者，是不求早死早滅者乎？嗚呼！世之沉淪，永獄無計矣。彼佛猶諄諄誘之不已也，佛亦狠心也哉！

辛丑仲夏武林景教堂刻

建福州天主堂碑記

〔清〕佟國器撰　周岩點校

《建福州天主堂碑記》前言

《建福州天主堂碑記》，佟國器撰文，刻本，原件存梵蒂岡教廷圖書館。

佟國器，字滙山。清順治二年（一六四五）授浙江嘉州兵備道，偕副將張國興擒馬士英、朱大定，再遷福建巡撫。獲鄭芝龍父子交通私書，進於朝，調撫南贛，後撫浙江。時海氛尚熾，既擊敗鄭成功，又招降「寇黨」，浙東初定。《國朝耆獻類徵初編》卷一五一「疆臣」三有傳。《國朝先正事略》附傳於卷二《佟養性事略》。蕭若瑟《天主教傳行中國考》卷上記曰：佟氏爲清朝貴戚之臣，前在北京時，已飫聞聖教道理，久爲心折，特以多寵之故，未能受洗。其夫人則先已入教，聖名亞加天。此次國器統兵南下，遍歷江蘇、浙江、福建、江西各省，到處訪問神父所在，加意保護，慨捐巨款，重修福州、贛州、吉安、建昌各聖堂，刊印聖教經書，作序弁其首以廣流傳。建福州天主堂碑，立於順治十二年夏五月，其時佟氏以「提督軍務」銜巡撫福建地區軍務。國家圖書館藏氏《撫閩密奏》一卷，詳其時氏與鄭芝龍父子周旋事。恒慕義（Arthur W.Hummel）之《清代名人傳略》（*Eminent Chinese of the Ching Period*）之國器傳，謂其於康熙年間致仕。先後爲何大化（Antonins de Gourea）《天主聖教蒙引要覽》、陽瑪諾《十誡真銓》等書作序。康熙十三年，氏在南京受洗於成際理（Feliciamus Pacleco）之手。二十三年卒。碑記中「佟代」，係「佟岱」之誤。據《佟養性事略》載，佟岱，國器之從祖父。

一九九九年五月四日北京騆方周岩謹識

建福州天主堂碑記

嘗聞天載無聲，天命不已。歷代帝王，昭事克配，天人相感之際，微乎穆矣。遡唐貞觀九年，景教入中國，勅建大秦寺，名賢碩輔，房玄齡、郭子儀輩，皆企向焉。迨明萬曆辛丑，泰西利氏梯航九萬里，朝貢《萬國全圖》及西書七千餘部；同會諸子，在京繙譯百有餘種。明正教，繼絶學，縉紳先生咸道之大指，謂天地萬物，唯有一主，一切佛法玄門，皆屬幻説。故其教以敬天地之主爲宗，以愛天主所愛之人爲務，以十誡爲規矩，以七克爲繩墨，以洗滌、解悔、省察、存想爲工夫，以守貞不二爲絶德；是以其踐履則有向主之三德，頌祝之七求，性録之十二信，與撒格辣孟多之七功，與神形哀矜之十有四端，此其大要也。

原夫生民方命，獲罪無窮，天國之法，赦之不可，禍之不忍。迺天主聖父，豫以聖子降生救世，受苦贖人，而早示其兆於古聖先知，以爲之徵。迨達未之後有女，曰瑪利亞，躬備萬德，卒世童貞。天主將降生，預擇而母之，因神聖成胎，誕聖於如德亞之白稜郡，而聖母之童身不損。誕夜祥光若晝，羣神護呵，空中異星，忽見八日，如天神之報，名之曰耶穌。耶穌者，譯言救世也。旬餘爰有三王占星來覲，各有獻焉。如德亞王聞而意忌之，聖母因懷耶穌，避之厄日多。適有魔憑樹，耶穌至樹下，魔遂遁去。又嘗浴一小泉，爾後其樹與泉，皆可以療病。耶穌凡在世三十三年，立言垂訓，誨引世人。其間奇跡疊著，如渡海止風，指水成酒，命瘻〔二〕者伸，聾者聽，瘖者言，瞽者瞭，呼死者復生之類，不可勝記，信從者益衆。時有惡黨，嫉其德而欲害之。耶穌曰：「人子顯揚之日至矣。」召宗徒濯足設訓，教之相愛，示之受難之期，且告以奉承聖父之旨。夜半，惡衆操戈來捕，耶穌躬出迎之。宗徒伯多禄手劍斷其一僕之耳。耶穌曰：「使我而不受斯難，即千萬天神扈從何難乎？」接僕耳而更合之，遂聽其執以去。鞭以堅繩，壓以棘冠，體無完膚，痛楚備至。竟受死於十字架上。蓋以是苦難，告成功於天主聖父，爲萬民贖無窮之罪也。耶穌既終，魂降於臨博，救拔古聖。三日而復活，留世四十日，數見於聖母、宗徒，因遍慰之曰：「我歸天國，當遣聖神，來加爾之德力。宜敷吾教，遍於諸國已。」乃停午上昇。旬日，徒衆群居聖堂，倏爾天響有聲，俄而有舌形火光，現衆頂上。一時滿被聖神，能通萬國鄉語，同日而信從者若干人。迄今千有餘年，所化歐邏巴三十餘國，咸知形骸可滅，靈魂獨存；永福之路，常生之門，可以仰望而求，不可造次而失。故泰西國惟一教引善戒惡，祈生天堂，脱地獄。事主之堂，飾以重寶，極其壯觀。瞻禮之日，則輟常業，聽掌教神父彌撒講道，爲不忘救世者之恩，盍其虔哉。

茲西士東渡有年，建堂行教幾周宇內。今天子鼎定之初，湯子道未以太常卿兼司天監，治曆明時，咨諸會士，分寓四方，測度闡學。何子德川乃就八閩省會，建堂瞻禮。余因思夫中國居亞細亞十之一；亞細亞又居天下五之一。東海西海，心同理同；敬天愛人之説，皆踐修之所不能外也。而西士不憚險阻風波，來相勸勉者，是其教真以敬天地之主爲宗，故以愛天主所愛之人爲務也。爰爲之捐資鳩工，開其舊基，焕其堂室，崇奉天主耶穌聖母天神，永爲耶穌會士闡道之所，與閩士人暨四方昭事君子，瞻像究心焉。

部院佟諱代，提督楊諱名高，藩長周諱亮工、謝諱道，臬長董諱名魁，大參郝諱惟訥，學使孔諱自洙，兵使祖諱建衡，及監司諸郡邑侯，諸縉紳士庶，咸相落成，敬泐石而爲之記。

欽差提督軍務巡撫福建等處地方都察院右僉都御史今陞提督軍務巡撫南贛汀韶等處地方都察院右副都御史佟國器撰文並篆額。

順治十有二年乙未夏五月望日立石

校記

〔一〕瘻，疑爲「僂」之誤。

御製天主堂碑記

〔清〕愛新覺羅・福臨撰　周岩點校

《御製天主堂碑記》前言

《御製天主堂碑記》，清世祖福臨撰。國家圖書館古籍館藏拓本。首題「御製天主堂碑記有銘」，額篆「御製」。原碑在今北京宣武門天主堂。

順治三年（一六四六），耶穌會士湯若望將明《崇禎曆書》改訂成《西洋新法曆書》進呈，贏得了新朝廷的信任。清廷將其命名爲《時憲曆》，頒行天下。因爲湯若望修曆有功，順治七年，清廷賜金一千兩，鳩工重建宣武門大堂；九年竣其事；十年，賜湯若望「通玄教師」稱號，又題天主堂匾「欽崇天道」；十四年二月，御製天主堂碑記。

清初政教關係是非常融洽的，順治帝曾二十四次駕臨天主堂，問湯若望西學之事。欽天監夏官正李祖白的《天學傳概》中，就有「駕數臨堂，咨求教學」這樣的話[一]，湯若望在清廷的聲譽也與日俱增。但是湯若望在華工作的最終目的則是傳教，甚至勸化順治帝本人；對此，順治帝並非不知，所以也需要在某種比較正規的場合申明自己對於天主教的態度，而《碑記》則恰巧提供了這樣一個機會。《碑記》首先闡述了帝王「治曆明時」的重要性，概述歷代治曆的變遷，然後講到湯若望之來華及其修曆事，最後，順治帝高度評價了湯氏的工作和他對天主的虔誠。《碑記》中順治帝談到了天主教，他説：「都城宣武門内向有祠宇，素祀其教中所奉之神。近復取錫賚所儲而更新之。朕巡幸南苑，偶經斯地，見神之儀貌，如其國人；堂牖器飾，如其國制。問其几上之書，則曰：此天主教之説也。」這裏，《碑記》用了「偶經斯地」和「問其几上之書」這樣的措辭，其用意顯然在於説明順治帝和天主教士的關係既非密切，對天主教事也不甚了解。最後，在《碑記》之末，順治帝又認真地表明了自己對於天主教的立場，他説：

夫朕所服膺者，堯舜周孔之道；所講求者，精一執中之理。至於玄笈貝文，所稱《道德》、《楞嚴》諸書，雖嘗涉獵，而旨趣茫然。況西洋之書、天主之教，朕素未覽閲，焉能知其説哉。

這樣，《碑記》就明確表明了順治帝對於天主教的態度，澄清了有關順治帝與天主教士關係密切及其原因的種種推測。這篇《碑記》雖然完全否定了順治帝任何接受天主教的可能，但是也通過褒獎湯若望在華工作，而表明朝廷與傳教士的融洽關係。《碑記》説：「於時湯若望航海而來，理數兼暢，被薦召試，設局授餐。」又説：「若望素習泰西之教，不婚不宦，祇承朕命，勉受卿秩，洊歷二品，仍賜以『通微教師』之名。任事有年，益勤厥職。」

等等。因此，《碑記》一出，教會人士遂「恭勒綸音於石，以垂不朽，天下聞而榮之」[二]，立碑宣武門天主堂東階，故世稱「東碑」。當時，不僅北京如是，就連遠在蘇州的天主教堂亦恭勒於石。《（康熙）蘇州府志》卷二十九《寺觀》二載：蘇州天主堂内也有「世祖章皇帝敕賜『欽崇天道』匾額、御製碑銘」。並懸「康熙辛亥冬，今皇上賜御書『敬天』二字匾額」。不獨如此，一時之間，全國各地天主堂也大都倣傚。

這篇《碑記》也傳到了歐洲，西方人也十分重視這篇碑文，但其態度就比較複雜。碑文的第一個譯本，是拉丁文的節譯本，收入Kircher著*China Illustrata*（《中國圖志》），一六六七年在阿姆斯特丹出版。這個譯本祇節譯了碑文後半部，即從原碑第七行「於時湯若望航海而來」起。Kircher在碑文前加了一個小引，這樣好像碑文是完整的。其實這篇小引是從有關湯若望的著作中摘出的，與碑文没有什麽關係。湯若望本人也有一個譯本，是拉丁文，但一直没有發表，直到一九四二年纔由裴化行神父（H.Bemard）刊載於*Historica Relatio*（天津版），譯文也是自中段開始[三]。一九九三年德國魏特神父（Alfons Vath）出版了《湯若望傳》（科恩版），書中也收入這篇碑文。這個譯本自碑文「自漢以還，迄於元末」開始，依然不是全譯本。

爲什麽西文譯本都對碑文的前半部分諱莫如深呢？原因大致有三：其一，因爲碑文前半部是順治帝引述《易經》中的話，論述「治曆明時」之重要。而這樣的話，在當時歐洲人的心目中，必將視爲迷信。當時的歐洲人，是將《易》與占驗拓卜這類東西，混爲一談的。所以，傳教士們擔心，這樣的碑文傳回去，教會當局會對傳教士在華的工作產生誤解。其二，順治帝在碑文中又談到了歷代修曆事，稱「凡曆之立法雖精，而後不能無修改，亦理勢之必然也」。這樣，就將湯氏的修曆，與歷代的修曆等同起來，而清帝這一姿態，無法與耶穌會長期對歐洲所宣傳的，説順治帝是一位親善歐洲文化、擺脱傳統愚昧、已接近領洗的年輕君主這一形象相吻合。其三，碑文前半部有「設局授餐」與「近復取錫賚所儲而更新之」等話。耶穌會的反對派不斷散佈耶穌會士在華做官致富等，而這樣的碑文一旦回到歐洲，正會被政敵利用。所以他們就採取了完全回避的態度，略而不譯。

但是，碑文後半部中「況西洋之書、天主之教，朕素未覽閲，焉能知其説哉」這句話，則是教士們必須面對的。他們大概很難接受《碑記》的這種言辭，因此拉丁文譯文就相應做了曲譯。這段話若再譯回漢文，則已成爲：「朕於天主之教，未能盡曉其説，所以朕還不能有所論斷，但無可置疑的是，朕知道天主教爲各教所不及。」這些大概就是《碑記》西文譯本長期没有全譯本的原因。《碑記》的第一個全譯本，遲至上世紀四十年代纔出現。這是一個法譯本，它的譯者是比利時聖母聖心會賀登崧（Willem A.Grootaers）神甫。

《碑記》在中國也屢見轉引，其中較著名的就是康熙年間楊光先在《不得已》中，引《碑記》以闢李祖白之《天學傳概》。光緒年間，江南教區不隸會籍神父黄伯禄編纂清政府保護與褒揚天主教的文字，成《正教奉褒》二卷，又收此碑文。《正教奉褒》初版於光緒九年（一八八三），當時碑文尚完好無損。延至庚子年義和團興起，團民衝擊燒燬的原碑與《正教奉褒》著録的碑文對勘，稱原碑「頗有殘損，兹並爲之刊補」。就其刊補一事，可以知道當時碑文尚基本可以通讀，衹碑身折斷處，文字已不能識。時至今天，碑文已完全殘毀，面目全非，究其因一是風雨，二是「文化大革命」的衝擊。爲了保留原碑，現教會已將殘碑砌於南堂東牆之内。

中國國家圖書館保存《碑記》的拓片，拓於康熙後。湯若望之稱號「通玄教師」，因避諱，已改爲「通微教師」。但是又未盡改，碑文中另一處「玄」字（「玄笈貝文」），則無人理會。

北京騈方周岩謹識

注釋

〔一〕〔二〕李祖白《天學傳概》，梵蒂岡教廷圖書館藏，臺灣學生書局《天主教東傳文獻三編》影印，本書亦收録。

〔三〕以上有關《碑記》西文版本，請參閲賀登崧《北平南堂兩碑之譯文》，載北平《上智編譯館館刊》民國三十七年（一九四八）第三卷第五期。他的譯文及研究文章，最初發表於一九四四年十二月的《北平公教月刊》（*Bulletin Catholique de Pekin*）。

御製天主堂碑記有銘

《易·序卦》：革而受之以鼎。革之象曰：「澤中有火，革：君子以治曆明時。」鼎之象曰：「木上有火，鼎：君子以正位凝命。」是以帝王膺承曆數，協和萬邦，所事者皆敬天勤民之事。而其要莫先於治曆定四時，以成歲功；撫五辰而熙庶績，使雨暘時若，民物咸亨，道必由之。矧開創之初，昭式九圍，貽謀奕葉，則治曆明時，固正位凝命之先務也。粤稽在昔，伏羲製干支，神農分八節，黄帝綜六術，顓頊命二正。自時厥後，堯欽曆象，舜察璣衡，三統迭興，代有損益，見於經傳彰矣，而其法皆不傳。若夫漢之《太初》，唐之《太衍》，元之《授時》，俱號近天。元曆尤爲精密，然用之既久，亦多疎而不合。蓋積歲〔而爲曆〕〔一〕，積月而爲歲，積日而爲月，積分而爲日。凡物與數之成於積者，不能無差。故語有之曰：「銖銖而稱之，至石必謬；寸寸而度之，至丈必差。」況天體之運行，日月星辰之昇降，遲疾未始有窮，而〔度以一〕定之法，是以久則差，差則敝而不可用。凡曆之立法雖精，而後不能無修改，亦理勢之必然也。自漢以還，迄於元末，修改者七十餘次，創法者十有三家。至於明代，雖改元《授時曆》爲《大〔統〕》之名。而〕積分之術，實仍其舊。洎乎晚季，分至漸乖，朝野之言，僉云宜改。而西洋學者，雅善推步。於時湯若望航海而來，理數兼暢，被薦召試，設局授餐。奈衆議紛紜，終莫能用。歲在甲申，朕仰承天眷，誕受多方。適當正位凝命之時，首舉治曆明時之典。仲秋月朔日有食之，特遣大臣督率所司，登臺測驗。其時刻分秒，起復方位，獨與若望豫奏者悉相符合。及乙酉孟春之望，再驗月〔食，亦纖毫〕無爽。豈非天生斯人，以待朕創制立法之用哉。朕特任以司天，造成新曆，勅名《時憲》，頒行遠邇。若望素習泰西之教，不婚不宦，祇承朕命，勉受卿秩，洊歷一品，仍賜以「通微教師」之名。任〔事有年，益〕勤厥職。而都城宣武門内向有祠宇，素祀其教中所奉之神。近復取錫賚所儲而更新之。朕巡幸南苑，偶經斯地，見神之儀貌，如其國人。堂牖器飾，如其國制。問其几上之書，則曰：此天〔主教之説〕也。夫朕所服膺者，堯舜周孔之道；所講求者，精一執中之理。至於玄笈貝文，所稱《道德》、《楞嚴》諸書，雖嘗涉獵，而旨趣茫然。況西洋之書、天主之教，朕素未覽閲，焉能知其説哉。但若望入〔中國已數〕十年，而能守教奉神，肇新祠宇，敬慎蠲潔，始終不渝，孜孜之誠，良有可尚。人臣懷此心以事君，未有不敬其事者也。朕甚嘉之，因賜額名曰「通微佳境」，而爲之記。銘曰：

大圜在上，周迴不已。七精之動，經緯有理。庶績百工，於焉終始。有器有法，爰觀爰紀。惟此遠臣，西國之良。測天治曆，克殫其長。敬業奉神，篤守弗忘。乃〔陳儀象〕，乃構堂皇。事神盡虔，事君盡職。凡爾疇人，永斯矜式。

順治十有四年歲在丁酉二月朔日。

校記

〔一〕有〔　〕者係碑文下端文字，因損毁嚴重，字已不可識，據《正教奉褒》補。

天儒印

〔西班牙〕利安當　〔清〕尚祜卿撰　周岩點校

《天儒印》前言

北京大學已故王重民教授曾作《尚祜卿傳》，登載在民國《圖書季刊》新第五卷第一期上，民國《上智編譯館館刊》第一卷第一期曾轉載之。《傳》曰：

尚祜卿，字天民，山陽人。崇禎十二年舉人，順治十六年任濰縣知縣，未逾年，以蹇拙被放。留寓濟南，與聖方濟各會教士利安當（Antonio Caballera）、耶穌會教士汪儒望（Jean Valat）遊，遂入其教，更名識己。康熙三年，利安當撰《天儒印》一卷，祜卿爲之説，刻於濟南。其説有云：「不肖從事主教多年，於天學淵微得聆肯綮。嗣此，益訂天儒異同，多所發明，爰有《補儒文告》暨《正學鏐石》二書，將以就正同人，剞劂有待。」康熙三十七年，《正學鏐石》刻於濟南，題「聖方濟各會利安當著」。余在巴黎國家圖書館見一鈔本（Courant 7156），題「泰西利安當命意，天民尚識己載言」。然則《鏐石》一書，原爲祜卿所撰，故《自序》不言自著，亦不言安當著。安當已先於二十九年前逝世，而祜卿獨歸美譽於故人，其雅度彌有足欽者。若以中舉之年年二十推之，是時年近八旬，則祜卿亦壽考人矣。《補儒文告》未見傳本。

《天儒印》，或名《天儒印說》，其著述緣起，在《尚序》中説得很明白。此序成於「天主降生一千六百六十四年」，即康熙三年也。自楊光先興教案於欽天監，來華傳教士先後被逐出境，或拘解北京。利安當與汪儒望同被逮下獄。此時此序，則有仗義直言、肝膽相照之慨。

此書引《四書》之言，參同天主教道理，以合儒補儒。所以本書的拉丁文譯名爲「*Concordantia legis divinae cum quatuor libris Sinicis*」，方豪先生譯回漢文，則作「天主教義與中國《四書》之對照」，頗合全書主旨。

利安當，亦作栗安當，方濟各會會士，西班牙人。來華後傳教成績甚著，與尚祜卿交往甚深，故方豪先生《中國天主教史人物傳》撰述利安當、尚祜卿二人合傳。

《天儒印》又有魏學渠序。魏學渠，字子純，號青城，清嘉善人。官至湖西道。負詩才，工駢儷，兼善書法。順治舉人。嘗與西士交遊。

民國徐宗澤《明清間耶穌會士譯著提要》卷三著錄「天儒印正」一種。謂：「是書乃取《四書》之字句，有可以天主教道理銓解闡明者，乃彙集而解。」並附「閔王弼」（又曰「閏王弼」）跋，知《天儒印》又名《天儒印正》。此書「序後有天民尚祜卿韋堂父詮義，梁谿堵廷棻伊令父參閱，武林下學太源鳴梧敬錄」。祇是可惜還没有傳本發現。

現在的本子原藏梵蒂岡教廷圖書館，臺灣學生書局《天主教東傳文獻續編》影印。余據《天主教東傳文獻續編》影印本整理。

二〇〇四年九月二十日北京騆方周岩謹識

天儒印序

余髮未燥時，竊見先庶嘗從諸西先生游，談理測數，殫精極微。蓋其學與孔孟之指相表裏，非高域外之談，以驚世駭俗云爾也。顧世不察以貌相者，去而萬里，或陽浮慕之，第膚掠其製作之工巧，與竄述其測算之法度而已。言文而不及理，言器而不及神，毋乃先失其孔孟之指，於體用何所取裁乎？頃見利先生《天儒印説》，義幽而至顯，道博而極正，與四子之書相得益彰。則孔孟復生，斷必以正學崇之，使諸西先生生中國，猶夫濂雒關閩諸大儒之能翼聖教也；使濂雒關閩諸大儒出西土，猶夫諸西先生之能闡天教也。盖四海内外同此天，則同此心，亦同此教也。今利先生處濟上，近聖人之居，必更有發揚全義，以益暢乎四子之指者，則儒家之體用益著云。

時

康熙甲辰夏閏浙嘉善魏學渠敬題

天儒印説

粵稽天主全能，破分混沌，創立初人，畀以明德之性，啓靈順則，而天教於兹彰焉。以故大主之造物也，殆如硃印之印楮帛。楮帛之印，非可執之爲印，斯乃印之跡耳。天地人物，一切萬事之理，皆天主跡也。使欲當之原印，而復以印諸物，不亦謬乎？想我哲人未萎，泰山梁木誰實誕之？聰明睿智誰實予之？謂非天生天縱，可乎？既曰天生天縱，必有生之縱之之主在焉。則尼山之心源，固維皇之降衷也。大主其授印者乎？宣聖其承印者乎？苟不問生縱之由來，而徒知表章孔子，尊爲立極之至範，雖非阿私所好，然執楮帛之印，當原印以印諸物。吾知至人復起，亦必辭而闢之矣。

《記》云：「天子有善，讓德於天。」矧知天事天之大聖，司傳木鐸，覺世扶民，而又五德在躬，詎有不遜美於至善之天主者哉。不肖從事主教多年，緣作吏山左，宦拙被放，萍蹤淹濟，幸得侍坐於泰西利、汪兩先生神父之側，昕夕講究天學淵微，得聆肯綮，未敢漫云入室，亦或引掖昇堂，不同門外觀矣。嗣此益訂天儒同異，多所發明。不肖爰有《補儒文告》暨《正學鏐石》二書，將以就正同人，剞劂有待。一日，利師出所解四子書一帙，且詔之曰：

「遠人不解儒，略摘其合於天學者而臆解之，如此然歟？否歟？」不肖讀竟，蹶然興曰：「吾儕類言天儒一理，若師所言，理庸不一？倘溺於章句而不深究，其指之南，而以爲之北，奚一焉。今而後謂四子之書，即原印之印跡也可，於是名其帙曰《天儒印》。」

天主降生一千六百六十四年淮陰尚祜卿沐手敬書於濟南之西堂並識

天儒印

泰西利安當詮義
天民尚祜卿參閱

《大學》云：「在明明德。」《註》云：「明德者，人之所得乎天，而虚靈不昧。」蓋言吾人之靈明，不能自有，而爲天主所畀也。明者，言當用吾明悟之推測，洞見本明之真源，以克全其初，則可以因固然，而得其所以然。因萬有而得夫萬有之所從有也。

《大學》云：「在親民。」親之一字，甚切於天學愛人如己之旨也。《註》釋作「新」。新者，但指有「舊染之污」而去之。此義包於親内，則親足兼新，而新不足以兼親也，仍舊文自合。

《大學》云：「在止於至善。」超性學論，惟天主可云至善，則至善即天主也。其曰：「止於至善者，謂得見天主之至善而息止安所也。」夫止者，吾人之向終也，故曰：「知止而後有定。」蓋既知吾人究竟，即當止向天主，則定而静而安而慮矣。慮而後能得者，謂於目前而能豫籌身後之圖，則有備無患，自得所止也。凡失天主爲永禍，得天主爲永福，得即得至善永福之天主也。

《大學》云：「物有本末，事有終始。」本即《中庸》所云：「立天下之大本。」本字其謂本者，又即所云誠者自成而道自道之義。蓋未有天地之先，自立常在者之體。所謂本也，而使物有宗、類、殊、獨、依者。所謂末也，其云終始，亦即誠者物之終始之謂。蓋造天地萬物爲之發端，而爲之歸結者。天學《聖經》載：天地大盡時，宇宙灰劫，是時天主審判生死。惟此無始無終之主，能終始萬物，所謂事有終始也。夫事物之主宰，惟此一主。先先而無元，後後而妙有，精理奥藴，至道存焉。人能識認真主，以致其知，則先後了悟，而本末終始，罔不洞徹，不其近道乎？倘迷謬不知，根源一失，事事物物，履錯紛如。故又曰：「其本亂而末治者否矣。」

《大學》云：「湯之《盤銘》曰：『苟日新，日日新，又日新。』」天學定初入門者，有領聖洗之禮，以聖水洗額，用盤承之，外滌其形，内滌其神。蓋令人潔己求進，去舊以歸新也。獨以銘沐浴之盤者，若於領聖洗之禮，有默符焉。至於日新又新之説，是又天學悔解之義。凡領洗以滌除原罪也，此後又有本罪，或思或言或行。義士一日七落，恒人能免無過。倘不知解悔，則愆尤叢積，所謂自作孽不可活矣。是以天學復有告解之禮，蓋學者既欲洗滌己罪，必當日日定志，日日省察，日日克治，謙抑自下，籲主祈宥，敏策神功，補贖前愆，必詣於純德後已，斷不敢一日苟安，姑待之明日也。信能日新又新如是。吾主聖訓，所謂活水溢於其腹是也，可望沾聖寵，獲常生矣。洗解二規，聖教曠恩，缺一不可。有志洗心者，或亦讀《盤銘》而興起也乎？

《中庸》云：「天命之謂性。」此天字與本章天地位焉之天不同，彼指蒼蒼者言，此指無形之天，即天主是也。所謂性者，言天主生成萬物，各賦以所當有之性，如草木則賦之以生性，禽獸則賦之以覺且生之性，人類則賦之以靈而且覺生之性焉。天主初命人性時，即以十誡道理，銘刻人之性中。而人各有生之初，莫不各有當然之則。所謂性教也，以故趨善避惡，不慮而知，豈非秉彝同□哉。人能率循性教，可無違道之譏，奈性久淪晦，人難率循，於是又有書教以十誡規條，刊列於石，令中古聖人，以宣示之，俾人率性而行，遵如大路，所謂道也。迨世風日下，人欲横流，書教又不足以勝之，及至天主降生贖世，親立身教，闡揚大道，普極羣生，使天下皆得性教原本，而教術始咸正無缺矣。夫合性書二教，而爲身教，此屬吾主寵教恩施，於此尤摯，迄今聖教彰明，天命實式臨之，敢曰不欽若承之哉？

《中庸》云：「及其至也，雖聖人亦有所不知焉。」蓋言惟天主則無所不知也。又云：「及其至此，雖聖人亦有所不能焉。」蓋言惟天主則無所不能也。又云：「『鳶飛戾天，魚躍於淵。』言其上下察也。」天淵魚鳥，何一非造物主之化生，所充貫乎？上下察者，非以明天主無所不在之義乎？

《中庸》云：「造端乎夫婦。」天主創生人類，其始惟一男一女，結爲夫婦配耦，令其傳生，是爲萬世人類之元祖，所爲造端也。此人生之所自來也。又云：「及其至也，察乎天地。」吾人之終盡時，必有所至之處，不在天上則在地下，無世界中立之理。《論語》亦云：「君子上達，小人下達。」蓋示人以察之之意，此又人身後之所由往也。

《中庸》云：「鬼神之爲德，其盛矣乎！」渾言之，凡無形無聲而具靈體者，總稱曰鬼神；分言之則正者謂神，即聖教所云天神，是邪者謂鬼，即聖教所云魔鬼。是德之盛，當就天神言。蓋天神有九品，有侍立天主者，有運動諸天者，有護守國土郡邑人物者，然皆承行天主之旨，無敢違也。若鬼邪悖叛真主，受苦罰之永殃，雖間容在世者，惟以誘陷人類爲務，何德盛之有？其云：「體物不可遺」者，凡人皆主造生，凡人皆主保存。故凡一人咸有一天神護守之，如納赤子於襁褓中也。天神無形無聲，故曰視之而弗見，聽之而弗聞。然曰視之聽之，實有一天神，領守我者，以日旅其照護引治，而迪人於正道也。然則人宜視於無形，聽於無聲，惟神是式是訓，無負上主仁慈之所託可也。奈何因其弗見弗聞，而自遺於所體之外乎？釋此並知體物不遺，自是正神德愛；鬼邪既務誘陷，尚可言體物耶？故鬼自鬼，神自神，別其邪正則判然矣，烏容並列而混稱之也。

《中庸》云：「惟天下至誠，爲能盡其性。」所謂至誠，即天主也。蓋金石無生，草木無覺，禽獸無靈，人類無全神體，天神無最純之神體。故就其本性，雖各圓滿，然終屬有限，不可謂之盡。惟天主則全能、全知、全善，本性充然盡足，且也生人則賦以靈兼生覺之性，而人性無不全焉；生物則賦草木以生性，賦禽獸以覺且生之性，而物性無不全焉；生天地則賦天地以化育之功用，而其所以化育者，實由天主默相乎其間，所謂贊天地之化育也。然化育所以然之妙，精深莫測。人第就諸天之運動，大地之發生，一想像之，孰主張是，孰安排是，必有立乎天地之先而宰制之者。從此由見窺隱，由顯察微，則有以得其故矣。故曰：「則可與天地參矣。」

《中庸》云：「至誠之道，可以前知。」天下一切未來之事，雖神人不能預測，惟無所不知之天主，能知之耳。即天學中諸聖人，亦多有前知者。然非本力所能，咸由天主默啓而得之。況至誠曰道，乃可前知，今人奈何以推算、占卜之僞術，而求駕於上主之智能乎？亦誕妄極矣！

《中庸》云：「誠者自成也，而道自道也。」萬物不能自成，俱受成於天主。惟天主則靈明自立而不受成萬物，故曰自成。天主凡所行爲，皆由本性之欲而行，其所欲行，絶無有引於先，而能導之者，亦無有從於後，而能踐之者，故曰自道。凡物有有始有終者，有有始無終者。惟天主無始無終，無始是以能始物，而爲物之始，無終是以能終物，而爲物之終。故曰：「誠者物之終始。」若非天主授物以有，則物豈能自有哉？故曰：「不誠無物。」誠之爲貴者，言君子惟尊貴此誠，即天學欽崇一天主於萬有之上之意也。天主爲萬物從生之大原，既生之後，復無物不保存照護之。故曰：「誠者非自成己而已也，所以成物也。」天主萬德悉備，咸具微妙靈明之性，故曰：「成己仁也，成物智也，性之德也。」天主既生萬有於外，視未生萬有所内含之元，則無以異，故曰：「合外内之道也。」迨乎造物之時既至，則無形與有形咸造，而物物各予以當然之宜，故曰：「時措之宜也。」

《中庸》云：「天地之道，可一言而盡，其爲物不貳，則其生物不測。」夫天地特一物也，曰天曰地，已二之矣，曷云不貳？蓋言惟一主宰化生天地萬物云爾，非人所可思議也。故不言天地爲物不貳，生物不測，而言天地之道，其爲物不貳，其生物不測，兩其字明指出天主矣。悟及此，則天地之道豈不可一言盡乎？

《中庸》云：「『維天之命，於穆不已。』蓋曰天之所以爲天也。」今人誤認形天，輒施崇奉。不知形天，特覆物之一大器具也。固有所以爲天者存，所以爲天者，非即天主乎？否則

「維天之命，於穆不已」，豈形天之所有哉？

《中庸》云：「大哉聖人之道，洋洋乎！發育萬物，峻極於天。」洋洋云者，言天主之全能無不充滿，而萬物目之以發育也。天主雖無所不在，而靜天之上，尤爲發現之所。具此天爲萬物之界，此外則無物矣。故曰「峻極於天」，然何以曰聖人之道，蓋聖人奉此，以爲行路之準也。

《中庸》云：「萬物並育而不相害，道並行而不相悖，小德川流，大德敦化，此天地之所以爲大也。」並育矣，而不相害，孰使之不相害乎？並行矣，而不相悖，孰使之不相悖乎？必有所以然者以宰制之。故物物各有私所以然，是爲小德之川流；而又有一總所以然，是爲大德之敦化，此乃天地之所以爲大。所以爲大者，是即天主耳。

《中庸》云：「惟天下至誠，爲能經綸天下之大經。」所云能者，言惟天主有此力量也。大經者，天地神人萬物之秩序也。經者，言限定各物之全性，而使之同一宗類也。綸者，言各類分界之，而使之成特一，因以共成某類也。又云：「立天下之大本。」本者，所以然之謂也。凡物有三所以然：曰私所以然，曰公所以然，曰至公所以然。如父母爲人之私所以然，主宰一家者也；如君王爲人之公所以然，主宰一國者也；二者名曰小本。天主爲萬有之至公所以然，名曰大本。是人類之大父，乾坤之共君，主宰天地萬物者也。蓋天地萬物，咸因此而生，如草木之有根也，豈非立天下之大本乎？又云：「知天地之化育。」凡格物窮理者，皆知其妙，而究莫知其所以妙。惟生天地者，始洞徹其情；知者，有生養保存之義。如今知府知縣之知，非徒知之，實主之也。凡受造之物，不論有形無形，皆有自立依賴二者。惟天主則至純神自主，絕無依賴，故曰：「夫焉有所倚？」

《中庸》云：「肫肫其仁！淵淵其淵！浩浩其天。」天主生天以覆人，生地以載人，生萬物以養人，其於人之有罪應罰者，亦不遽加，而俟其痛悔遷改，雖不廢至正至嚴之義。然正義之責，終不踰其慈愛之錫，非肫肫其仁乎？此雖不言降生代贖，而已若爲降生代贖示其意也者，天主妙有美好，深微無極，非神人識量所能盡識。故以受造之美好，與天主之原美好較，猶大海之一滴而已，非淵淵其淵乎？九重天之上，別有永靜天，爲萬福之所。此天爲天主發現及諸天神諸聖人受真福之處，廣大無比，以永靜天，視九重天以下之世界，正猶以世界視母腹中也，非浩浩其天乎？

《中庸》云：「『上天之載，無聲無臭』，至矣。」靜天之上，是謂上天，所云天堂是也。地言載者，謂足所履處。上天亦言載，則知吾人本家不在世在天，是上天實人生身後之持載，戴於斯履於斯矣，故曰「上天之載」。其云無聲無臭者，人之身後，形徂氣敬，靈神獨存而可。至於上天者，惟此靈神耳。四元行，土上爲水，水上爲氣，氣上爲火。至火域已無氣矣。火上爲七政列星之天，又上之靜天，非復形氣可躡。故云：無聲無臭是也。其云至者，神至而非氣至也。釋此推知吾人在世，如行旅然，皆行其所當至之域，非即其已至之域也。惟至於天上而爲之辭曰，罪在異端，大主賜人明悟，令人推論是非，擇别邪正者爲何也？豈非自貽伊慼耶？孔子所爲不咎異端，而咎攻之者，非寬異端也。異端不足惜，可惜者攻之者也。吾儒動言訓法孔子，然師訓爾勿攻而爾聽之歟？胡今之爲釋迦、道陵僕僕者，多是誦法孔子之人也，不亦大可憐歟？

《論語》云：「朝聞道，夕死可矣。」所謂道者，即生死之正道，非輪迴之妄説也。蓋不聞道之人，無論生不可，即死亦未可。生則貿貿，死入永苦。若聞道之人，生雖受艱苦，死後必受永福矣。其云朝夕者，人壽縱百年，不過一朝夕事耳。露電浮生，轉瞬危迫，如何亟亟聞道以無負兹朝夕，可不猛思痛醒也哉？

《論語》云：「獲罪於天，無所禱也。」此天非指形天，亦非《註》云「天者理而已」。蓋形天既爲形器，而理又爲天主所賦之規則。所云獲罪於天者，謂得罪於天主也，豈禱於奥灶，所能免其罪哉？然孔子斯言，非絶人以禱之之辭，正欲人知專有所禱也。觀他日弟子請禱，但曰：「丘之禱久矣。」寧云己德行無媿，而不必禱，正謂朝夕祈求天主而赦我往愆也。合而論之，一不禱於奥灶，而言天以正之；一不禱於神祇，而言禱久以拒之。然則孔子之所禱，蓋在天矣，故其言曰：「吾誰欺，欺天乎？」又曰：「予所否者，天厭之。」天厭之則孔子未嘗不以天禱爲兢兢也，乃孔氏之徒，祈神佞佛，所謂非其鬼而祭之諂也，竊恐獲罪於天矣。

《論語》云：「篤信好學，守死善道。」向主有三德：曰聖信，曰聖望，曰聖愛，而望愛必以信爲基。故《十二信經》咸以「我信」爲啓迪之要。良繇聖教真理，大主覿面授之，歷代聖人公見公聞傳之。其理誠篤無僞，其言篤實不欺。吾黨學者，第宜一心篤信，而無容疑貳，無容摇惑者也。明悟既徹，則愛欲所鍾，惟當精思好學以求其理。諸凡規誡所昭，訓典所垂，遵持而佩服之，用爲省察克治之功。念兹在兹，罔有斁兹，所爲篤信而好學也。夫信好若是其專者何也。蓋萬物真宗，惟一大主是爲人類之所切向，每念其救世降贖之恩，慈愛群生，窮天罄地，靡可爲報。惟有以愛還愛，以死還死而已。是故爲義而被窘難，或有異端魔讐之傾害，或有暴君污吏之摧殘，則寧失天下萬福，寧罹天下萬苦，而不敢少得罪於吾至尊至善之主。有如白刃可蹈，匹夫不可奪志，是也。夫死忠死孝，世容有不得其正，未合於道者，而惟爲天主致命，則死於欽崇，以一死而炳耀天國，於道爲至善矣。所謂守死而善道也。

《論語》云：「固天縱之將聖。」釋此，知孔子之得成其聖者，非孔子自能，而由天主陰騭之也。故孔子嘗言天生德於予，則亦知陰騭之所自來矣。維儀封人亦曰：「天將以夫子爲木鐸。」並知孔子之司教鐸而傳宣者，秉於上天之命也。今學者既知尊孔子矣，而不知欽崇，縱孔子之聖者，離屬命孔子之爲木鐸者，離屬可謂孔子之徒乎？

《論語》云：「未能事人，焉能事鬼。」蓋非鬼而祭，孔子既以爲諂，則邪魔必爲其所厭絶，而事神之理，人又未易曉徹。則且就臣事君、子事父者言之，此人事之當然，不容不事者也。而况合天下萬國之大父大君，當何如事之哉？故不言所以事神，而言事人，正精於言事神也。又云：「未知生，焉知死。」言人既不知人之生，爲天主賦人之靈魂，與形骸締結而生；又焉知人之死爲天主收人之靈魂，與形骸相離而死乎？苟能知生之所由來，則有以究初人肇造之恩，即能知死之所終向，而可以悟靈神不滅之理。故不言所以知死，而言知生，正精於言知死也。惟在人深思而自得之。

《論語》云：「內省不疚。」夫何憂何懼，人生涉世，恒履多憂多懼之地，而誘惑所加，類生可憂可懼之情，求其不憂懼難矣。蓋疚惡叢心，二罪糾纏，三讎攻害，事事拂理，種種違天。故其在安樂，乃其所以爲危苦也，在飽飫乃其所以爲飢渴也，在歡笑乃其所以爲涕泣也。今世之憂懼暫且短，來世之憂懼實深且長，何者？疚惡者，憂懼之根也。疚惡不種，憂懼不殖矣。雖然，憂懼亦曷可少乎？人惟狃佚欲、躭晏樂，則莫知憂懼。何繇省察己過，而克免於疚。惟夫知憂知懼，則潛疵隱慝，不容留伏於心意之間，仰不愧，俯不怍，始於憂懼，而卒於無憂懼。由是生順歿寧，詣於常生，而永苦不足以攖之，夫何憂懼之有哉？孔子又云：「已矣乎！吾未見能見其過，而內自訟者也。」故內省尤必期於內訟。蓋內訟則以其所追省者，露其醜於嚴主之臺前。或可望其慈恕，不我再鞫也。不然，吾未知其憂懼，果能釋然否也。

《論語》云：「人無遠慮，必有近憂。」《註》云：「慮不在千里之外，則患必在几席之下。」余亦云：「慮不在世事之外，則身後永苦之憂，必在枕席之下矣。」

《論語》云：「己所不欲，勿施於人。」吾主聖訓，曾有是語，此即愛人如己之大旨也。蓋不欲有二：有肉身所不欲者，有靈神所不欲者。肉身之所不欲，如飢寒病苦諸拂逆等事；

靈神之所不欲，如貪淫忿詐諸惡慝等情，載在十誡、七克、十四哀矜，諸書可考也。蓋兩情相絜，一理互揆，彼此均愛，無睽爾我。所謂恕也，故恕訓如心，如其愛己之心，則愛人如己矣。然言不欲勿施，未言所欲則施。倘己所欲者，邪情邪事，而以施之於人，是又害人如己也。故善言愛者，必體天主之愛人以行其愛，而後可以言愛人如己，則愛人即所以愛天主也。果如是，則一言而可以終身行。行此一言，而可以愜聖旨，承真福矣。奈何世情迷謬，其求諸己者，惟曲濟其所欲，而其施於人者，恒皆己所不欲之事。不思我施人，人亦反而施之，則不惟不知愛人，並亦不知愛己矣。所以《中庸》言：「忠恕違道不遠。」施諸己不願，亦勿施於人，豈非有得於愛人如己之理，而爲之一發明也哉。他日曾子稱孔子之道，亦曰：「忠恕而已矣。」夫忠者，臣愛君之稱；恕者，即不欲勿施，人己相愛之義。天主既爲天地大君，不愛天主，可謂恕乎？故所云忠者，即聖誡所謂愛天主萬有之上；所云恕者，即聖誡所謂愛人如己是也。愛主愛人，如南北兩極，不容闕一；不愛主，斷不能愛人；不愛人；稱不得愛主。先儒曾言：「無忠做，恕不出。」此語可謂得其旨矣。但學者莫不知有夫子之道，試於忠恕二義而究心焉。其或庶幾於天學乎？

《論語》云：「不怨天，不尤人，下學而上達，知我者其天乎？」蓋世福不齊，上主不必均畀，其或此豐彼嗇，似天有偏私，則怨天矣。世欲無厭，上主不容曲狥，其或此愉彼拂，似人有奇遭，則尤人矣。曷思富貴雲影，功名石火，窮通得喪，造化自有秘密，怨尤徒生觸望。《諺》有云：「怨天者不勤，尤人者無志。」君子爲己之學，曾如是乎？是以刻苦精修之士，惟知以昭事真主爲宗，以廣愛行仁爲本，以克己寡過爲切務，以生死令終爲究竟，其於世境浮榮，毫不縈心。則其退藏篤慥之詣，人所不見，而上主於重玄之際，鑒觀冥漠，庸有不徹爾志，歆爾勤者乎？所謂下學上達，知我其天，信不誣也。夫大主全知，無有人隱，不在其洞照中者。然而下學上達者篾聞，怨天尤人者概見。徒曰天不知我。天焉不知，知爾怨矣，知爾尤矣，知爾弗之學，弗之達矣。第恐如此而爲天主所知，異日爾將自怨自尤之不暇，雖欲冀天主之莫我知也，何可得乎？

《論語》云：「民之於仁也，甚於水火。水火，吾見蹈而死者矣，未見蹈仁而死者也。」夫殺身成仁，所在俱有，曷言未見蹈仁而死者？蓋言若爲愛天主與爲愛人如己之仁而死，則形軀雖死，而靈魂得常生之福於天上國也。夫水火，本天主所生以養人之具，而不善用之，即爲害人之具。彼世間之功名富貴等猶水火也。善用之，即爲事主愛人之具；不善用之，未始不爲水之溺人、火之焚人者矣。

《論語》云：「有教無類。」天下一切教術，皆人爲，皆後立，雖名爲教，不名有教。惟天主自無始有，教亦自無始有，故有性教，有書教，有身教。主有教有，始無始，終無終，獨名有教，非他教可比絜也。且諸教或儒或釋或道，各其類，强之使同，弗或同也。故曰：「道不同，不相爲謀。」惟主惟一，教亦惟一，故上自王公，下逮士庶，無論貧富，無論貴賤，無論長幼男女，無一人不在天主生養中，則無一人不在天主教誡中。統此人類，統此聖教，故謂有教無類，此聖教會爲額格勒西亞，有聖而公也。

《孟子》云：「西子蒙不潔，則人皆掩鼻而過之。雖有惡人，齋戒沐浴，則可以事上帝。」蓋人生初始，一無字素簡耳。舉西子，况素質也，蒙不潔，如素簡之受點染，况素質爲罪垢所污也。凡人一經罪垢叢集，外雖飾其容上，其内靈之醜穢特甚，掩鼻而過，不亦宜乎？夫天主生人生善不生惡，今兹惡人，即前此西子，特蒙不潔，則爲惡人矣。勿曰惡人，天之棄人，竟灰心主宥而不一哀懇籲禱也。倘翻然悔改，依賴聖恩，遵大小之齋期，守二五之誡訓，承法浴之水，沐浴以洗滌其心志，則天主必矜憐而釋之矣。昔吾主設喻，謂人有百羊，偶亡其一，則必徧覓之。既得，則負以返，聚鄰友共爲之慶也。蓋九十九羊，善人也，所亡羊，罪人也。得善人九十九，不足喜；得一罪人回心向道，則喜宜倍矣。故曰：「雖有惡人，齋戒沐浴，則可心事上帝。」上帝者，即主宰萬有，至尊無二之天主也。然則人不向望天主，將誰望哉？

《孟子》云：「天之生此民也，使先知覺後知，使先覺覺後覺也。予天民之先覺者也，予將以斯道覺斯民也，非予覺之而誰也？」蓋伊尹之言如此。然曰天生此民，則知人類造生厥有始矣。曰先知後知，先覺後知，則知降衷於民，厥有自矣。知覺雖有先後，及其既知既覺，無二知覺。則知天所賦予，厥維均矣。然而重其責於先覺者。蓋斯道遮隔於迷謬，而披示於明悟者。同是天民，莫不同秉天道，故以斯道覺斯民，如呼寐者而使之寤也。其云：非予覺之而誰？」蓋使先知覺後知，使先覺覺後覺，天實使之，庸敢諉諸。然則覺世豈人力也哉？今斯民大寐久矣，呼而使之寤，此其時矣。顧我天民又爲後知者之先知，後覺者之先覺，其克有當天意乎？

《孟子》云：「天將降大任於是人也，必先苦其心志，勞其筋骨，餓其體膚，空乏其身，行拂亂其所爲，所以動心忍性，增益其所不能。」由是觀之，舜説諸人，所肩不過世任，猶必始困終亨。況吾人欲希心最上事業，此其爲任，尤其至大極重者，而欲以富貴安享致之，必不得之數也。蓋天國之分，非恃人力可能，故以巨繩穿針孔尚易，而以富貴進天國實難也。

是以人欲求天降大任，其心志體膚身行等，必若是苦勞、飢餓、空乏、拂亂諸態，種種備嘗。惟其所動忍，而堅心毅性以承之。由是苦勞我者，將安逸我也；餓乏我者，將飽飫我也；拂亂我者，將順適我也。於以增我神力，益我聖寵，而任人可以克荷大任，何患其不能哉？故《孟子》又云：「生於憂患，死於安樂。」夫人莫不慕安樂而惡憂患，詎知憂患者，榮福之基乎？安樂者，殃苦之胎乎？生於憂患，是即常生；死於安樂，是即永死。憂樂二門，決拈生死二路，人奈何不以苦勞重直，售天上之大業乎？

《孟子》云：「盡其心者，知其性也，知其性，則知天矣。」蓋言人能盡心，以格物窮理，則知吾有形之身，有無形之靈性。既知吾有此靈性，即可知畀吾靈性之天主矣。又云：「存其心，養其性，所以事天也。」蓋言吾性不自有，有授吾之性者。吾心不自有，有予我之心者。存心，非欲侈自心之廣大；養性，非欲侈自性之神奇，正欲不失其賦畀心性之本原耳。故曰：「所以事天也。」又云：「夭壽不貳，修身以俟之。」夫人生在世，無論壽修夭折，皆不免死，所異者，修爲不同耳。惟當修身克己，以靜聽主命，此天學以善備死候，爲向終之上範也。至於數之修短，豈聖賢所顧問哉！

不得已辯

〔意大利〕利類思撰　周岩點校

《不得已辯》前言

康熙三年夏，江南徽州府新安衛官生楊光先，將順治朝以來所著《闢邪論》、《摘謬論》、《選擇議》以及函札奏稿，彙爲《不得已》，並再上疏，摘湯若望新法十謬及選擇榮親王安葬日期誤用《洪範》五行等。八月，湯若望受審；十月，再審，各省傳教士三十餘人陸續解遞北京，「欽天監教案」由此興起。在京傳教士南懷仁、利類思、安文思也被囚禁。利類思在《不得已辯自敘》中說：「甲辰冬，楊光先著《不得已》等書，余時方羈絏待罪，靜聽朝廷處分。又以孤旅遠人，何能攖其鋒刃而敢措一詞乎？」

據《清聖祖實錄》卷一四載：朝廷原擬「欽天監正湯若望、刻漏科杜如預、五官挈壺正楊弘量、曆科李祖白、春官正宋可成、秋官正宋發、冬官正朱光顯、中官正劉有泰等，皆凌遲處死」（康熙四年三月條）。但因康熙四年三月初二日至初五日，京師連續地震，又遭星變，於是皇上下詔曰：「三月初二日，又有地震之異，意者所行政事，未盡合宜，吏治不清，民生弗遂，以及刑獄繁多，人有冤抑，致上干天和，異徵屢告。」（康熙四年三月條）因此，廷議緩行。到了四月初一日，「得旨：李祖白、宋可成、宋發、朱光顯、劉有泰，俱著即處斬。湯若望、杜如預、楊弘量，責打流徙，俱著免。」（康熙四年四月條）湯若望出獄後，與南懷仁、利類思、安文思同居一處。利類思《自敘》也說：「閲明年三月，上大赦，得離西曹法署，至是可稍稍吐矣。」

「欽天監教案」雖然在南懷仁、利類思等傳教士的奔走，及「窮理格物之君子」呼籲下，最終得以平反，並治楊光先死罪，但那已是康熙八年的事了。欽天監五位官員已被處斬，湯若望也於康熙五年八月十五日含冤棄世。因此，成書於教案平反前的《不得已辯》，其撰述之目的，顯然在於批駁楊光先，指斥其「毁聖訕道，悖謬拂經，以是爲非，以非爲是，一憑其寸舌尺管，摭拾天學之餘緒影響，而又援引舛誕，以欺當世，莫如《不得已》一書。故不得因其訛謬，而弗正告之」。並以求朝廷早日爲諸蒙冤之士昭雪。

「欽天監教案」是明末清初較大規模、影響深遠的中西文化衝突事件，其意義遠不止天文曆法之技術本身。它對於康熙朝中西文化交匯之走向，乃至康熙帝本人對於西學之態度，都有著深刻影響。

據費賴之《在華耶穌會士列傳及書目》「利類思」條載，《不得已辯》有三個版本：一、康熙刻本，有康熙四年（一六六五）序，又名《聖教簡要》。本編所收就是這個本子。二、道光二十七年（一八四七）崇正堂重刻本，題「天主降生一千八百四十七年重刊」，「司教馬熱羅准」。馬熱羅（Jérŏme-Joseph da Matta），是一八四五年至一八五七或一八五九年間的澳門副主教。此本半葉九行二十字，有牌記，橄欖葉形，上有「崇正堂」三個字。北京師範大學圖書館藏。三、一九二六年上海土山灣重刻本，未見。

《不得已辯》之康熙刻本與道光刻本比較，有兩個不同之處：

第一，康熙刻本全書渾爲一體，録一段楊光先言論，有一段駁議，力斥楊光先指摘天主學及西洋曆法之非；道光本則依全書之脉絡，析爲十六大段，相應加小標題，書前冠「目録」。因爲康熙刻本是没有小標題的，所以此次校勘整理，「小標題」也不便在正文録出，但以道光本爲依據，鈔録在這裏，或可視爲全書之提要。利氏之書除起首引論外，録楊光先一段原文，有一篇駁議。一録一駁，余謂之一節。此次整理文獻，爲便於討論、指稱，每一節前加了中文節數，特此説明。標題如下：

（一）天非二氣結成辯第一、二節

（二）形天由天主所造第三、四節

（三）辯無始者之議第五、六節

（四）耶穌稱天主稱人之故，天主降生之義第七節
（五）天地之初，主不降生之宜第十一節
（六）辯開闢至今幾萬年之妄第十二、十三節
（七）主降生於童貞之母第十四節
（八）天堂地獄實論第十五、十六、十七、十八節
（九）主教乃治世之大道第十九節
（十）耶穌受難之義第二十、二十一、二十二、二十三節
（十一）耶穌受難之日食，不見於中國之故第二十四節
（十二）中國名儒褒獎主教不一第二十五節
（十三）理不能生物辯第二十七節
（十四）形天非上帝辯第二十八、二十九節
（十五）耶穌之功績邁越諸聖之功績第三十一、三十二節
（十六）辯謀不軌之妄第三十三節
附藉曆法行教辯

正文計三十三節，與耶穌在世年數暗合，再看一看標題，也就明白爲什麽這本書又稱爲《聖教簡要》了。

第二，中西「禮儀之爭」後，對於以天主與中國古文獻中之「上帝」、「天帝」之比照乃至混稱，已設爲禁區。所以道光本删去了康熙本中關於中華古文獻以「上帝」稱天主的有關段落，共計五節，爲第八、九、十、二十六、三十節。行文中亦頗有異。如天主教，道光本有數處作「主教」；「天學」，道光本改爲「聖學」。文中尚有一些文字改易，兹不一一。但也要承認：道光本《不得已辯》，在晚清教會出版物中，就改易先賢原文而言，還算比較克制的。

本次整理以康熙刻本爲底本，與道光崇正堂刻本相校，必要的説明，附以校記。康熙刻本原藏梵蒂岡教廷圖書館，臺灣吳相湘氏主編《天主教東傳文獻》影印。

二〇〇四年九月二十五日北京騀方周岩謹識

自敘

甲辰冬，楊光先著《不得已》等書，余時方羈絏待罪，靜聽朝廷處分，又以孤旅遠人，何能攖其鋒刃而敢措一詞乎？閱明年三月，星變者再，地震者五。上大赦，得離西曹法署，至是可稍稍吐矣。然當言之而不可言，與夫言及之而不敢言，非復余九萬里航海東來之初志也。夫光先借曆數以恣排擊，厥事別有顛末。辯詳他卷。惟是毀聖訕道，悖謬拂經，以是爲非，以非爲是，一憑其寸舌尺管，摭拾天學之餘緒影響，而又援引舛誕，以欺當世，莫如《不得已》一書。故不得因其訛謬，而弗正告之。顧道本乎率性，而喪乎失德。理明於至當，而忽於苟然。豈得以一人之疑，疑衆人之信。東海西海，此心此理，有同然者。余豈忍以蒭言不急醒之乎？請以質之窮理格物之君子。

乙巳夏五月利類思題於長安旅舍

不得已辯

極西耶穌會士利類思著　同會安文思、南懷仁訂

楊光先歷引天學諸書所載天主造天地萬物，及降生救世諸跡，謬指爲荒唐怪誕。語云：「果蠕不知有膚，夏蟲不可語冰。」理有固然，無怪其出言之舛。但光先以狂瞽陋見，肆爲悖誕妄詞，將欲蔽塞天下人心，以趨正避邪之路，雖高明者，依理考義，不難徹其雲霧。而閭井細民，恐有爲其所陷溺焉。故據其所言，而略拆之如左。欲知天學要義，宜閱《天學實義》、《萬物真原》、《聖教緣起》等書。而窮究其原本微義，細載《超性學要》中。

一

光先云：天二氣之所結撰而成，非有所造而成者。

謂天爲二氣結撰而成，不知萬物之根由也。以理推之，凡物受成之所以然有四端：曰質，曰模，曰造，曰爲，缺一不能成物。物之生又分兩種：有生成者，有造成者，兩種俱賴四端而成。生成之物，人類是也。形體爲質，靈性爲模，父母爲造，真福爲爲。造成之形，陶冶是也。沙土爲質，式樣爲模，工匠爲造，適用爲爲，萬物皆然。則在天之先，縱有二氣，亦斷

不能自結撰而成天，必有所以造之者。如房屋，資以木石，不能捨工師之斧斤，非木石自能爲房屋也。又如靈魂肉身，並而爲人，必有所以生之命之者。非魂與軀而能自生自命也。夫二氣無靈之物耳，豈能結撰而成天，則天斷有所受造可知矣。

二

光先云：天何言哉，四時行焉，百物生焉，時行而物生，二氣之良能也。

光先引孔子之言，誣天爲二氣所結成，而非有所造。是妄解孔子之言者也。吾道至明，不待言而自顯，如天道不待言而可見，謂天非有所造乎？夫二氣使時行而物生，非自有之能也。以無靈之二氣，而俾四時次序不爽，俾物物各以其類生，嗣續不亂，必有一至靈至睿者宰之。以其全知所定之秩序，以其全能所賦之德，使各傳其類，各得其所，所謂天主是也。時行物生，孔子未嘗歸功於二氣，光先何所見而云然乎？四時行，非二氣之能，請詳其說。

蓋二氣使時行，必因二氣自動而動四時，而二氣自動，必因他動而動。蓋凡動因他動而動，必先有施動者，而後有受動。如乙受動，必依甲施動而動；丙受動，必依乙施動而動，餘可類推。夫相因而動之倫，不止於最初施動，而自不受動者，則必至於無窮極。若果無極乎，則最初施動者，與次施動者，理應並無。蓋既爲無窮，則無初施動，亦無次施動。緣次施動者，受動於最初施動故耳。而今不然，是相應遞動之倫，必不能至於無窮極，必當止於最初施動之萬有，而自不動者也，是爲至上至靈至一之妙有天主是也。則四時行，非二氣之能也，明甚。論物生，亦非二氣之能。凡造物者，必在物體外，如工匠造器，必不分其體爲器皿，須以他物造之，其工匠固在他物外也。今二氣渾在物之中，以成萬物，是二氣爲物體，而不在外，僅可爲質模，而不可爲造者，豈得謂二氣之能生物乎？

三

光先云：天設爲天主之所造，則亦塊然無知之物矣，焉能生萬物有哉。

夫天之説有二：一有形象之天，即蒼蒼之天是也。是爲天主所造，屬塊然無知之物，而不能生萬有，誠然。蓋天生萬物，因日月五星之動，而日月五星，原非能自動，自有靈者使之動也；一無形象之天，主宰是也。至靈之妙有，先我而無元，爲萬有之根源。故中儒言天，不徒指其形體，而即兼乎主宰，如臣稱主上爲朝廷。夫朝廷宫闕耳，而主上該焉。至經書所言尊天事天畏天天生物，皆指主宰者而言耳。詳後。

四

光先云：天主雖神，實二氣中之一氣，以二氣中之一氣，而謂能造生萬有之二氣，於理通乎？

嗟呼！一物耳。忽云靈，忽云無靈，自相矛盾，莫此爲甚。今謂天主屬神，又謂天主屬氣，何出言之悖謬乎？蓋神爲有靈，氣爲無靈，以氣爲天主，不但不知天主，並不知氣爲何物也。從地而天，有四元形：土上爲水，水上爲氣，氣上爲火，火上爲七政列星之天。至火域無氣矣，體更清於火，所謂無聲無臭者是也。天主者，萬有之初有也。其有無元，而萬有以之爲元。性一無二，聖性所啓，即顯全能。其能其有，皆屬於無窮，充塞萬物，萬物莫能限，莫能函，不繇質模之合，至神無跡，行而不動，而令萬物動，是謂萬作最初之作，是謂萬爲最終之爲；是之爲至靈，而萬靈繇之肇靈；是之爲至美好，而萬美好繇之爲美好。往者來者，無不即其見在，至近而至遠，不可見而無不見，常行而常寂，悠久而常新，一切萬有有形無形，悉出於此，是爲天主。詳見《超性學要》諸册。今謬指天主爲二氣中之一氣，無乃荒悖殊甚乎？

五

光先云：所謂無始者，無其始也；有無始，則必有生無始者之無無始；有生無始者之無無始，則必又有生無無始者之無無無始；遡而上曷有窮極，而無始亦不得名天主矣。

爲此論者，所謂大謬不然之甚者也。蓋無始者，能生有始之物，安有生無始之無無始乎？況生於無無無始而至於無窮乎？不知有施生，然後有受生。既受生，必有始也。今謂無始受生於無無始，則仍有始也，何得謂無始乎？即如所云，誤謂無始受生，亦不能至於無窮極。蓋凡施生之所以然，皆相關相接而生，推尋原本，不能謂之無窮遞傳，而無所止極也。必有最初施生，以爲中者之施生之所以然；而中者施終者之施生之所以然。苟無初所以然，則無中所以然，況終所以然乎？蓋既無其施生者，則自無其受生，據理不得不然。以理推尋物之施生所以然，必至最初施生所以然而止矣。

六

光先云：誤以無始爲天主，則天主屬無，而不得言有。

此論更謬。凡謂天主無始，惟謂天主爲萬物之元，而無所從來，即爲自有，非一切凡有有始可比焉，豈得謂天主屬無哉。如凡受造之物，必由於造物者。而造物者，非受造也。今因無受造而謂造物屬無，此理通乎？正因天主無始，則惟天主可稱有。而凡有，皆因天主有而有矣。

七

光先云：真以耶穌爲天主，則天主一人中之人，更不得名天主也。

天主降生爲人之事，原超人思議之外，豈一言而明哉。《超性學要》、《降生實義》諸書，其詳之審矣。天主降生非他，即天主本性之原體，結合於吾人之性體於一位耶穌。是耶穌一位，具二性：一天主性，一人性。粗比之樹，天主其樹體也，上有二枝，一自根發者，主性是；一自外接者，人性是。而二枝固同一體，同一樹，非可分之爲二者，是合人性於天主性。論人性，並謂有始之人；論天主性，並謂無始之天主。耶穌兼包天主及人二殊之性，實有天主無量之能識，而又實有人有限之能識。天主取人性，不失其爲天主；而人性被取於天主，不失其爲人性焉。具人性謂之人，具天主性謂之天主，稱耶穌曰天主，何所不可？天主降生，乃聖教最要之奥旨，請申言之。今世羣疑而不決者，莫如降生一事。或疑其不宜，或疑其不能，或疑其勢。今特揭其要旨三端：一曰降生之意，二曰降生之説，三曰降生之事，然後答其疑。

何謂降生之意？須知天主爲人而造天地萬物。故造天地萬物畢，然後造人。正以示種種皆爲吾人而設也。世上無人，則不造天地萬物；天上無備永福，亦不生人。乃人祖方主命後，則遺有原罪。因而人類不惟不得上昇享福，且又墜罹永殃，是負天主造人之原意矣。天主仁慈之無涯，豈忍棄人而不顧，造人必救人，但須得救人之法。蓋天主所行之事，必完滿無缺，仁義各全。獨赦人罪則義缺，獨罰人罪則仁缺。故用其全知，以顯仁義兩全，乃躬降生是也。是耶穌則天主而人。論其爲人，可以代人負債而受苦；論其爲天主，可以代人還債而補贖。代人負債而受苦，示其仁慈無涯；代人贖罪，亦其至公極嚴之義。使非主代救人，罪無由消滅矣。蓋人得罪於天主無容補，盡天上衆神，盡天下衆人，百千萬死，悉不能贖人類之罪，何也？蓋罪之輕重，以所犯者與犯罪者之尊卑爲則。天主至尊無以上，吾人至卑無以下，非無限之德，則不足以自贖其罪之萬一也。而況欲悉償萬世衆人之罪乎？惟降生一事，人類則蒙赦宥，而天主造人之原意不負矣。

何謂降生之説？天主降生非他，乃天主性締結人性於一位耶穌。是耶穌一位，實人亦實天主。言人有始而始生於世；言天主無始，從無始有，非始生於世。今從無始生，故謂之降也，謂之爲人也。非天主化本性而成人，亦非耶穌化其人性而成天主，又非兩性交和合一。乃天主性與人性，寓於耶穌一位之中。如我輩靈魂肉身，成爲一人。是天主而人，成一耶穌然，與一切人無異。論天主性，降生之先是如此，降生之後亦是如此。惟因天主性與人性締結，故可以互通名稱也。是耶穌謂之天主而人，人而天主。因此，曰天主降世，受苦受死，復活昇天也。

何謂降生之事？經典詳之，姑舉其略。開闢之初，天主已示其旨。而降生千五百年先，更詔古教聖人相傳候望。迨降世時至，天主遣天神報所選降世之母，名瑪利亞，從幼矢守童身，已聞此事。非由男女交感，乃由天主之全能。而其母且孕且育，仍然處子，乃以謙詞允之。故即頃受孕，九月而生，一如天神所報，時漢哀帝元壽二年，冬至後四日夜分也。生時室中光明如晝，九品天神羣來呵護。空中作樂，其頌云：「上天榮福於大主，下地安和於善人。」天見異星，引導外國三君，各持方物，奉獻朝覲。降生之地，曰如德亞國。亞細亞、歐邏巴及利未亞三大洲之中。即亞細亞洲與中國同洲。蓋天下此時，惟此一國獨存主教，不爲異端所染。又爲天主開闢之初，化生人類元祖之地。先知聖人預言主降生之事，以爲日後符徵，載在經典，皆存是國。主降生之名，曰耶穌，譯言救世，以示其降世乃救世人也。居世三十三年，所顯之靈異不可盡述。如命死者生，喑者言，聾者聽，瞽者明，病者痊。巨浪雄風，命息即息；天地百神，咸聽其命。以徵其爲天地萬物之真主。其垂訓立教，大要人倫之盡，而聖學之至，使人在世，樂於道德。而後世享上主所備之榮福，其神跡天訓，舉世尊崇。時惟司教傲滿，不察耶穌之時與事，與古經符合，謂以人僭稱天主，謀殺之。而耶穌因之，以成救世之功，遂聽彼加害，釘之十字架而死，時春分後望日午時。日月相對，不得薄食。月乃違其常，而掩日輪。宇宙晦冥，大地全震，石多破裂，塚墓自開；先聖已死者，多出見於世。天地萬物，皆含哀傷。三日後復活，復居世四十日，重定教規，命十二位宗徒，遍曉萬方，言畢歸天焉。

今將解先疑，一、疑天主不能也。天主全能之義，凡於理無悖，皆在全能之界，不限於某某物，總該萬有之德能。今天主性與人性合於一位，實邁越人之思想，或以因天主性與人性湊合耶穌，而成一物，不知兩性之名稱可通，而兩性之實各别也；或以爲降生後，天主性有所變易，不知主性之妙有，從無始恒一，雖降生締結人性於己，而天主性原無所易，惟人性登高位焉；或以爲天主囿於形身時，息宰宇宙萬物之權，不知降世仍存天主性，而御天地萬物，蓋天主性無窮妙有，在形無囿於形，在物無含於物，且能捨萬物，又何疑天主降生有所不能也。二、疑天主降生之不宜。各物相稱本性之義也，天主本性爲萬善之本元，則凡係善之義，皆宜天主。夫善之爲德，在傳其美好於物，善愈大，即其傳美好於物也愈宜天主。天主之善爲至善，則傳達本美好於物爲至宜。此則莫若天主降生爲人，令受造之物，締結於造物者之本妙。審此則天主降生爲人至宜矣。又須知天主傳達其美好，各有等級。如天地火氣水土金石等，止爲有而無生；草木止爲生而無覺；禽獸止有覺而無靈；人類止爲有靈而不純；天神止爲純靈而有限，是傳其美好有等且限。惟此天主性締結於人性，傳其美好於受造之物至盡矣。使即具能知善諸德於無窮，而稱之天主。今人惟知天主造天地萬物，顯其榮尊威嚴，而不知降生救世，愈顯其榮尊威嚴焉。天主因其仁義知能諸德無疆，故爲至尊無以上。而其仁義知能無疆，莫若顯於降生之至盡也。故不嫌人類微賤，示至仁也；不赦人罪，而代贖之，顯至義也；得救人之妙法，彰至知也；人與天主二物，相距於無窮，合於一位，明大能也；餘德可推類矣。三、疑降生之勢。以天主欲降生人間，從天降世，免囿胎於女腹，何等榮顯。不知降孕而生，乃真人也，從天降來，非同人類，豈不駭人見聞乎？然而降世不擇帝王之室、安華之地、温暖之時，凡此皆寓深意。蓋天主降世之意，不惟代贖人類之罪，且拔其根也。凡人諸罪之宗有三：一曰好富，二曰好貴，三曰好逸樂。以天主至尊之位，而下降極賤之處，爲抑我傲；以天地之主，甘降最貧之地，爲破我貪；以全福之備，而選苦寒之日，又爲藥我躭逸。至論生，離九萬里之遥，三年之遠航海，謀爲不軌，雖至愚者，不應作是想；雖至愚者，亦不應作是語。至論廣東居嶴西客：謂利瑪竇令召交易，可付一笑。西客居嶴在嘉靖年間，而利瑪竇入中國，係萬曆九年，相距五十餘載。此事廣東布政司可考。然西客居嶴，又原有由焉。明季弘治年間，西客遊廣東廣州、浙江寧波，往來交易。至嘉靖年間，有廣東海賊張西老，攘嶴門，至圍困廣州，守臣召西客協援解圍，赶賊至嶴殲之。是時，督臣疏聞，有旨命西客居住嶴門，至今一百三十餘年矣。至天啓元年，海寇攻嶴門，西洋人出敵殺賊一千五百有奇，活擒數百名。兩院疏敘首功，蒙旨嘉獎，守城有功，且賞官職。迨明末天下大亂，海寇猖披。西客住嶴交易如常，並無異論。蓋人心有所深謀，雖一時隱匿，久必明露焉，豈一百三十餘年之久，不足以知西客信實忠良之心乎？廣東總督撫院當道諸大吏，若有纖毫致疑，豈容西客一朝居耶？

至論傳教之修士，謀爲不軌，尤屬可笑。耶穌之受苦，一動一静，能救萬世之罪，而欲受千端苦難，致釘十字架酷刑，其義有二：一示忍德之美且要，用訓我等，凡天主所降苦難險困，皆宜欣然順受；二示犯罪之凶惡，寧甘重殃大害，以至致命，不可一息違天主之命也。

八

光先云：設天果有天主，則覆載之内，四海萬國，無一而非天主之所宰制，必無獨主如德亞一國之理。獨主一國，豈得稱天主？

予曰誠然。誰謂天主獨主如德亞一國哉[二]！

九

光先云：既稱天主，則天上地下，四海萬國，萬類甚多，皆待天主宰制。

予曰誠然。何待言乎[三]？

十

光先云：天主下生三十三年，誰代主宰其事？天地既無主宰，則天亦不運行，地亦不長養，人亦不生死，物亦不蕃茂，而萬類不幾息矣。

前已詳言矣。夫所謂天主降生，非向在天而後乃降生於地也。蓋其靈明之極，原無邊際充塞貫滿於六合之内外，無所不在。當其未降生，亦不離於世，及其既降生，亦不離於天。其制馭天地，主持萬有，無分降生與否耳。特天主取人之性，與已之性相締結，故曰降生也。且必孕而生，自幼而壯，居如德亞而行道，至釘而死，死而復活昇天者，此皆耶穌人性之事也。其天主性不易不動，不幼不壯，不生不死，仍然宰制乾坤，化生萬物耳。豈云天主降生，遂謂天不運行，地不長養，人不生死，何異以管窺天而蠡測海也〔三〕。

校記

〔一〕〔二〕〔三〕崇正堂重刻本第八、第九、第十，三節删。

十一

光先云：天主欲救亞當，胡不下生於造天之初，乃生於漢之元壽庚申。元壽距今上順治己亥，纔一千六百六十年爾。

天主所行，超越人之意量。主造物時，並無有擬議謀度。救世之事，亦莫非然。但揣摹其故，須知人類未方命之先降生，固不宜也。降生爲救贖人罪，無罪何贖？猶無病者，無庸醫治。又當人類方命之初降生，亦所不宜，其故有三：其一，視人祖方命之根由在傲。治其傲宜令自反，又不徒恃本性之力所能克。人性雖壞，不自覺知，故迨望主之垂救。其二，視信德之篤。蓋天主降生多信從者，賴有天主親諭。又賴有群聖望主降生之至殷。其三，視聖教之傳。若世初降生，人類甚少，必日久失傳。如造成之恩，因時遠人少以至失傳。據此則知天主降生，不宜於世界受造之初矣。

十二

光先云：開闢甲子，至明天啓癸亥以暨於今，計一千九百三十七萬九千四百九十六年，此黃帝太乙所紀從來之元，匪無根據之説。太古洪荒，都不具論，而天皇氏有干支之名，伏羲紀元癸未，則伏羲以前已有甲子明矣。孔子删《詩》《書》，斷自唐虞，而堯以甲辰紀元，堯甲辰距漢哀庚申，計二千三百五十七年。

中國自伏羲以後，書史載有實據。自此以前，尚數萬年多難信者。蓋羲軒堯舜之時，生人至少，豈有數萬年之久乎？伏羲堯舜之民，性心純善，制文藝，興法度，肇宫室，始耕鑿，正惟此時，推知其去原初不甚相遠。南軒氏論堯舜以前之事，曰：「其中多有不經。」又曰：「作史當自伏羲造端，無疑也。」太史公曰：「夫神農以前，吾不知矣。」《綱鑑》亦曰：「不信傳而信經。」其論始定。今吾據經載，自帝堯迨順治元年，正四千年。此與六經義不遠，而於《天主經》相合。由此而知，天皇氏有干支之名，伏羲紀元癸未，皆外紀荒唐不經之語也。

十三

光先云：若耶穌即是天主，則漢哀以前，盡是無天之世界，第不知堯之欽若者何事，舜之察齊者何物也。

主降生在漢哀，則謂漢哀以前，無天之世界，猶夫前言，天主降生，天地不幾無主宰同義，無庸贅答。

十四

光先云：若天主即是耶穌，孰抱持之而內於瑪利亞之腹。《齊諧》志怪，未有若此之無稽也。男女媾精，萬物化生，人道之常經也。有父有母，人子不失之辱有云云。

欲以人事測天主之事，猶以地量天，不啻倍蓰。天主欲不借母胎，自天而降，降即成大人之身，固於全能無難，但不足以爲人之表。必也降孕而生，真人血脉，乃知雖爲天主，亦真人也。吾儕所當感恩，而師法者，但不從媾合而生耳。蓋古來大聖之生世，多異於凡人，況天地之主乎？即此正顯其全能，而亦其鍾愛貞潔之德焉。天主降生奧旨，其所最要，在以其母爲降生之基。於時即擇一室女爲之母，绝衆人所染之原罪，定其形質之美，性體之純，德行之備，及其生前生後，所見之純工，所履之聖域，加以母皇之位，克至尊之職，皆已包含於其體之中矣。故開闢之初，已示斯旨，而降生前千五百年，更詔先知聖人，相傳於後世，而聖母所由始胎於其母者，乃於其父母既耄之年。蓋終其求而得，與衆大異。夫其不染原罪而生，又有天主之母義，自不同於世人之所由得生也。迨降生之時已至，天主默運神功於聖母之清净體中，造成一全美肉身，又與精粹靈神，以結人性。蓋一息之頃，而聖胎成焉。今試以土爲喻，夫土生百穀，必先播種，加以灌溉耕耘，乃能生育，此定理也。人之孕生，亦猶是焉。顧論初造天之時，未生百穀，種從何來，必不待播種溉灌。而天主命生百穀即生，則是最初之穀，亦生於童身土中耳。聖母亦得天主之命生耶穌，彼時聖體即孕，童身寧改於初，自應無纖毫之損缺焉。如玻瓈瓶，太陽光照瓶中，玻瓈不損；太陽透出瓶外，玻瓈不傷，何異聖母降孕而仍童女乎？

十五

光先云：天堂地獄，釋氏以神道設教，勸怵愚夫愚婦。非真有天堂地獄也。作善降之百祥，作不善降之百殃。百祥百殃，即現世之天堂地獄。

天堂地獄，賞罰甚明。欲以見世之賞罰爲賞罰，則失賞罰之大矣。夫世之操賞罰者君也。一國之内，其爲君所賞罰者，特千百之一二耳。一人之身，其爲君所賞罰者，又特千百之一二耳。故欲以世賞遍善，則禄爵不足以答有德。欲以世罰遍惡，則囹圄不足以容多奸。《書》曰：「惟上帝不常，作善降之百祥。」然有善而未蒙報也，則世賞固不足以盡之。作不善降之百殃，亦有惡而未加譴也。則世罰亦不足以盡之。是何足顯天主至公，無善不報，無惡不罰之義乎？況今世之祥，惟富貴福澤，最爲人之所好，然達人志士，且有棄之而不居者。今世之殃，惟剖肝碎首，實爲人之所畏，然藎臣義士，且有殺身以成仁者。若謂後世無報，是豈賞罰之本旨乎？夫德之爲物至寶，盡天下財物爵禄，未足以還其值。苟不以後世之天堂永福報之，則有德者不得其報稱，且有未享一日之榮樂者矣，可奈何？惡之爲物至凶，盡天下極刑嚴法，未足以滿其辜。苟不以後世之地獄永禍報之，則有罪者不得其報稱，且有漏網於吞舟者矣，可奈何？

或曰：善惡之報在今世，似有足據。不觀夫違理者，心中怵然不安；順理者，心中暢然自喜。又何俟後世天堂地獄之報乎？曰：此憂樂乃世人常憂常樂之本情耳，豈一時之憂樂，足當善惡之實報乎？

又曰：果有天堂地獄，何經傳不載，或前聖未達此理乎？曰：《詩》《書》雖未顯言之，而已明示之矣。《詩》曰：「文王在上，在帝左右。」曰：「三后在天。」《書》曰：「乃命於帝庭。」曰：「茲殷先多哲王在天。」夫在上、在天、在帝左右，非天堂乎？有天堂必有地獄，二者不能缺一。若謂盜跖、顔回、伯夷、桀、紂同歸一域，則聖賢徒自苦耳。天堂地獄之説，載之經史，見之事跡，班班可考，豈釋氏神道設教之謂。

十六

光先云：彼教則鑿然有天堂地獄在於上下。

天堂地獄之説，非創於佛。中國因彼始聞，遂指爲佛教所有。按《天竺志》：釋迦，淨飯國王之子，摩耶夫人所生。初專以清淨明心爲教，彼國之人，莫有從者。其國西近大秦，即如德亞，國有天主古教。釋氏素聞，乃竊其天堂地獄之説，攙入輪迴六道，雜糅成教，彼國遂服焉。今觀藏典，其最上一乘，惟事明心見性。且欲不起善惡之意，不立禍福之相，而教外別傳，拈花微笑，蓋謂無佛無法，本來如是，並不假語言文字，則知天堂地獄非其本旨。先儒所謂，寶玉大弓之竊也。豈因爲其所竊，而遂置不講耶？佛氏竊天主教説，不特此也。蓋唐時天學已東來，中土罕究厥旨，故所譯經典，多混入佛藏，以訛沿訛，反令僞教興而真教晦。究竟天堂地獄之説，彼此懸殊，彼之天堂，有欲界色界，仍不離於塵俗之境。又福盡復降，是雖得之，不足我有也。我所謂天堂，有內祉外祉。內則以本性明觀造物主無窮之美好，與萬物之性情，於諸神群聖同居，而與之一心一旨，微憂纖患，悉不能被；外而四體百骸極美麗光明，神快透堅，一切饑寒倦勞，所不能侵。彼之地獄，不出刀山劍樹，切頂磨踵，而苦盡仍出。我所謂地獄，有內痛外痛。內則永失真主至美之望，常懷怨妬；外則身形永被暴火焚灼，五官各觸其苦，萬苦並集，墮之者永不出焉。則是二者，固名同而實異矣。

十七

光先云：奉之者，昇之天堂；不奉之者，墮之地獄。誠然，則天主乃一邀人媚事之小人爾，奚堪主宰天地哉？

據如所論，則聖帝明主，皆不必持賞罰之權耳。夫虞廷二十二賢人用，三載考績，黜陟幽明，抑皆邀人媚事之小人耶？天主正因主宰天下，故特置天堂地獄，以示賞善罰惡之大權。但帝王之賞罰，聖賢之是非，皆範人於善，禁人於惡，至詳極備。然賞罰是非，能及人之外形，不能及人之隱情。惟後世永遠福禍，乃治人心，使善惡判然，而無所遁。司馬遷有云：「顏回之夭，盜跖之壽，使人疑於善惡之無報。」然則天主非置後世之報，何得謂持主宰之權乎？

十八

光先云：彼教則哀求耶穌之母，子即赦其罪而昇之於天堂，是奸盗詐僞皆可以爲天人，而天堂實一大逋逃藪矣。

蓋人身不能無疾，故爲藥石之方；人心不能無罪，故開悔罪之路。人身有疾，服藥則愈，非復病人；人心得罪，痛悔則善，即非罪人。夫貯油之器，污染四面，投之於火，則旋焉光潔。罪人痛悔之心，若火猛熾，罪有不銷滅者乎？苟非痛悔得赦，天下無善人矣。仲尼之求無大過，大禹之罪在朕躬；湯王之惟求日新，聖賢何常不砥礪兢兢耶？至論赦罪之權，則惟天主操焉，豈有哀求聖母，得蒙其赦？遍察天學諸書，無有此語，此妄言也。惟求聖母以代衆人轉達天主，則有之。

十九

光先云：如真爲世道計，則著至大至正之論，如吾夫子正心誠意之學，以修身齊家爲體，治國平天下爲論，不期人尊而人自尊之，奈何辟釋氏之非，而自樹天邪之教也。

論天主教，何莫非正心誠意，習之爲聖爲賢，爲治世之大道乎？請申論之。

夫治世之大端，以治人心爲治國平天下之根本。要惟使人心定於趨避之真，與賞罰之當，勉人於善，禁人於惡，人心治則世治矣。何謂使人心定於趨避之真？蓋天主教率人靈性於其本向，上合於原始真主，下和於同類儔儕。所就者，信仁慎忍諸德；所避者，悖逆傲妬諸惡。故不義之利達榮貴，不得牽其心；意外之貧辱苦難，不得屈其志。由其所授訓誨，皆有種種善規。今世置人於泰山之安，後世置人於真福之域。所謂使人心定於趨避之真者，此也。何謂以賞罰之當，勉人於善，禁人於惡？其設賞罰至盡矣，而復至公。至盡云者，以永福永禍之報應善惡；至公云者，以無纖毫之善惡，不能逃天主全知，而不得其報。極足以惕聳人心，使人莫不孜孜爲善，兢兢去惡，尚寧有分外亂萌，而爲壞法亂紀之事哉？則國家之久安長治，可左券而求。所謂以賞罰之當，勉人爲善，禁人爲惡者，此也。且歷考中史，上古稱大治矣，迨末季求數百年之安，而不可得。任世道者，空有願治之心，恨無必治之術，於是假釋道二氏之説以輔之。然仙宫佛院，滿遍寰區，而世道人心，日趨日下，未臻上理，緣其立教也竊取一二善事，其他議論不真不確故也。釋氏輪迴浄土、戒殺破獄，種種誕妄，不知萬物之原始，人類之趨向，靈魂之性情，生死之究竟。且妄屈真主於佛之下，乖謬殊甚，此與聖賢真學之旨悖矣。衍老莊之旨者，涉幽邈而無當，雜符籙而悖理。即據所云成仙登空，亦惟形體，不離塵俗，又萬萬必無之事。況奉玉皇爲皇天至尊，是道家於天主，以人竊其號；佛氏於天主，以人處其上，一不當，一不恭，皆無合於昭事之旨。且二氏之教行於中土，已千八百年矣，而人心世道，反今不如古。若以奉佛老者從奉天主，則興化致理，必出唐虞三代上矣。如西方三十多國，奉教後千六百年，大安長治，人心風俗，不爭不奪，各樂本業，此外治之至象，似不足爲異。蓋其所言生死利害之原，甚悉且真；身後賞善罰惡之理，甚公且當；朝夕省察之工，甚細且嚴。有聖寵輔佐，有悔罪日新，有修士提警，有善友勸勉，有多許先聖先賢指引表則，種種皆有離惡就善之正道。可知天主正教，誠能治安人心，而爲治世之極軌云。

二十

光先云：其最不經者，未降生前，將降生事跡載國史。夫史以傳信者，安有史而書天神下告未來之事者哉！從來妖人之惑衆，不有借託，不足以傾愚民之心，如社火狐鳴、魚腹天書、石人一眼之類。而曰史者，愚民不識真僞，咸曰信真天主也，非然何國史先載之耶？

天下略知文理之國土，各有其史。不得以我國所未嘗有，而謂他國亦無也。中史所紀者，中國之事耳。鄰國之事，無由紀載。况隔遠九萬里外之事乎？天主《古經》載：昔天主開闢天地，即生一男名亞當，一女名阨襪，是爲世人始祖；而未嘗載有伏羲、神農二帝之名。不可謂西國無所載，而抹殺中國之無伏羲、神農二帝也。若以中國之書觀之，惟載伏羲、神農等帝，而並未載有亞當、阨襪二祖之名。豈因中國無是載，而即抹殺西國之無亞當、阨襪耶。若然禹跡不紀大西諸國，可謂天下無大西諸國哉？然中史不載天主降生之靈跡，遂謂無此事，何其見之不廣也。

二十一

光先曰：觀蓋法氏之見耶穌頻行靈跡，人心翕從，其忌益甚之語，則知耶穌之聚衆謀爲不軌矣云云。

天主降生事跡，其故雖多，大約有三：一曰贖罪，一曰敷教，一曰立表。贖罪前論已悉，今略言其敷教與立表焉。天主賦畀時，命人以種種之善，克全其性，率性而行，自然合道，原不須教。迨世遠性昧，乃命聖人主教以訓之。至又侮蔑聖言，不知循守，天主不得不躬自喻焉。於是降世，明示人以物之原始，宇宙之究竟，與夫爲善之樂，爲不善之殃。悔改之門，補救之法，遍遣宗徒，譬曉萬方，俾向之事邪鬼者，化而事真主矣，向之淫者貞，向之貪者廉，向之暴者仁。今寰宇之內，被聖澤而沾風化者，今已十之六七，何莫非敷教之弘施哉。天主於人崇卑懸絶，何從仰法？惟既降世，則其言行，人始得而模楷焉。故隱其神靈赫奕之威，而獨著貞孝廉忍之德，俾衆人皆可效視。西史四聖，各紀其事，嗣後諸聖徒洋溢萬國，皆從耶穌懿訓而成德焉。是之謂以身教，其奇表真思，絶人區者矣。至於耶穌受難，雖係人情事，與天主之事了不相涉，然亦可謂天主受難。譬有人於此，或毁其衣，裂其冠，雖不擊其身，豈徒曰衣冠受辱，而直曰此人受辱矣。天主耶穌衣人之性，既害其人性，豈徒曰人受難，直謂之曰天主受難，何不可哉。

今試問光先，惡黨以謀犯之罪罪耶穌，從何知之？答曰：由《進呈書像》。然既引《進呈書像》所載，亦宜引本書究誣之事，何截取其敘述，而掩滅其斷詞，豈非故昧本情，藉以誣惑乎？雖然，不觀成湯衣茅負罪之日乎，不知者以爲罪人也。若知其至尊，爲民禱雨，身爲犧牲，不但不滅其威尊，且益彰其至德，傳頌萬世。若但竊取《進呈書像》内所載耶穌

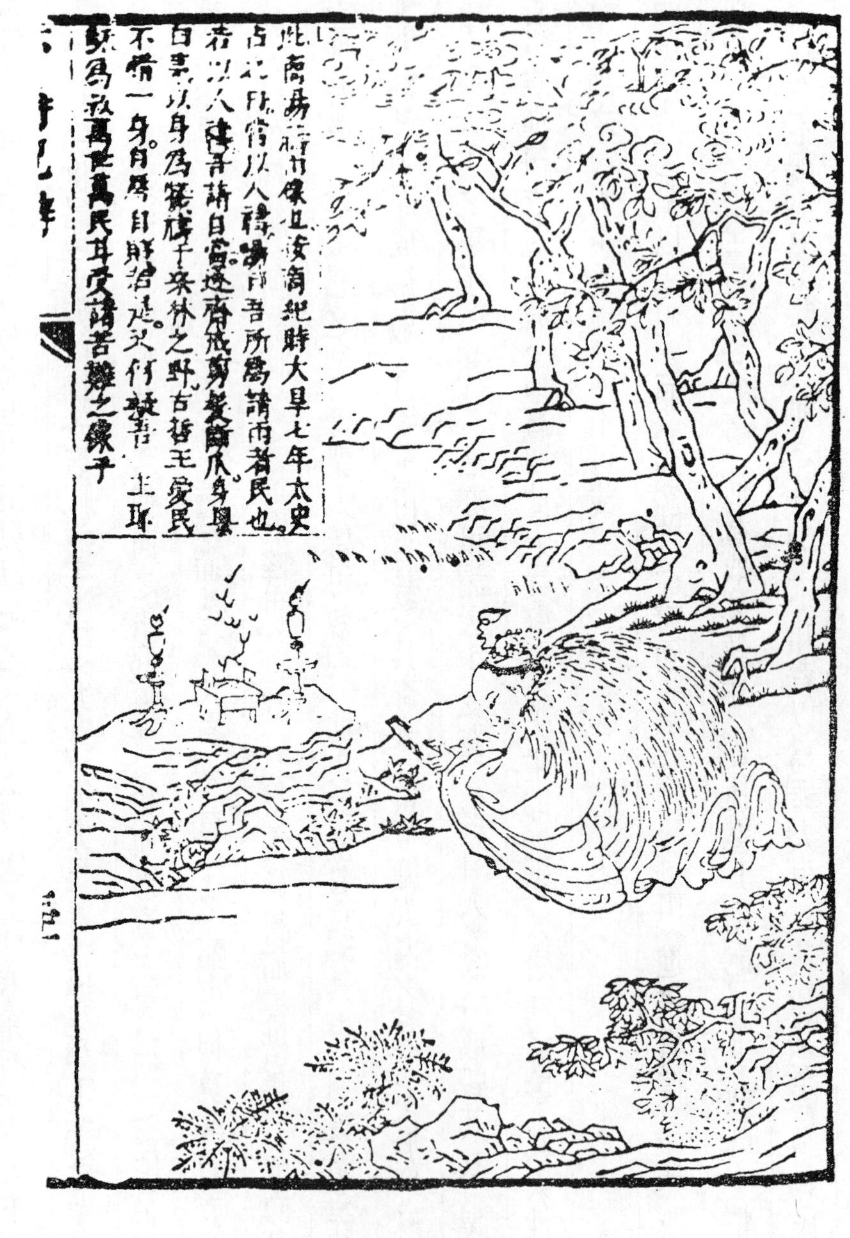
此商湯禱雨像。按商紀。時大旱七年。太史
占之。所當以人禱。湯曰吾所為請雨者民也。
若以人禱。吾請自當。遂齋戒剪髮斷爪。身嬰
白茅。以身為犧。禱于桑林之野。古哲王愛民
不惜一身。自舉自罪己。又何疑吾 主耶
躬為救萬世萬民而受諸苦難之像乎

受難諸跡，每一字句輒加凌侮，不知耶穌受難諸跡，載在《降生言行紀略》、《聖經直解》、《龐子遺詮》、《提正編》、《主教緣起》等書，行世甚明。況吾儕九萬里東來，正爲闡揚此一大事，豈有書像敢進之闕廷者，而畏他人之揑誣哉？所慮四區賢達未目全書者，或有爲其煽搖，故不厭苦口正告，不然，何蜚語之足懼[一]。

校記

[一]此則内附《商湯禱雨像》一幀。圖注云：「此《商湯禱雨像》也。按商紀，時大旱七年，太史占之曰，當以人禱。湯曰：『吾所爲請雨者民也。若以人禱，吾請自當。』遂齋戒，剪髮斷爪，身嬰白茅，以身爲犧，禱於桑林之野。古哲王愛民不惜一身，自辱自賤若是，又何疑吾主耶穌爲救萬世萬民甘受諸苦難之像乎？」

二十二

光先云：天主造人，當造盛德至善之人，以爲人類之初祖。猶恐後人之不善繼述，何造爲惡一驕傲之亞當，致子孫世世受禍，是造人之人，貽謀先不臧矣。

天主所造事物，無不精粹純備，而人性尤爲全美。其明悟能直通萬理，而辨事宜，裁度善惡，所當趨避；其愛欲復清潔正直，所願惟善，所憎惟不善，又賦之擇善惡之能。《經》

曰：天主初化成人，而任以本心之決。生死善惡，並設爾前。惟爾所擇，若欲使人必不能爲惡，天主固無難，但非人性之自然，即不爲惡，亦不云爲善，是定人於一，不使自如其所行德，似是而實非，終無功績以蒙天報也。試觀人幼稚之年，善惡未辨，此時不爲回邪。而人卒不誇其功德者，正謂其不能爲，非能爲不爲也，使能爲而不願爲，此則實德可讚美矣。經讚善人，曰能犯而不犯，能爲惡而不爲，故其吉祥定於無窮也。天主生亞當，而賦以心權，豈徒不犯而已，誠欲以循善得善報，以避惡免惡刑，乃自犯命以取罪，與天主何預哉。

二十三

光先云：天主降生救世，宜興禮樂，行仁義，以登天下之人於春臺，其或庶幾乃不識其大，而好行小惠，惟以瘳人之疾，生人之死，履海幻食，天堂地獄爲事。

天主降世爲人，立教垂訓，何一不以仁義爲誨迪哉，《言行紀略》載之詳矣。其所提命者，皆使人悔過徙義，遏欲全仁，拔除諸罪之根，忻勤諸德之宗，不但使天下人登春臺，直令萬世享真福於無窮焉。故遍西極諸國，自尊聖教之後，千六百年來，大小相恤，上下相安，路不拾遺，夜不閉關。至於悖逆造亂，非獨無其事其人，亦並其語言文字而無之，其久安長治如此。况大聖大賢，世世不絶，豈其人皆上智而無中材，惟所授者真，而力行者不倦耳。且南方僻陬之俗，素以食人爲事，與東北小西之邦，向無國法文字，一授教規，舊習悉變，而爲忠信廉潔之區焉。此非耶穌立教之成效耶？至論耶穌生人之死，瘳人之疾，天地百神，咸聽其命，種種靈異，非人所能及也。始證爲天地萬物之真主，小惠云乎哉。

二十四

光先云：按耶穌之釘死，實壬辰歲二月二十二日〔一〕，而云天地人物俱證其爲天主。天則望日食既，下界大暗；地則萬國振動。夫天無二日，望日食既，下界大暗，則天下萬國，直無一國不共暗者。日有食之，春秋必書，况望日之食乎？考之漢史，光武建武八年壬辰三月十五日，無日食之異。豈非天醜妖人之惡，使之自造一謊，以自證其謊乎？

天文家論各國各地交食有異。有此方日食，彼方不食者；有彼方日食，此方不食者，曆法之常經也。蓋各方子午各異，交食隨之而異。有東西之差，亦有南北之視差；此方多食，彼方少食；有此早彼遲，此有彼無者，各方各别，天下豈能一例乎？况曆家測量日食，必以朔日，從無望日食者。耶穌受難爲建武八年三月十五日，此天變示警，象緯失位之象，非曆家所得知也。然中國史書之不紀也，其故光先未之知也。蓋大地圜體，舉於天之中，人從所居，莫不足履地而首載天。日月星辰之旋轉運行，天動而地不動，故晝夜遲蚤之殊。今耶穌受難，在漢建武八年三月十五日午時。以地體論，如德亞國與中國地勢隔遠，而時刻自別。當彼午正，於中國差二十餘刻，又視差四刻，合算在酉正强，且時際春分，日已入地平，即有變現，無由仰觀，史官從何而紀？按西史載一大賢，諳於天文，名低尼削，時居厄日多國。仰觀日色昏暗，愕然曰：「此或造物主被難耶，抑天地世界將終耶？」數年之後，宗徒至其地傳教，低尼削乃詳知其故，遂奉教著書，發明天主奥理焉。

校　記

〔一〕「三月」，崇正堂重刊本爲「三月」。

二十五

光先云：蓋其刊布之書，多竊中夏之語言文字，曲文其妖邪之説，無非彼教金多，不難招致中夏不得志之人，而代爲之劉潤。使彼之人，第見其粉飾之諸書，不見其原來之邪本，茹其華而不知其實，誤落彼雲霧之中。

西儒非中夏人，而與中夏人問答，用中夏語言文字，理所必然。末年雖遍讀中書，然未免語言文字不熟，請中士代正，理亦必然。承上國大君子不鄙，進而討論精微，勾稽典故，偶有撰述，則鑒賞殷殷。果如所云，則明公巨卿，皆不得志之人，皆西士揮金所招致耶？何出言之無稽也。兹略引諸賢惠教之言，共質之天下。楊庭筠曰：「西書有圖有説，有原本有譯本，每一書出，可以考三王，可以達至尊而付史館。」汪汝淳曰：「得而讀之，則皆身心修正之微言。」陳亮采曰：「其書精實切近，多吾儒所雅稱。至其語語字字，刺骨透心，則儒門鼓吹也。其欲念念息息，歸依上帝，以冀享天報，而求免沉淪，則儒門羽翼也。」李之藻曰：「大約使人悔過徙義，遏欲全仁，念本始而惕降監，綿顧畏而遄澡雪，以庶幾無獲戾於皇天上帝。」王家植云：「所習爲崇善重倫事，天語往往不詭於堯、舜、周、孔大指。」劉胤昌云：「佛入中國，千八百年矣。人心世道，日不如古，成就得何許人？若崇信天主，必使數年之間，人盡爲賢人君子，世道視唐虞三代，且遠勝之。而國家更千萬年永安無危，長治無亂，可以理推，可以一鄉一邑試也。」崔昌云：「麗子迪我，著書立言，述物撰德，以通天人之奧，所著《七克》諸篇，而人之變態盡矣。而天人之互相發明，互相告戒，亦略具矣。總一世教中盡能謙以畜德，忍以濟物，不貪不妬，不淫不怠不饕，人求策勵，家懷貞節，朝皆貞臣，野皆良士，争於何有？亂於何生？」諸如此類，不一而足，請觀其人其語，詎非纓緌之領袖，述著之翹楚，西儒有何巨力，得以招致之哉？然猶可曰，勝國諸紳，不妨侮之蔑之。至我大清聖朝諸王公名碩，承其顧盼傾倒者，踵相接也。而世祖章皇帝，尤稱天出聖明，勅獎頻加，恩綸載錫，賜金剏宇，輪奐東西二堂。如所云落彼雲霧之中者，實指章皇帝也，何不敬之大也。

二十六

光先云：利瑪竇欲尊耶穌爲天主，首出於萬國聖人之上而最尊之。歷引中夏六經之上帝，而斷章以證其爲天主，曰天主乃古今書所稱之上帝。吾國天主，即華言上帝也。蒼蒼之天，乃上帝之所役使者。或東或西，無頭無腹，無手無足，未可爲尊。況於下地，乃衆足之所踏踐，污穢之所歸，安有可尊之勢，是天皆不足尊矣。如斯之論，豈非能人言之禽獸哉。

耶穌譯言救世，乃天主降生之尊稱。天主二字，亦中華有之。吾西國稱「陡斯」也。其義則曰：生天生地生萬物之大主宰，簡其文曰天主。六經四書中言上帝者，庶幾近之。然亦非由利子始也。中夏名儒久稱之矣。馮應京曰：「天主者何？上帝也。吾國六經四書，聖聖賢賢，曰畏上帝，曰助上帝，曰事上帝，曰格上帝。」楊庭筠曰：「夫欽崇天主，即吾儒昭事上帝也。」李之藻曰：「其教專事天主，即吾儒知天事天也。」朱子曰：「帝者，即天之主宰。」以爲主宰天地萬物是也，故名之主。則更切而究極其義，則宇内萬國之一大父母也。説天莫辯乎《易》。《易》爲文字之祖，即言：「乾元統天，爲君爲父。」又言：「帝出於震。」而紫陽氏解之，以爲帝者，天之主宰。觀此則天主上帝之義，不自利子創矣。光先口誦《六經》，而不達《六經》言上帝之義，則反以他人爲能人言之禽獸耶。至所云蒼蒼之天，乃上帝之所役使，其義甚明。蓋稱天有二，一有形象之天，在上爲日月星辰，在下爲水金石是。蒼蒼之天與地之塊然者正相等，無足異耳。一無形象之天，即天之所以爲天也。天之所以爲天者，指天主，即華言上帝也，乃生我養我之大本大原也。畏天者，謂其威靈洞矚，而臨下有赫也。《書》曰：「于昭上帝，其申命用休。」《詩》曰：「皇天上帝。」夫以上帝言天，非蒼蒼之謂明矣。又聖賢言天，恒依之以命，則固有出是命者。然不言天主但言天者，正如指主上曰朝廷。夫朝廷宫闕耳，言朝廷即言此攸居之上主也[二]。

校記

〔一〕崇正堂重刊本此節删。

二十七

光先云：理立而氣具焉，氣具而數生焉，數生而象形焉。

此本宋儒之唾餘也。宋儒指天即理；光先因指理爲天，故有生氣數形象之説。夫理不能生物，亦甚明矣。凡物共有二種：有自立者，亦有倚賴者。自立者又有二種：有有形而屬四行者，如天地、金石、人物之類；有無形而不屬四行者，如天神人魂之類。倚賴者亦有二種：有有形而賴有形者，如冷熱、燥濕、剛柔、方圓、五色、五味、五音之類；有無形而賴無形者，如五德、七情之類。夫此自立與倚賴二種，雖相配而行，然必先有自立者，而後有倚賴者。設無其物，即無其理，是理猶物之倚賴者也。無有形之體質，則冷熱、燥濕、剛柔、方圓、五色、五味、五音，俱無所著；無無形之靈，則五德七情，亦俱泯於空虚。而謂理能生物乎？即云天地自有天地之理，神鬼有神鬼之理，亦從有生之後，推論其然。若無天地人物神鬼，理尚無從依附，又何能自生物乎？理者法度之謂。造物者成物之時，不特造其形，而亦賦其理。猶如開國之君，必定一國之法律以爲治。倘國無君，法律豈能自行乎？

《天主實義》理之生物辯其詳。

二十八

光先云：天爲有形之理，理爲無形之天，形極而理見焉。此天之所以即理也。

此虛誕不經語也。即云天爲有形之理，則理不能爲無形之天。又云理爲無形之天，則天非得謂有形之理。一物也，忽謂有形，忽謂無形，非自相矛盾乎？試問理有形否？謂有形，則理非爲無形之天；謂無形，則天非爲有形之理。况天亦不可謂之理。夫天自立之體也，非恃别體以爲物。理則倚賴而託他體以爲物，是物在理先，理居物後。《詩》曰：「天生烝民，有物有則」，則乃理也。先有物而後有物之理，則天不能謂之理也明甚。孔子謂郊祀上帝，不言祀理也。且所謂天以理理物，猶天子以法理人，豈謂天子即法乎？無人則法亦不設，無物則理亦無名也，謂天即理可乎？

二十九

光先云：天函萬事萬物，理亦函萬載萬物，故推太極者，惟言理焉。

若是，則人有雙耳，驢亦有雙耳，可云人即驢乎？凡二物如甲乙有一二相通之情，不可謂甲乙即是一物耳。天也理也，虛實各別焉。天以其形無物不包，理以其神無物能離，謂理與天似則可，而謂天即理可乎？

三十

光先云：《程傳》：乾，天也，專言之，則道也；分言之，以形體謂之天，以主宰謂之帝，以功用謂之鬼神云云。

此欲誣天即上帝，而託指《程傳》，以爲天之説者。而其妄據爲難端者有三：其一，以爲一物具多情，因而得多名，非實爲二物。因其形體，故謂之天；因其主宰，故謂之帝。同一物，非有所分也。其二，以爲天也，上帝也。人之通稱，蓋萬物所尊者惟天，人所尊者惟帝，故又稱天，又稱帝也。其三，引《詩》、《書》稱天稱帝，惟此一天，非天之上又有一帝也。

今答其一曰：形體無靈之天，不能主宰萬物。既云主宰，則非形體之天矣。有形之物，皆順命而行，行必有所向，向必有所得，故有至靈至睿者，以其全知所定之秩序，爲之主宰開引，萬物各得其所。此皆非有形象之天所能致也。是則形天之外，自有一帝，不以名稱各異，或爲主，或爲帝也，而本體亦異焉。答其二曰：人舉頭見天而稱帝，必也以爲天之上有一帝主宰萬物，如見宫闕，而知其内必有一天下臣民之主尊居九重，豈見宫闕，不知内有君乎？故見天，即知上有主宰矣。尊天者，以其宇内萬形之中，位於至清至高之所，而覆蓋萬物；尊帝者，以其上下萬靈之中，居於至純至尊之美，主宰萬物。尊天尊帝之義殊異，則天也帝也，迥然各一矣。答其三曰：《詩》、《書》所歸之德於天，非形天所得擅焉，如畏天、敬天、天討、天命、天降衷下民，於形何與？形天乃無靈之體，何敬畏之有？所可敬畏者，惟因其上有純靈之妙體耳。降衷下民，即賦民以理，豈可謂蒼蒼有形象之天，自無知覺，能賦民以理乎？凡物以所自無，不能施所有者甚明。然則《詩》、《書》以此德歸於天與帝者，明指此形天之上，必有一至靈至純者，以其全能全知，統御乾坤，降衷下民，甚可敬可畏者也。以辭害意，善讀書者，豈謂是歟[一]？

校　記

[一] 崇正堂重刊本此節删。

三十一

光先云：令皈其教者，必毁天地君親師之牌位而不供奉也。不尊天地，以其無頭腹手足，踏踐污穢而賤之也；不尊君，以其爲役使者之子而輕之也；不尊親，以耶穌之無父也。天地君親尚如此，又何有於師哉？

從奉聖教，不拜天地，而欽崇天地之主，前論已詳。不拜君親師，乃妄言也。夫不拜天地，豈特今奉教之人，古時亦莫不然。古時中士設供奉之牌，亦有深意，豈不曰天地而已。乃曰天地十方，萬靈之真宰，明示宜供奉也。非天非地，乃天地之真宰，後世不明古人之意，止於天地耳。至言奉敬君親師，此則敬天主之後爲首務，係人倫之大旨。蓋聖教十誡中，前三誡，係敬事天主；後七誡，首即孝敬父母也。父母之義，兼包胎我、生我、養我、教我是也。然則聖教最重者，君親師也，不知何所據而云然也。

三十二

光先云：夫吾所謂功者，一言而澤被蒼生，一事而恩施萬世。若稷之播百穀，契之明人倫，大禹之平水土，周公之制禮樂，孔子之法堯舜，斯救世之功也。耶穌有一於是乎？如以瘳人之病、生人之死爲功，此大幻術者之事，非主宰天地萬物者之事也。

凡互相辯理，先須明彼此所據之理是否，方始辨拆。若不洞曉而强辨，則不免曉曉，而滿紙鴉鳴矣。夫天主降生，其事業縱使細微，其功固無窮也。即盡天上天下、衆神衆聖之功，合而爲一，較天主耶蘇一靜一動之微功，亦不足以言功。緣彼由人爲有限，此由天主爲無限故。蓋論功輕重，視立功者之位之尊卑，天主至尊無對，則其所立之功，亦至弘無對，豈衆受造之物可比擬哉！但降世屬於人形，惟見其爲人，而不見其爲天主。至示其爲天主，降世救人，故行非人與神所能及之事，如死者復活，瞽者復明；巨浪雄風，命息即息；種種靈異，超越人神之能力。夫播百穀，始耕鑿，明人倫，制文藝，興法度，平水土等，人力能行者之事。若衹行此事，僅謂之聖人耳，豈爲天地之主乎？但耶穌救世之功，豈止生人之死、瘳人之病而已。其功在救世之人於永禍，而得天堂之永福，救衆生之罪，明人物之原始，與其終向，使宗徒遍曉萬方，敬主愛人，不慾不貪，不傲不妬，種種避惡趨善之功業，令今世後世，得享真福。此等功績，邁越人力，是豈先聖後聖之可擬議也。

三十三

光先下論反覆，總言西士在中國藉傳教之名，而謀不軌之事。利瑪竇令召在嶴西洋人，以貿易爲名，實踞嶴伏戎謀中國。

此事原不必辯而自明也，但世人有智愚不等，知者可疑而疑，不可疑而不疑，愚則反是。故不得不辯以解。從古及今，未聞海外之人謀中國也。海外鄰國之人，尚無此事，況以數儒生，離九萬里之遙，三年之遠，航海謀爲不軌，雖至愚者，不應作是想；雖至愚者，亦不應作是語。至論廣東居嶴西客，謂利瑪竇令召交易，可付一笑。西客居嶴在嘉靖年間，而利瑪竇入中國，係萬曆九年，相距五十餘載。此事廣東布政司可考。然西客居嶴，又原有由焉。明季弘治年間，西客遊廣東廣州、浙江寧波，往來交易。至嘉靖年間，有廣東海賊張西老，攘嶴門，至圍困廣州，守臣召西客協援解圍，赶賊至嶴殲之。是時，督臣疏聞，有旨命西客居住嶴門，至今一百三十餘年矣。至天啓元年，海寇攻嶴門，西洋人出敵殺賊一千五百有奇，活擒數百名。兩院疏敘首功，蒙旨嘉獎，守城有功，且賞官職。迨明末天下大亂，海寇猖披，西客住嶴交易如常，並無異論。蓋人心有所深謀，雖一時隱匿，久必明露焉，豈一百三十餘年之久，不足以知西客信實忠良之心乎？廣東總督撫院，當道諸大吏，若有纖毫致疑，豈容西客一朝居耶？

至論傳教之修士謀爲不軌，尤屬可笑。今姑舉數端，以闢其妄。凡謀逆必避人知，蹤跡詭秘，必匿隱僻之處。寧有顯在通都大邑，無人不可見者乎？愚民雖云易惑，而明公巨卿，何術可掩其耳目？況人意不顯於言，必露於行，暫隱而久必彰。西士行教在中國，八十餘年矣，有纖芥可疑，瑕隙可指乎？細查主教諸書，果有違道非理之事乎？敬主愛人，忠君孝親，無他論也。且西士甘於淡泊，無求於世，惟求身後永福，即可以知其人。況所學格物窮理，傍而象數，正而性命，其行事不止修身益己，且著書立言，一日之中，對越强半，閑居獨處，不與世事。凡事皆可僞設，西國携來書籍萬計，裝潢印摹，不足知其胸中所蓄耶。若謂爲西洋國主，未聞爲國君而肯遠離不返，捨父母妻子親屬故土，萬死一生，跋涉勞苦，老死他鄉，以謀萬不可幾之利。且忠臣勇士，爲君致命者，莫不望爵禄富貴，不及本身，必及其子孫。況我輩原孑然一身，無妻無子也哉。既不爲己身之榮享，又不爲子孫之垂業，人而出此，非愚則狂，而謂無求無欲、不婚不宦者爲之乎？又凡有謀於人國者，必内外相通，後先相結。今大西距中國九萬里，而遥航海非三年不達。且海外風濤，難以逆料。求一字相聞，不啻登天，況其他乎？且行教西士先來者，或七八十年，或四五十年，爲朽骨者有之，龍鍾者有之。後至之士鄉國，皆人人殊，寧有隱跡密謀，展轉告授，以繼此未竟之圖哉。以此質之高明，固不足以當一哂；即語之黄童，亦不足聳其疑猜。且遠引無蹤無證之日本、吕宋，並指故明禮臣之參疏，與捕空之舶商，愈言愈虚，愈虚愈遁，云舶商傳聞西客謀奪日本。試問船商是何姓名，何年何月與相見。至沈凗〔一〕之參疏，今已五十年矣。歷時不爲不久，其所言虚實果否？今何如哉？凡觀人者，不知其國，視其人；不知其人，聽其言而觀其行。况居香山嶴之西客，與居内地行教之修士，所言所行，誠今昔天下萬耳萬目所共見其聞也哉。

校　記

〔一〕沈凗，原爲「沈確」。

附藉曆法行教辯

光先云：若望得藉其新法以隱於金門，以行邪教云云。

先是明季壬戌年，開局修改曆法。閱十年，而湯若望自陝西西安府天主堂行教，以崇禎四年辛未欽取進京，則非藉曆法以行教，極彰明較著矣。且西士在中國行教，自利瑪竇始。萬曆辛巳年，入中國朝見神宗，獻天主像等方物，於宣武門内建天主堂，著書譯經，發明天主教正理，至今八十七載。接踵而至者：浙江杭州郭居靜癸未，江西南昌府蘇如漢甲申，建昌府費奇規辛卯，江南江寧府高一志、松江府黎寧石壬辰，陝西西安府金尼閣己亥，閩福州府艾儒略壬寅，山西絳州曾德昭甲辰，河南汴梁畢方濟丁卯，各居本堂行教。是知湯若望未修曆法之前，西士在中國行教，已三四五十年前矣。至光先所云，湯若望隱於京都以行教，愈顯其虚。崇禎十三年，湯若望進呈書像，略講天主降生行實、天主教要。疏内明云：「臣等輕棄家鄉，觀光上國，意實爲此，即右所云爲傳教法。不敢隱也。」書疏見存。順治元年五月内，若望奏疏略曰：臣自大西洋八萬里航海來京，不婚不宦，專以昭事上帝，闡扬天主聖教爲本。勸人忠君、孝親、貞廉、守法爲務；臣自購置天主堂、聖母堂一所，朝夕焚修，祈求普祐云云。本月十二日，蒙頒給清字令旨，張掛本堂門首。順治元年十二月內，若望辭官疏內明言：臣辭家學道，誓絶世榮，傳教東來云云。又順治十四年十月內，若望又辭官疏內曰：臣萍漂孤旅，自幼學道，及壯東遊，宣傳天主正教，祇緣傍通曆學云云。又順治十三年十月內，利類思、安文思謝恩疏內曰：臣等海國遠人，明季東來，居蜀明教，又蒙俯鑒積忱，特賜銀米養贍，賜房焚修。皆以傳教二字明明入告，豈隱身之所爲。況蒙世祖皇帝臨幸天主堂者不一，賜匾旌表，賜銀修飾，並蒙御製碑文，建立堂左，皆所以崇教法也，種種殊恩，昭彰耳目。且章皇帝神智天縱，倘若望所行，稍有可議，豈能逃如天之照哉。

附中國初人辯

《易》云有天地，然後有萬物；有萬物，然後有男女。此據理而言。計此男女，生於天地成位萬物潔齊之後，必也普世之初人乎？生必有地，據《天主經》爲如德亞國。按《輿圖》，天下分五大洲：一曰亞細亞；一曰歐邏巴；一曰利未亞；一曰亞墨利加；一曰瑪熱剌尼加。今如德亞國，在亞細亞內，與中國同洲。既有普世初人，方有各國之初人。據《經》各國初人，皆普世初人之後，則皆如德亞國之苗裔，豈中國初人獨否耶？楊光先捏據以爲罪案，推其意，以爲中國人耻言生於他國。今請得而辯之：謂中國初人，非他國之苗裔，則他國之初人，乃中國之苗裔，理所必然。但合考中西古史，不載中國初人遠遊他國；而西史載如德亞國初人，遠遊東來。則謂中國初人，生自他國爲有據；而謂他國之初人，生自中國無所憑。如初人生於他國，即爲中國之初人，不得不爲他國之苗裔，此必然之理，何足云耻哉。此中國彼外國，作如許區別者，皆後世之論，非所論太古之初者也。世方洪濛，此中正教未舉，禮樂未興，更遡其生，並生齒亦未之有。於斯之時，宇内元氣渾渾淪淪，會有人焉遠從外來，爲中國之鼻祖，木本水源，理所必至，孰爲耻哉！夫中國之所以謂中國者，特以能興禮樂，制文藝，該忠孝仁義，非因初人生在中國也。且中國有人之初，豈遂有文物禮儀之盛乎？亦必漸而興焉。若以方域論，將馮之姚，西羌之似，岐下之姬，均非足中國之聖人矣。宋陸子曰：「東海有聖人出，此心此理同；西海有聖人出，此心此理同也。」但求心理之同，不分東西之異，何所見之不廣也。

不得已辯

〔比利時〕南懷仁撰　周岩點校

《不得已辯》前言

《不得已辯》，比利時耶穌會士南懷仁撰。

《不得已辯》撰述之緣起，南懷仁在他的序言中交代得非常清楚，不再贅述。至於楊光先與「欽天監教案」，詳見《叢編》《〈不得已〉前言》[一]。南懷仁專從曆法角度駁楊光先指摘湯若望曆法之謬，所以本書又稱《曆法不得已辯》。

學術界歷來關注的欽天監副吴明炫與本書所載之「吴明烜」是否一人，則是一個重要問題。檢順治年間曆務奏疏中，僅見「吴明炫」。順治十四年五月初十日湯若望具題《就吴明炫疏剖明回奏疏》。疏云：「頃閲邸報，有吴明炫爲詳述設科等事一疏，内列交食合朔之是非。除已經本監具折辯明送部外，至所奏三款，盡皆以無爲有，以是爲非，言大而誇，不知而作。因貴部奉旨察明具奏，謹就三款逐一辯明於後。」湯氏三款爲：一辯遺漏紫氣；一辯顛倒參觜；一辯顛倒羅計。

南懷仁之《不得已辯》，在第六辯《更調參觜二宿之謬》、第七辯《删除紫氣之謬》、第八辯《顛倒羅計之謬》三則辯論中，皆以「湯若望辯吴明烜原刻附後」爲題，引用了湯氏三則曆法原刻。對照湯氏原文，内容未變，衹是「吴明炫」改爲「吴明烜」。這當然是爲避清聖祖之諱而改，所以「明炫」「明烜」，當然一人，止是時有所改而又未統一。王氏《東華錄》作「吴明烜」；而蔣氏《東華錄》則作「吴明煊」。由此知吴明烜、吴明煊，皆爲由「吴明炫」而改。

本書爲清康熙年間刻本，原藏梵蒂岡教廷圖書館。臺灣學生書局《天主教東傳文獻》影印。本次收入此文獻，即據影印本整理。

二〇〇四年九月二十九日北京騈方周岩謹識

注釋

〔一〕詳見本書下册第六三頁。

《不得已辯》自序

懷仁遠西鄙儒，靜修學道，口不言人短長。若事關國家億萬年之大典，則不禁娓娓焉，諍而白之，蓋言乎其所不得不言也。

仁自順治十六年，荷世祖章皇帝欽召進京，豢養繼曆。康熙三年，楊光先以一紙誑詞，搆彌天大獄，方是時若望瘖矣。懷仁入中土未久，語言不通，一詞莫措。幸蒙皇上洞鑒，待以不死。仁等得仍棲賜宅，掩關靜息之餘，細繹光先所布《十謬》等書。其所勦襲者，皆前朝已敝之舊法；其所詆毀者，皆世祖特用之新法。仁不勝忿激，因著此《不得已辯》，以待公評。

夫天文者，朝廷之實政，儒者之實學，非比一人一事，可以掉三寸之舌，立地雌黃，洒筆端之墨，依稀形似者也，此其道在於測驗。《書》曰：「日中星鳥，宵中星虛。」又曰：「在璿璣玉衡，以齊七政。」皆言測驗也。測驗之法不一，舉其膚淺而易見者言之，如日月之交蝕，太陽之出入，晦朔之盈虧，五星之纏度，舉世之人，有目共見。測之而驗者，法也；測之而不驗者，非法也。盡人以合天者，懷仁之言也；強天以合人者，光先之言也。光先胸無確據，强辯飾非，不過借曆法以行恩怨，無怪乎屢測而屢謬也。大抵天文之學，世代愈久，其講求愈精。古來創製曆法者，其聰明百倍於今人，其艱難亦百倍於今日。然一時之窺測，未能盡備也。閲數百年數千年，代有其人，周詳考究，而其法愈精，其學愈驗。

懷仁一腐儒爾，幸而生千百世之後，曆法詳備之時，守而勿失，以上測天行，所以屢測而屢合者，非仁之能也，實法之善也。且新法之行，二十餘年矣。以先皇帝之神聖，幾經詳慎部測監測，屢遣内外大臣公同測驗，密合無差。奉有盡美盡善，永遠遵行之旨，特賜敕書云：「天生賢人，以助朕造曆。」又云：「補千年之缺略，成一代之鴻書。」煌煌天語，至今猶存。乃光先以舊法爲善，以新法爲謬，竊無稽之唾餘，逞明季上書之故態。鴟張簧鼓，不崇朝而監員八人無辜駢首，傷心慘目，寧不獨愧於心乎？且光先之言，謂但知曆理，不知曆法。

夫法出於理，理以法徵，此千古不易之定論。今光先止認通理，而不敢認通法者，其心蓋懼曆法有測驗可據，立時可辨真僞。曆理人多未諳，或可以强辯支吾，奸計若此。其自欺欺人以欺天欺上，豈不貽笑於天下哉。至康熙九年，上命内大臣、内院部院大臣，一測於靈臺，再測於午門者兩閲月，疏稱懷仁所言，件件皆合；光先所言，件件不合。又命親王及廷臣會議，疏稱光先茫然無知，妄生事端，誣害多人，奏請大辟。吁！今而後國家之大典已正，千古之是非得白。懷仁可以無言矣。

竊恐天下後世，見光先之書，猶有惑於紙上空言者，謹將其所布《十謬》等書，條分縷析，言必有憑，法必有驗，孰得孰失，世必有能辨之者。

極西耶穌會士南懷仁識

《不得已辯》目錄

曆日自相矛盾數端

不得已辯

極西耶穌會士南懷仁述

總略

夫新法者，傳自西洋；諸國曆家，互相考訂，法綦備矣。歷數千年，經數百手，非憑一人一時之臆見，貿貿爲之者。明末曆法，歲久漸差，詳稽修改，亦非湯若望一人一歲之力。自萬曆利瑪竇暨熊三拔、陽瑪諾、艾儒略、高一志、鄧玉函、羅雅谷諸君，後先訂正，累繼而及湯若望，人閱有八，歲閱八十有三。茲數人者，皆精於象緯，善於變通。先以交食淩犯諸星行動，較定順天府子午正線，依大地之經緯度，以便測驗，以爲諸曜之定應。然後於西國治曆諸名家所訂曆書，採其精微，倣其推步。按中西年代，參究異同，彙輯成書一百餘卷，恭進內廷，業蒙宣付史館。又以測驗爲曆家首務，故奉旨修改以來，除西製大銅儀數具外，在曆局別造大儀幾座，同監局官生，晝測日，夜測月星。遇五星淩犯伏見，日月交食，公同部監，赴觀象臺測驗，務求密合。累蒙欽遣大臣，隨時審視。又因交食，差官四方測驗異同。嗣後奉命造進黃赤大儀，及星晷天球、大日晷等，或內廷親測，或內靈臺諸臣公測。如是者又數年，至我世祖握符定鼎，以憲天勤民爲首務，留心曆法，更復精詳。欽遣內大臣公同測交食等，果密合無差，乃命以新法攢造頒行。當此之時，楊光先蚤已潛身京師，倘智識果能恍惚章皇帝萬分之一，而駕諸巨卿名喆之上，即宜據實陳言，以正訛謬，何以含毒二十年，乘章皇帝龍馭殯天，與湯若望病瘖，始張陷誣之網？然則光先之心，真不可問，真爲章皇帝之罪人矣。

辯「依西洋新法」五字並中國奉西洋正朔

湯若望初進曆時，曆面上原無「依西洋新法」字樣。此五字者，乃内院大學士奉上傳，批在原本曆面上，發與禮部頒行。時若望尚未受職，承行者監正戈承科也。光先云：「依西洋新法」五字，斷無加於皇上之曆之理，藐大清而欺皇上，信斯言也。則禮部歲歲頒曆，已二十餘年，豈内外諸大臣，俱未見此五字，皆相率而欺藐耶？況順治元年七月初十日，奉旨云：「應用諸曆，一依新法推算，其頒行式樣，作速催竣進呈，禮部知道。」又旨云：「遠臣湯若望所用西洋新法，測驗日食時刻，分秒方位，一一精確，密合天行，盡善盡美。見今定造時憲新曆，頒行天下，宜悉依此法爲準」云云，明以示天下。一代之興，必有一代之曆。而大清之曆，用西洋新法推步，非前代之曆可比。敕書云明代雖改元《授時》爲《大統》之名，而積分之術，實仍其舊。然則新法之可貴者，不徒改曆之名，正在改曆之法。今我皇清之曆，不但改《大統》爲《時憲》之名，特用西洋新法，改革舊法諸差。即自古聖君賢相，握機衡以齊七政之盛治弘庥，無逾斯時。則書此五字，以讚揚盛美，豈無意哉？正以見我皇清鼎定，能使九萬里孤臣，亦竭效微勞，以隆茲巨典，何不可之有？

謹按《御製碑文》有云：「天生斯人，以待朕創制曆法之用。即傳之天下，垂之永久，於以彰至治之美，俾薄海内外聞之，莫不梯航恐後，意至深遠也。」今光先託稱古法以欺誑朝廷，豈不知推算儀器等法，種種實仍《大統》之舊，獨「時憲」二字，爲大清曆之虚名。光先之欺君罔上，孰有甚於此哉！又妄言中國奉西洋正朔，光先不知中曆與西曆大不相同。如中曆以立春相近之月朔爲正月；西曆則冬至後約十日爲正月，一不同也。中曆推算七政、民曆等，從冬至起；而西曆則從春分起，二不同也。中曆以合朔定月初日，以月望上下弦分之；西曆不用朔望、上下弦而定月分，惟以節氣日計定月日，三不同也。中曆每月計日，或二十九日，或三十日爲一月；西曆每月計日或三十日，或三十一日，或二十八日爲一月，四不同也。中曆有閏月；西曆無閏月，每四年止閏一日，五不同也。中曆二十八宿等相連之星座，與西曆相連之星座，其多寡形像名目俱不同，六不同也。總之，以中曆與西曆相較，日月五星等度分，不能一日相合，豈可指中曆爲西曆哉？光先茫然無知，惟圖聳動上聽，蠱惑人心，故妄爲此言，欲遂其奸欺耳。

測驗爲諸辯之據

曆法之精微，雖日究心於書與法者，尚難盡晰其理，矧兼通乎？故欲辨光先之悖理，姑捨諸曆奧義，與新法所著曆學，惟以測驗乃眼前共見者，可爲諸辯之據。光先自謂能知曆理，故著書立言，其中種種妄誕自尊，至反覆論新法之差，深加詈罵，意不過煽搖未究心曆法者爾。豈知難欺者天，難掩者人耶？譬猶兩醫於此，各執一見，不知醫者，似難分其高下，惟視其立方之有效爲優，新舊二法亦然。視合天爲效，當以測天爲據，蓋莫難於造曆，莫易於辯曆。天之高，星辰之遠，先期布算，使時刻分秒，毫髮不爽，非積久測驗，累經修改，其勢不能。今欲辯術業之巧拙，課立法之疎密，則以日月交食、五星凌犯伏見等類，豫令推算。臨時測驗，時刻分秒，合即是，不合即非，若指諸掌，安可欺乎？故光先所懼者，測驗也。當康熙四年朝審時，問測春分時刻，仁對欲知新舊二法之孰是孰非，須兩法自定。或春分本日，或春分前後，不拘某日時刻，某表影，應長短幾尺寸分，臨測孰合，一見便知。蓋太陽日日有一定之高度，表影亦有一定之長短。每節氣日時刻，年年如一，不容增減。此時光先不敢測驗，但混言新法錯了，請以候氣爲憑。今候氣已三年矣，不爲不久，宜有確驗以證是非，何無一字上達，無一語布聞。蓋光先測驗不敢，遁而候氣；候氣又不驗，遁而自供原不知曆。是明知舊法之差，恐他日難逃欺罔之辟，欲别尋一題目，以掩前羞，奚可得耶？

新法歷遵聖旨爲無庸辯之原

楊光先《孽鏡》中云："《大統曆》之黄道，自郭守敬至今三百餘年未修，而差已五度。雖善算者，不過以平線求之，分秒終有所未盡正，間有時刻分秒之差。"又曰："《大統》黄道，自郭守敬至今未修，十二宫之闊狹盡皆不同，所當亟宜修改者也。"此非光先之言耶？既明知其有差，何以敢廢世祖皇帝屢驗合天之新法，將歷奉綸音，等之弁髦耶？

順治元年八月初一日日食。内院大學士批中堂公同用儀器測驗。《大統曆》差有一半，《回回曆》差有一個時辰，惟西洋新法，分秒時刻，纖忽不差，以明朝二十年未及行之新法，大清朝以數日間行之，一試驗而合若符節，可謂奇矣。著用心精造新曆，以爲萬年之法傳。初七日奉旨："西洋新法，測驗日食時刻分秒方位，一一精確，密合天行，盡善盡美。見今定造《時憲》新曆，頒行天下，宜悉依此法爲準，以欽崇天道，敬授人時。該監舊法，歲久日差，非由各官推算之誤，以後都著精習新法，不得怠玩，禮部知道。」順治二年正月十五日月食，奉旨：「這所奏月食，分秒時刻方位，公同測驗，一一胳合，知道了，禮部知道。」光先反其言曰：「新法件件悖理，件件舛謬。」又曰：「新法之行，起於《大統》、《回回》交食之勿驗，而新法驗不是真驗。」此光先蔑旨欺君之罪一。

順治二年奉有「新曆密合天行，所進曆書，考據精詳，理明數著」之旨。光先反其言曰：「總之，西洋之學，左道之學也。其所著之書，所行之事，靡不悖理叛道。」此光先蔑旨欺君之罪一。

順治元年七月二十日，湯若望有《恭進萬年寶曆》一疏，奉旨：「這恭進新曆，節氣交脫，與太陽出入，晝夜時刻，按道里遠近，推算諸方各有不同，果爲精確。」光先反其言曰：「此爲荒唐之説。」此光先欺君蔑旨之罪一。

《御製碑文》略曰：「湯若望航海而來，理數兼暢，豈非天生斯人，以待朕創製曆法之用哉。」《敕賜嘉名》曰：「精于象緯，閎通曆法。」光先反其言曰：「一代之大經大法，不可委之不學無術之夫，任其胡裁亂訂。」此光先欺君蔑旨之罪一。

《勑賜嘉名》曰：「元郭守敬號爲精密，然經緯之度，尚未能符合天行，其後晷度，亦遂漸差矣。天生賢人，佐朕定曆，補數千年之闕略，成一代之鴻書，非偶然也。」光先反其言曰：「新法大不合於天，不可爲一代之典。」此光先欺君蔑旨之罪一。

《御製碑文》曰：「伏羲製干支，神農分八節，黃帝綜六術，顓頊命二正。堯欽曆象，舜察璣衡，三統迭興，代有損益，見於經傳彰矣，而其法皆不傳。自漢以還，迄於元末，修改者七十餘次，創法者十有三家。至於明代，雖改元《授時曆》爲《大統》之名，而積分之術，實仍其舊。洎乎晚季，至分漸乖，朝野之言，僉曰宜改。」又順治元年六月二十三日，奉有「舊曆歲久差訛，西洋新法，屢屢密合」之旨。聖謨洋洋，萬代瞻仰。光先欲復舊法，反其言曰：「尊羲和之法，豈舊法即羲和之法乎？」抑光先自立羲和之法乎？此光先欺君蔑旨之罪一。

辯光先第一摘以爲新法不用諸科較正之謬

據楊光先所誣，以新法不用諸科較正爲謬。其意謂新法一應推算，不用回回科之淩犯以較之，不用天文科之測驗以考之，不用漏刻科候氣飛灰之時刻以驗之，惟憑己法推算，即以爲謬。豈知較正之説，不過因己法有差，始借他法之不差者以較正之。今三科所用之法，即明季已壞之法，光先竟欲以良法而就正於敝法，是不猶問道於盲乎？即如回回科在明季時，不過爲曆久未修，存之以備參考。今就我國朝論其法之差謬：一見於順治元年八月初一日之日食；一見於順治十四年八月二十四日之水星。其曆之革而不用，一見於順治元年十月內，奉有回回科不許再報交食，以亂新法之旨；一見於順治三年五月內，奉有回回淩犯，曆不必用之旨；一見於順治九年五月內，奉有回回科不必再報夏季天象之上傳；一見於順治十四年八月內，部議水星出見一節，覆本有云：「吴明烜既屬虚妄，其一應推算，亦屬虚妄可知。奉有依議之旨。」審此則回回曆之不用，屢奉嚴旨，悉憑乾斷，誰敢抗違。且光先果能執言彼曆之無差乎？如不能諱其無差，而徒咎不用其曆之爲非。試思不用之權，在若望乎？在朝廷乎？其所以不用之由，因差謬自致之乎，抑若望致之乎？至天文科，原輪直外臺，觀候天象；漏刻科，原輪直内庭，候時供事，並曆科俱各有專司職業，何謂憑一己而廢諸科？獨候氣一説，事涉迂闊，置之不用，從來久矣，非自新法始也。

楊光先疏内云：「臣請復候氣室之律管，則節氣自然真矣」云云。此亦拾明烜之唾餘耳。夫葭管飛灰，不可以測驗節氣，人人知之，特光先未之知也。今約舉四端以明之。一、春分之日，太陽正交赤道之日也，萬國同是此日。故萬國同日皆可以測驗。飛灰候氣，全係地氣，地氣有冷熱乾濕之不同。萬國有不同之地氣，無不一之春分也。二、每年太陽一交赤道，便爲春分，則春分萬年如一，永不改變。若地氣至春分時，各國每年改變不同。設欲以地氣測春分，則春分年年不同矣。三、春分衹有一日，春分前後幾日，地氣乾濕冷熱，大概相同，難以分別。况春分等節氣，衹在本日一刻之間，本日自朝至暮，地氣亦大概如一，又難以分別，何可就地氣以測定春分在某日某時刻乎？四、地氣依乎地勢，或傍山或近江湖，常有變換。又有風雨雲霧，皆能變易地氣。春分之日，全憑太陽交赤道度，距地甚遠，與地何涉？豈可以多變之地氣，測驗不變之春分也。光先於立春之際，親至春場候氣堂，歷候數日不效，心猶不服。又請工部錢糧，於私宅之前，特修候氣堂一所，屢次親驗又不效，從此不敢復言候氣，並將舊制安管候氣、起管驗氣之典禮，俱廢棄不用。審此則光先候氣不效，已自代新法辯矣。

辯光先第二摘以爲新法一月有三節氣之謬

光先云：「曆法每月一節氣，一中氣，此定法也，亦定理也。順治三年歲在丙戌，爲若望進曆之始。其年十一月初一日癸卯，卯時一刻大雪；十一月節，十五日丁巳，亥時冬至；十一月中，三十日壬申，未時初一刻小寒，十二月節，是一月之内有兩月之節氣矣。自開天闢地至今，未聞有此曆」等語。新法分天十二宫，每宫三十度，太陽從交宫至十五度之行爲中氣，從十五度至三十度之行爲節氣。每一宫之三十度，共有二氣，冬至前後月大盡，太陽因在疾限，行三十度有餘，所以是月内，即全有一中氣一節氣之度數。又有次月氣交接之分度，每年如此，何獨丙戌年哉？夏至前後月，雖有大盡，太陽因在遲限，行不到三十度，所以是月無一中氣，並一節氣之度。而光先妄言每月一節氣一中氣，此何據之定法定理乎？惟拘泥平分節氣之法，此舊法所以大錯也。況彼又不顧前自定之理。戊申年所進之曆，八月中止載秋分一氣，豈不自相矛盾哉！夫太陽躔某節氣、某中氣之時刻，有一定之高度，與南北緯度，則表影有一定之長短。年年如一，永遠不改。要知某月内，果否有三節氣，用儀器測驗，曆書先定某節氣之日正午時，太陽果躔某節氣，或高度或緯度，觀表影便自瞭然。雖新法不言，天代爲言之矣。

辯光先第三摘以爲新法二至長短之謬

舊法二分二至之平分，固不合於天，新法不然。其理精微，詳在新法曆書。新法不平分，是以其節氣與舊法之節氣，一年之間有三十日之差。誰是誰非，以太陽之高度、緯度、表影三法驗之而知。蓋自春分至秋分，比秋分至春分，依天行自然之數，應多八日。夫曆書之節氣，與天上之節氣，倘有七八刻之差，便爲疎遠。若至三十日，則有三千刻之差矣，有如是者之曆乎？夫新法節氣，與日月交食、七政淩犯等曆，已經公同監測部測，不知凡幾，業已衆心咸服，衆議僉同，然後著書定法，以垂永久，豈偶然哉。有《治曆緣起》可考，獨光先不知，何不公同測驗，徒揑造訛言，以亂人聽聞爲哉。

辯光先第四摘以爲新法夏至日行遲之謬

光先論説多，而所指之意則一。因不明其所以然之理，故妄發其虛謬之談，此二三四摘之所自來也。夫節氣有日數有度數，日數與度數不等，從春分至秋分，太陽行黄道一百八十度，約一百八十六日；從秋分至春分，太陽行黄道亦一百八十度，約一百七十八日。在赤道之北，多行八日；在赤道之南，少行八日，南北之度數同，而日數各異，所以有遲疾之分也。而遲疾所以然之理，詳在《日躔曆指》等書。光先從未之見，是以妄言新法，因夏至晝長，故云日行遲，冬至晝短，故云日行疾等語。新法曆書百有餘卷，從無此説，不知從何

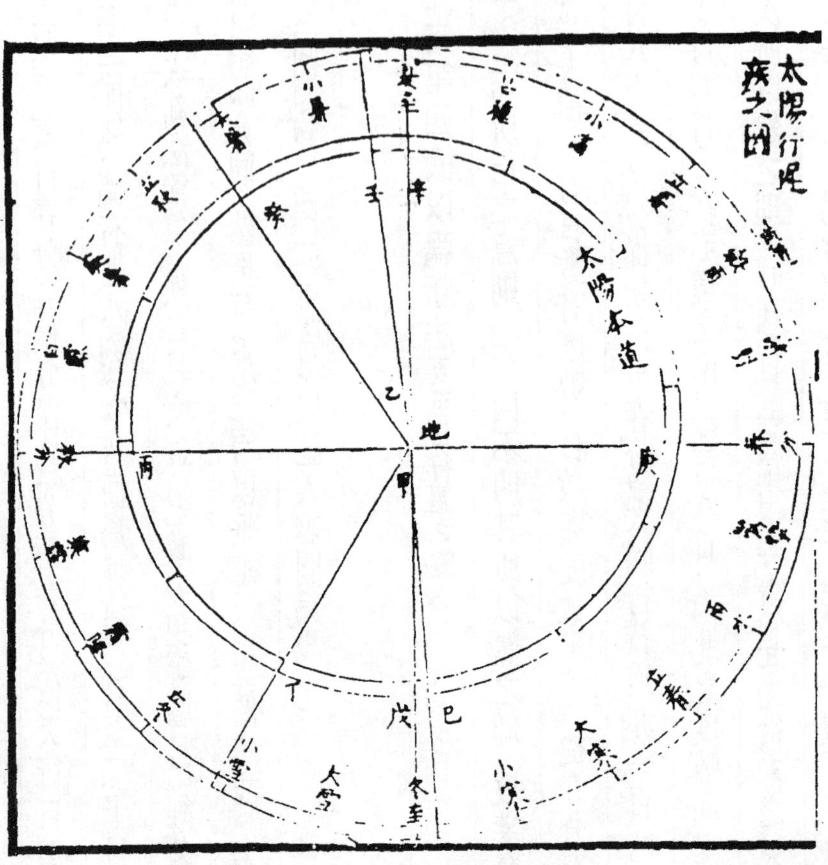
太陽行遲疾之圖
太陽本道
地
甲
乙
丙
丁
戊
己
庚
辛
壬
癸
夏至
冬至
小暑
大暑
小雪
大雪
小寒
大寒

處得此荒唐不稽之語。新法可誣，天可誣乎？總之以測驗爲主，或依太陽之高度，或依太陽之緯度，或依表影之長短自明。如從春分起，過一百八十六日測天，必明見太陽交秋分矣。又從秋分起，過一百七十八日測天，必明見太陽復交春分矣。可見新法二至之遲疾合天，舊法因泥平分而大錯也。夫太陽冬至行盈，夏至行縮。縮即遲，盈即疾。諸名公與郭守敬皆能言之，而但未明其所以然。今乃悉泥平行之腐説，而謂冬夏並無遲疾二行之分，不特讐新法，並讐諸名公與郭守敬矣。夫守敬固彼所謂理數兼到之人，而亦讐之耶？今借圖略解二三四摘所辯之題。夏秋冬春爲黄道，辛丙戊庚爲日輪道。黄道之心甲，與地相同，與日輪道之心乙不同。然兩道上下正相對，同在一平面。如太陽在本道之庚時，人居地者如甲，見之知在黄道之春，而爲春分。太陽躔辛丙戊，人見之知在黄道之夏秋冬，而爲夏至秋分冬至。但太陽在本道，永久平行，一日約五十九分。冬春夏秋，其行度數無二，其宫亦無大小之分。然以其本道宫度，對黄道宫度，必有大小，日日不同，何也？蓋其本道之心乙，離黄道二分之線，近於夏至，故庚辛丙之道大也；遠於冬至，故丙戊庚之道小也。所以太陽平行本道之庚辛丙，此行丙戊庚，而多八日。故春分至秋分，比秋分至春分，多行八日，此之故也。其行戊庚辛，比行辛丙戊爲少。故冬至至夏至，比夏至至冬至行少，亦此之故也。今當壬癸與丁巳，爲太陽本道一月之行度，則黄道冬至一月行三節氣，夏至行不及二氣，於此愈明矣。光先泥平分之見，而不知行多行少之所以然，故妄摘二至長短以爲謬，披圖者，幸詳考之。至於夏至行遲，冬至行疾之故，亦於兹圖著焉。夏至之行，從壬至癸，與冬至之行，從丁至巳，本道度數皆一也。然對黄道之度數，夏至較冬至，而度數有多少之不同，而日數同。豈非夏至行遲，冬至行疾之所以然哉。

辯光先第五摘以爲新法移寅宫箕三度入丑宫之謬

光先五摘，總謂新法説天上星宿移動，與前人所定十二宫主宿分野等不合。試問或强天以合人之法爲準乎，抑將改人定之法以合於天爲準乎？論星宿移動，應先知天上有兩動。一自東而西，一自西而東。自東而西者，日月五緯二十八宿，明白可見，兹不必解。自西而東者，日月五星不難分别。二十八宿之行動甚微，故爲難知，非一代一人之可考究。前古曆家，既已測其定度，欲必得其轉移之數，或百年或數十年，方可察其微渺之詳。後學相傳測度，復身試之，始知恒星有本行之實度分，及其移易之所以然也。如角宿大星，古西賢地末恰考對中曆，於周赧王二十年丙寅，測得經度在秋分前鶉尾宫二十二度。至漢順帝永和三年戊寅，西賢多禄茂，測在鶉尾宫二十七度。嘉靖四年乙酉，西賢尼谷老測得過秋分，在壽星宫一十七度。萬曆十三年乙酉，西賢第谷測在壽星宫一十八度，軒轅星亦如之。周赧王丙寅在鶉首宫二十七度，漢永和戊寅在鶉火宫三度三十分。崇禎元年測在鶉火宫二十四度四十分，餘星皆如此。是以帝堯之世，日中星鳥，謂春分則初昏時鶉火中也。而周末在井，崇禎元年測在參矣。堯時冬至在虚六度，漢唐在斗，崇禎元年測在箕矣。非其自有行度，安得冬至離虚宿而西，烏離子午而東乎？郭守敬以爲微有動移而未決。西法從來測驗，灼見其然。詳算每年東行五十一秒，約積七十年有奇而差一度；二千一百七十年有奇而差一宫；計二萬五千四百一十年有奇，而列宿行天一周矣。以視五緯，是爲至遲之動，與不動埒。以新法論，十二宫之度數，不在列宿天，實在宗動天。與二十四節氣之度數相同。所云宗動者，不依七政恒星，而能爲七政恒星之準則。曆家謂之天元道，天元極，天元分，終古無變易也。蓋春秋二分，定在黄道，於赤道相交之處；冬夏二至，定在黄道，於赤道極南極北之緯度。丑宫包含冬至、小寒兩氣，其餘宫無不皆然。所以十二宫是永不移動者，乃萬世推算之原也。諸天如水流東行，日月諸星因之。十二宫原從人所定，以分别日月諸星，相距於春夏秋冬等氣，近遠若干，因鈐在二十四節氣上。猶植樹於水邊，水流而樹不動也。若依光先所云：十二宫鈐在列宿天上。列宿天既動，則十二宫必因而皆動矣。何以用宫宿以分别日月諸星，行動起止之根源哉？夫冬至者，黄道最南之緯度也。太陽歷天一週，復與元點相會，舊歲於此終，新歲於此始也，是時日躔星紀丑宫。丑宫初宫也，自初而一而二而三以次及十一宫。又交初宫爲來年之冬至，亘古盡然。祇因列宿東移，故冬至日，但與宗動天元點會，不及與列宿天元宿度會。而宫則猶是宫也，豈可誣天以卻退之名，而謂日躔更宿，並更其宫哉！堯冬至日在虚，是時虚在丑宫也。元明以來，冬至日在箕。今箕雖跨連寅丑，而當冬至時，則日仍交丑宫初度分矣，斷無或在子或在寅之理，光先試思新法謬乎，抑謬新法者謬乎？

辯光先第六摘以爲新法更調觜參二宿之謬

光先之摘六謬，意謂觜屬火，參屬水，則觜在參之前。今新法相反，然則觜尾等屬火之宿，比參壁等屬水之宿，宜更高而離地更遠，不宜在同天矣。如必以所屬而定其序，則水星必屬水，土星必屬土。土重水輕，水星宜在土星之上。不知土星本在五星最高之天，水星本在五星最下之天，與光先之論正相反耳。夫以火水分屬觜參者，此出人意安排之次第，而

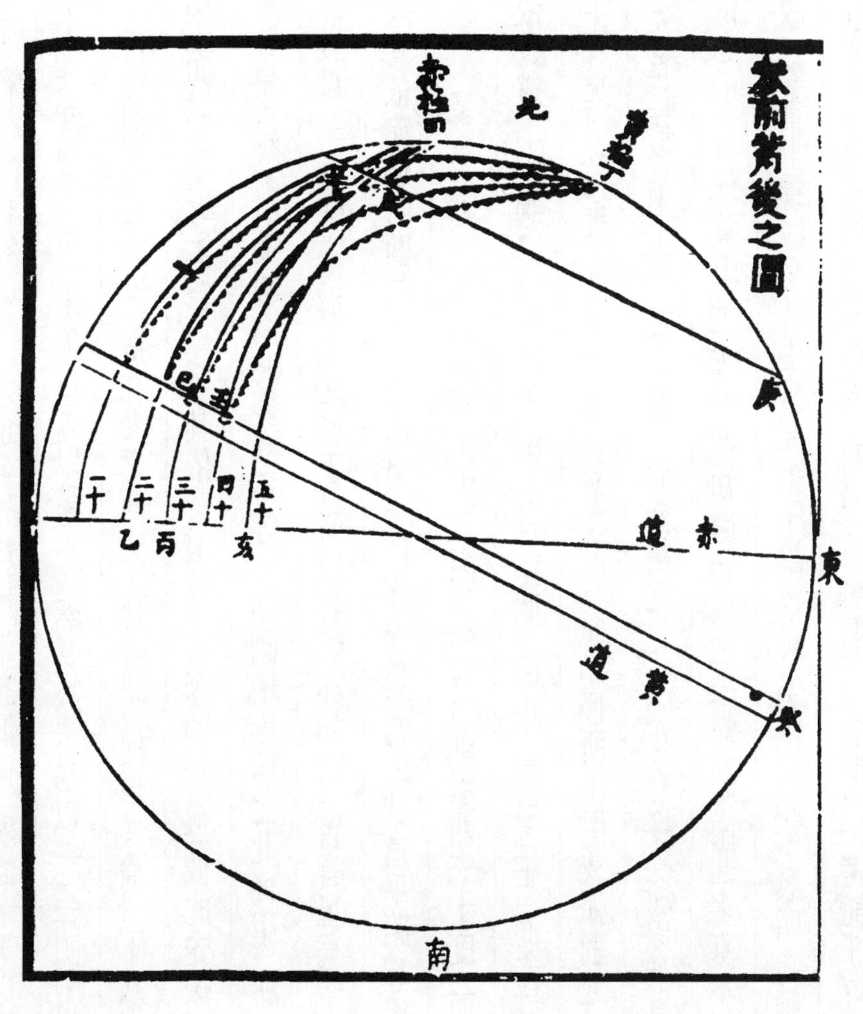
北
庚
一十
二十
三十
四十
五十
乙
丙
亥
赤道
東
黄道
南

列宿逐漸東移，實天行度之自然。新法之定參先觜後，本諸測候，所謂順天以求合，泥水火之序。而謂參必不先，觜必不後，未免自人以驗天。然其故未易以一二語明也。據圖以考之，則先後判矣。古昔依赤道經度，觜在參之西，今在其東，何也？蓋二十八宿，不以赤道之極，爲本行之極，而以黄道之極爲極。其依黄道行，古今如一，無彼此先後近遠之變易，其變易全由於過赤道之經弧，而緯南北多寡不等。如圖中赤道之北極甲，所出各弧，如甲乙甲丙等相距，各設爲一十度。黄道之北極丁，所出各弧亦如之。譬有星爲辛，赤極所出甲辛乙弧對之。而限其依赤道離西二十度，但星不依赤道行，乃依黄道平距線，自辛向庚，約每七百年行一十度。又一星己，赤道極所出甲乙丙弧對之，則離西三十度，而在辛星之後一十度。此星亦依黄道平距線，自己向癸，則七百年間，己星自己至壬，而赤極所出甲壬弧對之，則離西四十度矣。辛星於此年數亦自辛至戊，而赤極所出甲亥弧對之，則離西五十度矣。是辛星原先者轉後，出天行之必然。而參觜之先後，正若此之所以然耳。高明者惟得諸星之行，不依赤道，祇依黄道平距線，並知過赤道之經弧，緯南北多寡不同，則後者轉先，先者轉後之故，如掌上螺紋矣。史載元太子諭德，嘗著《曆識》，發明新曆順天求合之徵，考證前人附會之失。今安得再起斯人，而爲《時憲曆》一發明，一考證乎？最可駭者，光先擅改距星，以求濟其邪説。夫距星乃各宿之一星，於各宿衆星中，簡其一，以定彼此相距之度。漢唐以來，千年惟一，永無更易。祇因十四年，欽天監辯吴明烜之妄駁，證以史載漢唐宋元，距度以漸而異。光先遂變爲歷代距星不同之説，以相誑惑，有是理乎？且彼亦恃參宿有多宿，得以文其邪説。若虚止二星，縱令各代改距，亦應不出二數。今考漢唐宋元四代，其距數亦四者何？室壁各二星，而四代距數有三，心三星而距數有四，距數多於星數，則距之異數，非由距改而由距移明矣。郭守敬論周天列宿度有云：「列宿相距度數，歷代所測不同。非微有動移則前人所測未密」云云。如果守敬自改距星，則何有微有動移，前測未密之疑哉。

湯若望辯吴明烜原刻附後（略）

辯光先第七摘以爲新法删除紫氣之謬

光先意謂凡唐宋曆之爲無，應該盡削；凡唐宋曆之爲有，應該盡存。不知唐以前未有此説，唐以後皆棄弗録。然光先所恃者，唐宋曆乎？新法所倚者合天耳，如天之不合也，雖唐宋何益哉？紫氣之果有與否，應該問天。問天者何，測驗是也。測驗而天不能掩其無，豈光先者獨能强爲有哉？是天之顯著不足憑，而光先之虛妄偏足據，可笑也夫。

湯若望辯吴明烜原刻附後（略）

辯光先第八摘以爲新法顛倒羅計之謬

太陰一月之中，肖太陽一年行動。太陽之道黄道也，交赤道於春秋，而以爲兩交，太陰亦然。其本道於羅計交黄道，而以爲兩交。太陽一年之中，從赤道之南往北，以春分爲前交；從赤道之北往南，以秋分爲後交，太陰亦然。從黄道之南往北，以羅爲前交，從黄道之北往南，以計爲後交，何以爲謬而顛倒乎？

夫新法之七政曆，日月有南北之緯度，相距羅計兩交前後一定之度數。若緯度合天，則羅計前後相距度數，不得不合於天矣。日日可以測驗，但測驗之準，無不灼明於交食。而羅計爲推算交食之要綱，羅計有錯，則交食月離皆錯矣。如月食圖，月道交黄道於羅計，太陽在丙照地，而地影相對在丁。月在戊，丁戊因離交遠，所以月在食限之外，以不能切地影

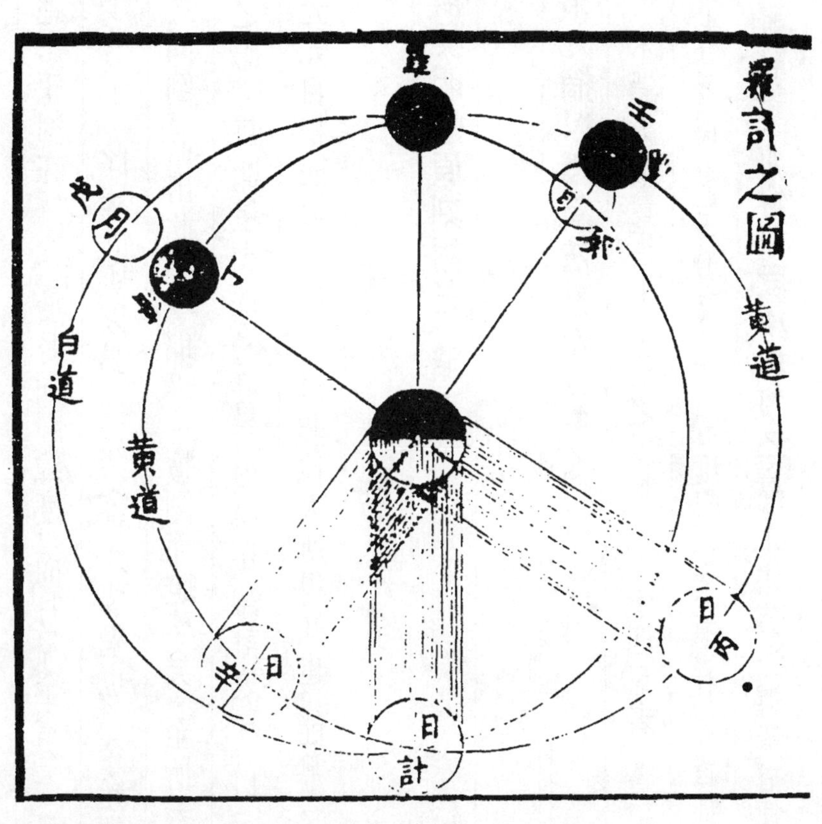
羅計之圖
黃道
白道
黃道
庚
月
丁
壬
日
日
丙
日
辛
日
計

故也。若太陽在辛，近於計交，則地影正對在壬，近於羅交。月在癸切地影而見食矣。若太陽在計交之上，而地影正對在羅交，於月同經緯度，而月見全食矣。日月地影，各離本交近遠若干，則食分多少若干。此羅計所以爲推算交食之要綱也。今光先既依新法之交食，以正月離，有何羅計之顛倒，而出此夢囈耶？一披圖而瞭然矣。至所云羅屬火，計屬土，其所躔宿度，各有吉凶之應。每聞星士推算五星，俱必按羅計之序，以定人休咎，是以不宜顛倒。此等之論，乃光先自稱能通曆理之言，非他人所得知也，能無令人絕倒？

湯若望辯吴明烜原刻附後（略）

辯光先第九摘以爲新法黄道算節氣之謬

節氣之度無他，不過太陽黄道上所行之度耳。二十四氣者，黄道二十四平分也。太陽從冬至起，行黄道十五度爲冬至氣，又進十五度爲小寒氣，其餘皆如此。每一氣十五度，每一宫二氣。古人以節取義，如竹節段段均勻之意，非如舊法謂黄道宫有闊狹之紊亂也。舊法平分節氣之日數，盡不合於天。前二三四摘，已經辯明，至論推節氣之法，必依節氣之道。而節氣之道者，太陽之道也。太陽本行黄道上，永遠不離。列宿天之諸星經度，全順黄道。其緯度於黄道，萬古如一，永不改變。論諸星赤道之緯度，從來不同，年年改變。論太陰五星，皆順黄道而出入内外不遠。金星大約緯至九度，月五度，其餘或二三四度。論赤道日月五星，出入其内外南北，隔二十三度，有至三十一度有餘者。黄道三百六十度，皆出入地平，於東西之南北，其午正之高度多少各不同。出入正東正西者，不過是交赤道春秋二分之點也。日月五星，出入地平，過午正之高度亦然。若論赤道，其出入地平，正東正西，過午正之高度，永久如一。所以黄道順諸星之本行，自西而東，赤道反自東而西，逆其本行，爲諸星之强行。凡在曆内，每節氣太陽出入之時刻，周年日日不同者，皆依黄道之行度。自西而東，外七政曆、淩犯曆，凡有日月五星經緯度，皆是自西而東；順黄道之行度，古法皆然。光先所憑何法，而妄言逆天之推算耶？

辯光先第十摘以爲新法止二百年之謬

新法一年一進曆，無以異於前人，安有進二百年曆之事。曆書中所載，二百年年根，此數於曆法爲百分之一，即與曆原同意。但每年一元，挨次自有加減之法。豈若舊曆奉至元辛巳爲曆元，以致今日大與天遠哉。況《二百恒年表》外，有《永年表》，上括四千年，下括四千年。又立變通之法，可以再推《恒年》、《永年》各表，迄無窮盡，豈止二百年之曆哉。

順治二年十一月十九日，欽天監所進新法曆書一百卷，節氣諸星，俱依黄道推算之表。表面上明刻「永表」二字，疏略曰：本朝曆法，度越前代，爲億萬年曆數無疆。二十一日，奉有新法密合天行，永遠遵守，仍宣付史館，以彰大典之旨。光先影射揑誣，可不辯而自明矣。

辯晝夜一百刻之分

舊法謂每一晝夜，有一百刻，所從來矣。今見新法，所稱九十六刻，遂以爲謬。豈知是四刻者，實舊法所多，非新法所少也。蓋一晝一夜，平分十有二時，時各八刻，積十二時計之，是九十六刻，何云少也？舊曆增設四刻，間嘗舉以相質。有謂子午卯酉，各增一刻，均之時也。而四時獨增，此於其理甚謬。且太陽出没，隨地異時。在此爲子，在彼或爲丑爲寅；在彼爲午，在彼或爲未爲申。設此方子午各增一刻，則彼一方丑未亦各增一刻；彼又一方寅申，亦各增一刻矣，其法不幾紊亂乎？

月末青初氏主攷也之訣斬扁 不得已辯

百刻圖

九十六刻圖

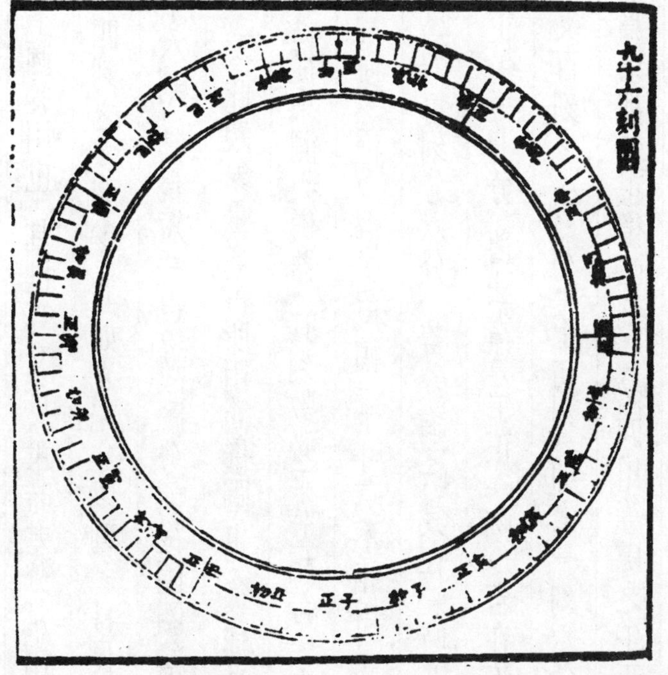

竊思舊法强增四刻者，意欲輳成百刻之成數，以便籌算云耳。然據《授時曆》分派百刻之法，謂每時有八刻，又各有一奇零之數，由粗入細，以遞推之，必將爲此奇零，而推至無窮盡矣。況邇來疇人子弟，亦自知百刻煩瑣之不適於用也。其推算交食，求時差分，仍用九十六刻爲法，豈非舊法多四刻之明驗乎？至論四刻之多與少，非如光先之以刻多日長，刻少日短之謂也。蓋一晝夜，或分百刻，或分九十六刻，其長短一也。故圖分前後兩圈，前係舊法圖，晝夜分一百刻，每時八刻，又三分刻之一。此觀象臺從古所用簡儀圖也。後係新法圖，晝夜分九十六刻，並無奇零，其款樣惟一。蓋從來測天儀器，其刻數必平分相等。況天行均平不亂，每刻有定度，豈有刻大刻小、刻遲刻速之理。譬之尺幅，十寸莫不相埒，設尺中之寸有不齊，此豈可用哉。試總論之，晝夜百刻，每刻分六分。若分論之，其在一時八刻內者，又有七分六分不等之刻。如上圖太陽在正午後七分，舊法當算午正一刻。若在午正後十三分，當算午正二刻，此其不可用一也。又百刻之法，如午正初刻，加上一刻六分之一，名爲初初刻，令廣西、陝西之午正初刻，正爲京都午正後二刻。又四川等處之午正初刻，爲京都午正後三刻。似此則不唯初刻宜加，即二刻三刻等，亦應加一初刻矣，此其不可用二也。夫百刻之法，即不合於天，何不將此初初刻，平分一時八刻之内。如新法分晝夜九十六刻正數，無奇零無大小哉。

辯光先閏月之虚妄

光先云：「辛丑歲十二月無中氣，正與閏七月之法同，是一年而有兩閏月之法」云云。十二月有中氣，八月無中氣，有本年之諸曆可考，不辯自明。但閏月之定法，以次月之合朔爲主，太陽交本月之中氣，若交在次月合朔之前，則本月無閏；交在次月合朔之後，則本月爲閏。今太陽交八月中氣，在次月合朔之後，故此月爲閏。七月至十二月，太陽交中氣，在次月合朔之前，故此月不可以爲閏十一月，此最易明者也，特光先未之知耳。

合朔初虧先後之所以然

曆家公論曰：「在天之行度，莫難推於交食，莫易辨於交食。」蓋推算日躔月離五緯淩犯曆，凡理之微奥難算，皆寓交食一事。蓋七政内，日月之體，至大不昧，舉目易知。故測驗不難，非與測驗諸星，五緯度分淩犯等同。測驗五星等，須儀器細分度數分秒，一也。須置儀器於天上各圖，高低正斜四方相對，二也。須儀器定表遊表，指線垂線，窺筒中心等，與微小之星相對，三也。須精於用法用器者，其人則鮮，四也。若辨交食，此等一切不用，惟全食並食分多寡、初虧食甚、復圓時刻方位等，不論知曆與否、儀器有無，隨人舉目皆知。郭守敬曰：「曆法疏密，驗於交食。」知言哉。其所以然，後論詳之。故交食疏而不合於天，則議修改之所由起也。元國初承用金《大明曆》，庚辰歲太宗西征，五月望日，月食不效。二月五月朔，微月見於西南。中書令耶律楚材以《大明曆》後天，乃爲更改。明季崇禎己巳年，推日食不合，始議用西法改修。可知曆法中，惟交食恒合於天。則日躔月離，五星經緯度，淩犯等，莫不合於天矣。最可笑者，光先以知曆理自任，而曰：未有合朔，已遇二刻十三分而後始見初虧者。此亦吴明烜不通交食之理之論，而光先襲之也。夫合朔之名有二：一曰視朔，一曰實朔。推算實朔，以地心即寰宇之心爲主；推算日躔月離五緯皆然。視朔以人目爲主，曆上所指之合朔，乃實朔也。而交食之合朔，乃視朔也。視朔有在實朔之前，有在實朔之後，視朔之初虧因之而在實朔之前後。故推算日食，必用時差之加減，舊法亦莫非如是。夫實朔既以地心爲主，而地心惟一，故實朔惟一，曆上所定者是也。視朔以地面爲主，而地面千萬不一，故視朔亦不一。所以各省頒日食分秒各不一者，職此故也。今將康熙三年十二月之實朔，與視朔作圖，以取譬焉。如甲爲地心，丁爲地面，乙戊癸爲月輪，丙已壬爲日

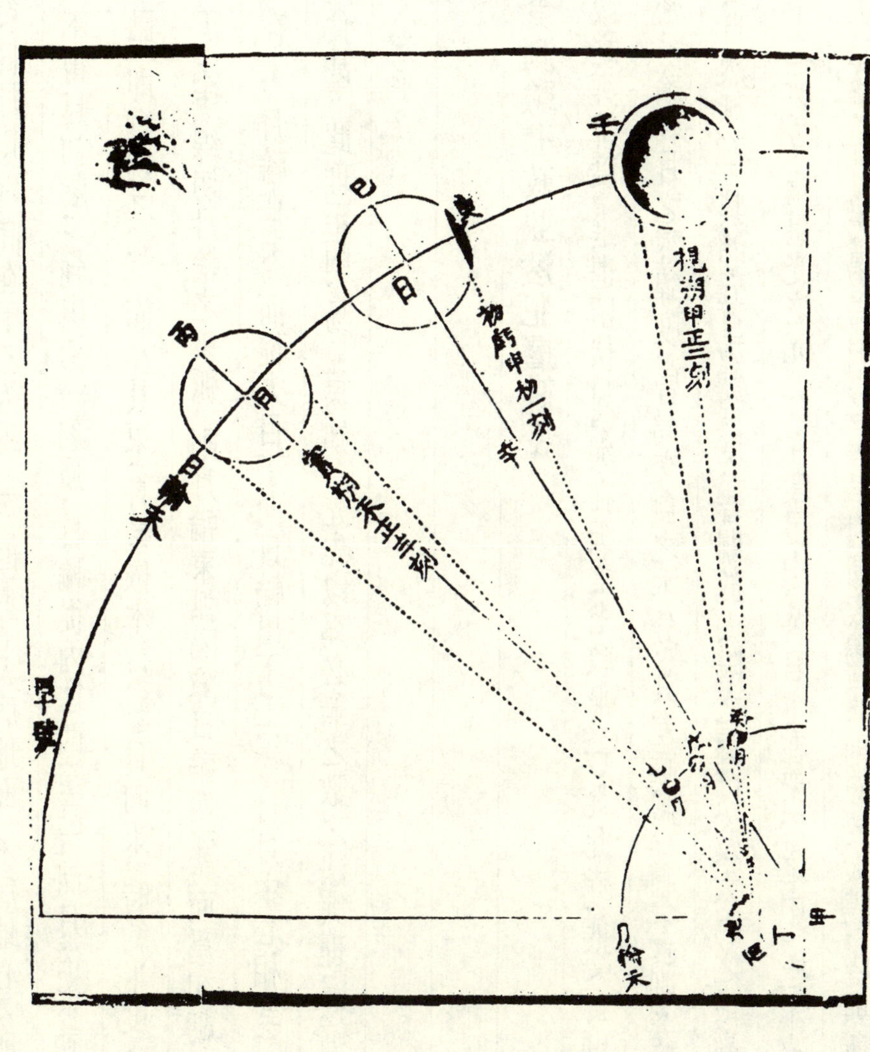
壬
巳
日
丙
日
視朔甲正三刻
實朔未正三刻

輪。未正三刻，日月相會，同在甲乙丙線上。但天下人居地面，不居地心。所以當時朔時，順天府在丁，不得見初虧；到申初一刻强，日輪從丙往西至己，而月依宗動天，從乙往西至戊，離甲辛己，即實朔之線。而在其東，月輪依木行，離日向東，時約半度。從人目丁，向日輪之西弧，丁戊庚線切月輪之東弧，則月輪東弧隔障日輪西弧，而爲初虧。到申正二刻半，日輪更西在壬，月輪在癸。而從人目丁向日輪出丁壬線，日月中心相對，而月輪隔障曰輪之光，而爲食甚。此理至明，易見易知。光先以爲必無之數之法與理，遂執爲攻瑕要款，寧不見笑於大方乎？

交食測驗七政並淩犯曆疏密

曆上七政之經緯度，進退留伏見，與在天之七政無二，凡此皆從交食可測，而日食比月食之測更密。論日月之經緯度，皆爲交食之本分，其差雖微，論交食則差多矣。交食不差，則經緯度自然無差，其餘五星經緯度，皆關於太陽之躔度，及太陽之最高最底而定。太陽居諸曜適中之所，又爲萬光之元，其在衆星中，若君主在衆臣之中。土木火三星之歲輪，金水二星之伏見輪，皆以太陽爲中心。火星對衝太陽時，則庳於太陽，皆與所見所測合。金

交食圖

月卡青辺氏主敎巳之訣斬扁　不得巳辩

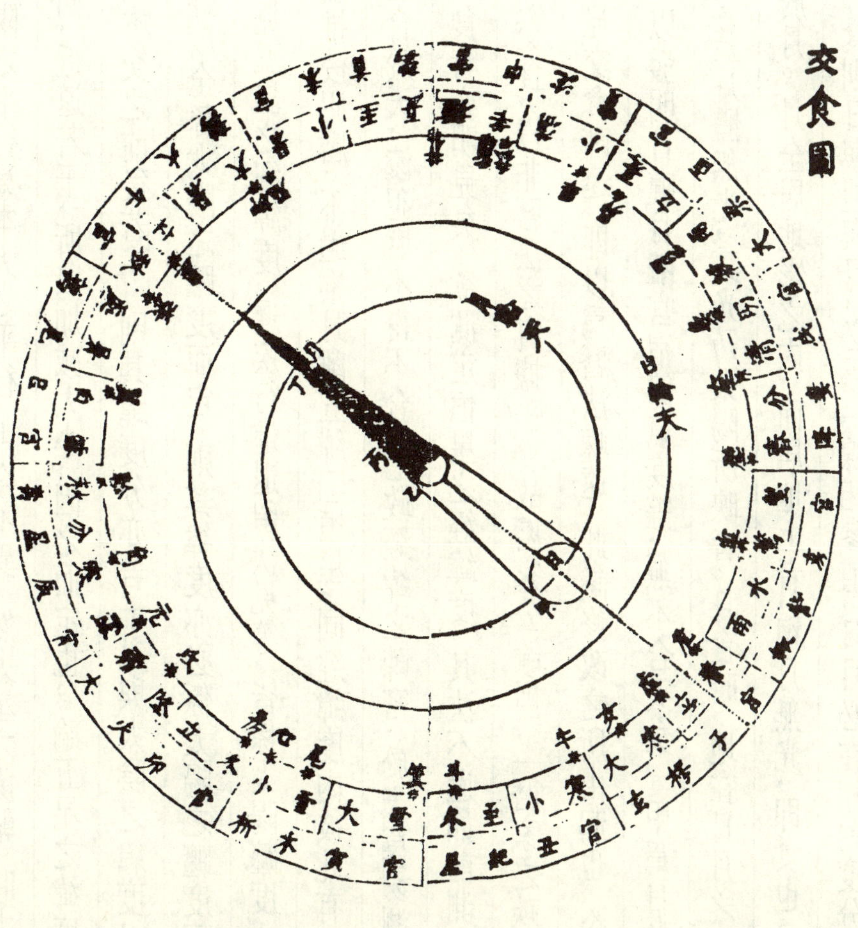

水二星，以太陽之平行爲本天之平行，古今不異。然火星之歲輪，時大時小，皆係太陽在最高或最高之衝，近遠若干，所以加減大小，因之而定也。論五星之緯度，皆依經度而推。蓋經度分，相距本交之前後若干，則其緯度分亦若干，與太陰之緯度，相距本交前後，同是一理。然其經度全係太陽之躔度而定，則其緯度亦必係太陽之躔度而推。此端理緒甚繁，詳《五緯曆指》等書。可見五星之經緯度，遲疾行進退留伏見等，皆係太陽躔度。則其疎密，莫易測驗於交食。至論推淩犯曆，不過推月離五緯□恒星，同經緯度內彼此有一定相近分秒之限而已。此經緯度合於天，淩犯曆不得不合，七政經緯之疎密，於天莫易測驗於交食。則淩犯曆之疎密，由交食時亦明見矣。欲測定恒星之經緯度，其法不過如前測太陽於太白之經緯度而定耳。然則交食，豈非曆法之實據乎？故曆家公論曰：「曆家之疎密，驗在交食。」所以自古曆家，凡見交食疎遠，即以爲曆法疎遠。此議修改之所由起也。今借新法交食圖，而因其交之合天，以發明日躔月離宮宿節氣度等，無不合天矣。甲爲日輪，乙爲地球，丙爲地影，丁爲月輪。蓋月體無光，其光乃太陽所映者。月食時，地在日月之間，以半體受光於日，以半體射影於月。月全居地影之內，而居地上者，視月無光，即食也。凡有日食，則日月必同度。凡有月食則日與地與月，必爲一線相參值，日月必在相對度分。如康熙三年正月十五日月食，亥正一刻食甚，月離黃道鶉火宮二十二度五十一分，即立秋七度五十一分，星宿初度十一分，則太陽正相對躔黃道玄枵宮二十二度五十一分，即立春七度五十一分，虛宿四度六分，其餘交食皆如此。蓋算新法之日躔月離，或依交食法，或依宮宿節氣法算，則度數刻數無二。若舊法則不然，其算交食節氣入宿入宮諸法，各有疏遠多少不同。如春秋日算交食，其失天不過二三刻。惟春秋分失天至二百刻有餘，其餘節氣亦皆如此，入宿入宮日時刻更疏遠矣。

光先欺世飾罪

光先知新法合天不明言，又因天下衆口同然，不敢盡非。故詭其言曰：「遵羲和之法，以爲之主而加修之。用西洋之交食，以正日月之躔離。」斯言也有兩譎焉：其一，曆法中最難推者交食，最易見者交食。倘交食一錯，衆目難掩。至節氣七政淩犯等，或無考驗，即有考驗，天下號稱知曆者幾人。所以光先欲將西洋之交食，以飾舊法之大謀。其節氣疏遠，無從考驗，可得而混欺故耳。是新法之合天，其心服同難昧矣。不知交食合，諸法無不合；交食差，諸法莫不差，何以交食用新而他法反用舊耶？況交食動閱歲月，而日躔月離五星經緯行度，則逐日可求，又焉得自欺以欺世。此則光先之心，欲巧而彌拙者也。其一，借堯舜羲和之尊名，以掩其欺君亂政之大罪。如謂元朝郭守敬改定之曆，即爲堯舜之所欽定，羲和之所創制乎？自漢至元，修改者七十餘輩，創法者十有三家。試問其七十曆之中何一爲堯舜所定，何一爲羲和所創？光先不過借堯舜羲和爲名，實以挾制章皇帝，而廢二十年頒行之大典。此光先之罪欲蓋而彌彰者也。

光先計圖修曆以掩奸欺

舊法之差，非自光先始，原無可加之罪也。但知其差，而至用其差，從誑朝廷，亂大典，滅屢旨，惑天下，罪甚重矣。既知誤用差，而負此不赦之辟，又不得不因其誤，別尋一躲罪之路，此則光先計圖請修曆法之奸謀也。嗟夫！修曆寧易言哉？按曆昉自唐堯，迄今四千餘年，其法從粗入細，從疎入密。漢唐以來，有差至二日一日者，後有差一二時者。至於守敬授時之法，古今稱爲極密。然其經緯之度，尚未能符合天行，其後晷度亦遂積差矣。成曆後不越十八年，爲大德三年八月，已推當食而不食，大德六年六月又食而失推，事詳《律曆志》。迨明元統等因之爲《大統曆》，僅能依法布算，而不能言其所以然之故。故曆之難，難於知其差而得其所以差之故。今求不差，必得其所以不差之故。上推遠古，下驗將來，必期一一無爽，事事密合，乂須窮原極本，著爲明白簡易之説，一覽瞭然。百世之後，人人可以從事，遇有少差，因可隨時隨事，依法修改。且度數既明，又可旁通衆務，濟時適用。所以從古聖帝賢君，莫不崇欽若敬授之典，必求明理大臣，克勝斯任者，始畀以督領之權，復集思廣益，並採兼收，以成一得之用。餘不暇繁稱，止據《元史》所載，以宰相王文謙、樞密張易主領裁奏於上，仍命左丞許衡參預其事，王恂、郭守敬兼太史院事，分掌測驗推步於下，而又博徵楊恭懿諸人助之。然猶五年而成，六年而頒行，十年之後，始陸續進書，則成之難，其何如哉。今光先自言不知曆法，則勝任愉快者，必非光先之所敢當。況捨已修新法，故棄不用，而更取已壞舊法，另圖修改，推其心不過借此以掩從前奸欺之罪。又得寬長歲月，以偷視晻嗌食息，倖而漏網，安能起九原而加之斧鑕哉？此則光先至要至奸之極謀者也。

地爲圓形實證

光先於曆理毫無所諳，見於大地非圓一語。蓋大地必爲圓體，多端各有□□，非臆説也。兹略舉三端焉。一、月食之形。夫月食之故，由大地在日月之間。日不能施照於月，故

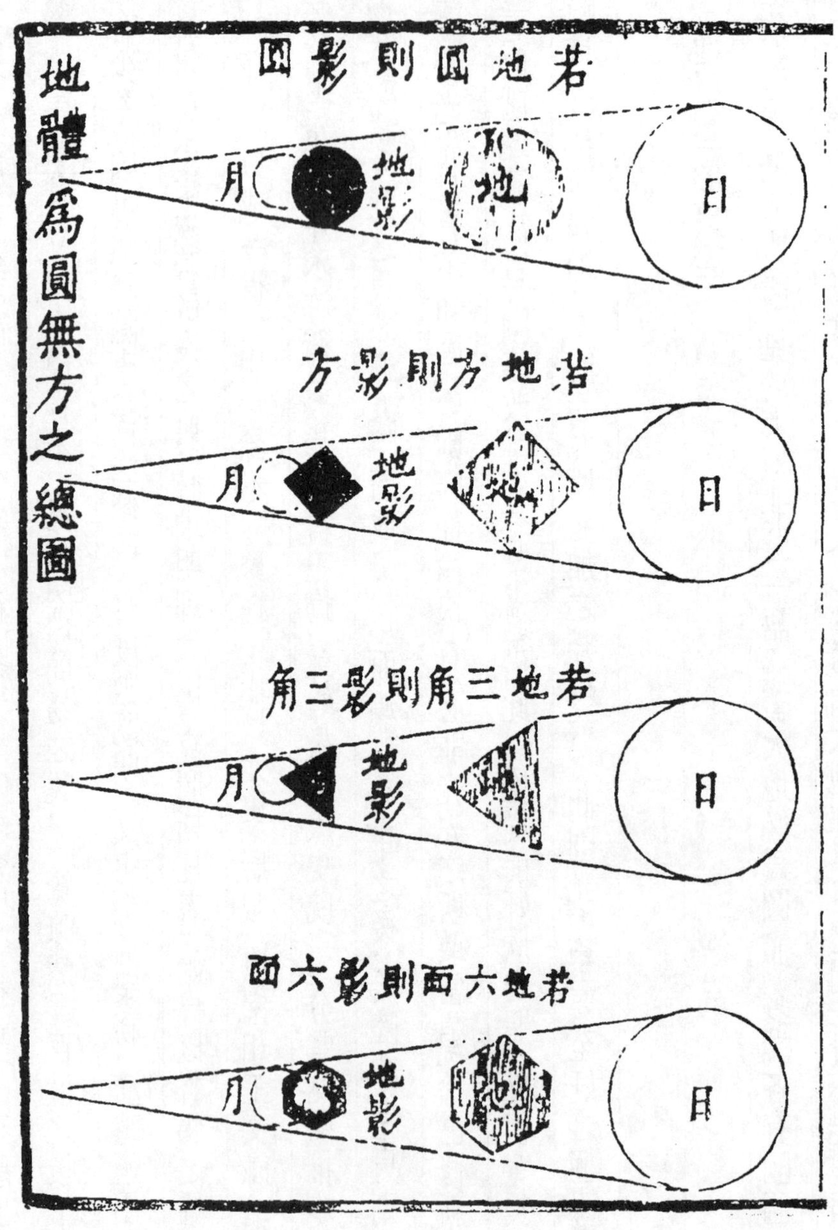
地體爲圓無方之總圖
若地圓則影圓
月
地影
地
日
若地方則影方
月
地影
地
日
若地三角則影三角
月
地影
地
日
若地六面則影六面
月
地影
地
日

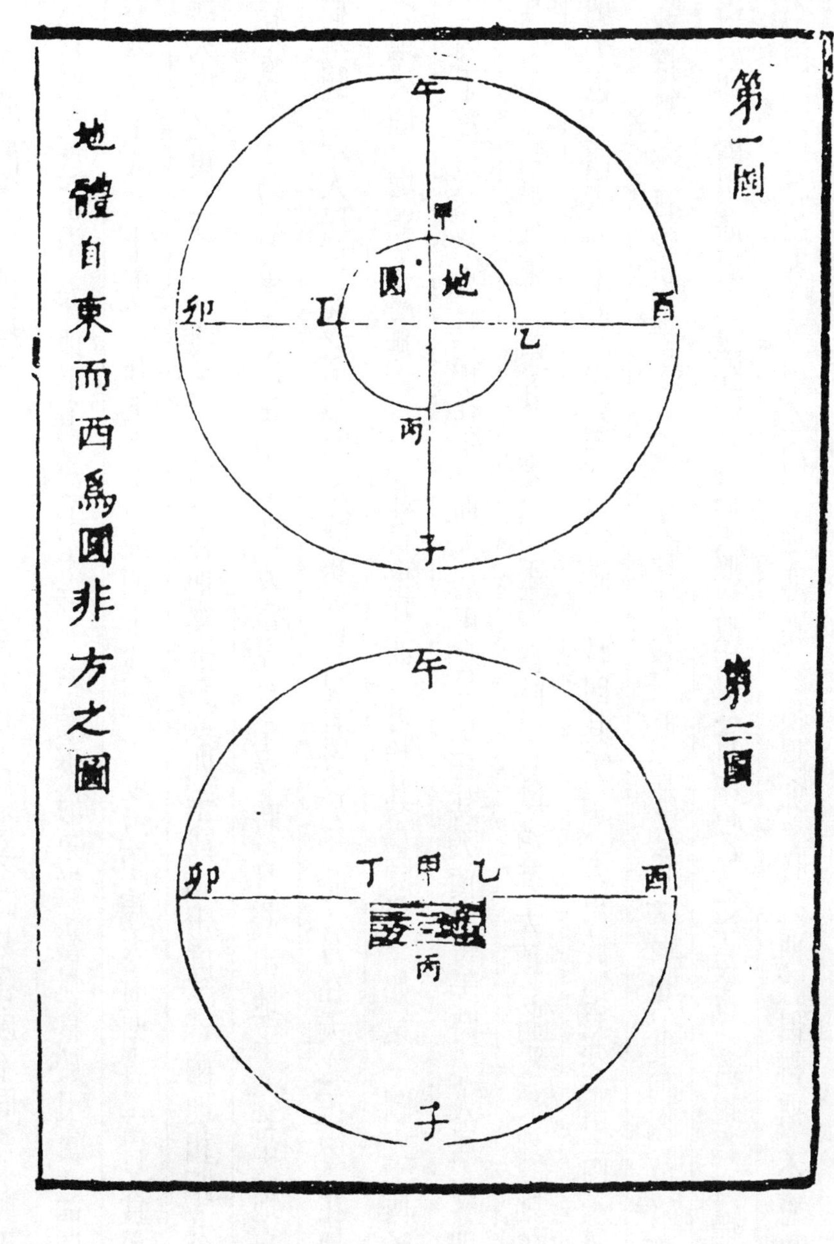
第一圖
地體自東而西爲圓非方之圖
午
甲
地
圓
卯
丁
乙
酉
丙
子
第二圖
午
卯
丁
甲
乙
酉
丙
子

地射影於月而亦成圓形，則地爲圓可知。二、地有東西，月食之時刻各處不同。如順天府見食於子時，月在天之正中，在地平上，或七十度；距順天府東者，當見食於丑寅之間，月在天中之西，或三十或六十度；在地平上，或四十或二十度；距順天府西者，當見食於戌亥之間，月離天中之東，或三十或六十度；在地平上，或四十或二十度。若兩地相距九十度，則東方當見食於子時，月在天之正中；西方當見食于卯時，月將出地平。若大地自東而西，爲方形不圓，則人居地面之上者，不論東西皆見月食於子時。月在天之正中，在地平上七十度，各地皆同，與順天府無二矣。此自東往西，可驗其爲圓形。如第一圖，午酉子卯爲日天，甲乙丙丁爲地球。今日輪在午，而人居甲，日正在其天頂，得午時。人居丙，即得子時，日在其天頂，衝也。東去甲九十度，居丁得酉時，日既過其天頂，將没於地，則午甲丙子，爲其地平也。西去九十度，居乙即得卯時。日向其天頂，方出於地，亦午甲丙子爲其地平也。依此推算，今日輪出地平在卯。人居丁得午時，居乙得子時也，此何以故？地爲圜體，故日出於卯，因甲高於乙，障隔日光不照。故丁之日中，乙之半夜也。若地爲方體，如第二圖，甲乙丙丁，則日出卯。凡甲乙丙丁地面人，宜俱得卯。日入酉宜俱得酉，不應東西相去二百五十里而差一度，又七千五百里而差一時也。是明有時差者，不能不信地圜也。又

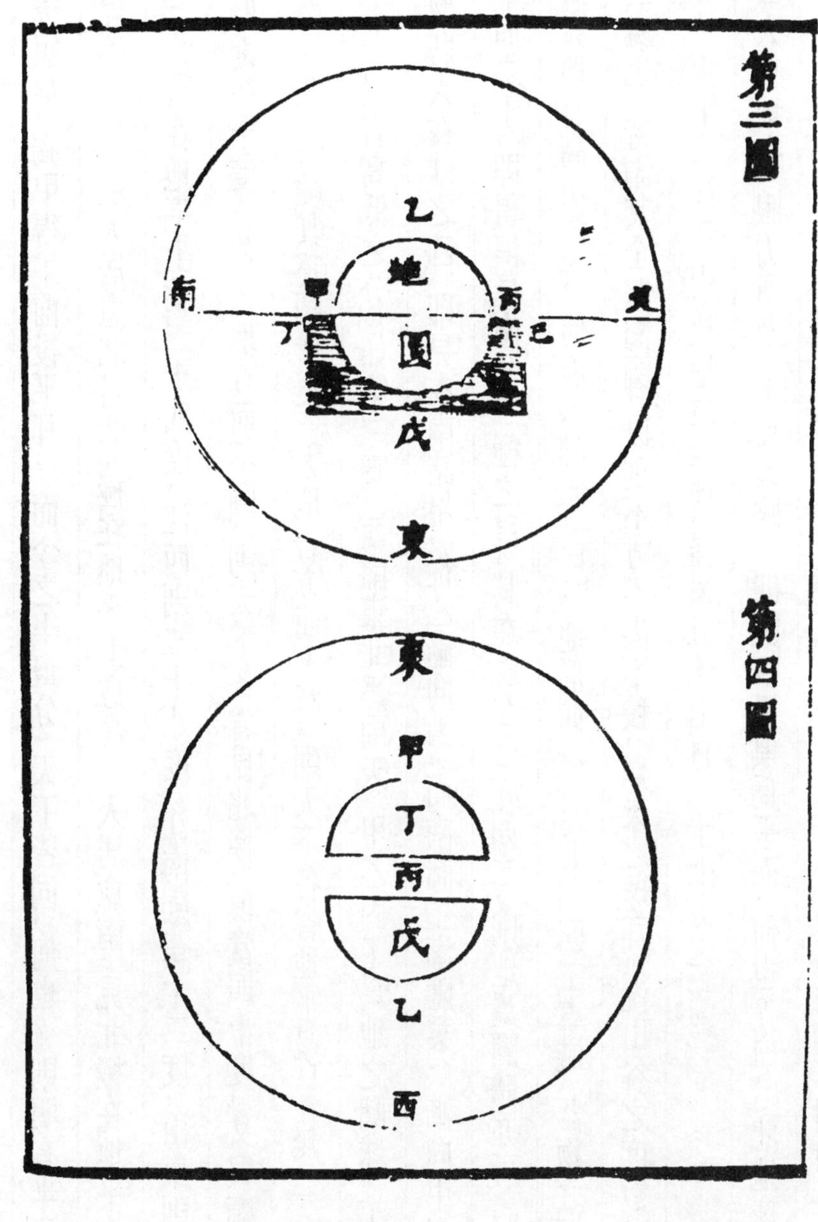
第三圖
乙
地
南
北
甲
丙
丁
己
圓
戊
東
第四圖
東
甲
丁
丙
戊
乙
西

丁乙與甲異地，即異天頂，即異日中，而又與甲同卯酉，即丁之午前短，午後長矣。乙之午前長，午後短矣，獨甲得午前後平耳。而今之半晝分，天下皆同，何也？則明有半晝分者，不能不信地圓也。三人居愈北，見北極在地平上愈高；人居愈南，見北極在地平上愈低。如廣東見北極，在地平上約二十四度，江西則二十八度，江南則三十二度，山東則三十六度，順天府則四十度。若大地方而不圓，則天下各省見北極，俱當四十度，又與順天府無二，此自南往北，可驗其爲圓形矣。大地若方而不圓，則天下各省地平，皆一無二。而星辰在各地平上，豈有高低之分。如第三圖，西南東北爲周天，甲乙丙丁爲地之圜球。丁戊已爲地之方面，若人在球之乙，即見在南諸星，從乙漸向丙，而南諸星漸隱矣。漸向甲者反是，若人在平面之丁，即得俱見南北二極之星，其在戊在已亦如之，則地爲圜體亦可證也。

或曰大地有高山深谷，何能爲圜體。曰：地形如球者，非如匠工車鏇，器物之渾淪，而毫無凹凸處也。特謂其全體圜圓，以別不方不尖不稜，類天之球耳。況山谷之度數，比大地無足置算。天下最高之山，比地之全徑，僅爲五千七百二十七分之一。

或曰人在地上，眼力所及，不見爲圓。即數百里俱爲平面，何也？曰：此地球廣大之故，譬設一五丈繩於地。一端定地爲心，一端拉開畫一尺之弧。是弧爲其本圖內，三百一十四分之一。然目終難分其曲，猶人在地平，或海面上，視地與水面極廣，目力約足十三里之遥。然地球周圍九萬里，以十三里比九萬里，僅六千九百二十三分之一，安能分其曲也？

光先云：「果大地如圓球，則四旁在下，國土窪處之海水，不知何故得以不傾」云云。

曰：物重者各有體之重心，此重心者，在重體之中，地中之心爲諸重物各重心之本所。物之重心悉欲就之。凡謂下者，必遠於天，而就地心；凡謂上者，必就天而遠於地心。而地之圜球，懸於空際，居中無著，常得安然。而四方土物，皆願降就於地心之本所。東降欲就其心，而遇西就者不得不止；南降欲就其心，而遇北就者亦不得不止，各就皆然。相遇之際，皆能相衡相逆。故凝結於地之中心，即不相及者，以欲就亦附離不脱，致令大地懸居空際也。如第四圖，丙爲地中心，甲乙兩分，各爲之半球。甲東降就其心，乙西亦降就其心，兩半球又各有本體之重心，如丁如戊。甲東降必欲令本體之重心丁，至丙中心然後止。乙西降必欲其本體之重心戊，至丙中心然後止。故兩半球，相遇於丙中心，甲不令乙得東，乙不令甲得西，一衡一逆，力勢均平，遂兩不進亦兩不能退，而懸居空際，安然永奠矣。譬一門焉，二人出入，在外者衡欲開之，在內者逆欲閉之。一衡一逆，爲力均平，門必不動。甲乙半球，其理同也。至四方八面，一塵一土，莫不皆然。隤然下凝，職由於此矣。

辯依赤道測驗

夫測驗爲曆家首務，曆法疎密，於此如指掌焉。舊法之測驗多錯，今略舉四端。一曰，依赤道之簡儀測驗，依黄道推算之七政，失天莫大於是。蓋赤道行自正東，而正西永久不變。移赤道之簡儀，必對其東西南北之四正，黄道不然。或自東北而西南，或自東南而西北，時時刻刻不同。其相應之儀器，必隨之而動。今依赤道測黄道，所算之七政，則以東北之行，爲正東之行；以西南之行，爲正西之行；以偏爲正，以正爲偏，可乎？如圖子午卯酉，爲天上過南北二極之圈；正東正西爲赤道，東北西南爲黄道。午赤極，未黄極，壬兩道之交爲春分。如欲測緯北之辛星，從午未黄赤兩極，出兩過辛星之弧，儀器之線，當天上之弧。各至本道上，如午辛甲，未辛乙是也。午辛甲弧，指辛星。依赤道測，在赤道甲度上，離春分壬甲弧，爲三十五度。未辛乙弧，指辛星，依黄道測，在黄道之乙度上，離春分壬乙弧，爲四十五度。兩道之測，彼此差十度。又如測戊星，依赤道測則在赤道之己度，離春分壬己弧；依黄道測，則在黄道之庚度。此兩星相距黄道乙庚弧，爲十五度。若舊法依赤道之簡儀，測驗曆上所載依黄道算度，則此兩星相距甲乙，即有三十度之錯矣。凡測天上諸星皆如此，如張宿距星，依赤儀測，在秋分前三十六度三十八分；依黄儀測，在秋分前二十九

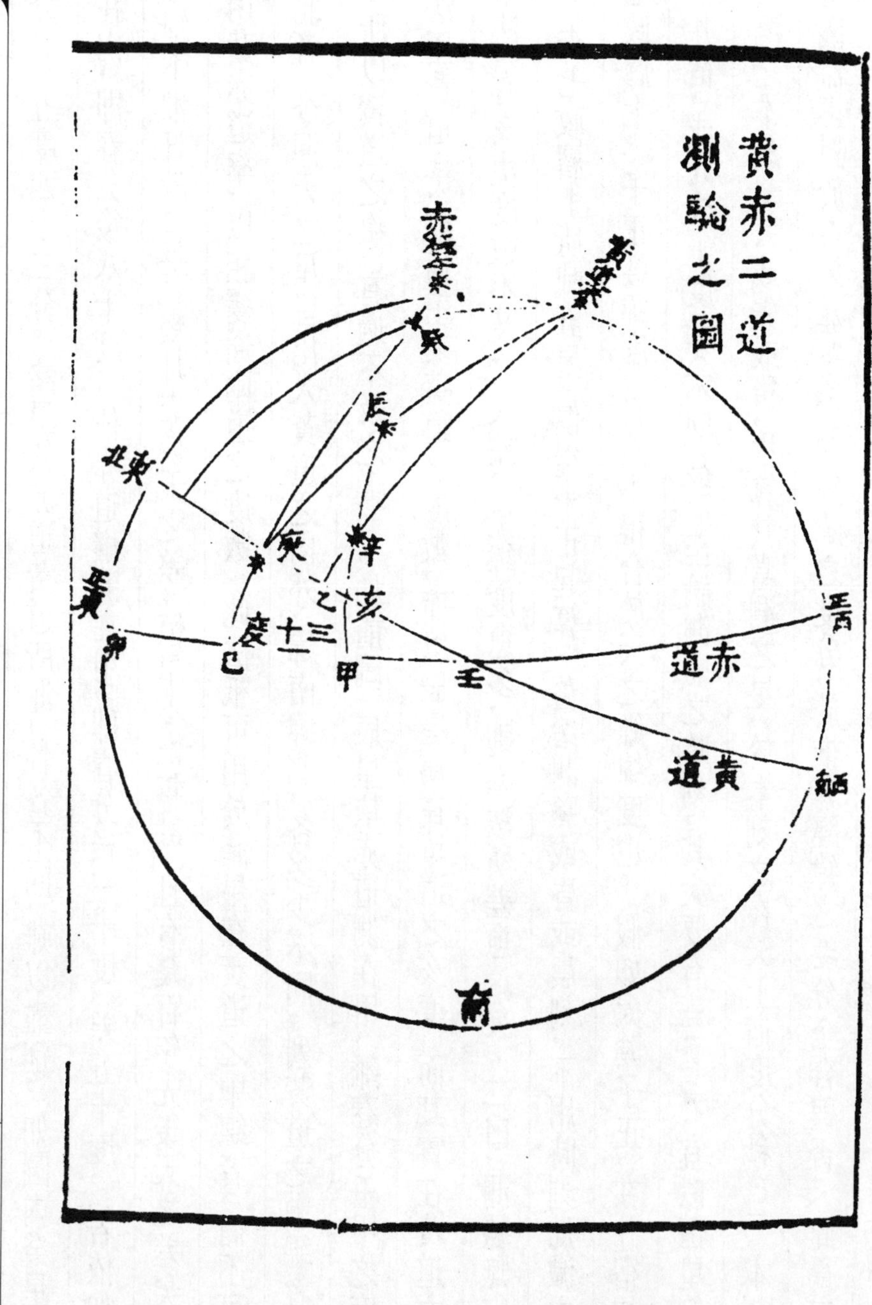
黃赤二道
測驗之圖
赤道
黃道
辰
辛
乙
亥
巳
甲
壬
南

度五十六分，差五度四十二分。諸星依赤道黃道所測，各各不同，難以盡別。如圖内癸星，依黃儀測在内，即春分後八十度；依赤道儀測在甲，即春分後三十度，差五十度。若依如此測法，五緯不惟日計，且有幾月先後天之差。恒星不惟年計，且有幾百年先後天之差矣。論舊法所用黃赤道率，以相變通兩道之度數。此法祇可用於諸星在黃道之中線者，而不可用於緯南北者。今渾天之星皆出入黃道之内外，緯南緯北，各多少不同。列黃道之中線者，僅六七耳。所以黃道之率，有過不及之大差。如前圖，辰星依赤道測在甲，離春分壬甲之度數。今舊法用黃道率，變通壬亥黃道之度數，而以辰星爲在黃道之亥度，而其實在黃道之庚，則此率法，有亥庚度數不及之大差。星緯度愈多，則率法所差愈遠矣。二曰，測驗無定時之加減。夫七政曆上所載五星，俱從子正起算。舊法測驗或昏或晨刻，不用時刻加減之法，則載七政曆上。子正經緯度，自然不得合於天之經緯度也。假如太陰子正，在井宿初度，昏刻在井宿，或九或十度，大不同矣。至論測驗之時刻，其大要有三：一、宜以恒星等法，先定其測之本刻。二、或先或後，推算其當測之星，於本刻之在天上何度分秒。三、本刻至時，即將儀器正對於本星，然後看測經緯之度分，於推算經緯之度分全合與否。此爲定法，亦定理也。三曰誤三差，即高下差、時差、氣差是也。論别星三差微小，可以不算，論太陰不得不算。不然其緯度間至一日，即有先後天之差矣。經度距極度皆因之，而未免數刻之差，於交食可證。四曰誤蒙氣之差。諸星在地平上二十度以下，俱在蒙氣限内測蒙氣，誤或幾分之差，則星或先天或後天，不但數刻，且有數日矣。其餘測驗之故多端，今不具論，略舉四端以總辯舊法之錯，而明黄道之推算，必須依黄道之測驗，斯可爲萬世之定法也。

新舊二曆疎密

凡係曆法款數，須隨地推算，不可以一處而概他處。如各省太陽出入、晝夜長短、節氣交食時刻，各有加減之法。據舊法，僅可謂一省之曆耳。蓋所算晨昏太陽出入、晝夜長短時刻，其法止可用於江南。算節氣交食時刻，其法止可用於京都，不能變通他方。邢觀察《律曆考》亦辨其非，第無術爲之更定耳。新法七政曆，推日月五星，皆有每日之經緯宿宮度分，隨日可以測驗，而知曆日推算之節氣，五星之行度，分朔望上下弦時刻。合天與否，開卷瞭然。又有一年每月太陰正斜横昇，所以推各朔之前後。太陰或早或遲，見於東西。舊法不然，止有宿度，無宫次經緯度，每月朔望上下弦，曆止載何日，不載何時何刻，故錯於天或八十或九十刻，從何而辨？至所推七政曆，不知太陰五星，天上在南在北，並其宿行，止有度數，無分數。夫測驗之精微，在於分秒；若差度數，即爲疎遠，無分數，則何以爲合天之準，又何以見曆日之疎密？何況土木火三星，日行不至一度；土木二星，間有一十二十多日不行一度，則有二三十日之差否，何從而知？依舊法歲差，星宿每年往東行一分五十秒，六十六年有餘行一度。舊曆上既止有度數，無分數，則六十六年間，每年之歲差，與星宿之行動，既無以分別，又何以爲曆乎？曆者歷也，在曆七政經緯之度分，與在天經緯之度分，密合無間，斯稱爲曆，不則謬矣。夫七政曆，爲日月五星每日在天之一幅總圖耳。如天下各省地圖者然，各省無南北之分，無經緯之里數，豈得謂之地理耶？七政曆無星宿南北之分別，無宫次經緯之度分，豈得謂之七政曆乎？況五星伏見，尤其舛甚。今據所推，云見而實不見，云伏而實未伏。或先後錯至一旬二旬，甚且期月者有之，五星相會之期於天，又差數日矣。二十八宿距度其中，於天度有大有小，亦有紊亂一二三度者。此皆疎遠之最昭晳者也。光先即有百喙，其能掩乎？

曆日自相矛盾數端

依光先自認舊法之差，則每年曆日七政等，全無一日合天矣。如日月五星，每日宿度宮度，節氣朔望交食，皆無不錯。其《孽鏡》云：夫交食之法，全在黄道十二宮之闊狹，度數增減之差，增減得而交食自無不驗。《大統曆》之黄道，自郭守敬三百餘年未修，而差已五度等語。又説十二宮之闊狹，盡皆不同，所當極宜考修者。又天文圖内云：古宿之長者，今則減而爲短；古宿之短者，今增而爲長。據所認舊法之節氣，一年之中不止有五百刻之差。論宿之長短，年年有加減之差。自郭守敬至今，從無加減，則在曆上宿之長短，有三百八十六多年之差。十二宮亦然。日月五星，日日之宿度與宫度，豈得而合於天乎？又據其自認舊法之交食，未曾修改，不得不錯。而三百多年以來，全無修改之法。今光先保用全不合天之舊法，而滅世祖欽定合天之新法，非病狂喪心者，敢如是乎？兹特揭其自相矛盾數端於左。

一、論春秋二分。所謂春分秋分者，晝夜平分之謂也。今閲丁未舊曆，二月二十六日，晝夜各五十刻，則應爲春分矣。乃逾二日，至二十八日爲春分；八月初七日，晝夜各五十刻，則應爲秋分矣，乃反前三日於初四日爲秋分。

一、論一年每節氣晝夜長短。凡本日晝夜長短，悉依本日太陽出入推算，此定法也。今就本曆晝夜長短而論，多與太陽出入不相合。如十月二十二日，日入酉初初刻，理宜本日晝四十二刻，夜五十八刻。今彼曆五日前，晝四十二刻，夜五十八刻。十一月二十二日，日又入酉初初刻，而五日之後，晝四十二刻，夜五十八刻。又十二月二十日，晝四十四刻，夜五十六刻，理宜本日日出卯正三刻，日入酉初一刻，乃今曆上先一日日出卯正三刻，先三日日入酉初一刻。豈此三日之間，太陽周天之行動，絶無增減乎？何況六日之前，其行動加減一刻也。自正月至十二月，一歲之内其舛謬若此，其他纖悉微細之間，豈易屈指數耶？

一、論五星合伏。凡星與太陽同經度，名爲合伏。今康熙六年曆，五星合伏，多與太陽不同經度。如二月十八日，水星在室宿二度合伏，而太陽本日在室十度，過前合伏七日矣。又四月十九日，水星在胃八度合退伏，而本日太陽在胃十一度，又過前合伏三日矣。又五月二十日，水星在井十八度，與太陽合伏，而太陽本日在井十五度，又過前合伏三日矣。又七月二十日，水星在翼十度，與太陽合退伏，而太陽本日在翼三度，又差七日矣。又九月十七日，水星在氐一度，與太陽合伏，太陽本日在亢七度，又差三日矣。水星三月十一日在奎二度，與太陽合伏，而太陽本日在奎四度；火星四月三十日在卯五度，與太陽合伏，而太陽本日在卯六度；土星十二月二十日，在牛五度，與太陽合伏，而太陽本日在牛六度；似此自相矛盾之處，不能枚舉。

天帝考

附愚論

〔清〕嚴謨撰　周岩點校

《天帝考》前言

《天帝考》，清嚴謨撰。鈔本，梵蒂岡教廷圖書館藏。錄《尚書》、《詩經》及《四書》中有關上帝之文，以呈「羅、萬、南、魯、畢、聶、李」七教士，以備參考。所舉「七教士」，方豪先生考證三人，即：羅如望、李瑪諾、聶伯多。

羅如望（Joannes de Rocha），杭州大方井墓碑作「儒望」，字化思。《中國天主教史人物傳》有傳。

李瑪諾（Emmanuel Diaz senior），字海嶽，葡萄牙人。明萬曆二十九年（一六〇一）來華。其足跡曾遍歷韶州、南昌、南京、北京等處。天啓六年曾居嘉定，似未至福建。崇禎十二年（一六三九）卒於澳門。崇禎三年，李瑪諾曾上書耶穌會總會長，討論是否可以用「上帝」稱至高之神，其結果則是獲得肯定。

聶伯多（Pet us Canevari），字石宗，中國國家圖書館藏《中葡字典》鈔本，附在華耶穌會士七十七人姓氏，作字與家，意大利人。崇禎三年來華，八年至福建，傳教於泉州、延平等處。清康熙十四年（一六七五）卒於南昌。

除此三人外，方豪先生《中國天主教史人物傳·嚴謨傳》又云：「其他如南姓者，若以之爲南懷仁，則年代相去太遠，不敢附會。」此「南姓者」，蓋南懷德，聖方濟各會會士，康熙三十七年在華傳教。另，方豪先生《嚴謨傳》中將「七教士」之姓鈔爲「羅萬南魯羅聶李」，而第二位「羅」姓，實爲「畢」。耶穌會士中有畢方濟（字今梁），或有可能。書中首頁所稱「費大老師臺天域」，生平則不可考。

因《天帝考》撰述時不詳，所列「七教士」既未言名字，又未明瞭是何修會會士，所以僅以漢姓推測，實在難以論定。

《天帝考》末附《愚論》，乃嚴謨對天主教與儒家思想比照之看法，頗有價值。細讀之，內有關於「天主」、「上帝」稱謂之紛爭云：「初來諸鐸德，與敝邦先輩，翻譯經籍，非不知上帝即天主，但以古書中慣稱，人見之已成套語。……故依太西之號『紐攝』稱爲天主，非疑古稱上帝，非天主而革去不用也。」也就是說，「初來諸鐸德」，是允許「上帝」、「天主」互用的。鐸德，即神父。「今愚憂新來鐸德，有不究不察者，視上帝之名如同異端。拘忌禁稱，誣敝邦上古聖賢以不識天主，將德義純全之人，等於亂賊之輩、邪魔之徒，其謬患有難以詳言者。」而「新來鐸德」是禁止以「上帝」稱天主至高之神的。

「初來諸鐸德」或指耶穌會士，「新來鐸德」或指新到福建地區傳教的多明我會或方濟各會會士。不同修會，傳教方針不同，所以對待中華古文化之態度也就不同。所以嚴謨作《天帝考》，目的也是「備錄經書所言，而略附愚論於後，惟祈公心破惑，共躋同美，以合大主之意焉」。

嚴謨，字定猷，聖名保禄(一作琭)，福建漳州人。據康熙《龍溪縣志》卷七《選舉下》：「嚴謨，四十八年歲〔貢〕。」父贊化，順治「八年府學恩貢」。方豪先生《嚴謨傳》云：「《口鐸日鈔》訂正人之一，清漳嚴贊，字化思，必其昆仲也。」先生此處有誤。

嚴謨又著有《詩書辨錯解》一册。本意是《詩》、《書》中「文原明白，有一二條被後儒錯解，不足以掩原義」，故著成辨正。此書未見傳本。

本文獻以臺灣學生書局吳相湘氏《天主教東傳文獻續編》影印本整理。《天帝考》係鈔本，文中所引《詩》、《書》經典有脱略錯舛之處，據《十三經注疏》補足或更正，以〔〕號標出，但不出校。

二〇〇四年九月十七日北京駉方周岩謹識

天帝考

此書因近有疑敝邦古書中所稱上帝者，故著。茲謹抄呈，祈師鑒俯採過各省羅、萬、南、魯、畢、聶、李諸位師，並祈將本與抄，存之以備參考，亦一芻議也。

教下嚴保禄頓首拜上

費大老師臺天域

錄《尚書》、《詩經》、《四書》中所言上帝言天。

肆類於上帝。見《舜典》。

肆，遂。類，祭名。此舜初即位，祭告上帝之詞。

皇天眷命，奄有四海，爲天下君。見《大禹謨》。

眷，顧。奄，盡。此益言天眷堯之德，使之爲天下君也。

天之曆數在爾躬。見《大禹謨》。

曆數者，帝王相繼之次第。此舜命禹攝位之詞。

天敘有典。天秩有禮。天命有德。天討有罪。見《皋陶謨》。

敘者，君臣、父子、兄弟、夫婦、朋友之倫敘也。秩者，尊卑、貴賤、等級、隆殺之品秩也。天命有德之人，天討有罪之人，此皋陶告禹以人君之典禮命討，皆由於天也。

以昭受上帝，天其申命用休。見《益稷》。

以此明受於上帝，天豈不重命而休美之乎。此禹告舜能慎其在位，則天之眷命愈加也。

勑天之命，惟時惟幾。見《益稷》。

勑，戒勑。幾事，惟時者，無時而不戒勑也。惟幾者，無事而不戒勑也。此舜將作歌，而述其所以歌之意也。言天命無常，無時無事不可不戒也。

天用勦絶其命，今予惟恭行天之罰。見《甘誓》。

言有扈氏獲罪於天，天用勦絶其命。今我伐之，爲敬行天之罰而已。此夏啓征有扈誓師之詞。

有夏多罪，天命殛之。予畏上帝，不敢不正。見《湯誓》。

夏桀暴虐，天命殛之。我畏上帝，不敢不往正其罪也。此商湯伐夏誓師之詞。

惟天生民有欲，無主乃亂。惟天生聰明時乂。見《仲虺之誥》。

民生有耳目口鼻愛惡之欲，無主則爭且亂矣。天生聰明者，所以爲之主而治其亂者也。此仲虺明湯伐夏之詞。

夏王有罪，矯誣上天。帝用不臧，式商受命。欽崇天道，永保天命。見《仲虺之誥》。

矯，擅。誣，罔。臧，善。式，用。桀矯誣詐罔，天用不善其所爲，使有商受命。欽崇者，敬畏尊奉之意。欽崇乎天道，則永保乎天命矣。此亦仲虺明湯伐桀之詞。

惟皇上帝，降衷於下民。若有恆性，克綏厥猷惟后。見《湯誥》。

皇，大。衷，中。若，順。恒，常。克，能。綏，安。猷，道。后，君也。言大矣上帝，降至中正之理於民，民因之而有仁義禮智之常性，而能使之安行乎道者惟君。此湯克夏誥衆之詞。

天道福善禍淫，降災於下，以彰厥罪。見《湯誥》。

言天之道，善者福之，淫者禍之。桀既淫虐，故天降災以明其罪。此湯數桀之詞。

爾有善，朕弗敢蔽；罪當朕躬，弗敢自赦。惟簡在上帝之心。見《湯誥》。

簡，閱也。人有善不敢以不達，己有罪不敢以自恕，簡閱聽於天。此亦湯誥衆之詞。

上帝不常，作善降之百祥，作不善降之百殃。見《伊訓》。

不常者，去就無定也。爲善則降之百祥，爲不善則降之百殃，各以類應也。此伊尹訓太甲之詞。

先王顧諟天之明命，天監厥德，用集大命。見《太甲》。

顧諟，常目在之也。諟，古是字。監，視也。言湯常目在是天之明命，故天視其德，用集大命，以有天下。此伊尹告太甲之詞。

惟天無親，克敬惟親。見《太甲》。

言天之所親在於能敬者。此亦伊尹告太甲之詞。

天難諶，命靡常，夏王弗克庸德，皇天弗保，監於萬方，眷求一德，克享天心，受天明命，非天私我有商，惟天祐於一德。見《咸有一德》。

諶，信。天之難信，以其命之不常也。桀之失，湯之得，以此。一德者，純一之德，不雜不息之義，湯之君臣皆有一德，故能上當天心，受天明命，而有天下，非天有所私也。此亦伊〔尹〕告太甲之詞。

恭默思道，夢帝賚予良弼。見《説命》。

言恭敬淵默，以思治道。夢帝與我以賢輔。此殷高宗告衆得傅説之詞。

惟天聰明，惟賢時憲。見《説命》。

天之聰明，無所不聞，無所不見，惟人君法之也。此傳説告高宗之詞。

惟天監下民，典厥義。降年有永有不永，非天夭民，民中絶命。見《高宗肜日》。

典，主也。義者理之當然，行而合宜之謂。言天監視下民，其禍福予奪，惟主義何如耳。降年有永有不永者，義則永，不義則不永，非天夭絶其民，民自以非義而中絶其命也。此祖己告高宗之詞。

皇天震怒，命我文考，肅將天威。見《泰誓》。

言殷紂殘虐萬姓，皇天大怒，命我文王，敬將天威，以除邪虐。此周武王伐紂誓師之詞。

乃夷居，弗事上帝神祇。見《泰誓》。

言紂夷踞廢上帝及百神之祀。此武王責紂之詞。

天祐下民，作之君，作之師，惟其克相上帝，寵綏四方。見《泰誓》。

祐，助。寵，愛也。言天助下民，爲之君以長之，爲之師以教之。惟其能左右上帝以寵安天下。此亦武王之詞。

商罪貫盈，天命誅之。予弗順天，厥罪惟鈞。見《泰誓》。

貫，通。盈，滿。鈞，同也。言紂積惡，天命誅之。今不誅紂，其罪與同。此亦武王之詞。

天矜於民，民之所欲，天必從之。見《泰誓》。

言天矜憐於民，民之所欲，天無不從之。此亦武王之詞。

上帝弗順，祝降時喪，予一人恭行天罰。見《泰誓》。

祝，斷也。言紂悖亂天道，故天弗順，而斷降是喪亡也。我敬行天之罰也。此亦武王之詞。

予小子敢祇承上帝，以遏亂略。見《武成》。

言敬承上帝，而遏紀亂謀。此亦武王伐紂之詞。

惟天陰騭下民，相協厥居。見《洪範》。

騭，定。相，輔。協，合。天於冥冥之中，默有以安定其民，輔相協合其居止。此武王問箕子之詞。

鯀〔陻洪水，〕汨陳〔其〕五行，帝乃震怒，不畀《洪範》《九疇》，彝倫攸斁。〔鯀則殛死，〕禹〔乃〕嗣興，天〔乃〕錫禹《洪範》《九疇》，彝倫攸敘。見《洪範》。

汨陳，亂列也。《洪範》《九疇》，治天下之大法也。彝倫，常理也。此箕子告武王之詞。

乃命於帝庭，敷佑四方。見《金縢》。

言武王乃受命於上帝之庭，布文德以佑助四方。此周公之詞。

予惟小子，〔不〕敢替上帝命。見《大誥》。

替，廢也。上帝之命，其可廢乎？此周成王伐武庚之詞。

文王克明德，聞於上帝；帝休，天乃大命文王，殪戎殷，誕受厥命。見《康誥》。

言文王明德昭昇，聞於上帝。帝用休美，乃大命文王殪滅大殷，大受其命。此武王告康叔之詞。

皇天上帝，改厥元子。茲大國殷之命，惟王受命，無疆惟休，亦無疆惟恤。見《召誥》。

元子，嗣天位者，言紂也。休，美。恤，憂。言皇天上帝命之不可恃如此，今王受命，固有無窮之美，亦有無窮之憂。此召公告成王之詞。

已上俱《尚書》

帝命不違，至於湯齊。湯降不遲，聖敬日躋。昭假遲遲，上帝是祇。帝命式於九圍。

見《長發》。

違，去。齊，時與之會也。降，生也。遲遲，久也。祇，敬。式，法。九圍，九州也。言商之先祖，既有明德，天命未嘗去之，以至於湯。湯之生也，應期而降，適當其時，聖敬又日躋昇。以至昭格於天，久而不息，惟上帝是敬。故帝命之以爲法於九州也。此殷人頌湯之德之詞。

皇矣上帝，臨下有赫。監觀四方，求民之莫。上帝耆之，增其式廓。見《皇矣》。

皇，大。臨，視。赫，威明也。監，亦視。莫，定。耆，致。式廓，猶言規模也。言上帝臨下甚明，但求民之安定而已。苟爲上帝之所欲致者，則增大其疆域之規模。此周家推原其受天命之由也。

帝遷明德。見《皇矣》。

言上帝遷此明德之君，使居岐周之地。此敘太王遷岐之事。

帝省其山。帝作邦作懟。見《皇矣》。

省，視。懟，當作對，言擇其可當此國者以君之也。言帝視其山，而見木拔道通，知人歸者衆，於是既作之邦，又與之賢君，以嗣其業。此敘天立王季之詞。

維此王季，帝度其心，貊其德音。既受帝祉，施於孫子。見《皇矣》。

度，能度物制宜也。貊，穆然清靜也。祉，福。施，延。言上帝制王季之心，使有尺寸能度義，又清靜其德音，使無非問之言。是以既受上帝之福，而延及於子孫也。此敘王季受天命之詞。

帝謂文王，無然畔援，無然歆羨，誕先登於岸。見《皇矣》。

無然，猶言不可如此也。畔，離畔。援，攀援。言舍此而取彼也。歆，欲之動。羨，愛慕，言肆情以狥物也。岸，道之極至處也。此言帝告文王之詞。

帝謂文王，予懷明德。不識不知，順帝之則。見《皇矣》。

予，上帝自稱也。明德，文王之明德也。言上帝眷念文王，而其德之深微，又能不作聰明以循天理也。此皆敘文王之德能，受天命之詞。

其香始昇，上帝居歆。后稷肇祀，庶無罪悔，以迄於今。見《生民》。

居，安。歆，饗。肇，始。言薦豆登以祭，其香始昇，上帝已安而饗之，言應之速也。蓋自后稷始祀以來，前後相承，兢兢業業之懷，恐有罪悔，獲戾於天，閱數百年，而此心不易，故曰：「庶無罪悔，以迄於今。」此言周家之世，用心如此，所以上帝饗之速也。

文王在上，於昭於天。文王陟降，在帝左右。見《文王》。

言文王既殁，而其神在上。一昇一降，無時不在上帝之左右。此周公述文王之德之詞。

上帝既命，侯於周服。見《文王》。

言上帝之命既集於文王，而商之臣子皆維服於周矣。

上天之載，無聲無臭。見《文王》。

言上天之事，無有聲臭可度。此亦周公之詞。

維此文王，小心翼翼，昭事上帝。見《大明》。

小心翼翼，恭慎之貌。昭，明也。文王之德，於此爲盛。此亦周公述文王之德之詞。

上帝臨女，無貳爾心。見《大明》。

貳，疑也。爾，武王也。此衆人勉武王伐紂之詞。蓋知天命之必然，而贊其決也。

我將我享，維羊維牛，維天其右之。我其夙夜，畏天之威，於時保之。見《我將》。

言奉其牛羊以享上帝，而曰天其降而在此牛羊之右乎？蓋不敢必也。又言天既享我，則我其敢不夙夜畏天之威，以保其所以降監之意乎？此以文王配上帝之樂歌。

時邁其邦，昊天其子之。見《時邁》。

邁，行也。言我以時巡行諸侯，天其子我乎哉？蓋不敢必也。此武王巡狩之樂歌。

不顯成康，上帝是皇。見《執競》。

皇，君也，言豈不顯哉？成王、康王之德，亦上帝之所君也。此頌周成王、康王之詞。

敬之敬之，天維顯思，命不易哉。無曰高高在上，陟降厥事，日監在茲。見《敬之》。

敬之哉，敬之哉，天道甚明，其命不易保也，無謂其高而不吾察。當知其聰明明威，常陟降於吾之所爲，而無日不監臨於此，此不可以不敬也。此成王述羣臣戒己之言。

明昭上帝，迄用康年。見《臣工》。

明昭之上帝，又將賜我新畬以豐年也。此周戒農官之詞。

受禄於天，保右命之，自天申之。見《假樂》。

申，重也。言周王之德，既宜民人，而受天禄矣。而天於王猶反覆眷顧之不厭，既保之，右之，命之，而又申重之也。此頌周王之詞。

上帝板板，下民卒癉。見《板》。

板，反也。癉，病也。言天欲安民，而今反其常，是必有以致之者。此凡伯刺厲王之詞。

敬天之怒，無敢戲豫。敬天之渝，無敢馳驅。昊天曰明，及爾出王。昊天曰旦，及爾遊衍。見《板》。

渝，變也。王、往通，言出而有所往也。旦，亦明也。衍，寬縱之意。言天之聰明無所不及，不可不敬。此亦凡伯之詞。

蕩蕩上帝，下民之辟。見《蕩》。

蕩蕩，廣大貌。辟，君也。言此蕩蕩上帝，乃下民之君也。此亦刺厲王之詩。

昊天上帝，則不我遺。見《雲漢》。

遺，餘也。言天降旱炎，使我不見餘也。此宣王憂旱之詞。

天生烝民，有物有則。民之秉彝，好是懿德。見《烝民》。

烝，衆。則，法。秉，執。彝，常。懿，美。言天生民，有是物莫不有法，是乃民所執之常性。故其情無不好此美德。此美仲山甫之詩。

民今方殆，視天夢夢。既克有定，靡人弗勝。有皇上帝，伊誰云憎。見《正月》。

殆，危。夢夢，不明。言民今方危殆，疾痛呼訴於天，而視天反夢夢。然若無意於分善惡者，然此特值其未定之時爾。及其既定，則未有不爲天所勝者。夫天豈有所憎而禍之乎？福善禍淫，上天當然之理。此大夫憂亂之詞。

藐藐昊天，無不克鞏。見《瞻卬》。

克，能。鞏，固也。言雖危亂之極，天亦無不能鞏固之也。此勉幽王改過之詞。

已上俱《詩經》

獲罪於天，無所禱也。見《論語》。

天尊無對，逆理獲罪於天，豈他禱所能免乎？此孔子之言。

君子畏天命。見《論語》。

君子知天命之可畏，則戒慎恐懼自不能已。此孔子之言。

郊社之禮所以事上帝也。見《中庸》。

古設有郊社之禮，皆所以事上帝也。此孔子之言。

存其心，養其性，所以事天也。見《孟子》。

存，則操而不捨。養，謂順而不害。事，則奉承而不違也。此孟子之言。

莫非命也，順受其正。見《孟子》。

人物之生，吉凶禍福，皆天所命。惟莫之致而至者乃爲正命，故君子修身以俟之，所以順受乎此也。此孟子之言。

雖有惡人，齋戒沐浴，則可以祀上帝。見《孟子》。

此勉人之自新也。此《孟子》之言。

已上俱《四書》

附愚論

敝中邦古書，惟《五經》四子，其説可憑。然《易經》語象，非實談事，《春秋》乃紀周末人事，《禮記》多秦漢著作。惟《尚書》、《詩經》二經，及四子書，其中所載爲詳，而語且無訛。今欲聞上帝所稱爲何，故謹摘録二經《四書》中所言上帝言天之語，以備參考。

以今考之，古中之稱上帝，即太西之稱天主也：曰惟皇，曰皇矣，其尊無對也；曰蕩蕩，曰浩浩，其體無窮也；曰上天之載，無聲無臭，純神無形也；曰維天之命，於穆不已，無終也；曰及爾出往，及爾游衍，曰陟降厥事，曰監在兹，無所不知，無所不在也；曰無不克鞏；曰靡人弗勝，無所不能也；曰有赫，曰顯思，曰聰明，曰震怒，靈明威權也；曰視聽，曰眷祐，曰錫保，曰監觀，曰陰相，曰臨下，曰無親，曰靡常，曰作，曰降，曰矜，曰謂，至神至活也；曰生烝民，曰降衷於下民，生人生性也；曰福善禍淫，曰命有德，討有罪；曰作善降之百祥，作不善降之百殃，好善惡惡，賞善罰惡也；曰天矜於民，曰求民之莫，曰天命殛之，曰降災於下，至仁至義也，順之者則爲聖賢；曰永言配命，曰克享天心，曰順帝之則，逆之者則爲小人；曰矯誣多罪，曰穢德昇聞，曰不知不畏，所以歷觀古聖人事上帝之學；曰勅天之命，惟時惟幾，曰聖敬日躋，昭格遲遲，曰小心翼翼，昭事上帝，曰敬之敬之，天維顯思，曰獲罪於天，無所禱也，曰存心養性，所以事天。唐虞夏商周孔孟之學如一也。

蓋古人一行一動，無有不稟以上帝者。傳天位，則曰天之曆數在爾躬；命臣職，則曰亮天功，代天工；行放伐，則曰致天之罰，畏上帝不敢不正，曰帝休，大命殪戎商，祗承上帝遏亂略；舉一賢，則曰天命有德，曰爾有善，朕弗敢蔽，簡在上帝之心，籲俊尊上帝；罰一罪，則曰天討有罪，曰天用勦絶其命，曰罪當朕躬，弗敢自赦；立爲天子，則曰皇天眷命，奄有四海，曰帝命式於九圍，曰作之君，作之師，曰上帝是皇；建國都，則曰增其式廓，此維與宅，曰帝遷明德，帝省其山；心有德善，則曰錫王勇智，曰天生聰明，曰帝度其心，曰天之牖民；事有福慶，則曰昭受上帝，申命用休，保右命之自天申之。每年必祭，其禮甚尊；每事必告，其情甚親。災祥必祈，權能知屬，受護必報。美利知恩，以至行止死生無不曰有命，貧窮患難無不曰樂天；明旦闇室，無一處不謹其無敢不愧之衷；須臾夭壽，無一時不深其率性俟命之學。凡聖賢諸百德行，何一不從事上帝來者。則古中之稱上帝，即太西之稱天主無疑矣。

或曰天主無始自有，主體有三位一體之奥，天主有造成天地神人物之工，向書中並無言之。曰天主無始，與三位一體之奧理，極超人性。天主未降生前，非出天主之默示，人亦不能知，亦不敢言，其造成天地神人物之序，非居如德亞，見《古經》，亦不能知，亦不敢言。中古聖賢之無言此者，蓋其當也，蓋其慎也，不可以此責其有闕，而以其所稱上帝，謂非天主也。且其所言上帝，靈明威權，無有在其上者，則無始之義亦在其中矣。曰生烝民，曰天生人，曰降衷，曰物則，則雖不言某時造天地，以土造人身，又造靈魂其中，然亦已知上帝生人錫性矣。至三位一體，則萬萬不可及。雖然，吾正幸吾上古聖賢之言簡而意慎也。《論語》曰：「子罕言命。」又曰：「性與天道不可得而聞也。」使言多則必有旁謚假藉之語，萬一其中有一二疑似之言，今之論者，必執以爲非天主矣。豈必語入於邪始可疑，即有但如太西《古經》之言天主者，則上帝亦必被誣爲非天主矣。何以言之？《古經》云：天主父語天主子，曰：「我今日生爾。」又天主將罰瑣法焉五城，曰：「我不信，我且下觀之。」又如太西古畫三位皆有像，如此類者多，使非解釋明白，人將謂天主非無始者，三位有大小先後，天主有所不知，有所不在，且非無形矣，將何以爲辨乎？今幸吾經書中無一語疑似，豈非上古慎言簡言之利溥哉？他如諸子書中，亦有言似明過於詩書者，如莊子稱造物者，又云有夫未始、夫有始也者。伯陽父曰：「有物混成，先天地生。函三爲一。」又漢世祭三一，想亦古初有所傳聞，但今不敢引以爲證，以其中語多不純，不如勿語之爲更當也。

或曰既稱上帝，有時又稱爲天，何也？天則非天主矣。曰此古人之借稱也。經書中皋言帝，言上帝，言皇矣上帝，皇皇后帝，蕩蕩上帝之類，不可勝數。不屬天也，有時稱爲皇天上帝，昊天上帝者，蓋此表明之法也。人目所見，惟天爲大。言天所以引吾聰明以知上帝之大，止言帝，人主亦有稱帝之文，不舉天不足以表明其大也。至於經書中有時單稱天者，此又用字法也，是天以言帝也。今人稱順天知府爲順府，知縣爲縣，豈城郭即爲知府知縣乎？稱主上爲朝廷，爲陛下，豈殿宇階級即爲至尊乎？不過藉以爲稱指耳！夫以人類之顯見可見，尚必借稱如此，豈以純神非形體之上帝，而不可借一大以稱之，以引人思想之有所歸宿乎？此等用字，古人亦妙，非有錯也。故其所言天者，皆靈明威權之事，悉非穹蒼九重之圓體所有者，亦不憂其疑混也。況經書於一句中，上帝與天兩一俱用。如昭受上帝，天其申命；如矯誣上天，帝用不臧；如帝乃震怒，天乃錫禹；如視天夢，有皇上帝，等等不一，亦不患人之疑天字，謂非以指言上帝矣。總之，天主無名，因人之互視而名。上帝與天主之稱，共以表其至尊無上而已，非有異也。如言人主爲君，爲后，爲辟，爲皇，共是一君；如言父爲父，爲爺，爲親，共是一父。蓋當視其所指者之何義，豈可以異地之殊稱，而謂彼是君父，此非君父，上帝非天主哉？不知上帝二字之稱，比天主二字更好，蓋必如太西稱爲天地萬物之主宰，始爲恰當。若「紐攝」作天主二字，反不如上帝之稱爲更妙也。何也？帝者，君也。上，則天上之大君，其包則天地萬物在其中矣。稱爲天主，彼不知者，但以爲屬於天。漢世亦有天主、地主、山主之分，不幾乎小哉。然天地萬物之主宰，多字難以名呼？無奈紐攝，自有解説顯明，亦不妨也。

初來諸鐸德，與敝邦先輩，翻譯經籍，非不知上帝即天主，但以古書中慣稱，人見之已成套語。又後代釋老之教，目上帝以爲人類，又其號至鄙，其位至卑，俗人習聞其名不清，故依太西之號「紐攝」稱爲天主，非疑古稱上帝，非天主而革去不用也。

今愚憂新來鐸德，有不究不察者，視上帝之名如同異端。拘忌禁稱，誣敝邦上古聖賢以不識天主，將德義純全之人，等於亂賊之輩、邪魔之徒，其謬患有難以詳言者。故備錄經書所言，而略附愚論於後，惟祈公心破惑，共躋同美，以合大主之意焉。至《詩》、《書》中文原明白，有一二條被後儒錯解，不足以掩原義，愚亦著有《詩書辨錯解》一册，倘欲詳考，或可再瀆也。

閩漳後學嚴保琭謨定猷氏著

聖教信證

〔清〕韓霖　張賡撰　周岩點校

《聖教信證》前言

《聖教信證》，清康熙刻本，題「後學晉絳韓霖閩漳張賡暨同志公述」。九行二十字，左右雙邊，書口題「聖教信證」，後附耶穌會西來諸位先生姓氏，亦題「後學晉絳韓霖閩漳張賡暨同志公述」，亦九行二十字，左右雙邊；書口題「姓氏」，葉碼另計。題敘時間爲「順治三年」（一六四六）。書藏梵蒂岡教廷圖書館，臺灣學生書局《天主教東傳文獻三編》影印。

《聖教信證》實乃一敘述天主教來歷之長文，其内有云：「自明萬曆間，東西兩海道通以來，約百有餘年，相繼而來傳教者，獨耶穌一會，約百餘士。臚列姓名附後，並詳初至之年及所著之書，與其卒葬處所，現在何省歷歷可考，無所置疑。」又云：「論明季以來，入中國諸修士所著天教之書，不下百部外，講格物、窮理、性命、曆法等學，亦有數十部，久行於世，其各書名目詳後。」由此可見，《聖教信證》正文題述時，所附諸位先生姓氏已有成稿矣。

《聖教信證》有敘，韓霖撰，敘於順治丁亥，即順治四年，而「姓氏」所錄聖方濟各沙勿略以來耶穌會士凡一百零二位，著錄會士姓氏、國籍、來華年、傳教地、卒地、墓地、著譯書目。傳中事跡最晚者爲穆宜我和穆格我兄弟移葬武昌府事，事在康熙十七年（一六七八）。《聖教信證》末云：「倘西來修士復踵武而至，尤冀後之同學者續輯，以誌源源不絕之意云。」此乃《聖教信證》所作之由，而由此亦可見《聖教信證》敘題於前，書則陸續成於後。

《聖教信證》敘者韓霖，晉絳人。

國家圖書館古籍館藏《（康熙）絳州志》，敘韓霖生平。《（康熙）絳州志》卷二《人物》：「韓霖，字雨公，號寓菴居士。年舞象從兄遊雲間，得婁東之學，爲傅東渤、文太青兩先生所知。膺泰昌元年恩選，明年辛酉鄉舉第七。其先贈京兆公英與兄雲皆中第七，亦奇觀也。性嗜積書，購數萬卷，法書數千卷。喜交天下士，若姚公希孟、馬公士奇、劉公餘祐、張公明弼、倪公元潞、黄公道周、王公漢，海内諸大明公及毗陵陳夏之流，遠近聲氣投契無間。由是南遊金陵，登鳳凰臺，歷燕子磯；東覽虎丘、震澤之盛；汎舟南下，至武林西湖，訪六橋三竺；西南探匡盧、遊烏龍潭、觀瀑布。庚午客淮南間，北上道由鄒魯，謁孔林，觀手植檜。歸里談道著書，教授後學，及門者數十人，一時人文丕變，風雅翩翩。嘗語人曰：『吾州從此科甲當填咽閭巷矣。』其後科甲差勝八九，皆出其門。所著書有：《守圉全書》、《救荒全書》、《鐸書》、《二老清風》、《士範》、《俎談》、《群言祖》、《絳帖考》、《砲臺圖説》、《神器統譜》、《山西添設兵馬議》、《燕市和歌》、《維風説》、《寓菴集四十卷》、《書劄二十卷》。書兼蘇米，嘗學兵法於徐公光啓，學銃法於高則聖。每與人談兵，以火攻爲上策。火攻之法，自負鑒裁獨精。遭闖變不出，隱避遇難，君子惜焉。」同卷又有兄雲傳。卷三《藝文》載孫錫齡、張鳳羽弔韓霖詩各一首，此有關教史藝文，鈔錄如下：孫錫齡《追贈雨公韓夫子》：「一時酬唱沸都城，誰氏陽秋是定評。詩卷兩牛悲溷劫，園池三徑聽蛙鳴。侯芭負土墳初起，宋玉招魂賦未成。悵望九原如可作，肯將蜍志羨餘生。」張鳳羽《追贈雨公韓夫子》：「科第繁興憶舊言，清時髦俊盡師門。預知禮樂非房魏，不謂山林老綺園。盛代應求司馬草，振家宜有朗陵孫。皇唐將相勳名著，自是河汾道尚存。」同卷又載韓霖次余望之韻贈司馬堯夫、綠影軒、聽秋齋、廣莫亭、寓菴、二君子堂、空行梁、宛閣、飛玉檻詩九首，《絳帖考序》文一篇。此外，段袞《癸酉絳城定變志》述韓霖弟霞拒「賊」事甚詳。

敘作者韓霖死於「李闖之亂」，而敘題於「順治丁亥」，實爲《聖教信證》研究中之大惑難題。方豪教授《中國天主教人物傳》考證認爲，敘「乃後人所加或後人所改」，當爲不得已而又不失合理之解。

《聖教信證》另一撰述者張賡，《中國天主教史人物傳》有傳。不贅。

據王重民教授《道學家傳跋》，知《聖教信證》刻本有二：紀事至康熙十七年爲甲本，至二十三年爲乙本。本編所收者屬甲本，信爲《聖教信證》之初刻。又姓氏内遇有未亡，或卒年、墓地不詳者，皆空而未刻，著譯書目後未刻之版，有空至半面者。由此可見，此本亦非定稿。後世逸出之《道學家傳》，亦無可視爲定本者。故書中所有空而未刻處，本編一仍其舊。僅以信而可據者，以校言附誌之。

據費賴之《明清間在華耶穌會士列傳》載，柏應理神父撰有《耶穌會神甫名錄》内題《聖教信證》，「漢文亦有譯本」。漢譯時間及細節，尚無史料發現，個中故事杳不可考。

《道學家傳》係《聖教信證》同源之書。王重民教授在《道學家傳跋》中有云：「是書首載景澤《景教流行中國碑頌》，次爲徐光啓、朱宗元、鄭交贊所造作，又雜糅韓霖、張賡《聖教信證》所附耶穌會士姓氏著述而成。」

《聖教信證》或《道學家傳》是在學術史上有著一定影響的書籍。然《聖教信證》有刻本，前已述及，而《道學家傳》卻僅有鈔本，且各個鈔本所雜糅的内容亦不盡相同。我們現在知道的《道學家傳》的幾個鈔本，分別存於晚清書目中：趙魏竹《崦庵傳鈔書》，晚清鈔校本，存清華大學圖書館，著録「韓霖撰西士書目」。又，瞿世英《清吟閣書目》，著録「耶穌會士著述書目一種」；許宗彥《鑒止水齋書目》，著録「耶穌會士西洋姓氏」。

清季王韜將《道學家傳》校訂重刊，更名爲《泰西著述考》。王刻的特點是將某書收入某叢書中一一標明。民國年間，梁啓超先生撰《中國近三百年學術史》，内有附表。明清之際耶穌教士在中國者及其著述，從名字、國籍、來華年、卒年卒地到所著書，應該説是參考了《道學家傳》的，祇是以列表形式，更爲簡明。而且内容也有晚到乾隆八年的事跡，比《聖教信證》的内容豐富了一些。民國二十九年（一九四〇）張星烺先生編《中西交通史料匯編》，其中第一編也將《聖教信證》作爲史料收入，祇是略有改動。

民國徐宗澤《明清間耶穌會士譯著提要》謂，《聖教信證》「刻於順治丁亥」，又謂「書中列舉自聖方濟各至康熙初年之傳教士之名及傳略並所著之書」。《道學家傳》條謂：「《道學家傳》，大約鈔晉絳韓霖之《聖教信證》一書。」其誤有至如是者哉？

在民國時期，《聖教信證》或《道學家傳》都曾經在刊物上發表過。《聖教信證》曾發表於《聖教》雜誌上，而《道學家傳》，由張若谷先生從上海徐家滙藏書樓鈔出發表於《鑑賞周刊》。後又有人將徐家滙另一種《道學家傳》鈔出，發表於《青年會季刊》。

方豪《中國天主教史人物傳》張賡諸人傳云：「北平北光圖書館藏《道學家傳》，有嘉慶二十一年年號，小引末題『圃軒後學謹識』，且有嘉慶後年月，必爲後人又一傳鈔增本。」檢馮瓚璋北平北光圖書館暫編《中文善本書目》，得《道學家傳》一種，「清鈔本，二册九十六葉，編號1925」。今北平北光圖書館已不復存，不知此書尚存天壤間否？

北京騆方周岩謹識

敘

有同學友問於余曰：天主教原從外國遠方傳來，諸公中華明理之士，輒信從之，何説耶？余曰：因從遠方傳來，正以此爲大可信之據，當務求明於理，惟此理爲應信從耳。蓋大西諸儒，來自九萬里而遥，並無别圖，特爲傳教，必有至正至深之理寓其中，爲可察焉。余愈加詳察，愈明見其真實，故不得不信且從之。凡人未嘗其餚，弗識其味；未究其書，罔諳其理。試以虚心參考本教之編籍，其中道味奚若，則自分明了徹，庶幾嚮往恐後，無庸訊余爲矣。所謂虚心者，不自滿之意也。使腹已滿他物，雖有佳味，必皆厭而棄之。今余輩所以尊奉此教者，定有其説，略舉數端如左。

時

順治丁亥陽月既望河東韓霖雨公甫題

聖教信證

後學　晉絳韓霖　閩漳張賡　暨同志公述

宜信而不信者，固執人也；不宜信而信者，愚人也。夫天主教爲至真實，宜信宜從，其確據有二：一在外，一在內。在內者，則本教著述各端，俱屬極合正理之確論。其所論之事物，雖有彼此相距甚遠者，如天地、神人、靈魂、形體、现世後世、生死等項，然各依本性，自然之明，窮究其理，總歸於一道之定向，始終至理通貫，並無先後矛盾之處，如寰宇八方，縱橫流注之江河，各分支派，而究歸于海。如此比類，難以枚舉。現有天主教，翻譯諸書百餘部，一一可考，無非發明昭事上帝，盡性至命之道，語語切要，不涉虛玄。其在外之確據，以本教之功行蹤跡，目所易見者。推而論之，則本教在內諸說，應知每端必有所指之正理，至所行之道，與吾人生死大事，永遠禍福，必關係甚重焉。兹由外及內，略摘數端：

一曰，世人肯冒死以證其言，則可信之據，莫大於此。今耶穌會諸西士，在中國傳天主教者，皆從九萬里航海三年，長辭故國，永別戚友，涉風波不測，經殺人掠人諸蠻域，甘冒九死一生之險，以證其真教實理云。此外更無他真福之路。凡往他國傳教者，雖生於遠西，歿則隨葬其地。來中國之修士，論同行雖多有其人，實到此中，十僅三四，多中途遘疾病、盜賊、風浪而亡。從一百餘年以來，後先至中國各省，存居本堂，歿立廬墓，不婚不宦，謝絶利名，耑以事天主傳教爲務。若爲圖名利而來，則又於其所冀望真福之意，正相反矣。且傳教者，多係世家子，修道之初，即棄功名貲財，方可入門。遠涉九萬里，須自備多金，以爲三年航海資斧。設有一窶夫於此，令其泛苦海，歷危疆，許以榮名厚利，而絶其歸途，彼豈肯離故土宗親，飄然去國，爲冒死之遊者。況現有爵有貲，肯輕棄而去乎？試觀黄冠緇流，未必有爲傳其教，自費多金，並甘受漂海三年之艱辛者也。今西士上敬天主爲天下人民之大父，下視吾人爲同父昆弟，爱之如己，勸以生世同敬大父，身後同享永福，同免永禍，此實爲遠來之意。可見所傳之教，自是正大至理，萬無容疑。不然，生世虚受如是多苦，後世又無真福之實望，雖至愚亦不出此矣。

二曰，若止有一二人，於一時一處，受多苦傳行此教，猶可疑其人爲憨不曉事。今傳教於各國者，無慮萬人，咸名士也。其已至中國者，唐貞觀後，景教流行，陝碑可證，姑不遐論。自明萬曆間，東西兩海道通以來，約百有餘年，相繼而來傳教者，獨耶穌一會，約百餘士，臚列姓名附後，並詳初至之年及所著之書，與其卒葬處所現在何省，歷歷可考，無所置疑。然諸修士皆冒險歷苦如上所言者，無他，特爲明告中士曰：人間世非吾輩真福永樂之地，最久不越百年，必竟死亡。世福與之偕亡。但人死其靈魂永存不滅，斷斷無轉生之理。夫天地萬物，有一大主宰，爲吾人公共之大父，定須欽崇之。欽崇者，身後享永遠之福，不則受永遠之禍，此皆有實理可證。明著於篇，無一可疑。我輩均爲大父之子，猶一家昆弟。渠意以爲我既幸知，不爾明言，則於欽崇大父之義，未爲克盡；揆之昆弟親愛之理，亦缺然矣。以故甘冒萬死，遠來忠告耳。譬之行旅，有告之者，曰幸稍緩步，前途有強客行。未幾，復有告之如前者，雖急於行路，不能不停步，却回詢明果否也。茲前後百餘修士，不避艱險前來，衆口一辭，告我以身後永遠賞罰諸大端，奚不詢明而亟信乎？即既不詢不信，亦當顧慮而自思，曰茲百餘修士之言，果俱屬子虛乎？倘若所云，我日後一旦不測，失福罹禍，雖悔何及乎？

三曰，百千庸人之言，不若一明哲者之理論爲可信。今遠西修士未可泛視，皆髫齡修道，平生讀格物窮理天學諸書，探討精微，考取三科進士。彼中學問博通者，必在修道之門，其餘不係修道之進士，多來受業，皆經其考拔者。論明季以來，入中國諸修士所著天教之書，不下百部外，講格物、窮理、性命、曆法等學，亦有數十部，久行於世，其各書名目詳後。內所論者，上而諸天、性情、行動、照臨，中而空際變化、雲雨風雷霜雪等，下而修身齊家治平大道。又四元行土水氣火之象，草木五穀百菓所以生長，鳥獸所以知覺，人類所以推論，靈魂所以不滅，並所製便用省力諸器、測天諸儀、自鳴鐘、望遠鏡、各圖像畫法等項，凡上天下地，宇宙萬彙，無不推測諸所以然之理，窮極性情，發明效驗。然此等學問，西士皆目爲餘學耳。惟所傳天學教法，則爲喫緊之要學。今相較論，餘學種種，既皆有實據如此，則其所謂喫緊之要學，豈不更有實理，愈有實據哉。我中士豈可但留心于遠西餘學之曆法、畫法、奇驗器具，而獨無意於要學之教法乎？夫正理惟一，不以中西之人地而有別；正教亦惟一，中西無二天，則無二天主。而其教爲中西之人所當共遵也。從古以來，中邦止有身世五常，堯舜孔孟之道，並無他教可以比論。歷代相傳，後來者故不以爲前儒之學有所不足。至於佛老空無之虛談，又何足擬，正儒無不闢之。今天主教，既有生前死後之明論，補儒絕佛之大道。後來者豈猶可以爲前儒之學，全備無缺，無不足哉。

或曰：予不論中西，以心教爲本，予安義命，思言行求合於理，毫不敢妄行殘物。心既善，則事事皆善；心不善，則事事皆不善矣，何用教爲？答曰：心教者，良心天理之説也。依此而行，亦可至於善福之地。不然則自知有罪，自知應罰。但所謂良心天理，原爲天主之命，銘刻於人心，不可不知也。是以遵從天理，即順主旨，悖違天理，即犯主命。姑設一喻，有人於此，年稚離散，未覩父面。及長心頗良善，動静云爲，莫不敬謹，初未敢獲戾於人。或告曰：若翁在兹，宜趨致禮，展謝生育之恩。乃爲子者，漠不關情，弗加諮詢，斯可謂善人孝子乎？今天下多教，各立門戶，各自謂真主，敬之不啻如父，我既知天地真主惟一無二，竟不肯明究而尊崇之，以感謝其生養諸巨恩，則我心雖曰向善，果可謂真善否乎？抑可謂依行心教乎？夫行旅遇告有强人，猶以爲可信。今明理修士，前後接踵，百有餘人，跋涉九萬里，特來告我曰：向所行者，永禍之路耳。乃反不以爲可信，有是理乎？尚得固執其心教乎？每見世人圖一時之福，免一時之禍，不憚盡竭心力，至於得永福，免永禍，膜外置之，不加考問，亦可曰理乎？曰心教乎？岐黄之書，載保命養生之方，攝身者悉心參詳，求合其法。今天學多書，備論永遠常生、保全靈性之道，而漫不省覽，未審其理何在，而心教何益乎？士子窮年攻苦，欲得浮名及微暫之世福，聞日者妄言吉凶，實無根之談，逍逍信爲可望可懼。至天學篇籍，皆以正確至理，論真實吉凶之所在，生死之大端，終不以爲可望可懼，又安可謂依天理，依心教乎？况所謂心教者，即性教也。然人性有氣稟之偏，則未免有過不及之差。而率性立教者，亦自有所不知，有所不能也。天主教爲天主親立之教，故無過不及之差。但因有明理者，以本性度之，或遂以天主教爲人所立之教耳。故天主特顯超性之據，性力所不及之聖跡，以醒悟之。亦有蒙昧者，未嘗察明正理，止以肉目所見爲是。天主愛人篤摯，另示可信之據，而即以肉目所易見者，補其明悟所不及焉。蓋天主降生，在世三十三年，親傳聖教時，經載多行聖跡。如不用藥物，療不起之沉痾；命聾者聽，瞽者視，瘖者言，跛者行，死者復生；巨浪雄風，命息即息；虐魔恣害，命退即退；天地鬼神，悉畏敬之，莫不遵命。當時親見如是聖跡者，百千萬衆矣。又天主未降生以前，上古先知聖人，將降生所行之事，預錄經典。後降生時，與《古經》所紀，一一合符。其降生後，歷代聖賢更多，所行超性之効，聖跡無算，至今不絶。斯皆足證天主教爲至真至實，詎非天主親立教法之明徵歟。又史載天主降生後，一千六百年來，致命聖人，凡一千一百餘萬，其致命緣皆證聖教之真實，雖至捐軀，必不稍背也。且錄致命者，不但以數多爲奇，原以盛德爲重，嚴察其心，皆誠意謙虚，篤信正教之理。詳考行實，蠲潔修身，朝夕以忠孝慈愛爲務。言其學，大都俱格物窮理之名哲。及臨難授命時，皆安心甘願，並無怨怒懊恨，邀圖名譽之情。蓋此等鄙情，聖教禁絶，犯之者爲重罪，應受永罰，倘有役邪呼鬼，幻爲異怪，以惑愚俗，逞術邀名，此爲至惡，聖教防之，如鴆毒烈火焉。夫天主教非人所立，再揭兩端以明之。一曰，天主教要綱有二：先有所當知而信，後有所當行而守。所當知而信者，多係天主無限之本體，無窮之知能，極大且深。若止賴斯人有限之聰明，自不能盡知而信之。所當行而守者，如克己致命，多反背吾人本性之常情。若止賴己身功力，亦自不能全行而守之也。二曰，天主教之理，並應守之規，雖多超越人之智能，大違人性之常情，究竟天下萬國，真心信從此教者，無論男女貴賤、聰慧愚蒙，難以數計。寧失貲寶功名，父母妻子，寧捐性命，膺苦至死，不敢悖畔教規，現有億萬致命者，可以考證。審此則知此教不屬人立，係天主親立。賴天主寵加德力，令之拒拂本性常情，方能篤行堅守，終不移易。若本性之能力，定所不及也。

或問所謂天主降生，行諸奇跡，不過得之傳聞而已，真僞何由知乎？答曰：凡有可信之真據，而堅不肯信，則倫常亦將有變。如生我之父，我何由得知？不過因撫育家室，據而信之。又普天之下，未見國君者甚衆。然國有君上，未有不知者，亦不過因臨御規模，據而信之。又上古堯舜等事，誰人目擊？因載籍相傳，亦無有不據而信之者。倘必以目見爲可信，則世代不同，天主即降生於今日，縱使天下各國都邑鄉鄙之人，莫不既覩且覯，究竟於後世未見者，復不足以爲可信之據矣。但既以肉目所見，方爲有憑。今中國各直省後開諸西士之墳墓，並現在各堂焚修傳教者，可援證也。明朝首來中國傳教聖人方濟各，所行聖跡異驗，難以悉舉。史載命已死者復活二十四人，人之疾病、海之風浪，皆聽命立愈立息。此皆係聖人在世時，倚天主全能所行之聖跡。所以證其傳宣聖教，超越人性之力，其昇天後，所顯之聖跡更多，亦有現在都門修士親見甚悉者。聖人之形體，現在小西卧亞府，歷一百二十餘年，並未朽壞。凡前後來中國傳教者，俱經親見。若必竟以肉目爲據，仍言無天主降生之事，亦將無先聖超性之聖跡矣。後列一端，更出聖跡之上，並爲諸異驗之第一殊絶者也。

試言之，無論東西南北萬國士民，未見斯教之聖跡，超性之異驗，而真心信服，其本性能力不得明之奥理；又甘心堅守極難行之規誡，並極逆本性情之教法者。兹我輩交接傳聞，遠西百餘士，咸格物窮理，博達君子也。定志甘辭鄉井，永離親屬，梯航山海，冒艱危萬狀，無非爲傳行此教，期斯人共臻永福之域而已。揆情度理，應知適從。請有志存養者，及時考究精明，庶幾乾惕昭事，方爲上達君子。若延至身後則遲矣。幸無以一時之漫忽，遺永世之懊悔可也。倘西來修士復踵武而至，尤冀後之同學者續輯，以誌源源不絶之意云。

耶穌會西來諸位先生姓氏

後學　晉絳韓霖　閩漳張賡　暨同志公述

方濟各沙勿略聖人

納襪辣國人。明嘉清三十一年壬子，甫至廣東屬地三洲島〔一〕，即去世。其肉軀迄今不朽，現在小西洋卧亞府天主堂內，其在世及逝後，行多靈異，至今不絕。有《行實》行世。

校　記

〔一〕三洲島，應爲「上川島」。

利瑪竇字西泰

意大理亞國人。明萬曆九年辛巳至。先傳教粵東諸郡，轉至江西，後寓金陵。二十八年庚子同龐迪我齎方物進朝神宗。恩賚極厚，欽賜官職，固辭不受。蒙上眷注，始留京師。偕龐迪我僦屋以居，日用取給於光禄，遵上命也。至三十八年庚戌四月卒，御賜祭葬。墓在北京阜成門外滕公栅欄。有《行略》行世。

著天主實義二卷　畸人十篇二卷　辯學遺牘一卷　幾何原本六卷　交友論一卷　同文算指十一卷　西字奇蹟　西國記法　測量法義　萬國輿圖　乾坤體義三卷　勾股義　二十五言一卷　渾蓋通憲圖說二卷　圜容較義一卷

羅明堅字復初

意大理亞國人。明萬曆九年辛巳至。傳教廣東，後回本國。

著聖教實錄

巴範濟字庸樂

意大理亞國人。明萬曆十一年癸未至。傳教[一]，後回廣東，卒。墓在香山嶴。

校記

[一]原本此處未刻。巴氏一六一二年三月離日本長崎，四月抵澳門，七月染疾，八月病逝，未及往內地傳教也。

孟三德字寧寰

路西大尼亞國人。明萬曆十三年乙酉至。傳教廣東〔一〕，墓在香山嶴。

校記

〔一〕原本此處未刻。孟氏一五九九年七月（一説一六〇〇年六月）卒於澳門。

麥安東字立修

路西大尼亞國人。明萬曆十三年乙酉至。傳教江西，後回廣東，卒。墓在香山嶴。

石方西字鎮宇

意大理亞國人。明萬曆十八年庚寅至。傳教江西，後回廣東，卒。墓在韶州府。

郭居静字仰鳳

意大理亞國人。明萬曆二十二年甲午至。傳教江寧，後往上海，復往浙江，卒於杭州。墓在杭州方井南。

著　性靈詣主未刻

蘇如漢字瞻清

路西大尼亞國人。明萬曆二十三年乙未至。傳教廣東，卒。墓在香山嶴。

著　聖教約言

龍華民字精華

西濟利亞國人。明萬曆二十五年丁酉至。先傳教江西，後進都中，至大清順治十年癸巳卒。蒙世祖章皇帝賜銀三百兩，遣内侍祭奠，欽賜繪容一軸。墓在北京阜成門外滕公柵欄。

著　聖教日課　念珠默想規程　靈魂道體説急救事宜　地震解　死説　聖若撒法行實聖人禱文

羅儒望字懷中

路西大尼亞國人。明萬曆二十六年戊戌至。傳教嘉定縣，後至浙江。天啓癸亥年卒。

墓在杭州方井南。

龐迪我字順陽

依西把尼亞國人。明萬曆二十七年己亥至。即同西泰利先生進朝，遂留都中傳教。後回粤，卒。墓在香山嶴。

著　七克七卷　人類原始　龐子遺詮二卷　實義續篇　天神魔鬼説　受难始末　辯揭一卷

李瑪諾字海嶽

路西大尼亞國人。明萬曆二十九年辛丑至。傳教江西等處，後回廣東，卒。墓在香山嶴。

黎寧石字攻玉

路西大尼亞國人。明萬曆三十二年甲辰至。先傳教於浙江，後至上海，復至浙江，卒。

墓在杭州方井南。

費奇規字揆一

路西大尼亞國人。明萬曆三十二年甲辰至。傳教河南，後至江西建昌，復往廣東，卒。墓在〔一〕。

著　振心總牘　周年主保聖人單　玫瑰經十五端

校記

〔一〕原本此處未刻。墓址俟考。

杜禄畝〔一〕字濟宇

意大理亞國人。明萬曆三十二年甲辰至。傳教江西，復往廣東，卒。墓在〔二〕。

校記

〔一〕杜禄畝，或作「杜禄茂」。

〔二〕原本此處未刻。墓在澳門。

高一志字則聖

意大理亞國人。明萬曆三十三年乙巳至。傳教江西，崇禎〔十三〕年卒。墓在絳州南門外。

著 西學修身十卷 西學齊家五卷 西學治平 四末論四卷 聖母行實三卷 聖人行實七卷 則聖十篇 十慰 斐錄彙答二卷 勵學古言 童幼教育二卷 譬學 空際格致二卷 寰宇始末二卷 教要解略二卷

林斐理字如泉

路西大尼亞國人。明萬曆三十三年乙巳至。傳教江寧，卒。墓在江寧聚寶門外雨花臺側。

駱入祿字甸西

路西大尼亞國人。明萬曆三十三年乙巳至。卒〔二〕。墓在香山嶴。

校記

〔一〕原本此處未刻。駱氏一六二八年七月病逝於澳門。

熊三拔字有綱

意大理亞國人。明萬曆三十四年丙午至。傳教北京。天啓年間，欽取修曆，後回廣東，卒。墓在香山嶴。

著 泰西水法六卷 簡平儀 表度説

陽瑪諾字演西

路西大尼亞國人。明萬曆三十八年庚戌至。傳教北京、江南等處，後駐浙江。至大清順治〔十六〕年卒。墓在杭州方井南。

著 聖經直指十四卷 十誡真誡〔一〕 景教碑詮 天問略 輕世金書 避罪指南未刻 聖若瑟行實 天神禱文

校記

〔一〕十誡真誡，別本作「十誡真詮」。

金尼各字四表

拂覽第亞國人。明萬曆三十八年庚戌至。傳教浙江，崇禎二年己巳卒。墓在杭州方井南。

著　西儒耳目資三卷　況義　推歷年瞻禮法

畢方濟字今梁

納玻理國人。明萬曆四十一年癸丑至。欽召進京，尋往河南。後徐文定公延歸上海，傳教吳下諸郡，嗣往浙江，轉入閩中，復至金陵，又往粵東。明末時卒於廣州府。墓在省城北門外。

著　靈言蠡勺　睡答　畫答

艾儒略字思及

意大理亞國人。明萬曆四十一年癸丑至。先進朝〔二〕，徐文定公迎歸上海，轉行浙江，弘宣聖教。葉相國福唐復延入閩，閩中稱爲「西來孔子」，受教者甚衆。至大清順治二年乙酉卒。墓在福州。

著 天主降生言行紀略八卷 降生引義 昭事祭義二卷 滌罪正規 萬物真原 三山論學 西學凡 性靈篇 性學觕述 職方外紀五卷 西方答問二卷 幾何要法四卷 景教碑頌注解 聖體要理 聖體禱文 出像經解 十五端圖像 聖夢歌 利瑪竇行實 熙朝崇正集四卷 楊淇園行略 張彌克遺蹟 悔罪要旨 五十言四字經

校記

〔一〕先進朝，別本作「先入都門」。

史惟貞字一覽

熱而瑪尼亞國人。明萬曆四十一年癸丑至。傳教江西，卒。墓在江西。

曾德昭字继元

路西大尼亞國人。明萬曆四十一年癸丑至。傳教杭州，轉金陵，復回廣東，卒。墓在香山衆。

著　字考

鄔若望字瞻宇

達而瑪濟亞國人。明萬曆四十八年庚申至。傳教江南，卒。墓在江寧府聚寶門外雨花臺側。

鄧玉函字涵璞

熱而瑪尼亞國人。明天啓元年辛酉至。傳教□□〔一〕，後入都中，佐理曆局。善醫，格究中國本草八千餘種，惜未翻譯，遽卒於京師。墓在阜成門外滕公栅欄。

著　人身説概二卷　奇器圖説三卷　測天約説二卷　黄赤距度表　正球昇度表　大測二卷

校　記

〔一〕原本此處未刻。鄧氏抵華後，在浙江杭州、嘉定傳教。

傅汎際字體齋

路西大尼亞國人。明天啓元年辛酉至。傳教浙江、陝西等處，復往廣東香山嶴，卒。墓在香山嶴。

著　寰有詮六卷　名理探十卷

湯若望字道未

熱而瑪尼亞國人。明天啓二年壬戌至。欽召入京，修政曆法。至大清定鼎，特命修《時憲曆》，授欽天監監正，加太常寺卿，勅賜「通微教師」。除通政使司通政使，加二品又加一級，進光禄大夫。康熙五年丙午疾卒。八年己酉十月，欽賜祭葬銀五百二十四兩，遣官至墓諭祭。墓在北京阜成門外滕公栅欄。

著　進呈書像　主制羣徵二卷　主教緣起五卷　渾天儀説五卷　真福訓詮　古今交食考　西洋測日曆　遠鏡説　星圖　交食曆指七卷　交食表九卷　恒星曆指　恒星表五卷　共譯各圖八線表一卷　恒星出没二卷　學曆小辯一卷　測食略二卷　測天約説二卷　大測二卷　奏疏四卷　新曆曉或一卷　新法曆引一卷　曆法西傳一卷　新法表異二卷

費樂德字心銘

路西大尼亞國人。明天啓二年壬戌至。傳教河南，究習中國文學，儒者多服其論。崇禎十〔五〕年壬午卒〔一〕。墓在開封府。

著　聖教源流一卷　總牘內經　念經勸一卷

校記

〔一〕費氏卒於崇禎十五年（一六四二）壬午。原本爲「十六年」，且十六年亦非壬午也。

伏若望字定源

路西大尼亞國人。明天啓四年甲子至。傳教杭州，崇禎十三年庚辰六月卒。墓在方井南。

著　助善終經　苦難禱文　五傷經規

羅雅谷字味韶

意大理亞國人。明天啓四年甲子至。傳教山西絳州。崇禎四年辛未欽取來京修曆，於「崇禎十一」年「戊寅」卒。墓在阜成門外滕公柵欄。

著 齋克二卷 哀矜行銓二卷 聖記百言一卷 天主經解 聖母經解 求説未刻 周歲警言一卷 測量全義十卷 比例規解一卷 五緯表十卷 五緯曆指九卷 月離曆指四卷 月離表四卷 日躔曆指一卷 日躔表二卷 黄赤正球一卷 籌算一卷 曆引一卷 日躔考晝夜刻分

盧安德字盤石〔一〕

波羅尼亞國人。明天啓六年丙寅至。傳教福建，於〔二〕年卒。墓在福州府。

校記

〔一〕盤石，別本作「磐石」。

〔二〕原本此處未刻。盧氏卒於一六三二年九月，一説一六三一年九月。

顔爾定字務本

拂覽第亞國人。明崇禎二年己巳至。傳教江西，後至江寧，卒。墓在聚寶門外雨花臺側。

瞿西满字弗溢

路西大尼亞國人。明崇禎二年己巳至。傳教福建，後進都中，復往廣東。大清順治十七年庚子卒。墓在香山嶴。

著 經要直指

方德望字玉清

法郎濟亞國人。明崇禎三年庚午至。傳教陝西漢中等處，有聖德，多顯奇跡。至順治十六年己亥卒。墓在漢中府。

聶伯多字石宗

意大理亞國人。明崇禎三年庚午至。傳教福建等處，後往江西。至大清康熙十四年乙卯卒。墓在南昌府。

林本篤字存元

路西大尼亞國人。明崇禎三年庚午至。傳教廣東，順治八年辛卯卒。墓在瓊州府。

金彌格字端表

拂覽第亞國人。明崇禎三年庚午至。傳教山西等處。大清康熙四年乙巳往廣東，七年戊申卒。墓在廣州府河之南。

謝貴禄字天爵

意大理亞國人。明崇禎三年庚午至。傳教江西，□□□□□年卒〔一〕。墓在南昌府。

校記

〔一〕原本此處未刻。謝氏一六四四年南昌遇難，一説一六四七年。

杜奥定字公開

意大理亞國人。明崇禎四年辛未至。傳教陜西，後往福建，□□□□□年卒〔二〕。墓在福州府海邊。

校記

〔一〕原本此處未刻。杜氏於一六四三年在福州海濱遇匪溺水而卒。

郭納爵字德旌

路西大尼亞國人。明崇禎七年甲戌至。傳教陝西等處，後轉福建。大清康熙四年乙巳往廣東，五年丙午四月卒。墓在廣州府河之南。

著 原染虧益上下二卷未刻 身後編上下二卷

李範濟字仁方

路西大尼亞國人。明崇禎九年丙子至。傳教河南，後至廣東，復回小西洋，卒。

何大化字德川

路西大尼亞國人。明崇禎九年丙子至，傳教福建等處。至大清康熙十六年丁巳卒。墓在福州府北門外。

著　蒙引

盧納爵字燒貴

路西大尼亞國人。明崇禎十年丁丑至。傳教福建，後至江南、上海，復往廣東，復回小西洋，卒。

孟儒望字士表

路西大尼亞國人。明崇禎十年丁丑至。傳教江西，後往浙江，復回小西洋，卒。

著　辯敬錄　照迷鏡　天學略義

賈宜睦字九章

西濟利亞國人。明崇禎十年丁丑至。傳教浙江、江南等處。大清順治十六年卒於蘇州常熟縣。墓在虞山鐵拐亭之北。

著　提正編六卷

利類思字再可

西濟利亞國人。明崇禎十年丁丑至。傳教江南、浙江、四川等處。清朝定鼎，駐修輦轂下，蒙今上時加寵渥。

著　超性學要目錄四卷　天主性體六卷　三位一體三卷　萬物原始一卷　天神五卷　六日工一卷　靈魂六卷　首人受造四卷　主教要旨　不得已辯　昭事經典　司鐸典要　七聖事禮典　司鐸課典　聖教簡要　正教約徵　獅子説　進呈鷹論

潘國光字用觀

西濟利亞國人。明崇禎十年丁丑至。傳教江南蘇松等處，駐上海，被化甚衆。大清康熙四年乙巳往廣東，十年辛亥卒於廣州府，後回葬上海南門外。

著　聖體規儀　十誡勸論　天神會課　聖教四規　未來辯論　天階

萬密克字潜修

熱而瑪尼亞國人。明崇禎十一年戊寅至。傳教山西，十六年（癸未）卒。墓在山西蒲州。

校記

〔一〕萬氏卒於一六四三年（一説一六四四年），一六四三年即崇禎十六年癸未，甲申爲崇禎十七年（一六四四）。原本爲「十六年甲申」，今據前説改。

徐日昇字左恒

熱而瑪尼亞國人。明崇禎十一年戊寅至。傳教杭州，卒。墓在方井南。

李方西字六宇

意大理亞國人。明崇禎十三年庚辰至。傳教陝西等處。大清康熙五年丙午往廣東。十年辛亥自粤東歸西安，行至江南安慶府，卒。回葬西安府，墓在會城東南三里之沙坡。

安文思字景明

路西大尼亞國人。明崇禎十三年庚辰至。傳教四川等處，遭寇亂危險，幾死者數次。大清順治五年戊子來京。恭遇世祖章皇帝，時荷寵渥。至康熙十六年丁巳卒。蒙今上憫恤，親製諭文，賜銀緞營葬。墓在阜成門外滕公栅欄。

著　復活論二卷

梅高字允調

路西大尼亞國人。明崇禎十三年庚辰至。傳教陝西，後往江西，卒。墓在南昌府。

衛匡國字濟泰

意大理亞國人。明崇禎十六年癸未至。傳教浙江，後進京，復往福建、廣東等處，仍至浙江。大清順治十八年辛丑卒。墓在方井南。

著　靈性理證　逑友篇

穆尼各字如德

波羅尼亞國人。明崇禎十六年癸未至，傳教。大清順治十年進京，後至廣東肇慶府，卒。墓在肇慶府城外。

瞿安德字體泰

熱而瑪尼亞國人。順治六年己丑至。傳教廣西，十三年丙申卒。墓在廣西。

卜彌格字致遠

波羅尼亞國人。順治七年庚寅至。傳教廣西。十六年己亥卒。墓在廣西。

汪儒望字聖同

法郎濟亞國人。順治八年辛卯至。傳教山東。

成際理字竹君

路西大尼亞國人。順治八年辛卯至。傳教江南。

張瑪諾字仲金

路西大尼亞國人。順治八年辛卯至。傳教江南淮扬等處。康熙十六年丁巳卒。墓在江寧府聚寶門外雨花臺側。

利瑪第字聖先

路西大尼亞國人。順治十三年丙申至。傳教廣東瓊州府，後於康熙二年癸卯往江西、江南等處，仍回廣東香山嶴，後卒。

王若翰字振先

意大理亞國人。順治十三年丙申至。傳教廣東瓊州府，今回香山嶴。

聶仲遷字若瑞

法郎濟亞國人。順治十四年丁酉至。傳教江西。

著 古聖行實未刻

傅若望〔一〕字遐及

法郎濟亞國人。順治十四年丁酉至。傳教廣東瓊州府，順治十七年庚子卒〔二〕。墓在瓊州府。

校記

〔一〕傅若望，或作「傅滄溟」。

〔二〕傅氏逝世於一六六〇年（順治十七年庚子）。原本爲「順治十八年庚子」，今改。

劉迪我字聖及

法郎濟亞國人。順治十四年丁酉至。傳教江南、江西贛州，後至上海。康熙十四年乙卯卒，墓在上海南門外。

洪度貞字復齋

法郎濟亞國人。順治十四年丁酉至。傳教杭州。康熙十二年癸丑卒，墓在方井南。

穆宜各字全真

法郎濟亞國人。即格我、迪我同胞之弟。順治十四年丁酉與二兄同至。傳教江西，不三月卒，同志惜之。墓在南昌府東門外，康熙十七年移葬於湖廣武昌府。

穆格我字來真

法郎濟亞國人。順治十四年丁酉至。傳教陝西漢中。康熙十年，自廣回陝，甫至江西卒。墓在南昌府東門外。康熙十七年移葬於湖廣武昌府。

穆迪我字惠吉

法郎濟亞國人。順治十四年丁酉至。傳教湖廣。

樂類思字能慮

法郎濟亞國人。順治十四年丁酉至。傳教福建，轉江西，十六年己亥卒。墓在南昌府東門外。

林瑪諾字能定

路西大尼亞國人。順治十四年丁酉至。傳教江西，後往江南，卒。墓在江寧府聚寶門外雨花臺側。

蘇納字德業

熱而瑪尼亞國人。順治十六年己亥欽取來京，佐修曆務。因水土不服成疾，詔令養病山東，不久卒。墓在濟南府。

郎安德字最樂

路西大尼亞國人。順治十六年己亥至。傳教淮安，後轉福建。至十七年庚子卒，墓在福州。

吴爾鐸字紹伯

拂覽第亞國人。順治十六年己亥至。傳教山西，復回小西洋，卒。

畢嘉字鐸民

意大理亞國人。順治十六年己亥至。傳教江南，今奉旨駐陝西。

柏應理字信未

拂覽第亞國人。順治十六年己亥至。傳教福建、浙江、江南等處。

著　百問答　永年瞻禮單　聖玻而日亞行實　四末真論　聖若瑟禱文　周歲聖人

行略未刻

魯日满字謙受

拂覽第亞國人。順治十六年己亥至。傳教江南，康熙十五年丙辰卒於太倉州。墓在常熟縣北門外鐵拐亭之北。

著　問世編　聖教要理

殷鐸澤字覺斯

西濟利亞國人。順治十六年己亥至。傳教江西，今在杭州。

著　耶穌會例　西文四書直解三卷

南懷仁字敦伯

拂覽第亞國人。順治十六年己亥至。傳教陝西。十七年，欽召入京，纂修曆法。康熙八年己酉，特命治理曆法，授欽天監，加太常寺卿，又加通政使司通政使加一級。

著　儀象志十四卷　儀象圖二卷　測驗紀略一卷　驗氣說　坤輿全圖　坤輿圖說二卷

熙朝定案二卷　曆法不得已辯一卷　康熙永年曆法三十二卷　教要序論一卷　告解原義一卷

聖體答疑一卷　赤道南北星圖　簡平規總星圖

瞿篤德字天齋

意大理亞國人。順治十六年己亥至。傳教廣東瓊州府等處，後往江西贛州，今仍駐瓊州府。

白乃心字葵陽

熱而瑪尼亞國人。順治十六年己亥欽取來京，佐修曆務，後回本國。

陸安德字泰然

納玻理國人。順治十六年己亥至。傳教廣東，後往江南等處。

著 真福直指二卷 聖教略説一卷 聖教問答一卷 萬民四末圖未刻 默想大全未刻

聖教撮言一卷 善生福終正路一卷 聖體要理一卷 默想規矩一卷

恩理格字性涵

熱而瑪尼亞國人。順治十七年庚子至。傳教山西，康熙十年辛亥，爲曆法欽取來京。十五年丙辰告假，奉旨往山西絳州。

著 文字考未刻

方瑪諾字允中

法郎濟亞國人。康熙三年甲辰，由香山嶴至。傳教福建等處。十五年丙辰卒。墓在福州府。

羅迪我字天祐

路西大尼亞國人。康熙三年甲辰，由香山嶴至廣州府，今仍回嶴。

楊若瑟字伯和

路西大尼亞國人。康熙三年甲辰，由香山嶴至廣州府。今仍回嶴。

石嘉樂字悅天

意大理亞國人。康熙七年戊申至廣東，〔即於是年〕卒。墓在廣州府河之南。

閔明我字德先

意大理亞國人。康熙十年辛亥，欽取來京，佐理曆法。

鄭瑪諾字惟信

廣東香山嶴人。自幼往西國羅瑪京都，習格物窮理超性之學，並西音語言文字。康熙十年辛亥來京，十三年甲寅卒。墓在阜成門外滕公栅欄。

徐日昇字寅公

路西大尼亞國人。康熙十二年癸丑，奉上諭特差部員往廣東香山嶴，欽取來京，佐理曆法。

儒教實義

〔法國〕温古子述　周岩點校

《儒教實義》前言

《儒教實義》，鈔本，「遠生問」，「醇儒答」，「温古子述」。法國《古朗氏中國書目》（*Catalogue des Livres Chinois par M.Courant*，中國國家圖書館有藏本）載：法國巴黎國立圖書館藏有《儒教實義》鈔本兩種：編號7152者，爲四十四葉；編號7153者，爲二十八葉。二者均著錄爲「One Kou-tseu」著。

温古子（One Kou-tseu）何人？方豪先生《中國天主教史人物傳》云：馬若瑟神父「無中國字，但有號曰温古子」。

據法國榮振華《在華耶穌會士列傳及書目補編》載：馬若瑟神父（Joseph Herry-Marie de Prémare），名馬龍周，字若瑟。氏之筆名耿昇先生音識爲「温庫則」。讀《儒教實義》，知應爲「温古子」，取温故知新之意。

古朗氏並定此書成於一六八二年（康熙二十一年）以後，蓋書中有「康熙二十一年禮部請旨」云云也。

馬若瑟神父之生平，費賴之《在華耶穌會士列傳及書目》（以下簡稱《書目》）載之甚詳，氏一六九八年（康熙三十七年）三月，與白晉、巴多明神父等耶穌會士泛槎東來。十月抵華，後往江西傳教。晚年於一七二四年赴廣州，一七三三年赴澳門，一七三五年（一説一七三六年九月）卒，在華凡三十餘年。

馬若瑟神父自抵中國後，除專心教務外，即精研漢文。蓋其志不僅在肄習傳教所需之語文，而尤立志研習、利用中國上古文獻。來華甫數年，氏即以流利之漢文著書。馬若瑟神父漢語著作生前之公開出版者，有《聖母淨配聖若瑟傳》，其發行時間費賴之《書目》定爲一七二一年之後。

馬若瑟神父有非常龐大之漢語著述計劃，即將中國《詩》、《易》等上古文獻可引申索隱者，與天主教理相互參證，以發明公教。氏曾致書富爾蒙，信札云：「余作此種疏證及其他一切撰述之目的，即在使全世界人咸知，基督教與世界同樣古老，中國創造象形文字和編輯經書之人，必已早知有天主。余三十年來所盡力僅在此耳。」（轉引自費賴之《書目》「馬若瑟」條）

而馬若瑟這種將中國古文化中的自然神，與天主教理相互比證的思想，當時的教會認爲是一種嚴重的錯誤。因此，馬若瑟曾數次被人向羅馬教廷傳信部檢舉。一七二七年十月，馬若瑟最終因「在鼓勵學習漢籍《易經》的時候，破壞了對《舊約》的信仰」，而被教廷傳信部「立將從中國召回」。祇是事情到了次年，纔有了一些轉機，教廷傳信部念其才學，許收回成命。但到了一七三六年，又重申了召回之令，祇是此時馬若瑟已歿於中國了。

馬若瑟神父生前著有兩部著作：一部爲以法文著成的《書經以前時代及中國神話之研究》(*Recherches sur les temps antérieurs à ceux dont parle le Chou-King et sur la mythologie chinoise*)；一部爲以拉丁文著成的《中國古籍中之基督教義遺跡》(*Selecta quædam vestigia præcipuorum religionis christianæ dogmatum ex antiquis Sinarum libris eruta*)。但這兩部巨著，都是在馬若瑟身後刊行的。循著這兩部書的思路，我們也可以瞭解他寫作《儒教實義》的目的。

在馬若瑟的翻譯作品中，有一部是很出名的，這就是元曲《趙氏孤兒》，馬若瑟將它譯成法文。法國戲劇家伏爾泰將其改編爲《中國孤兒》上演，轟動了歐洲劇壇。所以，馬若瑟被那個時代的史學評論家稱爲「法國應該引以爲榮的漢學家」。

二〇〇五年七月二日北京駬方周岩謹識

儒教實義

遠生問　醇儒答　温古子述

問：儒教。曰：儒教者，先聖後聖相受授之心法者也。古之聖王得之於天，代天筆之於書，以爲大訓，敷之四方，以爲極言。使厥庶民，明知爲善有道而學焉。《中庸》曰：「天命之謂性，率性之謂道，修道之謂教。」言儒教之大原也。孔子曰：「大學之道，在明明德，在親民，在止於至善。」言儒教之大綱也。

問：儒教必有所敬。曰：儒教之所敬有二端焉：其一，通於幽者，上帝也，鬼神者，先人也，先師也；其一，致於明者，君也，親也，師也，長也，友也。然所敬有不同，故其禮有隆殺。最重者莫如敬上帝，小心昭事，以爲獨尊，以爲上主，以爲父母是也。敬鬼神者次之。蓋既所有所施，並受之於天，則敬之與敬天者遠矣。敬先人先師者，又是一種，乃事死如事生而已。

問：天。曰：天字本義，從一從大，一大爲天，至一而不貳，至大而無對者，天也。

問：穹蒼之天。其一且大矣，豈是之謂乎？曰：非也。夫穹蒼也者，形而下之器耳。有度數焉，故不足以爲一；有界限焉，故不足以爲大。非一非大，實不盡天字之義，指之而云天者，假借之字，强名之文也。蓋有形之天者，乃神天之顯象，上帝之榮宫，主宰之明驗而已矣。

問：奚知其然。曰：考諸古經，則知之矣。《易》曰：「殷薦之上帝。」《書》曰：「皇天弗保。」《詩》曰：「上帝是皇。」皇字之義，從自從王，自王爲皇。曰皇，曰天，曰上帝者，皆蒼蒼之所不及也。其稱皇者，則爲自王自有，自源自本，無始無終者也。蒼天以之而清，大地以之而寧，品物以之而生焉。其稱天者，則惟一惟大，而無可比者也。其稱上帝者，上則爲至尊而可敬，帝則爲真主而可望。至尊上主，則爲大父母而可愛者也，其稱皇天上帝者至矣。而視夫塊然穹蒼之天，以爲皇天上帝者，嗚呼！謬莫甚矣。

問：所謂上帝者，理而已。曰：非也。《經》曰畏上帝，曰祭上帝，曰事上帝，曰簡在上帝之心：豈是畏理，祭理，事理，簡在理之心乎？朱子曰：「天下之物，莫不有理，既有是物，則其所以爲是物。莫不有當然之則，所謂理也。」又云：「理祇是個潔净底世界，無形跡，他不會造作。」觀此可知天地人物，雖各有當然之則，所謂理，而斯理必不能造之。惟皇上帝，萬物之本，萬理之原，爲能造成之確矣。諸物猶巨室然，夫室者，必其材料，以成其形，又有定則，以爲其理。苟無人以造之，則不可得而成。夫巨室者，天地也；材料者，氣也；清上濁下者，理也；化成之者，上帝也。《易》曰：「帝出乎震。」《禮》曰：「萬物本乎天。」此之謂也。

問：上帝之實義，其載古經，不可疑也。至於宋儒，或謂其絕，信乎？曰：否！不然也。好事者爲之也。由宋至今，儒者師經，而上帝之實義存焉。其證有多端，請呈一二。

《易》曰：「帝出乎震。」胡雲峰解云：「自出震至成言乎艮，萬物生成之序也。」然孰生孰成之，必有爲之主宰者，故謂之帝，此一證也。《書》曰：「夢帝賚良弼。」朱子解云：「據此則是真有個天帝與高宗對曰：『吾賚汝以弼。』不得説無此事，説祗是天理，亦不得。」此二證也。《書》又曰：「惟天生民。」《正義》解云：「民是上天所生，形神天之所授。民受氣流行，各有性靈心識。民有其心，天佑助之，非天徒賦命於人，授以形體心識，乃復佑助。民有其心，言行、是非、得失、衣食之用，動止之宜，無不稟諸上天。各有常理，合道則安，失道則危，是助合其居，使有常生之道。」此三證也。《書》又曰：「惟天聰明。」《日講》解云：「惟天高高在上，至虛至公，至神至靈。不用聽而聽無不聞，不需視而明無不見。不惟政令之得失，民生之休戚，舉不能逃天之鑒。即暗室屋漏之中，不睹不聞之地，亦皆照然察無遺焉。」天之聰明如此，此四證也。《書》又曰：「爾有善，朕弗敢蔽；罪當朕躬，弗敢自赦。惟簡在上帝之心。」《日記》解云：「簡者，閱也。有善有罪，皆閱簡在於上帝之心。」此五證也。《書》又曰：「作善降之百祥，作不善降之百殃。」《虞氏品字箋》解云：「降祥降殃者誰？倘所謂皇皇上帝非乎？吾人日在監兹之下，不知時加驚惕，以畏天威。且敢以小知私心與帝天角，弗思甚矣。」此六證也。《詩》曰：「既克有定，靡人弗勝。」朱豐成解曰：「福善而禍淫，此天之常理也。善者未必福，淫者未必禍，此正其未定之時也。方其未定，則人可能以勝天；及其既定，則天必能以勝人。然則今日之受禍者，安知其不爲他日之福；而今日之受福者，安知其不爲他日之禍乎？夫淫者禍之，似若天有所憎。然禍加於淫，罰惡之公理也，天何憎哉？知後日之禍，非憎惡，則知今日之未禍，非曲庇也。後定而今不定耳，第不知其果何時定乎？」此七證也。

依此先儒之明言，則自宋至今，凡爲醇儒者，皆信古經大訓，皆事皇天上帝，亦不可疑也。

問：玉皇上帝。曰：昔宋徽宗欲媚於上帝，如臣狎於君，而以玉皇表加之。丘瓊山云：「天神之最尊者，上帝也；謂之昊天上帝，可謂極至而無以加矣。祀之者，尚不敢以備物，恐或有以褻之。况敢以虚誕之辭，而加之沖漠之表乎？其爲褻之也大矣。」由此觀之，稱上帝爲玉皇猶不可，而道家敢以邪巫張儀爲上帝，嗚呼！自作孽，侮上天，不可逭也。

問：上帝之名。曰：名者，命也。上帝獨尊，孰敢命之。巍巍蕩蕩，雖聖人猶莫能名焉。非是形而下，渺茫無知之氣耳；非是囿於氣，空空無爲之理耳。其神也一而不二，其體也純而不雜，其生也自實無始，其久也自實無終，其有也自圓滿而窮矣。大哉皇天，萬物資始；至哉上帝，萬民資生，真無名可名者也。

問：敬上帝。曰：順帝之則，人之本務也。在成湯，則昭假遲遲，上帝是祗；在文王，則小心翼翼，昭事上帝。是故君子戒懼慎獨，不敢少懈。凡明一善，欣然爲之；知一不善，咈然過之。視聽言動，克復以治之。主敬以修己，行恕以愛人。改過不吝，遷善不倦，畏天之威，祈天之迪，順天之命，此之謂敬天。

問：有敬乎內必顯乎外，如之何？曰：亦當時行祭天大禮。《書》曰：「類於上帝。」孔子曰：「郊社之禮，所以事上帝。」

問：《中庸》「郊社事上帝」，鄭玄解云：「不言后土，省文也。」信乎？曰：非也。此漢儒臆說而已。《尚書日記》云：「妄解經文，以證其說，固不足闢。」皇天上帝，至尊無對。而今妄分主者，崇北郊以抗天主，非禮莫大焉。朱宗元此題文云：「上帝者，天之主也，爲天之主，則必爲地之主。故郊社雖異禮，而統之曰事上帝云耳。郊以答生天之德，社以答生地之德」云。清仇滄柱評云：「觀此可知鄭玄之解有誤也。」依此正解，惟分其象，而不二主，乃取兩大，以象父母之德，意則不背古而無傷矣。

問：備物以祭天，可乎？曰：古者多不敢備物，積薪燒之而已。然惟天度心，惟心奉天，禮之本乎内，而古今無異也。若禮之外文，後世有玉帛、粢盛、秬鬯、樂奏，皆所以表乃心而象乃德。玉帛以象德之潔，黍稷以象德之香，秬鬯以象德之聞，樂奏以象德之和云。

問：奏樂亦以感格上帝，然乎？曰：《易》曰：「先王作樂崇德，殷薦之上帝。」夫樂象德，德盛者樂以盛，非徒聲容可以薦上帝也。先王作禮樂，禮以修外，樂以修内，樂者和也。人心聽命於道心，而道心對越上帝，此乃所以克享天心而已矣。

問：祭上帝有何意？曰：大哉問！真祭之意有四焉：其一，爲欽崇上帝，獨有獨尊。能造萬物，能滅所造，故或燔柴，或宰犢，以寓其意也。蓋火之化薪成灰，上帝能化有歸無；犧牲或死或活在人，萬民或保或喪在帝，故祭之意，莫大乎此。其一，爲謝皇天之洪錫。蓋上帝生我顧我，保存萬物爲我，牖我神心，養我形軀。我知一善而行之，上帝眷祐我；我有不善而悔之，上帝寬赦我。天恩如此，我何能報之。形軀雖親爲犧牲以謝之，吾心以爲理不過也。故以犢易我，而報之於萬一焉。其一，爲祈上帝諸恩。如大乾而求雨，雨害而求晴，弗子而求子，有疾而求癒，以此明證，惟上帝爲能允而施之。然允與不允，亦必安天命焉。其一，爲息天義怒，而免罪罰。獲罪於天而不禱天，真無所禱也。然悔過而祈大父母赦之，則可以望矣。昔者成湯自以爲犧牲，禱於桑林之野；周公秉珪，爲天下禱；召公奉幣，以祈天永命，此之謂也。

問：祭天於郊，惟天子當之，何也？曰：天子者，天之子也。皇天所寵，莫大乎天子。《書》曰：「惟其克相上帝，寵綏四方。」夫天下者，一家也，萬民皆兄弟也。天子祭上帝，是代萬民而祭，蒸民與天子合其心，而一家同祭焉。又天子一人，天下至尊也，以天下至尊而敬上帝，至矣。

問：立祖以配天。曰：是子孫尊祖之意耳。《孝經》曰：「嚴父莫大於配天。」蓋曰：惟孝子爲能享親，而享親莫大於配上帝。

問：是祖與天同等。曰：悉是何言與？四子克配孔子於文廟，豈其與孔子並立哉？夫弟子之與其師也，猶不能並立，而况人之與上帝乎？故立祖以配天，不徒不可視人與天同等，而平等之。且認斯禮，以爲同等之敬，亦不可也。

問：祭天如此則帝必享。曰：黍稷非馨，惟德之歆。故聖天子以德爲本，父母乎民，師教乎民，以應上天立君之意。此所謂惟聖人爲能享帝。

問：凡受造於天者，其有等否？曰：有諸。可分上中下作三等。神而不形，上也；形而不神，下也；包神與形，中也。上曰鬼神，下曰形物，中曰人者也。

問：物。曰：獨有形象，能聚能散，可剖可分者，形而下之物耳。

問：人。曰：《書》曰：「惟人萬物之靈。」蓋以其形骸而言之，則爲物而卑；以其神心而言之，則爲靈而尊。夫人之形，所以能覺能動者，有血氣在其中故也。夫血氣所以能若然者，有人之神使其然也。是故形神相合而人生，有知覺焉，有理義焉。形神相離，而人死矣。於是時也，形體雖包血氣而未冷，啻是塊然，無知無覺，何者？人神不活之矣。夫人神既歸以復命，即稍稍血凝氣散，而人形冉冉朽壞而化云。

問：人之於物如何？曰：物賤而人貴，是故君子有物，而不有於物；小人有於物，而非有物。君子之有而若無，小人之亡而爲盈。孔子曰：「不義而富且貴，於我如浮雲。」是君子之薄世物也。又曰：「鄙夫患得患失。」是小人貪世物也。

問：鬼神。曰：上帝所造，列神無數，以傳其號令，以守護萬方，皆謂之鬼神。《書》

曰：「望於山川，遍於羣神。」

問：鬼神有邪正，然乎？曰：然也。謙而順上帝者，其善且正也；傲而叛上帝者，其惡且邪矣。厲匪降自天，惟惡神自作孽。正神潔靈，善誘人於德；魑魅魍魎，昏迷人於惡。彼爲我師而可敬，此爲我讎而可憎也。污俗之溺於異端而拜邪鬼以求福者，明明是犯君而奔賊，棄父母而事奴婢也，求福而招禍，哀哉！

問：總言之，曰鬼神；分言之，曰天神、曰地祇、曰人鬼，其説有病否？曰：知言者不爭言，以明理爲貴。若不別天神於神天，或分地祇於天神，以爲不同類，或將人死之靈，與鬼神並列，則差矣。《書》曰：「有能典朕三禮。」解之者有云：「三禮祀天神，享人鬼，祭地祇。」然天神、地祇、人鬼云者，一乎？三乎？一焉，則生天生地生人之上帝，果安在哉？三焉，則所以敬之者，又一乎？三乎？曰一，則奚謂三禮；曰三，而以天神爲上，以人鬼爲中，以地祇爲下。則至尊無對之上帝，復安在哉？殊不知古人之所謂三禮者，上以達於皇天，中以通於鬼神，下以致孝於先人者也。

問：敬鬼神。曰：孔子曰：「敬鬼神而遠之。」猶云錯認鬼神於上帝同類，而於皇天不甚遠之。不但是不敬之，且諂媚莫大焉，殆哉！《書》曰「類於上帝」，夫類云者，猶言不類是也。蓋諸鬼神入類，惟上帝獨尊，故類者爲祭，其惟崇上帝明其至尊者也。

問：祭鬼神，可乎？曰：須知志所之。祭鬼神，以爲自尊、自能、自靈，則鬼神與上帝抗，而皇天有對矣。淫祭非禮，萬不可也。使祭鬼神，以謝其恩，而求其庇，知其受命於帝庭，而護我、救我、引我、導我爲其任，於是鬼神既於帝天不角，祭之若是亦可矣。

問：誰當祭之。曰：天寵彌大，則位彌高，而任亦彌重。惟天子有家有國有天下，故《書》不第曰「類於上帝」，且亦曰：「禋於六宗，望於山川，遍於群神。」諸侯有家有國，故有本國社稷名山大川；又有五祀可事；大夫獨有家，故祇有五祀而已。上乃統下，而下不能統上，理必然也。

問：城隍。曰：隍者，城池也。有水曰池，無水曰隍，護守各邑之城，稱之爲城隍，是猶知府者，稱府然。

問：依俗而拜城隍，禮乎？曰：非也。俗背古多矣。古者立廟以事人，爲壇以事神；今俗立城隍廟，而以人道事神者，一也。古者無塑像，止用木主；今俗棄主而立像者，二也。古者非徒城隍無廟，且中國浮屠亦並無；今各州縣城隍有像有廟，而以佛徒守奉之者，三也。古者未聞神之生誕之怪；今俗歷年奉城隍生誕者，四也。甚哉愚矣夫。

問：復古難，正俗何如？曰：以廟易壇，實不合古。然不甚背理，則廟存可也。夫神本無形無像，然借像以容其德，使禮拜者有所向之處。此於立木主不遠，故明諭庶人令之不惑，則用正像亦似可矣。朔望跪稽，歷年又定一日，以增奉敬。此近於古而合於理，存之宜也，及於夫神生誕之説，並浮屠焚誦之妄，其又謬又邪，而無可正之，則廢之當也。

問：祀神而曰山，夫一卷石之多，焉爲神？曰：不曰官而曰府，不曰妻而曰室曰房，不曰主上而曰朝廷，不曰鬼神而曰山川者，常文也。

問：焚香奠酒奏樂，常禮也，神其享乎？是乎？曰：非也。神既無形，形弗能格神。《書》曰：「鬼神無常享，享於克誠。」吾聞至誠感神，未聞酒氣感神者也。禮之外文，皆所以寓吾誠而已矣。

問：神之不享乎是，則備之何意？曰：以形我誠，以盡我心，以事我恩神，而所以事之者，乃奉上帝休命是也。

問：祭神而神在否？曰：《詩》曰：「神之格思，不可度思。」孔子曰：「祭神如神在。」未云祭神則神在，總不外一誠焉耳矣！

問：事神得福。曰：古人事神，非爲求福。然正神既受上帝明命而來，則必能轉祈上帝，必保佑人，故求真福於正神可也。若夫佛鬼邪神者，人祀之爲淫。古云：「淫祀無福」，不信然哉？

問：事君。曰：事之以忠。君有成命，臣畏死而不從者，不忠也。君或不義，臣好譽而不爭者，不臣也。孔子曰：「忠焉能勿誨乎？」誠哉是言也。

問：敬君何意？曰：《書》曰：「天佑下民。」作之君，作之師，是天若曰：「子賚汝以予吏。」其代予言，則臣敬其君也，真所以敬上帝是也。君爲臣之天，臣不敬君，焉能敬天。故臣不臣，上帝之罪人也。

問：事親。曰：孔子曰：「生事之以禮，死葬之以禮，祭之以禮。」夫禮者，猶體也，不多不寡而禮成，或寡或多而爲怪，寡則不及，多則過矣。

問：事親焉能過？曰：吾聞之也，小杖則受，大杖則走。不若是，而引父犯不父之罪，爲子者不過而何？是故曾子謝過曰：「參罪大矣。」父倘不義而子不爭，寧順非禮之命，其亦過矣，安得爲禮！

問：孟子云「不孝有三，無後爲大」，然也？曰：吾聞之古帝堯舜，其大孝也與？夫其大孝也，是以堯生丹朱，舜生商均耶？抑因堯得舜，舜得禹耶？吾窃以爲非以形傳形爲大孝。惟以德傳德，則孝大矣！不然則三孝之中最小者，養也。今有人於兹，家貧而親老，養焉則不娶，娶焉則不養，其如之何？不養爲小，無後爲大，務大而捨小焉。噫！與其不娶，毋寧坐視老親飢而死與？雖凡人之心，實不可忍也。孝子之心，豈其能忍之乎？夫無後既猶不如不養，焉可謂之大不孝也耶？方孝孺云：「寧無後而不敢以非禮娶。」知失禮重於無後也。歐陽修云：「荀卿、孟軻之徒，善爲言，然道有至有不至。」

問：真孝之大綱。曰：孝也者，修齊治之本者也。人之於天，臣之於君，子之於親，其理一也。自下上達，三互相顧，順而不違是也。蓋子之所以爲子者，孝也；臣之所以爲臣者，忠也；人之所以爲人者，敬也。子之於親也，愛之則喜而弗忘，苦之則懼而不怨；臣之於君也，取之則進而不驕，遺之則退而不尤；人之於天也，富之則順而憂，貧之則堪而樂。子賴其親，臣憑其君，人信其天。孝子若云，博厚之基業，不容我慮之，在我家父之心而已，豈爲此而孝焉。忠臣亦云，禄位之貴賤，我不務求之，在我國父之心而已，安爲此而忠焉。善人常云，今世之需，身後之福，我不急念之，在我天父之心而已，奚爲此而敬焉？不懷甘而弗懈，不辭苦而恒仁，此聖人之氣象，真孝之大綱也。

問事師。曰：以孝事之。管子曰：「生我者父母，成我者鮑子。」蓋師教之恩，其與生育相同矣。是故爲我師者，苟能博我以文，約我以禮，教我以四勿。曲成吾才，使吾德克明，而合於天命本然之初，吾則敬之孝之，而感至大極重之恩，雖没世不能忘也。

問：事長。曰：事之以弟。孔子曰：「弟子出則弟。」孟子曰：「出以事其長上。」

問：友仇。曰：人之於友，如將爲仇，則合而不流；人之於仇，如將爲友，則忍而不寃也。以怨報怨，小人也；以直報怨，君子也；以德報德，良友也。朱子曰：「人舊與我有怨，今果賢耶，則引之薦之；果不肖耶，則棄之絶之。」若然則人舊與我有德，今果不肖耶，安得引之薦之；其果賢耶，又安得區區引之薦之。以此報怨可也，以此報德何足哉。曾子曰：「以文會友，以友輔仁。」爾輔我爲仁，我輔爾亦然，始乃以德報德，而朋友倫有實矣。孟子曰：「友也者，友其德也。」孔子曰：「主忠信，毋友不如己者。」又曰：「善與人交，久而敬之，互相輔仁，愈久而愈敬。」

問：復仇。曰：王安石云：「其子弟以告有司，有司不能聽，以告於其君；其君不能聽，以告於方伯；方伯不能聽，以告於天子，則天子誅其不能聽，而爲之施刑於其仇，仇之不復者，天也；不忘復仇者，己也。克己以畏天，不亦可乎？」

問：於安石亦可取乎？曰：奚爲不可？智者不以人失言。言善而人惡，棄人而取言焉。孟子曰：「爲士師，則可以殺之。」於孟子取之，可也；於安石取之，則不可。異乎吾所學於曾子也，惡而知其美，好而知其惡者也。

問：〔一〕上之於下。曰：慈之，懷之，來之，勸之，善則嘉之；不能乃矜之；不爲乃誨之，然與其以令使之，不如以身先之可也。

問：上下相敬有何意？曰：《易》曰：「父父子子，兄兄弟弟，夫夫婦婦，而家道正；正家而天下定矣。」《詩》曰：「妻子好合，兄弟既翕。」孔子喟然曰：「父母其順矣乎？」倘人人親親長長，而天下平。則上帝大父母之心，其不大悦矣乎？由此而觀五倫，其道大矣！蓋人之所以忠孝弟義慈恭者，非以好好名，非以惡惡聲，惟因固有斯理而然。《詩》曰：「民之秉彝，好是懿德。」既有此性，則不得不然。然此性也，果從何而來？《中庸》曰：「天命之謂性。」《孟子》曰：「知其性則知天矣。」若然，則君臣而義，父子而恩，夫婦而別，昆弟而序，朋友而信者，乃所以盡性而事天者也。《詩》曰：「不識不知，順帝之則。」噫！五倫之道大矣哉！

問：事死。曰：亦事之以禮而已矣。事死如事生，禮也；不若是，非禮也。履斯禮而主其大祭，則可，踰斯禮而揖其木主，則不可。

問：葬。曰：亦葬之以禮，禮不寡。故孟子曰：「不得，不可以爲悅。」禮不多，故顏淵死，門人欲厚葬之。孔子曰：「不可。」禮，理也。故朱子云「不作佛事」。蓋浮屠所謂禱場、施食、燒紙、破獄，皆釣愚夫愚婦之餌，以求供佛飯僧之術。無根之謬妄，無理之左道，君子者所必不履也。

問：看地。曰：按孟子論葬，則仁人掩其親，必有道矣。親死則委之於溝壑，使狐狸食之，孝子必不爲也。故備棺槨，不使土親膚，又於潔淨之所築墳，不使比化者，朽在泥中。此人子當然之責，可讚而不可病也。今污俗所謂看地者，大異乎是！方孝孺云：葬師祖晉郭璞書其書。苟可信，璞用之，以葬其祖考，宜有奇驗不誣。而璞卒死於篡弑，其身不能福，而謂能福乎人，其可信否？邪世之人多信之，不知自陷於不孝，而莫之贖也。嗚呼！先王之禮一失而流於野，再壞而入於禽獸也，寧不哀哉！

問：木主。曰：方氏云：「爲親之死故有尸以象其生；爲親之亡故有主以象其存。」據此則主與尸，皆虛像云耳。高氏云：「觀木主旁題主祀之名，而知宗子之法不可廢。」由此又可知木主爲後來子孫不失支派之意焉。

問：若然，何不畫父母之像。曰：或畫像，或立主，其意一而已。然用主而不用像，一則木主易列於堂，使各家支派存焉；一則恐或畫得不正，而有以褻父母。不如立木主，而視親於無形，父母之活像，其在孝子之心，外有木主，是孝子之心不容已焉耳。

問：點主。曰：《家禮》止擇善書者題寫木主，未言求人點主。近世喪家，或請官員點主，其意欲尊父母。然恐鄉官不善書，又恐臨時寫字錯落，或先寫成，止求一點，亦如某官親書然。

問：奚爲神位。曰：神無方則無位也，若神在木與人在席相似，必當曰神在兹，安曰神位在兹。今謂之神位，有事死如事生之意寓焉。蓋父母生時，必在上坐，子孫跪在膝下；及其已亡矣，則孝子設木主之位於上，以肖父母之存而已矣。譬如有清官於此，民戴之如父母，一旦命下而陞遷，民染其澤，心無所依，故從而卜堂以象之。堂中立主，書某官之位，其人也已不在兹矣。若有云：某官在木主上坐，雖至愚必不信諸，而今云父母之神，入在木主，如鳥棲樹，與云官在木主上坐有何異？必亦無斯禮也。

問：《家禮》祝文云：「形歸窀穸，神返室堂；神主既成，伏惟尊靈。捨舊從新，是憑是依；畢懷之興」，奚爲也？曰：許氏云：「主者，神象也，孝子既葬，心無所依，所以立主事之。」陳氏云：「葬者往而不返。」斯禮極真，使夫祝文與之矛盾不合，則不當禮矣。且《周禮》、《儀禮》、《禮記》，大儒猶有疑處，於《家禮》中視祝文，何可盡信乎？况《家禮》一書，乃《性理大全》一篇耳。今考性理，則宋儒明云：「人之死也，形歸土，魂歸天。」未云魂歸木主。即《家禮》一篇，是朱文公所作。今文公於《書經》「乃帝殂落」明云：「魂殂於天。」於《詩經》「對越在天，駿奔走在廟」，文公又明云：「既對越在天之神，而又駿奔走在廟之主。」使文公於經明理如此，而於《家禮》錯指魂入木主，則朱子自相矛盾，而不足觀也。殊不知祝文，乃主旁所題奉祀之語。孝子若曰：噫！親之形軀，已歸窀穸，再不見矣。惟其神之象，可迎返堂，真如常見焉。未葬以前，魂帛爲象，葬之而後，以主易帛，禮斯定矣。今葬既畢，木主既成，伏告親靈。舊象魂帛，孤子舍之而藏；新題木主，孤子取之而敬。敬之何意，從禮而已。設主代親，一則憑依孤子懷心，思親如生焉而可見；一則時展禮典表念，事親如存，然而可養，庶幾追遠，孝義畢興已耳。如此參解祝文之意，豈不正哉？若解作親魂捨舊從新，而憑依木主，則朱子背理背儒，而「畢懷之興」一句，亦無可搭之處。

問：吊。曰：《説文》本訓，問終也。《易》曰：「古之葬者，厚依之以薪，葬之中野。」故吊者持弓，所以警鳥獸也。《禮》曰：「知生者吊，知死者傷。」《註》云：「傷者，情痛乎中；吊者，禮恤乎外。」今吾友值喪，則以禮恤之。吾友見死，則以禮傷之。在柩前行禮者，恤其生而悲其死，事亡如事存而已矣。

問：喪。曰：孔子曰：「子生三年，然後免於父母之懷。」夫三年之喪，天下之通喪也。又曰：「喪與其易也寧戚。」子思曰：「喪三日而殯，三月而葬。」喪三年以爲極，亡則不忘矣。

問：奠。曰：凡奠者置之案上而已。《禮》曰：「內則奠之，而後取之。」孝子朝夕具饌數器以進，乃事死如事生也。父母存，子養而樂；父母亡，子奠而哭。哭樂之有不同，而事之之心一也。

問：上墳。曰：《禮》曰：「古者墓而不墳。」《註》云：「墳者爲壟，所以記識也。」夫木主者，空象焉耳，猶可禮之，而况墳墓乃親屍之所在乎？則往於墳，號泣，稽首，進菜，奠恭，亦事亡如事存而已矣。

問：祠堂。曰：先人之室，神主之所，事死之宫者也。

問：奚謂之廟？曰：《説文》本訓，尊先祖貌也。《爾雅》云：「有東西廂曰廟。」《正字通》云：「古今註廟者，貌也，所以彷佛先人之容貌也。」鄭玄云：「廟言貌也。死者不可得而見，故立宫室象貌之耳。」《禮》曰：「天子七廟，諸侯五廟，大夫三廟，士一廟，庶人無廟。」據此諸説，則祖宗廟與木主無異，並爲先人之象。且立廟或七，或五，或三，或一者，分明是事死如事生之意也。

問：邪神之窩，在佛老之徒，亦謂之廟。曰：吾儒於佛老也，乃黑白之分焉。異端能假吾儒所用之名，而不能有吾儒教之實。以儒言之，廟對郊而言。人之生也，宫室而居；故其死也，以生之所養者奉之而爲廟。若上下之神，非室居者，故壇而不屋。儒有郊以事上帝，有壇以事神，有廟以事人，而三禮備矣。以佛言之，真所謂不知而妄作者也。稱其淫寺以爲廟，猶視其佛以爲至尊，並爲妖術邪道之謬，與吾儒教之正何有？

問：庶人無廟，亦能孝乎？曰：無傷也。真孝在心不在廟。凡困窮者而以紙爲主，以茅屋爲堂，以父母所日用之器爲籩豆，以常桌爲香案，以蔬食爲饌，孝亦在其中矣。

問：郊廟之大意。曰：有南郊以事天而報本，有文廟以事師而重學，有家廟以事親而養仁。敬天、重師、愛親，三者行而天下平。郊廟之意，其大矣乎？

問：家廟之禮。曰：其禮也，所以序昭穆，所以序爵，所以序事，所以序齒。是故斯禮也，不云而教，不怒而戒，不惠而勸，不强而化。人行之熟，則同姓親而理，異姓貴而敬；老者尊而文，少者孝而勉焉。

問：祭。曰：祭之言察也，察者至也。言人事至於神也，祭之意廣而不特也，曰奉，曰事，曰拜，曰祭，總是敬之意而已，是故祭可通三禮。然三禮各有本意，斷不可混者也。《禮》曰：「主人親饋，則客祭；主人不親饋，則客不祭。」陳氏云：「主人親饋，是敬客也；客祭其饌，是敬主也。」賓主之間既有行祭之禮，則死生之中行之，禮死如禮生之道也。

問祭之儀。曰：卜日，齋戒，省饌，參神，降神，讀祝，三獻，侑食，闔門，啓門，受胙，辭神，納主餕，而禮畢。

問：祭上帝，祭鬼神，祭先人，其皆若是乎？曰：以外文言，則大同而小異，並是如設大宴相似。以内志言，則大有以異。祭於上帝者，以爲至尊至一，萬物所資始，萬民所資生者也；祭於羣神者，以爲有不萬方之責於天者也；祭於先人者，以爲推我孝，事死如事生者也。孔子曰：「祭之以禮。」合禮則爲正祭，失禮則爲淫祀耳。

問：卜者。曰：夫日也者，未有不好。日日爲善，則日日吉；一日爲不善，非是日凶，惟人作孽。是故卜日，以避凶而取吉，無理以考則不可。然古者卜日，定於某日，非擇吉也。《禮》云：「天子以元日，祈穀於上帝。」上丁釋菜以祭先師；祠春、禴夏、嘗秋、蒸冬，以祀先人，皆有定日，失期則大不敬，自古至今行之未變也。康熙二十一年禮部請旨，奉旨：陰陽選擇，書籍浩繁，吉凶禍福，多相矛盾，且事屬渺茫，難以憑信。

問：齋戒。曰：乃所以深孝敬之心也。人將見大賓，亦必潔其身。我將事父母，孰有甚焉？在父母之懷三年，今日恭默思之，不亦宜乎？

問：迎降送神。曰：古之祭者，必以人爲尸，祖考已亡矣，故有尸以象之。迎降送尸云者，則與迎降送祖考無異。後世不用尸而畫像，今不用像而設木主。夫尸像主三者，外形不同，而並爲祖考之像，故迎降送之之意實一也。

問：果。曰：蘇氏云：古者有大賓客，以享禮禮之。清酒，人渴而不飲；乾肉，人饑而不食也，故享而體焉。陳氏云：體薦設几而不倚，爵盈而不飲，餚乾而不食。昔成王之敬周公者，有用享禮。《書》曰：「乃命寧予，以秬鬯二卣，曰明禋，拜手稽首休享。」蘇氏云：以黑黍爲酒，合以鬱鬯，所以祼也。禮莫大於祼。曰明禋、休享者，何也？事周公如事神也，豈非敬之至者，其禮如祭也歟？依此而論，夫祼之禮，既可達於生者，則用之以敬死者，亦是敬死如敬生之意。夫享禮，雖生而饑渴者，既不食不飲，則神享云者，必無飲食之理也。況後世鬱鬯，不得其傳；又古來蘗造醴，醴者，即玄酒、清酒也。後世厭其味薄，遂至失傳，則並蘗法亦亡。今無清酒、無鬱鬯而欲行祼禮，豈可得乎？是故至今郊壇、宗廟及學宮丁祭，並喪禮堂祭，止用獻爵，而裸體久不行矣。

問：茅沙。曰：古者有白茅，以充祭祀。《書》曰：「包匭菁茅。」然白茅、菁茅與鬱鬯、清酒，亦同不得其傳焉。今之茅沙，虛文而已。

問：祖考其來與否？曰：不可定而必之。上帝命之來即來，不命即不來也。夫感格之説不經見，且難明，似不足據。蓋感格之固不在我，猶其來格，亦不在彼，理的然矣。

問：《書》不云乎「祖考來格」？曰：不徒云「祖考來格」，且又曰「鳥獸蹌蹌」，亦云「百獸率舞」，豈其然哉？然《書》此一節，詠之辭耳，則不以辭害志可也。惟有如在其上，如在其左右，如蹌如舞之意而已。

問：有其誠，則有其神，然乎？曰：有其誠則有其神，在孝子之懷中，然也；有其誠則有其神，在木主之上，非也。《禮》曰：「聽於無聲，視於無形。」《註》云：「常於心想像，似見形聞聲，如父母將有教使之然。」《詩》曰：「綏我思成。」范氏解云：「使我所思之人以成，而安我之心焉。」蘇氏云：「其所見聞，本非有也，生於思耳。」朱子云：「齋而思之，祭而如有見聞，則成此人矣。」三子得之，蓋非澄心淨慮，安得思而成之也耶？

問：三獻，侑食、闔門、啓門，何爲也？曰：此禮也。其與設宴以事生者無異，皆是所以事神如神在，請毋泥於外文，惟省內意而不惑。

問：祝聲三噫歆，有人以爲神食氣，然耶？曰：此無理之誕語也。人生而活者，果不得不食，而以氣補氣，以形養形。人及死也，則氣散形化，雖進酒食，焉能用之？若其神魂也，既不散不化，則不死不滅而常存。然既其爲無形之靈體，安待於臭氣以養乎哉？

問：《詩》不云乎「既醉既飽」？曰：此指尸之醉飽，若祖考之醉飽也。《詩》亦云：「神其醉止，皇尸載起。」豈非尸醉若神醉乎？朱子云：「鬼神無形。」言其醉而飽者，至敬之至，如見之也，豈信以爲實乎？

問：既然若是，何必設饌以祭？曰：古人定斯禮，以祭祖先者，果不出乎必然，而不得不然也。然於古既已定，歷世既已行，外儀既端，內意既正，無故而删之，可乎？子愛其饌，余愛其禮，子問余神既不能食，何必設饌備祭？余亦問子，神既不棲木主，何必立木主禮拜？且從而又問，何必棺槨，何必焚香，何必喪服，孝子忍乎？況夫何必之謬一行，則不越數年，而國禮盡廢，中華變野，明君安乎？可知其何必之説，必亂而不足聽也。

問：受胙。曰：真是如受父母之餕然，則孝子以爲福。

問：祝文云「祖考命致多福於汝孝孫」。曰：朱子云：少牢嘏詞曰：「皇尸命工祝，承致多福於汝孝孫，使汝受禄於天。」祝文多福，即嘏詞之禄也。今止云「受之於天」，非云「受之於祖考」，則祖考非與多福也明矣。夫孝格天，事死如事生之道既盡，則致孝子望天加以多福，何不可耶？

問：福。曰：居富貴而無德行者，俗福也；小人謂之福，君子謂之禍，僞福是也。樂其富貴而不忘其德者，世福也；雖正而可謂之福，然求之無道，保之甚難，不純之福是也。惟寶其德，而輕富貴者，德福也。求之在我，而人之在世，福莫大乎是。然吾人之寓於世也幾何？則德福雖大而純者，亦暫時之福是也。古經所謂「萬世無疆之休」，「萬福無疆，永錫爾極」，「以莫不增，祈天永命」等文者，暫時之德福，何能當之哉？是所以經典明載聖人在天，曰：「文王在上，於昭於天。」曰：「文王陟降，在帝左右。」曰：「三后在天。」曰：「殷多先哲王在天。」據此大訓，則知夫上天之永命，無疆之休，真福之全，明明非吾人在此下土而可得也。諸儒之中，不慮天上永遠之福者，或有之，惟務闢二氏，而不究古經故也。若明古經之旨，而不信之者，蔽莫大矣，吾不爲是也。究竟或世福，或德福，或天福者，皆是上帝所錫，非祖宗所能致者也。

問：《盤庚》不云乎「乃祖乃父斷棄汝，不救乃死」，似祖宗能救子孫也。曰：此盤庚爲圮水害民，欲遷都而民不從，故告之也。且觀上篇曰：「恪謹天命。」曰：「罔知天之斷命。」言不遷則有違天之罪也。中篇曰：「予迓續乃命於天。」言我之遷，奉天以畜養汝也。此盤庚明知救民惟在上帝，不在祖宗也。後篇曰「乃祖乃父不救」者，是對民言，猶云爾祖父昔依我高后之救，而從遷以保汝子孫；今汝不從予遷，是辜負爾祖父當日救爾之心。況不尊祖父正命，乃大不孝，爲祖宗所斷棄，則水滂自喪。汝祖汝父烏能救爾之溺乎？清范紫登云：此言民不從遷，不但得罪先后，亦得罪己祖父。此解正合經意也。

問：《盤庚》又曰：「作丕刑於朕孫。」則成湯在天，不操禍福之權而何？曰：昔成湯云：「夏氏有罪，予畏上帝，不敢不正。」是成湯在世，奉天命以討罪也。今《盤庚》謂大臣之祖父，因子孫不遷都，必求湯以稟天命而罰也。如昔在生，然若云湯能操賞罰之權。再觀下篇曰：「肆上帝將復我高后之德。」此明明是湯賴上帝復德，以保子孫，安能自禍福後人哉。

問：昔周公亦禱於三王。曰：非也。惟禱於天，及其三王，告之而已。《正義》云：「周公請命，請之於天。」而告三王者，以三王神靈已在天矣。故因三王以請命於天。林氏云：請代武王死者，公本心也。王瘳而公不死者，天也；非人之所能爲也。蘇氏云：周公之禱，非特弟爲兄，臣爲君也，爲天下爲三王禱也。上帝聽而從之，無足疑者也。世之所以疑者，以己之多僞，而疑聖人之不情耳。三子之説，確然合理。而周公禱上帝，不祈三王則可知矣。

問：據此則商湯與其大臣，及周三王皆在天，恐亦能保佑子孫。曰：人之在世也，而如湯日日新，又日新；如文王小心昭事上帝；則及死也，其靈在天無疑。若云其能保佑子孫，亦必須轉祈上帝，以呵護之耳。

問：《書》曰「非先王不相我後人」，豈非祖宗果能佑子孫乎？曰：本朝《日講》解之云：祖伊奔告於王曰：祖宗列聖相傳，豈不欲保佑我後世子孫，使之長守。由王不法祖宗，不畏天命，惟淫戲以自絶於天。雖先王在天之靈，亦不得而庇佑之耳，王可改過以回天意。觀此可知有天命，而祖宗不能主張矣。

問：謂祖宗在天可乎？曰：古帝舜流共工於幽州，放驩兜於崇山，竄三苗於三危，殛鯀於羽山。有四凶者，則舜放流之，不與同中國。由此觀之，凡有惡人，則明王必不與同良民。今將非德之徒，在生不知天命，而無所不至，死後謂其靈同文王，在帝左右，實不敢也。然爲子而稱其親爲惡人者，此孝心之所不忍，並外禮所不宜也。故祖宗在天云者，特尊敬之意，世文之虛詞耳。

問：倘先人果在天，何不祈之？曰：苟果不在天，祈之可乎？今在天與否，何由而斷之哉？夫祈祖宗之説，不徒不係乎國體。且明禮之士，亦未嘗不禁之。設有不知禮而祈祖宗者，斯愚者之過也，其如儒何哉？

問：孔子。曰：吾中國之先師，儒教之宗也。

問：孔子之德。曰：吾先師之德，其大矣乎！儒者雖知之，而今所以引其一二於此，亦略表不得已之心焉。一曰敬天。蓋知天命而畏之，故常有言曰：「吾誰欺，欺天乎？」是知惟天不可欺也。又曰：「天之未喪斯文也，匡人其如予何？」是知依天命，則無害也。又曰：「知我者其天乎？」是知惟天聰明，無所不及也。顔淵死而曰：「天喪予。」子路死而曰：「天祝予。」是知生死存亡，獨在天而已。一曰愛人。蓋誨人則不倦，方人則不暇，樂道人之善，而惡稱人之惡者也。一曰居謙。蓋不作聰明，不伐其功，不顯其能。不據貴，不恥賤，不樂人知其善，不憂人聞其過。常曰：「吾非生而知之者。」又曰：「吾少也賤，故多能鄙事。」又曰：「丘也幸，苟有過，人必知之。」鄭人哂之云：「纍纍然若喪家之狗。」孔子聞之曰：「然哉然哉！」又曰：「聰明睿知，守之以愚；功被天下，守之以讓；勇力振世，守之以怯；富有四海，守之以謙。」一曰安貧。蓋謀道不謀食，食不求飽，居不求安。常曰：「飯蔬食飲水，曲肱而枕之，樂亦在其中矣。」又贊顔淵曰：「賢哉回也，一簞食，一瓢飲，在陋巷。人不堪其憂，回也不改其樂，賢哉回也。」又曰：「鯉也死，有棺無椁。」又曰：「不義而富，於我如浮雲。」一曰好學。蓋平生不居聖，惟自稱好學而已。是故學如不及，猶恐失之，發憤忘食，樂以忘憂。常曰：「朝聞道夕死可矣。」又曰：「知之者不如好之者，好之者不如樂之者。」一曰慕真。蓋惡紫以奪朱也。常言曰：「巧言亂德。」故自敏於行而訥於言。曰：「予欲無言，是以惡夫佞者而遠之。」一曰貞潔。蓋非樂佚遊之樂，惟樂節禮之樂。故以「四勿」教顔回。見南子而矢之曰：「予所否者天厭之。」

總而言之，則吾先師之所以異乎常人者，惟在體天之意而已。故可以仕則仕，可以止則止，可以久則久，可以速則速；無可無不可；毋意，毋必，毋固，毋我，協於克享上帝之心而已矣。

問：孔子之廟與祖宗之廟同乎？異乎？曰：隆卑廣狹，或有不同，然其意實不異也。人生於親而成於師，而所以事親與事師者，一道也。然論各姓之家廟，則不得不分之。蓋一姓有一姓之祖故也。若論先師之文廟，則不可不一之。蓋國有國學，府有府學，縣有縣學，夫縣府國之有等，而道學則一而已。

問：孔子可謂盛德之師也，則祈之聰明爵禄何如？曰：無斯理也。惟讀其書，則可以啓蒙；惟效其德，則可以受禄。夫好學好德之心，惟皇上帝所賦，主敬以保之，力行以養之，習經以助之而已矣。故康熙《御製孔子廟碑》文，止贊其德，未言其降福也。春秋二祭之祝文，亦止稱頌孔子之德，未言祈福也。如有向文宫而求聰明爵禄者，則聞之者莫不羣起而笑之也。

問：立學見師之禮。曰：歐陽修云：「古者士之見師，以菜爲贄。」故始立學者，必釋菜以禮其先師，禮死如禮生者也。

問：每月朔望，文武各官必謁文廟行香，其旨若何？曰：亦是門人拜師之禮而已。生時必如此，及歿亦如此，重師道而已矣。

問：春秋丁祭。曰：其意與宗廟四時之祭大同也。夫祭祖宗者，非是爲求福，並不信神魂，或降在木主，或食品饌之氣也。文廟丁祭，無以異乎是，心内之誠皆同，外文益隆且全矣。每年春秋二期，天子率萬方以弟，而天下之學者，莫不從之。各郡各邑，敬設大宴，以享孔子，而以師弟之禮事之。其榮也上達於先師，而下達於群儒，死者之光大矣，而生者猶接之。噫！中國之所以爲中國者，真在尚斯文以敏學，嗚呼！隆矣哉！

問：從祭者。曰：有序焉，配四、哲十一、賢六十八、儒二十人，共百有三人。儒不及賢，賢不及哲，哲不及配，配不及仲尼。孟子曰：「子夏、子游、子張，皆有聖人之一體。冉牛、閔子、颜淵，則具體而微。」夫六子也，可謂聖門高第，猶不能如先師，而况後之學者乎？子思云：「杞梓連抱，而有數尺之朽，良工不棄。」今在文廟之儒者，其中亦無數寸之朽。蓋莫不師孔子，莫不祖堯舜，莫不絶異端者。生有其功，而死有其榮，一則以報之，一則以顯之，使天下之子弟有以學而學焉。

問：孔子何謂儒教之宗。曰：昔周室衰，禮樂廢，《詩》、《書》闕。孔子乃序《書》，删《詩》，定禮，正樂，以明先王之道。則百世之所以得堯舜禹湯文武之真傳者，皆吾孔子修經之大功也。故朱子云：「世無孔子，則萬古如長夜。」爲此立之爲儒學之宗，不亦宜乎？

問：經。曰：《易》、《詩》、《書》、《禮》、《樂》、《春秋》，謂之《六經》。論《易》，孔子曰：「假我數年，五十以學《易》，則可以無大過矣。」真西山云：「《易》者，五經之本源，讀經而不讀《易》，如木之無本，水之無源也。」朱子云：「《易》之爲書，文字之祖，義理之宗。」陳北山云：「昔夫子之道，其精微在《易》。」論《書》，孔安國云：「歷代寶之，以爲大訓。」夫《書》

有六體焉，典、謨、訓、誥、誓、命者也。論《詩》，孔子曰：「詩三百，一言以蔽之，曰思無邪。」朱子云：「《詩經》全體大，而天道精微，人事曲折，莫不在其中。」夫《詩》有六義焉，風、雅、頌、賦、比、興者也。論《禮》、《樂》，孔子曰：「立於禮，成於樂。」班固云：「《易》以道禮樂之原；《書》以道禮樂之實；《詩》以通禮樂之志；《春秋》以道禮樂之分。」論《春秋》，鄭樵云：「吁！《春秋》一經，造端乎魯，及其至也爲周；造端乎一國，及其至也爲天下；造端乎一時，及其至也爲萬世。」論《六經》，歐陽修云：「經之所書，予所信也；經所不言，予不信也。」諺云：「信經不信傳。」畏聖人之言，疑後人之誕者也。

問：除《六經》有他書可觀否？曰：有之。《大學》、《中庸》、《論語》、《孟子》是也。若《山海經》、《孝經》、《爾雅》、《周禮》、《儀禮》、《禮記》、《家語》、《左氏》、《公羊》、《穀梁》等，皆可疑也。蓋視《山海經》，以爲大禹沂作，則未必然也。朱子云：「《孝經》相傳已久，不知何世何人爲之。」夫《爾雅》與《周禮》，是周公之書，有以爲然，有以爲不然。韓愈云：「《儀禮》雖讀，無由考，誠無所用。」鄭樵云：「《禮記》雜出諸傳記。」仲長統云：「《禮記》作於漢儒，雖名爲經，其實傳也。」歐陽修云：「《禮》《樂》之書不完，而雜出於諸儒之記。」朱子云：「《家語》記得不純，理無足取，而詞亦不足觀。」文中子云：「三傳作而《春秋》散。」歐陽修云：「妄意聖人而惑學者，三子之過而已。」又云：「經所不書。三子何從而知其然也。」鄭樵云：「據此亦可以知左氏非丘明，是六國時人，無可疑矣。」吕大圭云：「公穀不曾見國史，故其事多謬誤。」按以上諸書，古書也，雖不可全信，然與其過而廢之，毋寧過而存之。觀之如商大都之市，珍珠寶貝，隨其所取焉耳。

問：諸子。曰：又是一等。其中有雜而不純，知言折中，貴玉而賤碈，珍珠焉擇之，魚目焉捨之哉。

問：孔子及歿，經學存亡，其如之何？曰：及夫子歿，真道愈衰。禮樂廢於戰國，《詩》《書》焚棄於秦，漢興而經學復貴，傳註如山，《禮記》、《家語》、《世本》等書雜纂而行。三子出而《春秋》無據，小序作而《雅》《頌》壞，讖緯著而《六經》亂。馬融、鄭玄、王肅之徒，各自名家，諸説紛紜，乖戾不已。先王之道不習，則異端乘其隙而蠭起，佛法流入而播其毒於中國；道巫假老子之學而媚於邪神，妄調不死之藥而害生；濂洛關閩之徒，卓然自尊，而黜漢唐之學。横渠自成一家，康節又是一門，至朱子則無所不容。然雖善言理氣，亦照《詩》《書》之明文，未嘗不尊稱皇天上帝，以超出庶類，而爲萬物之主宰也。後之學者，若論理不論義，則明儒視宋儒，與宋儒視漢儒無異，而是非無盡云。

問：何由而知其然也？曰：以真儒之確論爲徵。鄭樵云：「昔者七十二子在孔門，問道均矣。夫子没而其説不同，况復傳之羣弟子之門人，則其失又遠也。從而信之，則矛盾可疑。」歐陽修云：「聖人殁，《六經》多失其傳。一經之學分爲數家，不勝其異説也。」又云：「孔子殁，周益衰亂。先王之道不明，而人人異學，肆其怪奇放蕩之説。後之學者，不能卓然奮力而誅絶之。」又云：「自周衰，禮樂壞於戰國，而廢絶於秦。漢興，《六經》在者，皆錯亂散亡雜僞，而諸儒方共補緝，以意解詁，未得其意，而讖緯書出，以亂經矣。自鄭玄之徒，號稱大儒，皆主其説。學者由此牽惑没溺也。」又云：「孔子既殁，異端之説復興，接乎戰國，秦遂焚書，先王之道中絶。當其絶之際，奇書異書方充斥而盛行。其言往往反自託於孔子之徒，以取信於時，至有博學好奇之士，務多聞以爲勝者，而惟恐遺之也。如司馬遷之《史記》是也。」程子云：「去古雖遠，遺經尚存。然前儒失意以傳言，後學誦言而忘味。」《日講》云：「雖經學可尊，而註疏謬誤亦多。」呂大圭云：「《六經》不明，諸儒穿鑿害之也。」章俊卿云：「《詩序》之壞《詩》，無異三傳害《春秋》。」朱子云：「漢唐諸儒説義理，祇是説夢相似。」歐陽修云：「毛鄭二家，其不合於經不爲少，或失於疎略，或失於謬妄。」鄭曉云：「宋儒譏漢儒太過，近世又信宋儒太過。今之講學者，又譏宋儒太過。」朱子云：「若濂溪者，不由師傳。」謝上蔡云：「堯夫所學，與聖門卻不同。」胡敬齋云：「康節自成一家。」來知德云：「本朝纂修《易經大全》，乃門外之粗淺，非門內之奧妙。」朱子云：「程邵之學固不同。」又云：「橫渠實自成一家。」楊龜山云：「橫渠之言，不能無失。」

據此衆說，則可讀古書而不惑。蓋聖人之心在經，經之大本在《易》，大《易》之學在象。是故凡燭理不明，而視象爲形，假借當本意，寓言爲實事，猶欲通古人之書，不可得也。是故好學者，以六書指事、象形、形聲、會意、轉注、假借，謂之六書。爲祖，以《六經》爲宗，以孔子爲師，以諸儒爲友，輔我積善，佑我明真，則無不信，倘或有自泥之處，則實不敢從。况諸儒之說，不可得而一之。宋人自好而惡漢人，明儒自是而非宋儒。故曰：智者師經而信之，友儒而折中焉。

問：或謂《易經》爲卜筮算命之書，有諸乎？曰：否。不然也。妄言禍福，巫民術士爲之也。羲文周孔所不容，明君正法所宜誅者也。《書》曰：「汝則有大疑，謀及乃心，謀及卿士，謀及庶人，謀及卜筮。」《正義》解云：「卜筮之事難明，故先儒各以意說。」《御纂周易折中》曰：「古人卜筮，原教人忠孝。」又曰：「《易經》因吉凶以示誡訓也。」今愚民聽術士之亂說，作大易卦爻之正意者，是自淪於邪妄也深矣。

問：人亦有言，易道陰陽二氣之變而已矣，有諸？曰：否。不然也。淺學之徒者爲之也。凡讀大《易》，而不知象者，其力必不足以通《易》。不知之而爲不知之，無傷也；今不知之而硜硜然敢云，易道不過二氣而已。噫！誰欺哉？欺真儒乎？亦惟自欺而已。

問：或謂《國風》多男女淫奔自作之詩，有諸？曰：否。不然。昔孔子授顔回以四勿，其意若曰：人之於他情也，猶可往而力攻之，獨於非禮之色則不然。惟能遠之，始可勝之，勿視、勿聽、勿言，而可以無動矣。孔子善教子弟如此，安敢録淫奔之詩於經也哉？

問：俗云「三教歸一」，然乎？曰：非也。天一，性一，道一，教亦一矣，豈有三教乎哉？佛老之法，幻妄也，非教也。孟子曰：「能言距楊墨者，聖人之徒也。」朱子云：「楊朱即老子弟子，佛氏之學亦出於楊氏。」又云：「佛家初來中國，多是偷老子意去做經。後來道家，又卻偷佛家言語。」孔子曰：「攻乎異端。」《日講》解云：「指楊氏墨氏，及仙家佛家，又一切妖妄術數之類，後世邪教横行，左道日盛，奸詭邪僻之徒，方爲之標榜，附會其説，以蠱惑天下，棄人倫而滅天理。」朱子云：「聖人順天理而盡人倫，釋氏逆天理而滅人倫。」又云：「《書》所謂天秩、天敘、天命、天討，儒者之學也。如釋氏不見天理，而專認此心，以爲主宰，故不免流於自私耳。前輩有言，聖人本天，釋氏本心，蓋爲此也。」又云：「老子既是人鬼，如何居昊天上帝之上。」曹月川云：「天者萬物之祖，生物而不生於物者也。釋氏亦人耳，故亦天之所生也，豈有天所生者，而能擅造化之柄耶？」昌黎云：「人其人，火其書，廬其居，明先王之道以導之，則亦庶乎其可也。」又於《佛骨表》闢佛極詳矣。御批：「義正詞直，足以袪世俗之惑，久爲有唐一代儒宗。」莫震云：「佛法之害政，昌黎之説盡之；佛法之害人心，晦庵之説盡之。」歐陽修云：「三代衰，王政闕，禮義廢，後二百年而佛至乎中國。」

由是言之，佛所以爲吾患者，乘其闕廢之時而來，此其受患之本也。補其缺，修其廢，使王政明而禮義充，則雖有佛無所施於吾民矣。丘瓊山云：「歐陽氏欲修補吾政教之缺廢者，誠反本之論。然吾政教之缺且廢非一日，一旦復其千年之故，非假之十百年不能也。」旨哉真儒之言也。明而信之，則三教之謬説自散而亡矣。夫異端作孽，莫甚乎立佛老二氏，以抗上帝，而此楊墨之徒所未至者也。且我先王垂訓，亦莫大乎敬天、事天、畏天、樂天者也。歐陽子卓然不惑，必欲補儒之缺，修儒之廢，然後佛無所施於民，可謂妙志也。在瓊山非假之十百年，則不能也。嗚呼！吾儒之大道也，先王既受之於天，使皇天上帝眷佑我中國，越三年而天功亦可告成矣。

校記

[一]原闕，據問答體例補。

天主聖教豁疑論

〔清〕朱宗元撰　周岩點校

天主聖教豁疑論

《天主聖教豁疑論》前言

《天主聖教豁疑論》，清朱宗元撰。半葉七行十八字無界欄，梵蒂岡教廷圖書館藏。

朱宗元，字維城，浙江鄞縣人。明萬曆三十七年（一六〇九）生，順治三年貢生，五年舉人。康熙《鄞縣志》卷十七《品行考》六《列傳·明》四，附氏傳於其祖父瑩末，曰：「孫宗元，舉國朝順治戊子賢書，博學善文。」教會史家考氏約在崇禎年間受洗，施洗神父陽瑪諾，聖名葛斯默（Cosmos）。

朱宗元在《拯世略說·自敘》中，歷敘他求道、得道的經過，說：「念世間萬事，不由人算，意者鬼神司之。然鬼神衆矣，亦自有所從受命者，三教百家，參悟有年，頗悉梗概，顧終無真實、確當、了徹、完全之義，使此心可泰然自安者。及觀聖教諸書，始不禁躍然起曰：『道在是！道在是！向吾意以爲然者，而今果然也；向吾求之不得其故者，而今乃得其故也。』」

《天主聖教豁疑論》，乃宗元先生所撰之長文，其目的則在：「始余大夢人也，不自知其爲夢，一朝而覺，然後信天下之皆夢也。余不忍以己之覺，聽天下之夢夢。故敢以己之所覺，與天下共覺之。」並揭櫫「天下之理有不待教而知者，莫著乎天主之説也」。《豁疑論》進一步論及：「我中華典墳廢闕，古史殘滅」，「惜哉，吾儕失其本來所自有之天學，而錯認爲西國之學」。這種辨流以同其源的方法，其實依然不出「補儒合儒」之大旨。

《豁疑論》訂者瞿篤德，耶穌會士，字天齊，意大利人。清順治十六年（一六五九）至海南島傳教，迄康熙三年（一六六四）。曾往江西贛州，次年被逐，仍回廣州。後被拘送北京，後謫居廣州，康熙十二年重返海南島，康熙二十六年卒，葬瓊州府城外。費賴之《在華耶穌會士列傳及書目》謂：遺著《聖教豁疑論》。實際僅「訂」而已。

《豁疑論》末題：「穗城大原堂重梓」。所以我們現在看到的本子也不應該是初刻本。穗城，即廣州；大原堂，堂名，蓋取「道之大原出於天」之意。考宗元先生行跡，以未及粤，所以本書很可能是瞿神父帶至廣州付梓重印的。因此，費賴之《書目》纔有將《豁疑論》列於瞿氏名下之誤。

二〇〇四年九月十二日北京騈方周岩謹識

天主聖教豁疑論

甬上朱宗元述　泰西瞿篤德訂

始余大夢人也，不自知其爲夢，一朝而覺，然後信天下之皆夢也。余不忍以己之覺，聽天下之夢夢，故敢以己之所覺，與天下共覺之。天下之理有不待教而知者，莫著乎天主之説也。天主者何，上帝也。中華謂之上帝，西土謂之天主。上天自有一主宰，豈待辨而始明哉？是以中華先哲，雖未親聞造物之傳，然莫不以敬事天主爲學：曰畏天命；曰顧諟天之明命；曰存心養性以事天；曰小心翼翼，昭事上帝；曰予畏上帝，不敢不正；曰上帝臨汝，毋貳爾心。經傳所載，不一而足，皆明言天之有主也。後儒罔晰丕願，唯認天以蒼蒼者，是謬矣。

嘗稽六籍，談天厥有二義：如「莫高匪天」[一]，「高明配天」，「欽若昊天」之屬，皆言形也；如「天監在下」，「天命有德」，「天難諶」[二]之類，皆言主也。乃形者謂天，主者亦訓之以天，猶今稱元后以朝廷。言朝廷即言其處朝廷之后耳。明此説而後知聖賢凛凛祗敬者，非空指蒼蒼之天，唯此一大主也。乃説者曰：生天生地，是名太極，曷云天主。然所謂太極，乃二儀未奠，萬象蒙冥，爰有元行，充塞兩間，形形色色，資之以起，後人弗獲厥解，則名之曰太極也，無極也，太始也，太易也，渾沌也，不知特生生最初之材質，繇物主造，非即物主也。頌「維皇降衷，若有恆性」之語，即可推天地人物所從生。讀「夭壽不二，修身以俟之」文，即可知聖人兢兢畏死，惟恐忽至，而不及備齋戒沐浴，可事上帝，非悔罪歸直之義乎？「獲罪於天，無所禱也」，非言一切淫祀之皆虛乎？「作善降之百祥，作不善降之百殃」，非言上帝有大賞罰乎？乃不能無疑於天堂地獄之説者。惟謂人死而魂即滅耳，不知爲此説者，是欲禽獸我也，草木我也。禽獸無靈，草木無覺，故一死而與之具盡。人爲萬物靈，形體有壞，靈必不壞。試觀《詩》、《書》攸載，即可徵人靈之不滅，天堂之必有矣。如所謂「文王在上，於昭於天。文王陟降，在帝左右」；「世有哲王，三后在天」；「天既遐終大邦殷之命，兹殷〔多〕先哲王在天」[三]；「作丕刑於朕孫，迪高后，丕乃崇降弗祥」。皆班班可考者。《中庸》一書，言天命謂性，終以「上天之載，無聲無臭」，固明謂人本乎天，而必以歸天爲復命之全功也。惜哉，吾儕失其本來所自有之天學，而錯認爲西國之學。

夫以我心原有之理，貿貿罔察，有迸而呼之，謂宜惕然醒，瞿然慮，顧忘己之同，反詫彼爲異，不令西士笑我愚狂哉？抑不能無疑於天堂地獄之説者，謂佛氏蚤有論也。不知佛氏持竊天學之緒，而未獲其旨耳。按《西域圖志》，釋迦始行教國中，專事明心見性，衆莫允從者，乃取天教天堂地獄之説，衍以輪迴六道之議，國人翕然順焉。夫人靈不可變爲異類，此身不可代爲他身。輪迴舛謬，已有明論。若其所謂天堂者，不出香花金寶，此塵界之榮富，非超性之天福也。所謂地獄者，不過刀鋸湯火，此有形之難災，非神靈之劇苦也。且於人死，而延僧祝懺即云可滅罪昇天，則元惡大憝，皆有法以救厥後。不既誘民陷辟乎？其不足信也，明矣。難者曰：天學既即儒理，孔孟之訓已足，何必捨己從人？而徐相國更云：「闢佛補儒，敢問儒者何闕，而待於彼之補之也，曰知天事天。」大較不殊，三代而降，雖言知天，實未殫乎知之奥秘；雖言事天，實未盡乎事之禮則。故終日曰知曰事，究竟無一人知且事者。若乃乾坤開闢之時日，萬類窮盡之究竟，上主無窮之妙性，身後罔極之苦樂，悔過還誠之入□，遷善絶惡之補救，必待西説始備。但觀西土聖賢輩出，獲諸傳聞者無論已。以余日接諸君子，其人皆明智而忠信，温厚而廉介，慈藹而謙下，澹薄而勤奮，簡身若不及，愛人如惜己，令人一悟言間，莫不瞿然顧化，如坐春風。詎彼性獨異人乎？良由授受明而教法備也。我中華典墳廢闕，古史殘滅。九頭疏仡之記，荒唐而不可憑；觸山煉石之説，鑿空而不可信。是以删《書》斷自唐虞，贊《易》惟稱義聖，非智弗及，前此以上，緣書傳無稽也。惟如德亞國，史載無訛。自開迄今，不過七千餘載。肇産人類，男女各一。男名亞當，女名厄襪。內則聰明聖智，不待學習；外則康寧强固，無有遘疾。百果昌繁，猛毒馴命。維此二人，既方主誡，凡厥攸錫一切墮失矣。然以理推之，□可信者，天性皆善，何以聖一狂千，則知必有壞性之繇。人爲物貴，何以方寸之虺，即可斷命，則知必有召災之故。是以越二千載，主乃大降洪水，勦絶民命，惟存八人。後復繁衍，遍居萬國。至漢哀帝元壽二年庚申歲，天主降生爲人，其義未易殫述。主本純神無像，今之攸陳，即降生後之聖容也。是故天地之有主也，此主之宜事也，佛老之宜斥也，淫廟之宜黜也，星卜矯巫之宜擯也。皆儒者所已言，其事已著，其理易知。若乃天主三位一體之秘，一位降世救贖之功，萬民復活審判之義，天地人物始生之原，中華舊無言者，言之自西儒始。始於西儒，曷以知其不謬耶？凡爲僞説以誣人者，非至愚昧，必將假此濟求耳。西士窮天下所不能窮之理，格天下所不能格之物，莫容欺以罔誣。自入諸華，贈遺皆絶。日用飲食，攜自本土。不聚徒侶，不求名位。後先數十輩，老者死，壯者老，非有求也。行既爲坊表矣，言獨不著蔡乎？蚩蚩之民，溺於舊聞，或難遽曉；膠庠呫嗶之子，固知天地之必有主，而欲行其私，則不利賞罰。因言無賞罰，吾願捨生之倫，大開眼孔，認真本主。去夙溺之意見，證以天下萬世之公理，討講儒訓，以究因性之義；尋繹西典，用求超性之微，翻然悔悟，肅然改圖。庶幾不虛此生，不失至理，不誤靈魂大事，方可使夢者而爲覺，悟今是而昨非，不終爲上帝之僇民，大父之逆子也，幸矣。

穗城大原堂重梓

校記

〔一〕「莫高匪天」，出《詩經·小雅·小弁》，清阮元刻本作「莫高匪山」，今存疑未改。

〔二〕「天難諶」，出《尚書·咸有一德》，原作「天難諶斯」，據阮元刻《十三經注疏》改。

〔三〕「茲殷多先哲王在天」，出《尚書·召誥》，原作「茲殷靈先哲王在天」，據阮元刻《十三經注疏》改。

正學鏐石

〔清〕尚祜卿　〔西班牙〕利安當撰　周岩點校

《正學鏐石》前言

《正學鏐石》，署「極西聖方濟各會士利安當著」，「同會南懷德、利安寧、郭納璧、卡述濟同訂」，「値會恩懋修准」，「濟南天衢天主堂梓」。時在康熙三十七年（一六九八）。有尚祜卿序。是書不分卷，四周雙邊，無魚尾無界欄，半葉九行二十字。藏梵蒂岡教廷圖書館。

《正學鏐石》，尚祜卿撰。尚氏《天儒印説》云：「不肖從事主教多年，緣作吏山左，宦拙被放，萍蹤淹濟。幸得侍坐於泰西利、汪兩先生神父之側。昕夕講究天學淵微，得聆肯綮，未敢漫云入室，亦或引掖昇堂，不同門外觀矣。嗣此益訂天儒同異，多所發明。不肖爰有《補儒文告》暨《正學鏐石》二書，將以就正同人，剞劂有待。」也就是説，在《天儒印》之前，尚氏已著意「天儒同異」，並著成《補儒文告》《正學鏐石》二書，衹是還没有刻印，時在康熙三年（一六六四）。

民國徐宗澤《明清間耶穌會士譯著提要》卷三《天儒印正》條附《天儒印正序》。《序》是尚祜卿之子「閔王弼」（或曰「閏王弼」）所寫，曰：「甲辰夏，家大人萍跡在濟，弼未定省，得著《天儒印正》而捧讀之。蓋略四子數語，而姑以天學解之，以是爲吾儒達天之符印也。（中略）先是家大人有《補儒文告》四卷，又有《正學鏐石》一卷，或名《天儒同異》，而闡發超性之緼，期以就正同人，乃謂教於西先生。西先生曰：三書乃天學中之高炬也，子姑未詰其異者，而先告同者。同之理出，而不同之旨出矣。大人曰諾，遂以《天儒印正》付弼授梓，而二書將續出焉，因載筆而跋之。」

這段話説的依然是：一，《正學鏐石》是尚祜卿撰寫的，又名《天儒同異》；二，至少在康熙三年（甲辰），《正學鏐石》還没有付印，付梓的是《天儒印正》。以此觀之，方豪先生在《中國天主教史人物傳·利安當尚祜卿傳》謂「《正學鏐石》康熙三十七年板非初刻本，初刻在康熙三年（一六六四）」的論斷，似有質疑之必要。

尚祜卿《正學鏐石》康熙三年已草成，康熙八年利安當已歿於廣州耶穌會院，康熙三十七年《正學鏐石》出版於濟南，書獨署「極西聖方濟各會士利安當著」。因此，有三先生《尚祜卿傳》有「祜卿獨歸美譽於故人，其雅度彌有足欽者」之美語。巴黎又有《正學鏐石》，題「泰西利安當命意，天民尚識已載言」。由此知《正學鏐石》，當出利安當之「命意」也。

本文獻之整理乃據臺灣吳相湘氏主編《天主教東傳文獻三編》之影印本。

二〇〇四年九月十五日北京騏方周岩謹識

正學鏐石敍

人不知有獨尊，故心無專向；心無專向，則是似莫辨，而從違不定也；將大根本、大主宰，反視之甚遠也。上古之世，性教猶存，未至大離，所以風俗淳朴，而天下和平也。由今觀之，猶是天下也，猶是斯民也，何其民鮮淳朴，世失和平乎？究厥流弊所由來，良以邪魔施妄，人心澆漓，役役營營於恩情名利之間；兼之異端肩隨結轍，沓雜中邦；淫詞邪説，馳塞兩大。人既好奇立異□□，爲之迎機乘隙，巧□煽惑。世以衍世，俾後之生者，於孩提時，凡所習見，非楊即墨，而昧於知天主矣。昧於知天主，則失所以事天主矣。本亂真失，而罔得歸厥宗焉，昏昏於長夜之途，不甚可悲哉？由是天生哲人，著説立教，使之遂生復性，以至善爲止歸。迨夫哲人其萎，世衰道微，異端復起，邪説又作，假真施僞，忻聳視聽，捕風捉影，張大其説；令人終日役役營營，茫無所得，以致斯人盡入魔網，不甚可悲哉？

然以常人論，固是泥於見聞之迷謬。獨可怪者，名爲聖人之徒，標於四民之首曰士，口誦聖典，身披儒服，動輒曰：我學聖人者，聖人之徒也。人亦目之曰聖人之徒也。既曰聖人之徒，必也身之所行者，事事求合於聖人；心之所存者，時時可對夫天主，方不愧爲聖人之徒也。往往見有學士之家，口所誦者典謨，心所向者二氏；身所披者儒服，日所行者流俗。每亦曰：道率於性，性命於天，僅口耳也。及於言天，則不知天矣。既不知天，道何由出乎？性何由明乎？性昏道亂，淪於膏肓，非金石其藥，必不能療其沉疴也。

至仁至慈天主，痛憫蹈溺，以在中土者，不能治中土也，不能教中土也。本大智大能之善，默啓西士。逮抵中邦，以救世之丕功，拯我愚氓。立身行道，足爲表率儀型。因人昧於本源，不厭反復，細詳辯論，務使晰本洞源。知天主爲性之本而性明；知天主爲道之源而道光。真言言金玉，字字藥石，爲正學真儒之歸宗也。使中土之人士，則而效之，專信而敬事之。然後至理可明，大道可通，聖人之徒可稱，庶幾躋斯民斯世於淳樸和平也。乃視及中士，言行不顧，動非法禮，所謂學聖敬天者何？尚不自愧，反目西士爲夷人，又援《孟子》之言以自矯曰：「吾聞用夏變夷者，未聞變於夷者也。」獨不曰：舜生於諸馮，東夷之人也；文王生於岐周，西夷之人也。歲之相隔，而時不同，地之相遠，而居不同。揆厥作聖，若合符節，洵哉上下千古，此心此理同也；東西朔南，此心此理同也。奈何中士其見之不大，而推之不廣乎。若以洞本晰源，昭事天主，戒慎恐懼者爲夷人，吾正惟恐其不夷也。

嗟嗟！人心即天心，豈無性善種子乎？特以汨没深而無由提醒，沉溺久而不知奮興。

誠於此一寓目而注心焉。真僞立辨，則必駭然驚，躍然喜，返歸於大中至正之道也何有。

時康熙歲在戊寅季夏月天民尚識已謹序

正學鏐石目次

正學鏐石

釋天主太極之辯

天學論天地未有之先，必有一大根原、大主宰，以爲萬物宗，欽而崇之曰天主。儒學論天地未有之先，亦有大根原、大主宰，以爲萬物宗，統而名之曰太極。

天學論天主者，天上真主，主天，主地，主神，主人，主萬物。一切天地神人萬物，不能離之以爲主，至尊無對，故曰惟一天主。儒學論太極者，亦云無極，至中、至正、至精、至粹、至妙，一切天地神人萬物，咸具此極之内，至盡無加，輒曰無極而太極。

天學論天主，神體無形，妙性超然萬類之外，惟一不二。是自有者，自立者，無始者，無終者，以無所倚之謂天主。儒學論太極，列在五運，初非肇始，太極之上，層遞數之，則有太易，有太初，有太始，有太素，後乃質形已具，而有太極。

天學論天主靈明自立，神用無方，大智全能，造生萬有，而常宰制之。故推爲天地萬物之真原。儒學論太極，祇是一理，祇是一氣，蠢冥無爲，自無心意，而能主張之。乃亦認爲天地萬物之真原。

天學論天主，含有三位，全能屬聖父，全知屬聖子，全善屬聖神。然位三體一，而惟一性一主，無有彼此先後之殊。譬有三角玉形，列之有三，渾之一玉體而已。儒學論太極，先有五運，何以置太易、太初等於不問，而獨標一太極以爲無極。彼前之四運從何起，從何往耶？況云太易屬氣相未分，太初屬元氣始明，太始屬氣形之端，太素屬形氣變而有質。至於太極，乃始，形質已具，則各有漸次，各有乘除，豈能無先後彼此之殊哉。

天學論天主無形無聲，而能施萬象有形有聲。謂天主之性，最爲全盛。蓋雖未嘗截然有萬物之性，而以其精德，包含衆物之性之理，其能無不備也。儒學論太極，不過形質已具，則是有受造之能，而無創造之能也。夫無形聲者，精也，上也；有形質者，粗也，下也。以精上何難施於粗下，而若以粗下之質，擅精上之能，豈得有此異量乎？

天學論天主，造生萬物，又復照護養育，一刻不照護，萬物即亂；一刻不養育，萬物即滅。所謂天主無所不在，無不全在。所謂誠者物之終始，不誠無物者是也。儒學既謂太極爲化之原，亦宜照護而養育之。然萬物不聞蒙照護者何功，不聞被養育者何澤，謂萬物同一太極乎？萬物各一太極乎？彼太極安在哉？以此衡萬物宗，屬天主乎？屬太極乎？

天學論天主居於靜天之上，備萬福以賞善，降萬殃以罰惡。仁慈可望，義怒可畏，永活永王，臨下有赫也。儒學論太極造於理氣之間，雖萬善亦無功而不知賞，萬惡亦無罪而不知罰。無福德之可仰，無嚴畏之可□，冥然漠然，等於虛無而已。夫冥然漠然，視永活永王者何如，以此衡萬物宗，屬太極乎？屬天主乎？

天學專尊天主爲宗，故令人信主，望主，愛主，無不奉向一主，而欽崇於萬有之上。諸凡虛無空寂之論，一切擯爲異説。儒學既云太極爲極，是執一真實道理以爲主宰，非空無者比矣，何不信極，望極，愛極，而又云天地從虛中來。虛者，天地之祖，則又出入於佛老之餘誕而罔忌也。豈非自鄙其太極，自悖其太極乎？夫萬物真原，胡容鄙？胡容悖？而苟可鄙之悖之，則非萬物之真原矣。天主之與太極，烏可同日語哉。

釋天主上帝之辯

天學曰天主，儒學曰上帝，名相似也。釋是也，天主爲天上之主，上帝謂上天之帝，義相似也。然天學單揭天主爲天地神人萬物之主，猶國之有帝王，理無二上，勢無兩大者也。儒學訓郊社之禮，以事上帝，謂不言后土者，省文也。是分郊事爲上帝，社事爲后土，上帝與后土齊耦，則有二上，有兩大矣，名義俱乖，豈天主惟一之謂乎？

天學稱天主者，別其稱天爲主者也。儒學每稱上帝即天，天即心理。夫形天者，帝所處也；心理者，天所畀也。三稱三義，焉容混而一之。然天地之主，或稱天者，如民稱君，借稱朝廷之謂，朝廷即君，猶天即帝廷，可相通也。乃又謂形體爲天，主宰爲帝，則是上帝以天地爲體矣。帝天渾列，厥失維均，夫豈靈明自立之天主哉。

天學稱天主無始自始，無所從生，而實爲自有。且爲萬有之元。儒學《易》曰：「帝出乎震。」則是天主上帝有所從生矣。夫震者，卦圖之一數，東方之一位耳。數位方圖，皆由帝出，而謂帝反出乎震耶？況帝也者，非天之謂，蒼天者抱八方，何能出於一乎？意《易》所稱帝，當別有解歟？又豈可加無元而爲萬有元之天主乎？

天學所稱天主者，無上專尊之稱。儒學所稱上帝者，百神渾同之號。專尊則天無二主，主無二稱；渾同則名無定屬，易地皆然。是以天子祭天地，則以天地爲上帝；諸侯祭山川，即以山川爲上帝；大夫祭五祀，亦即以五祀爲上帝；無祭不舉，便無不呼上帝，其名褻，其位輕，其權散，其統亂矣。天主者惟一焉爾，安以無窮之上帝充之乎？推知上帝天主，當有別矣。

天學言天主，儒學言上帝，既相比倫，然與道家所塑玄帝玉皇之像不同。彼不過俱人類耳，人惡得爲天帝皇耶？設人得爲天帝皇，彼將干天主之權，則必得罪於天主矣。吾欽崇天主者，斷然攻詆而痛絶之矣。彼或冒上帝之位，亦必得罪於上帝矣。吾昭事帝者，又安能澹然而容之哉。然而天學之所禁斥，間爲儒家之所安聽，將無《詩》《書》羅列之上帝，未足與天主相方也耶？推知天主與上帝之稱，尤當考其實矣。

天學言天主，儒學言上帝，既相比倫，則天學謂天地人物自天主出，儒學亦謂天地人物自上帝出，斯合矣。乃性理諸家，率云開物之後，有天地，有人物，如此太極爲之也。並上帝一似太極之所生者，因問上帝太極，孰爲先後。如云上帝在先，則上帝爲萬物宗矣，是上帝與天主，特異以名也。倘云太極在先，而上帝處後，則不可以爲萬物之宗，恐如是之上帝，詎可擬於大原大本之天主哉？推知天主上帝之分，又不僅以名焉矣。

天學論世界窮終，天主審判之期，天下凡有形之物，無不燼燬，惟諸神者，諸人類復活者，及天地與四大行，存而不滅。諸凡舊造天地人類如重新者然，莫不昇天得福，備享天主萬有之永榮。此則世界雖終，而上帝永活永王，固無終矣。儒學性理，又謂開物之後，人銷物盡，天地又合爲沌混者，亦太極爲之也。若然則天地萬有俱滅，而歸於其原宗，太極並上帝，亦游於無何有之鄉矣。所謂「審判生死，從彼而來者」誰乎？且究其説，謂太極常常如此。不可以未判已判言，則是理氣復萌，將必復創天地、復造萬匯，而上帝又復立矣。恐如是之上帝，烏可爲福德隆盛，悠久常新，無限無量之天主乎？故勿狥其名，而求覈其實。則天學所稱之天主，與儒所稱之上帝，蓋判然不可淆矣。

釋天主形天之辯

天學論天主者，謂天地神人萬物之總主也。而獨稱天主者，謂天者一大之義，舉大以該小也。釋此可推天非蒼蒼上覆之謂，正以上有真主，人心對之，自然加肅，不敢戲渝。此之臣民望九重而叩，叩九重内有神明，非徒叩也。儒學每言尊天事天，蓋即以天爲尊爲大，故但知事有形色之天，不復知有無形聲之主，則所謂尊而事之者，特穹窿高廣之形焉而已。何啻臣民覩宫闕而施禮，遽謂吾拜吾君也乎哉。知夫敬天地，多是叩宫闕之類也。

天學論天主，神體無形，最尊惟一。凡人舉首所見者，此有形之天，人目之所可見者也。而目兹有形之表，推見至隱，遂知有天主主宰其間。此無形之先天，人目之所不能見者也。儒學未察其所不能見者，而第就目之所能見，認爲至尊至神，故其解天曰：以形體謂之天，以主宰謂之帝，以至妙謂之神，以功用謂之鬼神，以性情謂之乾，其實一而已。所自而名之者異也。又云天，專言之則道也。嗚呼！天也，帝也，神也，鬼神也，乾也，道也，各名各實，惡能此紛紜哉。朱解天，謂形體爲天，性情爲乾，得於化成宰制者有然矣。若夫主宰神妙之稱，此則天主矣。何以天爲哉？蓋天帝定於一尊，蒼蒼有形之天，有九重之分析，烏得爲一尊也。天帝索之無形，又奚以形之謂乎？天之形圓也，而以九重斷焉。彼或東或西，無頭無腹，無手無足，更爲有至妙之神，與其神同爲一活體耶？況形天特覆物之一大器皿耳。以其不能自爲功用。天主命以天神旋轉，造化以彰其跡。是則功用屬之鬼神，不屬天地，又安得言其功用，而混列於鬼神之類也哉。至於以天言道，與儒學亦舛。儒云有物之大，莫如天地。天地安從生道，生天地。而太極者，道之全體也。既謂道生天地，而又云天即道耶，物與道無分耶。既謂道之全體在太極，而又云專言天則道耶，天與太極無分耶。夫循其名者責其實，核其實者定其名。諸論錯陳，無有捉把，大都不知主宰謂帝，無由知各類之性理。故即一形天而莫得其據矣。以目所可見者如此，矧目之所不可見者，可得而思議之乎？

天學論天主至尊，雖高高在上，世目所不得見，然非遠而不相涉也。每見人罹疾難，仰首號呼，以望救援。夫何爲者，人心之靈，誠覺虛空內，定有一至尊臨焉。可以籲告而祈求之，此情不覺畢露耳。儒學亦言人有疾痛，呼父母；有患難，則呼天。呼父母者，實知有父母在也；則呼天者，寧向形色之天聊一慰遣之耶。亦必知無形先天，有吾大父母焉。孰指此形天以爲祈嚮乎？推知天主之與形天大别矣。人窮返本，臨難則激發，而居平則懵昧，奈之何哉。

天學論此形氣之天，必然有一全能者，造成形天之原主在也。惟此一主爲造者，天爲受造者，故此主無時不有。無知能德福不備，而天得依之以常存不滅焉。儒學不求此物之原主，而誤認此物即爲原主，所以動輒言天足矣。《詩》、《書》所載，往往而是，不知天雖光明，亦有昧蝕，雖至廣大，亦有窮盡。諸重天之上，更無天也；九重天以下，亦無天也。其體有限，其用有量，烏能與天主較德福乎？盡心之學，究於知天，苟捨此大本大原之主，誤以受造者認爲造物者，而實謂之天主，不惟不知主，並不知天矣，故不可以不辯也。

釋太極理氣之辯

天學論凡物受生，必有四所以然：曰質，曰模，曰造，曰爲。無論生成造成之物，必賴四者以成，缺一不能，但造者爲者立物之外，質模即爲物體，而與物俱者也。如工匠造器，須以他物造之。迨質模已定，各成器皿，其工匠即在物體外，必不分其體以爲物也。儒者論太極，五運形質已具，既云物質，僅可稱質者模者，而不可稱造者爲者明矣。且論萬物一太極，萬物各一太極，則又分其體於萬物之中。是即爲物體，而與物俱焉，豈能立於物外。而與造之者同其作用乎？造爲均在物外而人有分，造屬物主，爲屬物用，造者居物之先，開物之始，而立物之外，爲則處物之後，渾物之中，而主於物之外者也。

天學論天地未開闢時，從地至天，純一希微之水，地居其中，水環其外，空中密霧濛濛，地面未露，天體未呈，所謂混沌洪荒是也。此即萬物之質也。惟時以希微之水，在地上者，化成氣；氣之上化成火；併地水其成四行。火氣水土爲四大元行，合天爲五大有。於是萬物之體質成焉。惟此爲形物之體質，故一受形物之體模，即形物之全體，無不成焉，此形質之所由來也。據儒論上運所云太易，氣象未分非其混沌候乎？所云太初元氣始萌，非希微成氣，而有其萌乎？所云太始氣形之端，非氣化成火，而有其形乎？所云太素形氣變而有質，非其成四元形，而爲形物之體質乎？則所云太極形質已具，又非即四行，因緣和合，萬形萬象，資之以爲體質者乎？由是推之，太極當與四行同受承天主之造無疑矣。特天主造於萬相之先，先此者無一物，後此而始分萬形萬相也。故儒云物物各具一太極。識此故而明於此論，則形質已具，較之氣象未分，相去遠矣。儒者何得云開物之前，混沌未始，渾元之如此者，太極爲之也。夫太極在後，四運在先，四運不可爲渾元，而形質在太極之後，反可爲渾元耶？豈太極渾元時，太極而無極，太極形質時，無極而太極耶？如太極亦渾元，亦形質；亦形質，亦渾元，則專言太極可矣。何必以太易等錯雜其間乎？豈太易等爲偏運，而太極乃正運耶？迺帝皇之統者，刪羲農而首堯舜，可耶？否耶？夫形質之與混沌，不能不判太極之與太易等，不容不判，又何得云以未判已判言太極者，爲不知道之言乎？儒者過爲揄揚太極，而不知失其據矣。

天學論天地萬物，不能自然而有，必有造之之主，無容更置啄矣。然造物主，必先有其物，當然之象在明覺中，因照内心之象，然後能成其物也。如工匠造器，必先有器之象，了於胸中，然後能信手造出。如無此象，便幪然不能措手矣。儒論太極，則云天之所以萬古常運，地之所以萬古常存，人物之所以萬古生生不息，非各自恁爾，俱是理主宰其中，便自然如此。蓋總天地萬物之理，至此湊合，更無去處，及散爲天地萬物，又皆併力無虧，恁地渾淪極至，故以太極名之。夫太極何物，即云是理，冥然頑然，無意無爲，聽其使然而然，又不得不然。無有靈悟，無有通達，彼未能明了天地萬物之象。何能造天地造萬物哉？况云天地萬物之理，湊合至此，而無答他生，則仍是天地萬物自然而有。初非有一理先立一處，而自能造萬物也，於太極何有哉？然則儒所謂太極造化之樞紐，品滙之根底者，當由天主所造，而建之以爲樞紐，立之以爲根底。大都如元行元質之説耳。豈謂太極能自爲樞紐根底也哉？推知造物之功，與理無與，自屬造者之靈悟，能明理而有其功矣。

天學論物之宗品有二：有自立者，有依賴者。自立有二種：有有形而屬四行者，如金石人物之類；有無形而不屬四行者，如天神人魂之類。依賴亦有二種：有有形而賴有形者，如冷熱、燥濕、剛柔、方圓、五色、五音、五味之類；有無形而賴無形者，如五德、七情之類是也。此斯二品，雖相配而行，然自立者，先也，貴也；依賴者後也，賤也。依賴之情不能自立，苟無自主者以爲之託，則依賴者了無以據。儒云太極不過一理，《詩》謂有物有則，則即理也。蓋有此物，則有此物之理；無此物之實，即無此理之實，是則理在物後，猶物之依賴者焉。自不能立，何立他物哉。如云：物先必有理存，試問初無一物之先，理在何處？依附何物者乎？倘曰：賴虛空耳。恐虛空未足賴者，理將不免於偃墮也。推知太極者，理者，與物原相爲有無，無理物不成，無物理亦無著矣。豈能如在物離物，皆超然獨存獨立者哉。無名公傳曰：借爾面貌，假爾形骸，閒往閒來。夫云借、云假，太極之非真可知。且處於間分，自無色相自不能生色生相，而色相之來，受之不能卻也。由是觀之，太極之理之效，蓋可覩矣。

天學論天主，初闢混沌，鼓元風而生二氣。元風即元氣，二氣即陰陽。維時暗空易而天地開，日月運而晝夜作。此元氣之鼓發，固造物者之全能矣。乃儒者云：天地之先，惟有一氣，自不能消滅。清者分而爲天，濁者分而爲地，此天地之根也。是以氣爲自然而生者也。儒者又云：有太極而陰陽分，有陰陽而五行具。又云：動而生陽，靜而生陰。分陰分陽，兩儀立焉。此太極之本然也。是又以氣爲生於太極者也。比而論之，二説均非也。凡有自然而生之物，必先有定其自然之性，以爲其所以然者。如火自然而熱，水自然而濕，必先有定熱濕之性者，而後水火能有此性耳。非水火能自任己意，而以爲熱濕也。水火如此則氣列行之一，諒與水火同功，苟無造之者，即氣亦無所從來。安得有自然之異能，而以其清濁分天分地也哉。故氣者，不過造物之材料，但可爲質者模者，而不可爲造物者也。又凡物之性，其本體所未有者，必不能傳之於他物。蓋物必實有，方謂有物，如日施照，火施熱，如有財施惠，以其至足於己，故能施之於物。以爲有也，設其本原，無實無有，則是並其出物者無之也。世人雖有神明，胡能以絶無有於己者。得施於有性形，以爲萬物有，爲萬物實哉。若夫太極圖解，不過取奇耦之象立言，而其象何在。象既虛象，必無動靜可求，安得一動一靜之際，即有二氣之舒斂，輒能生陰陽五行，而又憑其氣之所發，輒能造天地萬物也哉？以其絕無所有於己者，而得施於物，以爲之有，太極亦過神奇矣。蓋太極本爲質體之類，質體者，本無一之形相，能受萬形萬相，如甘受和，白受色之類，皆是爲諸形象體之質也。而必借理氣之精粗，陰陽之變化，以爲形象，所謂無意無爲，色相之來，受之不能卻，聽其使然而然，又不得不然也。何先儒皆以太極二字，爲萬類之原乎？

天學論造物真元之主，精粹微妙，無聲無色，不落方所。寓物非物，制物非物，是其本體至神之神也。故無不體物，而彼此各異，實不同體。若儒言太極，既屬質體，則所受依賴亦質，分爲天地，散爲萬物，充滿於有形有義者而爲之骨子，即螻蟻、萬稗等物，各得充足，不欠不餘，故曰可貴可賤，可約可散，道之類也。則是天地萬物，總一道體可成，無有殊異。體寄於物，不能離物而獨立。故又曰：萬物一體。夫太極與物同體，是太極亦一物焉已矣。《易》言太極是物。蓋物字爲萬實總名，物之類多，而均可稱之爲物，或自主者，或依賴者，或有形者，或無形者，莫不皆然。太極即爲理氣，雖非有形之物類，亦是無形之物品，豈得不爲物乎？太極既然是物，即不得爲造物者，則其非萬類之原，益了了矣。

天學論如上太極理氣，其說略著。而儒論紛紜，不相同一，未能縷錯，再摘一二三端言之。儒云太極者，道之全體。又云道生一，一爲太極。夫道之全體，即全在太極，則言太極，可不言道矣。曷云道生一，豈非以太極生於道乎？即既道生太極，則道先，而太極後。何云太極道之全體。豈生一時，道體猶偏，至太極生道體乃全。即若云道即太極，太極即是道，則太極生一，一爲太極，當無此語法耳。況云生太極，必有生之者矣。則太極非元，宜別求其生之之元矣。

儒云語道體之至極，則謂之太極；語太極之流行，則謂之道。夫道者，理者，虛字耳。太極則指道體而稱言之也。太極軼實矣，萬物之理，實可包虛；虛難概實，故言太極則該道矣。言道未足以該太極也。今以流行者謂道，至極者謂太極，則當其謂道，不可謂太極矣；當其謂太極，不可謂道矣。豈非道自道，而太極自太極乎？乃又云：强有二名，初無兩體；既無兩體，烏知流行之非至極，烏知至極之非流行，而孰定其謂太極謂道乎？況名由體立。言道則云，强名曰道。言太極又云：强名曰太極，太極與道，均屬强名，而其體安在。則太極也，道也，其屬依賴，而非自立者，不既彰彰耶？

儒云太極者，本然之妙也；動静者，所乘之機也。故云動而生陽，静而生陰，則是太極能爲動静，能生陰陽矣。儒者或云：太極非能動静之物，隨陰陽而爲動静耳。比之蟻附磨上，因磨動静，以見蟻之動静。是又以太極，本無動静，不過依附於陰陽而已。儒又云：太極乘氣，氣動則太極亦動，氣静則太極亦静。譬猶弩絃乘機，機動則絃發；機不動則不發，是又以太極，不自爲動静，而唯憑氣之所發動焉而已。由是論之，則太極之本然特一無化生，無運轉之物焉爾。天學儷之於質體之類，謂其借理氣之精粗，陰陽之變化，以爲形象，蓋不誣矣。

儒云：太極之有動静，是天命之流行也。一動一静，互爲其根命之所以流行而不已也。夫天命何解，非言上帝之命令乎？其真元主宰不在兹乎？既曰天命，故太極本無動静，而有其動静。夫固有命之者矣，惟命令自天，萬化流行，於穆不已。所以一動一静，互爲其根，命之使然而有不得不然者也。豈太極之自能爲根底哉。噫！儒者動言太極，而不悟天命之旨，迷謬真元，雖終日言理言氣，如水掬月，如啞述夢，則亦何由以聞大道乎？

儒云太極，天地萬物自然之理，亘古亘今，顛撲不破，此誠服太極之辭也。儒者又云：論格局，則太極不如先天之大。而詳論義理，則先天不如太極之精而約。又云合下規模，不同太極，終在先天範圍之内。又不若彼之自然，不假思慮安排也。據前論，是亘古今，惟一太極之理，爲萬化宗元，無可再置一解，踰於太極之外者矣。據後論，有太極，有先天，兩者相較，先天爲先，則太極爲後矣。而後豈先者之原乎？且物理之極者，能爲範圍而不受範圍。若仍存先天範圍之內，則太極可範可圍，僅爲質者模者，而非造者爲者明矣。先天處尊，太極處卑，而卑豈有加於尊者乎？即太極與先天較，已居不勝之數。況先天之先，未有始之始，無元之元尊矣。吾眎太極之說，特論其義理如此。初非有實理可依，先儒惟蔡西山有云：「看一部《易》，皆是假借虛設之詞。」嗚呼！苟其爲假借虛設也，則太極之爲太極，即可得而斷矣。右上數則，衹就太極理氣之辭，附摘一二如此。尚有他端可參，後於各類再拈及之。

釋天地生物之辯

天學論天地，不能自生自有，必有造之者，即化生天地萬物之主也。蓋有此造物之主，命其生焉，而後乃有生也。前論已明，乃儒學云：天何依，依乎地；地何附，附乎天。天地何所依附？曰自相依附。若以天地爲自生自有者，然不知凡物之生，必自無而得有。當無有，絕難自有，理易知也。則當天地未有之時，且無天地，何地可依，何天可附？而輒得自相依附乎？既無依附可言，則天地非能自生也明矣。又云天依形，地附氣，此又因天積氣，地積形之說，而以形氣之有依附，見天地之有依附也。不知天固積氣也，然輕清者爲氣，重濁者獨非氣乎？地固積形也，然下墜者爲形，上浮者獨非形乎？則是天地未可以形氣判言也。形氣未判，何由測其依附乎？况天地若能自生自有，則有氣，必有盛衰聚散；有形則必有堅朽存殁，天地必是一活物也。吾視天地萬古大小如一，堅固光明如一，可知天地固非活者，不活安能自生。釋此可推形氣之天地，不可以言無始。必有一無始焉者，出乎天地之先，能造成天地萬物矣。乃儒者又云：能造萬物者，天地也；能造天地者，太極也。夫太極無非理氣，其不能生天生地，悉如前論，無容贅陳。但天地既屬受造，必無自生之能，則亦無生物之能，又安得以受造者，而謂其能轉造萬物也哉。

天學論天地不能生物，而凡物之生，必須各物之本類，自相傳生。且物生物，又不能超出己類，而别生他類矣，固有限之者也。儒謂天地之大德曰生，恒云天大生地，地廣生天，天既大生，何不再生一天。地既廣生，何不再生一地。天地不能復生天地，則知天地不能以本類自傳也明矣。既不能傳生本類，而謂能生他類乎？則古今同此天地，何以據目前所見天地，未曾有生人物，而必各出於其種類乎？乃儒者又謂：陰陽紛擾，生人物之萬殊。如麵磨相似，四邊衹出，天地之氣轉，亦衹管生出人物，是豈非以人物不成於種類，而成於天地耶？不知物不離類而生，如土然，但有體質，而無生活，故所生者亦止塊然堅凝之質，如金石類焉耳。草木僅有生長，而無知覺，豈能生有知覺之類如禽獸者乎？禽獸僅有知覺，而無靈明，豈能生有靈明之類，如人者乎？今天地本無生長靈覺，又奚自而肇有生長靈覺之物也哉？先儒比天地於磨盤，下盤不動如地，上盤旋轉如天，此理不易。然天之旋轉，必借外有力者以運動之。固非天地之本性，能自爲運動也。天地且無運動，則其無有化生愈明矣。

天學論天合四元行爲五大有：論陰陽二氣，與水火土等，分四行之一，則天但爲助生，不直謂生；陰陽但謂資生之料，非謂能生，理甚明也。乃儒者云：天地則無勾當，祇是以生物爲心。又云：萬物生長，是天地無心時；枯槁不生，是天地有心時。夫天地既無生活靈明，何心可言，而謂以生物爲心乎？且既以生物爲心，則心必常在，又安得有有心之時，有無心之時乎？儒者又云：天地之化，陰陽而已。一動一靜，一晦一朔，一往一來，一寒一暑，皆陰陽之所爲，而非有爲之者也。又云天地如洪鑪，凡物之散，其氣遂盡，無復本原之理，造化又焉用既散之氣哉。夫天地之化，既皆陰陽所爲，則是四行之功，止憑一氣，而何須水火土之結合乎？既皆陰陽所爲，而非別有爲之者，則是物之四所以然。凡其質者，模者，一聽陰陽之結携，更無需於作者爲者矣。況陰陽變化，其氣循環不已，何爲而有氣盡之時。倘謂大鈞播物，一去便休，絶無散而復聚之氣。彼物日日生，時時生；將氣必日日散，時時散。所散之氣，與物俱去，既散之氣，又不復聚，則陰陽之化，日施日給者，孰停毓是乎？抑《穀梁》有言：獨陰不生，獨陽不生，獨天不生，三合然後生。夫獨陰獨陽不生，則知陰陽爲資生才料，必與四行相配而有成也，明矣。又獨天不生，則化育流行天下，地亦有助生之功用，而非即謂天地之生物也，又明矣。且云三合然後生，此非天有求於陰陽而陰陽應之，亦非陰陽各相求而各或應之，其合也固有造之而使合者矣。是不爲生物之本哉。

釋人物造生之辯

天學論天主開闢天地，始生二人，一男一女，男名亞當，女名厄娃。此人類之元祖也。以此男女二人，配爲夫婦，令其媾合孳生，此人類之由傳也。當夫人類未生，天主先造無數萬物，備人需用，此物匯之肇始也。爲人造物，物賤而蠢，人貴而靈，此又人物之殊宗也。此造物主之全能，莫可得而量焉。儒論云：太極，二五妙合，而人物生。解云：天下無性外之物，性無不在。此無極二五所以渾融無間，妙合而凝，氣聚而成形也。性爲之主，陰陽五行，爲之經緯錯綜，又各以類凝聚而成形焉。是則言人物之所由生，莫不本於二五之凝合。而人物之所由分，又得二物之妙有，以參伍變化於其間也。不知陰陽二氣，不能創生，悉如前論。而五行所司，要亦四元之屬，如質模者是。有何能作爲，而生有人物也哉。且云性爲之主，當思天命謂性，天下無性外之物，則天下必無天命外之性也。設曰天命，而謂二氣五行，亦自有性。彼二五之性，奚來奚秉，而謂性無不在，將焉據乎？倘云此性既屬人物之性，得於天命者然也。則知人物之有生，固有造生人物之主在矣。

天學論天主造人類，造靈無質，獨由全能以無爲有，乃人上分。其造肉身，以土爲質，與造獸同，是其下分。示人宜賤形而貴神也。顧以土爲質，其造初男爲然。至造初女，則又以初男熟寐，取一脅骨，化成女身，相示締結信愛，此即夫婦所由造端，而男女所由各正也。若夫造生物類，天主賦之知覺，令各能生養，各傳其類，各適其用，如是焉而已。儒論云：人物之生，莫不有太極之道焉。又云：天地之間，有理有氣，理也者，形而上之道也，生物之本也；氣也者，形而下之器也，生物之具也。是以人物之生，必禀此理，然後有性；必禀此氣，然後有形，釋此而推人物從生，莫不有太極在其中。非謂太極自立，莫不有人物生其中也。則太極之不能生人生物，亦既斷矣。况太極不外理氣，則是理者，治物之規則，附物而顯者也。主所賦氣者，成物之材料，即物而呈者也。主所治理氣，必相依而後行。故理形而上，屬於道，是天主立之以爲生物之質也。氣形而下，屬於器，是天主施之以爲生物之具也。理既爲形上之道，必不能復形而下道，非器則淪於無。又安得單言理，以爲有生人物之能乎？氣既爲形下之器，必不能復形而上。器非道，則滯於有，又安得單言氣，以爲有生人物之能乎？即云理氣合則一，是以人物之生，必稟此理，然後有性，是其所上達也；必稟此氣，然後有形，是其所下達也。若然則理氣太極，不過有是形上形下之原質也。竊問無形之純神者，其不能從形之宗而成，如火非能於泉之出，從何宗來乎？儒論又云：乾男坤女，以氣化者言也，萬物化生，以形化者言也。解云：陽而健者成男，則父之道也；陰而順者成女，則母之道也。是人物之始，以氣化而生者也。氣聚成形，則形交氣感，遂以形化，而人物之生生，變化無窮矣。由此言之，是爲人物之始生，生於氣化，而男女異位，由於陽健陰順，感於氣化之異也。不思混沌之初，氣象未分，何陰何陽，何健何順，孰道宣之，孰發育之，而能自有其化乎？即謂動而生陽，靜而生陰，二氣萌矣。然獨陽不生，所云陽健成男，將無藉於陰乎？獨陰不生，所云陰順成女，將無資於陽乎？抑陰陽相媾，二氣絪緼，別有默象乎其間者，而不必於陰陽之健順也。且人物之生生不已，因於形交氣感，遂以形化，有固然者。當夫人物初生，形無所交，氣無所感，何所結聚，而竟有此氣化之奇乎？豈前此之氣，無待於形而自能化生萬物。後此之氣苟非形感，則亦無感，而無由以措其化乎？况夫氣也者，形而下也者。若專以氣化言，則形而上之理，何以置之於不問哉。倘理氣不偕行，則氣化之後，人既稟此氣而有形，何由稟此理而有性乎？於此宜知初人之身，當始造時，時即成人。天主賦之靈心，以全其性，包含萬物之美，故人爲形物之最貴最靈，非若物族，知覺之倫。天主賦以本性，第能生養傳類，適用而已也。然則人物所由造生，不在理氣，而在天主造物之全能，唯其所化生矣。

天學論人所從生惟造物主，其別於物，與別男女，一惟主命，無或違者，理固然也。儒論云：陰陽五行，氣質交運，而人之所稟，獨得其秀，故其心爲最靈，而有以不失其性之全。所謂天地之心，人之極也。又云：形生於陰，神發於陽，五常之性，感物而動。陽善陰惡，又以類分，而五性之殊，散爲萬事。故其在人者，如自非聖人，全體太極，有以定之，則欲動情勝，利害相攻。又極不立，而違禽獸不遠矣。由是言之，是謂人物之生，一切本於二氣五形，雜糅於其間。第物得其蠢，人得其秀；物得其頑，人得其靈；物得其偏，人得其全也。果爾人既得秀得靈得全，則其去獸禽已遠。當復人人全體太極，何以欲動情勝，利害相攻，分聖賢善惡於其中乎，不知物之萬品，各有一定之類，有屬靈者，有屬愚者。如有形者爲一類，則無形者異類也；生者爲一類，則不生者異類也。能論理者，惟人類本分，故天下萬類無與能論也；則天下萬類，無有與人類齊者，此別人於物之大致也。若夫人之一類，靈之臣微正僻其類甚多，智者獲靈之多，愚者獲靈之少；賢者得靈之全，不肖者得靈之偏，並爲人類也，豈謂異類者哉。惟人之中，能自立主張，而用其本有之靈，志見於事爲之際者。或有邪正、得失、精粗、好醜之不一，此聖賢異趨，而善惡之所由各歸也。借謂陽善陰惡，咸以類分，則是善惡之一定，感於氣化之必然，豈其然乎？儒者之論善惡，男女之分也。夫乾道成男，坤道成女，謂陰陽謂男女之分可也。而因其陽善陰惡，遂謂善惡爲男女之分可乎哉？苟如所言，類而充之，形生於陰，是生於惡也；神發於陽，是發於善也，善惡又形神之分也。且動而生陽，是生善也；靜而生陰，是生惡也，善惡又動靜之分也。以斯推論，無理可據。況二氣五行，屬在氣質，原無德慝，安有善惡。矧太極之理，既爲至中正，至精粹，至神妙之理。當必純善無虧，至善無加，何容有善氣惡氣之殊乎？又況云男女各一其性，男女同一太極也。同一太極，而男則得太極之善，女則得太極之惡，何利於男？何害於女？竟有如是分別取捨之太極哉。設果男善女惡，宜無不男男皆善，而顛悖蹶行者伊誰？又無不女女皆惡，而童貞潔修者伊誰？男女果可以善惡分也，毋怪佛氏毒唾，謂女子不克昇天，必轉世化作男身，方有昇天之望。吁佛哉！未必非此語爲之厲階也已。儒論又云：聖人太極之全體，一動一靜，無適非中正仁義之極，蓋不假修爲而自然者也。自非然者，修之吉則君子；悖之凶小人也。夫儒既謂萬物各一其性，萬物一太極，豈非太極在外之内，爲其本分乎？既在内分，而爲一身之主，則人俱得全體太極以作善之本根，天下宜無一人非德純無渣者。而猶蔽於情欲，受侵於利害，則聖人所遇之太極何隆，而凡流所遭之太極何衰耶？況從古無坐致之聖人，天學中凡登聖品者，靡不由精修苦修而成。今云不假修爲，或是太極能爲神奇，先揀擇一二聖，私錫以中正仁義之美，俾立爲人極。其餘聽其修則吉，而悖則凶耶？否則聖人不概見，將無全體太極者之無人耶？抑彼制情克欲，不以利害役其心者，將不得爲聖人耶？借謂修之則吉，悖之則凶。夫果修吉而悖凶也，則其責在自立主張，於太極何與哉。雖然，修吉悖凶之説自不可泯，但宜認造生人物之主，而知所祈嚮。吾果知此而修之，斯以爲吉矣。吾果不知此而悖之，斯以爲凶矣。若云修悖以求合於太極也，彼太極何物，豈能有吉凶之應哉？

釋鬼神祭祀之辯

天學論天主既造天國，隨造九品天神，令其服役，天主其體純神無質，非若人靈之須肉身。故於受造爲最貴，處以天上，固其所也。但始造之日，其間有一巨神，名路祭弗爾。自負靈明，謂與天主齊等。天主貶之，並其從傲數萬神，黜爲魔鬼，置之地獄。自是天地間，始有魔鬼，有地獄矣。正直而善者爲神，凶邪而惡者爲鬼，此神者實有之論，而邪正善惡之所由分也。儒者乃論鬼神不一！或云鬼神者，造化之跡。或謂鬼神便是造化也。或云鬼神者，二氣之□能，神者氣之伸，陽之動也；鬼者氣之屈，陰之靜也。此但論氣有屈伸之異，而不知有鬼神之實；或云陰陽交而有神，形氣離而有鬼。又云致生之故，其鬼神致死之故，其鬼不神。此即氣之離合，分言鬼神。而又似實言鬼，虛言神也。或又問鬼神有無？答云爲爾言無，則聖人有是言；爲爾言有，爾得不於吾言求之乎？此謂說有則非，說無亦非，而爲此恍惚之辭也。更又云信之則有，不信則無。而吾心之信否，定鬼神之有無者。諸論紛紜，總無有得鬼神之情狀，而一襄其名義者。殆與天學所指之鬼神，均無當焉，焉得不厲明之。

天學論乾坤之内，雖有鬼神多品，獨有一天主，始製作天地人物，而時主宰安存之。故凡造造化化，悉屬天主全能，鬼神何力焉。況鬼神亦屬受造者，受造而豈能爲造。特是鬼神供命天主，使之運動諸天，以司其旋運造化之事，斯則鬼神職也。天主至高至尊，既無形聲，豈有跡可入而達乎？然而人不覩天主之玄妙，未始不窺諸天之運動，輒以鬼神爲造化之跡，不知鬼神亦是彰顯其踪，而非自創一跡也。野曠之中，吾雖未見人；見人之蹟，知必有人過此也。於穆之表，吾雖未見天主，見造化之跡，知必有造物主也。則造化之跡，正所以彰顯天主之跡，而豈鬼神即爲造化之主哉。釋此而儒言鬼神，便是造化者，當有辯焉。

天學論氣者，四元行之一，與水火土等，相輔而成。即如人以水火土三行而成形，靈魂在人內分，爲一身之主，而以呼吸出入其氣者也。氣自氣，神自神，文殊而理亦别。況天主始造天地，即造成無數天神，而於次日成元行。則造神在先，造氣在後。氣之不可爲神，判然矣。若以氣爲鬼神，彼陰陽二氣爲物之體，而無所不在。將天地之間，無一物非陰陽，即無一物非鬼神乎？微論鬼神不可爲物，並神亦自神，而非鬼也；鬼亦自鬼，而非神也。如以氣伸爲神，氣屈爲鬼；陽動爲神，陰靜爲鬼。則猶是氣也，當其伸時，鬼亦現而爲神；當其屈時，神亦伏而爲鬼乎？猶是陰陽動靜也，當其陽進陰退，是有神無鬼乎？當其陰盛陽衰，是有鬼無神乎？又當其動極而靜，靜極而動，是神未去，而鬼已伺；抑鬼將謝而神來代乎？不知陰陽無端，鬼神異位，安得混於二氣之中，而亂其等類。又况即以氣爲鬼神，而並紊其名實哉。釋此而儒言鬼神二氣之良能，抑亦知所察矣。

天學論鬼神之分，謂向主而有功者，天主定爲正神，並以超恩，即天神者是。其悖主而有罪者，天主定爲邪神，不惟超恩不及，而苦罰隨之，即魔鬼者是。然而天神乃絶神之品，其神靈精於人靈。蓋緣人靈在須肉身，用須肉體，動爲肉體所礙，不得徑遂，而神體者即自在本靈，即自用本靈，無碍無須，此神靈所以大勝人靈也。夫天主造人，造形有質，造靈無質，况純靈者哉。則儒云陰陽交而有神者舛矣。不但天神純神，非陰陽可屬，即諸邪神，罰下地獄，而體超五官，不受死滅，雖其凶惡之性，毅然而爲鬼雄，與天神迥別，顧其純神之體，又與夫神同造，未或異也。然則魔體不異神體，則彼固不即於形，而靈形自在，不雜於氣，而靈氣常存，烏得有形氣離之時乎？設謂真形氣果離也，並無鬼可言矣。儒者云：形氣離而有鬼者舛矣。至於生死之故，又未可以律神鬼也。蓋以神鬼之體，爲純神體，義不受滅，非若人類之形體，有生有死者比也。是以天神恩受永福，永在天堂；魔鬼罰受永苦，永在地獄，何繇而致生致死乎？抑儒有言：謂天之神曰神，地之神曰祇，人之神曰鬼。所謂生死，或亦就人神之鬼言歟？不知人既死，不可以鬼稱也。蓋鬼神有邪正，人靈有善惡者。

善者曰善靈，則陟於天，而與正神爲伍，同諸神而非神也。惡者曰惡靈，則墜於地，而與邪魔爲儔，同諸鬼而非鬼也。故辯其名義，何獨神自神，鬼自鬼，即人亦自人，而不可以類混也。況人體雖隔神體，而人靈不謬神靈，其受永福永苦，不受毀滅，義亦猶是。尚有生死之跡可求乎？說者謂死而致生，生而致死，氣之聚散爲之也，止可言聚散，不可言生死。言聚散，聚是其氣之合而進，散特其氣之退而伏也。若言生死，生則有氣，死則便無氣矣。知聚散之非生死，又何分於其鬼神，其鬼不神乎？矧鬼神異名異義，苟以神不神定鬼，則是鬼爲實義，而神爲虛文矣，又何言之舛也哉。

天學論天神九品，其初造生之數，多於從古迄今之人數。是以有侍立主前而奉主令之役遣者，有運動諸天而司日月星辰之行者，有經理山川而掌國都郡邑之事者，有護守帝王仕宦以分隸人群及物族之類者。其間異名異職，不可勝紀，則其不等著矣。然皆徵鬼神之實有，而萬無可疑者也。儒者未明於萬物之真宗，因以不識夫純神之首造。故人疑鬼神自無，因就學士問以釋疑，而我或有疑不決，安能答之以有無哉。然而孔子嘗言之矣。曰：「鬼神之爲德，其盛矣乎？」言德盛則其性情可求矣，鬼神寧虛無者耶？曰：「體物而不可遺。」言體物則其職守可列矣，鬼神寧遠者耶？曰：「誠之不可揜如此夫。」言誠不可揜，則其真實而無妄，彰明而不惑，又可按矣。鬼神寧空幻無據者耶？雖曰視弗見，聽弗聞，以屬純神體，故純神無形，肉目不見，而神目見之，故視之而弗見也；純神無聲，肉耳不聞，而神耳聞之，故聽之而弗聞也。然曰視之聽之，苟非實有是鬼神，惡乎視，惡乎聽哉。況乎無形無聲者之於無也隔霄壤矣，孰謂之無哉。蓋其立言之意無他，惟曰有則人見之，人莫見之則無矣。故隱其旨於若有若無，以視其懸會而弗思。論天地之大尊，奚用此恍惚之辭耶？乃若吾心信否，能有無物者否？或論星夢擇卜等類則可，凡事物有則即有，無則即無；使其果無，固非信之所得有，使其果有，亦非不信之所得無。譬如西域獅子，知者信其有，愚人或不信。然而獅子本有，彼不信者，能滅獅子之類哉？又况鬼神哉？釋此而知鬼神必有唯信勿疑，彼陷於無鬼神之説，而付之影響疑似之間者，其舛又愈甚矣。

天學論正真爲神，凶邪爲鬼，亦既別矣。然正神在世，非奉主遣，不至人間，故人罕有見天神者。魔既兇惡，主欲用之，間留人世，一以容魔誘感，爲世人立功之地；一因體負重罰，使人類知警，借以及時改遷，厥旨深矣。然主雖用魔，又以其凶惡莫敵，嘗制之使不得騁，是以魔或時見，不恒見。不然遂其性則陷人無□類矣。夫天神既不易見，凶魔又不恒見，彼人世福禄，非鬼神所能，由天主耳。仲尼謂「敬鬼神而遠之」，意在斯乎？乃儒論云：

雨露風雲，日月晝夜，此鬼神之跡也。此是白日公平正直之鬼神，若所謂嘯於梁，觸於胸，此所謂不正邪暗，或有或無，或去或來，或聚或散者。又有所謂禱之而應，祈之而護，此亦所謂鬼神，同一理也。世間萬世皆此理，但精粗大小之不同耳，試取而折衷之。天下有公平正直之神，決無公平正直之鬼。蓋鬼神性異，而行亦不同。正神守護人類，扶植萬物，所爲皆善也；邪魔誘人萬惡，陷人萬罪，所爲皆惡也。天神魔鬼，悉奉天主使令，以故天上賞善之事，唯善神司之；地下罰惡之事，俾凶魔任之，並其職役亦自異也。若夫雨風露雷者，大化之氣行，日月晝夜者，天道之循環，此則天主之全能，惟命天神克襄其力。然謂是天神者，有以經營雨風露雷，日月晝夜之務，則可也。而豈謂此雨風露雷、日月晝夜者之即爲天神，可乎哉？既不可以名天神，而何况於鬼魔乎？矧前云鬼神者，造化之跡，茲又以造化爲鬼神之跡，鬼神造化，果無辯者耶？至於嘯梁觸胸之行，所爲駭異，以至有無莫定，往來不一，聚散靡常者。特以伏藏窺探之功，以惑人心志，簸弄誘惑之術，以摇人耳目，正所謂凶邪暗昧之鬼，其情態爾爾。曾有公平正直之神，而有嘯於梁，觸於胸者哉。且鬼神既禀主命，凡有舉動，必令而行，雖其智力大勝於人，而柄世之權，一聽於天主，無有敢專擅者。是以世人祈求，或祝福，或免罪，必嚮望天主，誠無不應，而非禱爾神祇，可冀其有獲也。時人不察，妄意吉凶禍福，鬼神主之，而祭祀諂瀆，欲自此得之，不知獲罪於天，無從禱免，又安得有禱而應，有祈而獲之鬼神，可冀其佑我乎？夫吾儒言必稱理，論鬼神亦自有鬼神之理。鬼神之理，邪正善惡而已。豈如世間萬世之理，可以精粗大小相較衡者比哉。借曰精粗大小可言，當必神精鬼粗，則不得列鬼於神，又必神大鬼小，則不得屈神侔鬼。而吾儒動曰鬼神，烏知其孰爲鬼，孰爲神乎？烏知鬼之不冒爲神，神之不混爲鬼乎？致令鬼神之名號，大不白於天下，而人心之禱祈，因爲旁雜而無所歸。坐此弊也，理云理云，鬼神云乎哉。

天學論天神，唯奉天主之命，司造化之事，而無柄世之專權。故一切祭祀，用以欽崇天主，而必不可移而以事他人他物。如臣工敬愛朝廷，以「萬萬年」呼之，斷不容襲其稱，而加於本國之臣宰，及異邦之敵讐者也。儒論云鬼神，自造化而言，是專言之也；主乎祭祀而言，是偏言之也。夫造化自有元尊，人心決有定嚮，鬼神雖職司造化，不過分攝而已。此之在位者，非彼所謀；彼之秉權者，非此所代。天下寧有專造化之鬼神哉。既無可專言之鬼神，以主造化；則亦無可偏言之鬼神，以主祭祀，借曰鬼神，亦必有當祭者，必其此鬼神，知能大全，無與耦尊。人世之吉凶禍福，惟其所操，更無有可旁分者，即偏言祭祀何不可。不然，彼衆多鬼神，其間異名異職，概以事之，則有所難。偏擇一而事之，又有所弗兼，吾欲祭祀，將嚮何鬼神，而可容其偏狥乎？矧天主比於朝廷，鬼神例於臣僚，煌煌大祭，義切欽崇，幾見對越趨蹌之班，而有儼然恭己之臣子。又安見履明標之位，而有赫然臨汝之鬼神乎哉？苟移事主之禮，以事鬼神，是悖朝廷而拜禮其臣宰也，非禮之所敢出矣。微論天神奉主，弗克承祭，即傲魔欲抗主擬主，而永罰在身，決無謬於祭祀之典。彼世之貿貿焉，趨魔而諂事之，是又捨所事之君王，而臣服其寇讐，尤大謬之極者也，然則祭祀可濆言也哉。

天學論人心莫不有嚮，既有嚮必有所嚮之極，如矢與的然。的其嚮之極也，矢其嚮之者也。矢或捨的而他嚮，是爲謬嚮也。顧自正傳不明，所以人之謬嚮多矣。或因物大，而嚮如天地；或因物光明，而嚮如日月；或因已死人，魔託現因爲所惑，而嚮如諸佛仙土神，諸如此類，引人謬嚮，良足嘆也。儒者論云：鬼神若是無有，古人不如是求，七日戒，三日齋，或求諸陽，或求諸陰，須是見得的。又如天子祭天地，定是有個天，有個地；諸侯祭境內名山大川，定是有個名山大川；大夫祭五祀，定是有個門行户竈中霤。今廟宇有靈底，亦是山川之氣聚會處，久之被人掘鑿損壞，於是不復有靈，亦是這些過了。由是論之，天子祭天地，是以天地爲嚮也；諸侯祭名山大川，是以山川爲嚮也；大夫祭五祀，是以門行户竈中霤爲嚮也。人各其向，人各其祭，豈非謬嚮乎？弗思天地、日月、山川等，無生覺，無靈明，天地如房屋，日月如燈燭，山川如器皿，皆天主造生，以給人之需用者，何足敬禮之乎？縱云天地山川定有其神，神也司守者也，而豈主之謂乎？況門行户竈中霤，尤人之居處，出入、水火、日用之常，而謂此處，俱有神守，豈其然哉。則祭何爲而設也，更可訝者，謂廟宇有靈，山川之氣聚然也。夫氣聚則靈，靈在山川，宜考求其山川何神，而俎豆之。奚爲廟宇中祖佛充盈，仙神布列，悉以已死之人充之乎？蓋神則純神無形，不容詭附。而已死之人，有氏族，有聲聞，可以勝其誑誕，其爲魔託現跡無疑矣。世人不察，漫謂山川靈氣聚會使然，亦遂因其神而神之。不知靈氣果聚，當無往不聚，何致掘鑿損壞，氣竟衰落，而不復靈乎？或曰氣過不靈，則是山川之氣，不能自保，祭之有何補耶？況人氣散，則人死矣。山川氣過，亦必山崩川竭矣，而胡爲不然。可知前此之靈，魔託故也；後此之靈，魔去故也。夫豈山川之氣爲之哉。釋此而知人心原有本向，心無所依，不得安止，因以種種謬向，失諸正鵠，寧不悲夫？此正傳所以不容已也。

天學論鬼神非氣，前説已著。故從來聞説有祭鬼神者，未聞有祭氣者，則鬼神之非氣愈明矣。乃儒者專以氣論鬼神，並祭亦似祭氣者然。故其言曰：古人祭天地山川皆立尸。誠以天地山川祇是陰陽二氣，用尸要將二氣來聚這尸上，不是徒然歆享，所以用灌用燎，不知立尸以像神也。天地山川形氣之物，而無靈明之神，尸何像耶？若曰有主天地山川之神者故像之。夫主天地山川之神，非即天地山川也。其神純神無形，何取於形尸而像之乎？且應否歆享，神弗克櫝。又豈尸之所得而歆享乎？況儒云太極生陰陽，陰陽生天地萬物，則是天地山川，無時不與二氣相包，並何待灌燎之而始出哉。又尸固人類，既得陰陽化生，應自有二氣聚於尸體，與天地山川之氣相接，又何俟二氣之來聚於尸上耶？儒者又言用牲用幣，大要盡吾心之誠敬。誠敬既盡，則天地山川之氣便自盡。夫祭貴誠敬，其必然者，但云誠敬盡而氣自聚。設有所未盡，將二氣立在何處，而不來聚耶？試問爲尸時，果如木偶，學得二氣來聚耶？否耶？果經灌燎，便有二氣來歆耶？享耶？否耶？此不可解一也。或問祭天地山川，而用牲幣酒醴者，祇是表吾心之誠耶。抑真有氣來格耶？曰若言無物來享時，自家祭甚底，肅然在上，令人奉承敬畏是甚物。若云真有雲車擁從而來，又甚妄誕。夫禮莫重於祠典。《中庸》云：「郊社之禮，所以事上帝也。」蓋云有是天地山川之大尊，而後郊社之禮行焉。又云使天下之人，齊明盛服，以承祭祀，洋洋乎如在其上，如在其左右。蓋惟此在上者，是爲天地山川之大尊；其在左右者，悉皆承行於天之百職，所以人心作肅，而精白承休，齊明盛服之不容已也。世儒類言：有其誠斯有其神。假令迷失真宗，不知天地山川之主，而徒祭天地山川，則雖日陳牲於庭，日灌酒於地，吾心之誠，將誰表耶？何氣之來，於誰格耶？無論氣無知覺，格所未能，氣無靈明，格亦奚爲？設謂有氣來格，然則有物來格者，氣享之耶？我所祭者，是祭氣耶？然則肅然在上者，氣在上耶？我所奉承而敬畏之者，是奉承氣，敬畏氣耶？竊恐信氣之謬，有甚於雲車擁從之爲説者矣。此不可解二也。或問子之祭先祖，故是以氣而求，若祭其他鬼神，則如之何有來享之意否。曰子之於祖先，固有顯然不易之理。若祭其他，亦祭其所當祭，祭如在，祭神如神在。如天子則祭天，是其當祭，亦有氣類，烏得而不來歆乎？諸侯祭社稷，亦是從氣類而祭，烏得而不來歆乎？今祭《孔子》必於學，其氣類亦可想。此又以氣類之相從，而徵其感召之必然也。果爾則天子撫有天下，與天爲氣類；諸侯撫有一國，與社稷爲氣類似也。然則五祀之設，屬自大夫，則大夫將與門行户竈中霤同一氣類者乎？又學士家祭孔子於學，從其氣類可也。今有祭仙神佛祖，及已死之人，於廟宇宫院者，亦從何氣類乎？此不可解三也。或問天地山川，是有因物事則祭之，其神可致。人死氣已散，如何致之。曰：祇是一氣，如子孫有個氣在此，畢竟是因何有此，其所自來。蓋自厥初，生民氣化之祖，相傳到此，祇是此氣。夫氣之不能化生萬物，悉如前論。而厥初生民之祖，由天主始造人類，即成一男一女，立爲世人元祖，而後嗣孕繁衍，相傳以有此者也。天下生者不能傳覺，覺者不能傳靈，草木禽獸其大效睹矣。氣化何覺何靈，決不能肇生知覺靈明之人類。而謂自有生民以來，遡厥初而祖氣化，抑何謬哉？況人死氣散歸盡，神存不滅，不滅之神，各有定所，必非祭之所致耳。而散盡之氣，無復氣在，又豈祭之所能致乎？如曰子孫之與先祖，一脉相通，自應一氣相感，理固然也。然厥初生民之始，生氣敷榮，猶尚不克保存而有散盡之期。何至氣之既散，反有一種死氣，繚繞縈迴於人間，以應後世之子孫祭享耶？借云相傳不已，畢竟是氣，又何得言人死氣已散乎？此不可解四也。或問如名山大川，能興雲致雨，何也？曰：氣之蒸成耳。又問既有氣，則莫須有神否？曰：祇氣便是神也。又問鬼神便是此氣否？曰：又是這氣裏面神靈相似，合二説觀之，既謂氣便是神，是合神於氣之内也，神與氣爲一物也。又謂氣中神靈相似，是分氣於神之外也，神與氣又二物也。釋此而知鬼神必非氣，氣必不可爲鬼神，從來祭祀之禮，是祭鬼神，必非祭氣。種種言論，置鬼神言氣，不但不知鬼神，並不知氣矣。此不可解五也。

天學論祭禮之初，當洪水以前，上主所令與亞白爾聖人；洪水以後，又降衷於諸厄聖人。咸奉造物元尊，以一所嚮，此外鬼神，無敢有僭越者。考諸帝典王謨，兢兢以昭事上帝爲言，其初意未盡失也。迨日久禮廢，迷謬真宗，是以儒家議禮，製作紛紜，典故繁興，此天地山川五司之所由起也。其後益靡，無物弗祭，無事弗祭，瀆亂不經甚矣。乃儒者更有一種神道設教之論，以故異端邪術，得以幻論鬼神，以驅役天下。雖前代已死之人，謬崇褒封，而附趨之。此神仙佛祖之縱横於世，而英烈俠義之掀勝於時，不知其惑於魔誘而罔覺也。

追論其故，約有五端：其一，即由上古諾厄氏，有次子名岡者，生負悖父之罪，因遭主譴，以其不認父，遂使不得認天主大父，而天良昏昧，乃命其子若孫，拜求三光。此人奉物之始，時在佛前千五百餘年。其二，又有稱諾氏者，孝父而過於禮，父死造像，命所屬拜之。相延日久，乃遂奉之爲主，而真主反失矣。時在佛前千餘年。其三，緣後世人懷念古初聖賢，有大功德於民，亦遂移事主之禮事之。其四，係人傲妄，自立一教，誑人歸附，如釋迦氏，明是一人，乃令生父反行禮拜。滅倫大逆，永罰奚逃。其五，即邪神是也。

凡前四故，魔皆與力。蓋魔自陋惡，不能引人認己拜己而背主。則別設一計，引人拜他物。他人因以背主。緣此人心嚮往，習久成俗，遂有焚禱像下，陳牲設供，以祈福佑。故魔邪鬼幻，潛彼像之中，得以迷□誑誘，以增其愚。及爲之指正，而大惑不破。且曰：天主尊如朝廷，烏知一切神佛，非其宰官，非其所遣使者乎？不知神佛爲天主所遣使，當自己先尊事天主，亦令他人同事天主。今敢以眇眇之躬，矜誇傲睨，肆然比附於天主之尊，則非天主之使令者甚明矣。地上之民，不可妄比於地上之君，而可同天上之主乎？況天主所差之天神，心純一，忠敬天主。假令敢自擅受祈謝之禮，以專禍福之權者，決非天神。且天主所生無數天神，其名號品級，世人罕識。如今神佛，大率是遠古之人亦有不知來歷，妄自設立，加其名號，推尊爲主。然官不出於朝廷，便是僞官；神不出於天主，便是邪神。或邪神所詭託以誘人者，烏容禮事之哉。夫非鬼而祭謂之諂，敬鬼而遠謂之智。吾儒世教民風之責者，宜以智令，抑以諂遵耶？愚謂釐定祀典，祇定一尊，在今日當亟講求矣。

釋生死魂魄之辯

天學論初人之成，由上主以土造化其軀，又不以他物，而用自己全能，化成靈性，賦於肉身，使靈軀相合，而成爲人。其後以夫婦之道俾於知能，各以父母之精血功用，預備上主生人之肉身，及以所賦之靈性，與形軀締結有生。是則人之初成，成於天主；而人之傳生，生於初人。此人類之根源，萬無容疑者。然人既有生，又必有死。凡以人身之生，所賴惟魂，即天主所賦之靈性也。魂在而生，魂去而死。魂所由在，與所由去，乃生死故，此知生知死之真傳也。儒論云：天地絪緼，萬物化成，男女搆精，萬物化生。謂未有種類之初，以陰陽之氣合而生，是氣化也；既有種類之後，以牝牡之形合而生，是形化也。是以或問：生第一個人時如何？曰：以氣化，二五之精，合而成形。釋家謂之化生，如今物之化生者，甚多如虱然。夫天下未有無父母之人，古有氣化，今何獨無氣化乎？且古初氣虛，今後氣實，何虛氣能化，而實氣轉不能化乎？乃儒者又云：天地之初如化，討得個種，自是蒸結成兩個人，後方生有許多人。那兩個人，便似人身上虱，自然爆出來。既有此兩個人，一牝一牡，後來卻從種子漸漸生去。所謂萬物之始，氣而化矣。既形氣相傳，則形化長，而氣化消是也。不知種之發生，必不離於造者，有樹於此。設種無前樹生之，將必無今樹生之。故前樹爲後種之私造者。縱自各有種子，無人力栽培，與夫土之滋潤，天之照臨，爲種公造者，則亦不能發生也。況夫人類之靈且貴，非資父母精血之功用，豈能無種而生哉。矧所云氣化，苟無造之者，氣從何來？設有此氣，而無凝結是者，安能自然而聚，相摩相蕩而生人乎？釋此而知一人一樹，必生於前樹前人。窮其前人前樹所從出，必出於天地間第一人第一樹也。而最初之人樹，既不復有人樹所從生，則皆爲天主大造物之所化生也。不識大造物之真元，而執蟻虱之微解。概生人之大化，是豈知生之所自來者乎？及其論死也，儒云：氣聚則生，氣散則死。又云：凡物參和交感則生，離散不合則死。又云：合而生，非來也；盡而死，非往也。然而精氣歸於天，形魄歸於地，謂之往亦可矣。夫靈魂非若陰陽二氣，可聚可散者比。蓋其體爲神體，不歸空無，不入寂滅，永存不壞者也。若認氣爲神，以爲生活之本，則生者何由得死乎？物死之後，氣在内外，猶然充滿，何適而能離氣，何患其無氣而死。故氣非生活之本也，既非生活之本，亦非死息之緣。則人之生死，由於魂之去存明矣。奈何以氣聚氣散爲生死也哉。若夫和則生，不和則死者，凡以萬形萬象，用四行，用陰陽，用理氣者，謂之兼體，亦謂之雜體。兼則非一，雜則非純，如是者不免有因緣和合，則有相生相克之理。以聚散爲生死，以離合爲存亡，其必然者也。即如人具肉體，載有四情，互相攻剋，以此不能無死。然而肉體雖死，靈魂不滅，凡以靈魂受成於主，於四行無關，形體有毁，神體不在形界，孰克壞神體哉。故人靈合身亦生，離身亦生，未可執氣盡身死，並謂靈魂亦淪滅也。至於人之生死，其生也有自來，其死也有自往。知所自來，則知其始，始於有始矣；知所自往，則知其終，終於無終矣。故儒謂原始足以知終，反終足以知始。果如是原之反之，不可得死生之説哉。今云合而生，非來也；盡而死，非往也。夫生而非來，何由生乎？死而非往，何由死乎？推其氣不過謂人資氣化以生，而不見其來之之跡；則亦歸氣化而死，而不得其往之之處。故謂非來非往，但游移消長於二氣之中而已。是則不察往來之因，無以明生死之故也。且既謂非來非往，何得云精氣歸天，形魄歸地，謂之往來可乎？試問來無從來，則此之往，將何往乎？况靈魂與精氣有辯。據儒解云：人之生惟精與氣，爲毛骨血肉者精也，爲呼吸冷熱者氣也。然而爲萬物之靈，非木石比，故其精其氣，莫不各有神焉。精之神謂之魄，氣之神謂之魂。合魂與魄，乃陰陽之神。由是言之，魄是精，魂是氣，魂魄之辯，精氣之分也。既分則不容復混，則所云形魄歸地，是即歸於地矣。曷云精氣歸天，豈非魄亦歸於天乎？借云歸地者，魄之形；歸天者，精之神。形魄精魄，不及人身有兩魄歟？矧魄爲形軀，魂爲神體，魂神而魄不神。若蓋謂精之神，氣之神，是又人身疑有兩神矣。將所云精氣歸於天，不但魂與氣淆，並魂與魄混，此均不可解者也。是又豈知死之所自往者乎？死生之故不明，而真傳晦蝕，生也貿貿，死也昧昧，嗟哉惜哉。

天學論人身之生，所賴惟魂。然有生而不免於死者，非謂魂死，惟謂人形魄耳。蓋形魄者，靈魂之室也，器也。器大壞則不稱其用；室大傷則不足以存其體，靈魂於是乃去，魂去而身死矣。儒論云：人之生也，精與氣合而已。精者血之類，是滋養一身者，屬陰；氣是能知覺運動者，屬陽。精即魄也，氣之謂魂。人少壯，則血氣强强，故魂魄盛；及其老也，血氣既耗，魂魄亦衰既死，則魂昇於天以從陽，魄降於地以從陰，而各從其類焉。又問：人死時，衹當初禀得許多氣，氣盡則無否。曰是。曰：如此則與天地造化。曰：生死由命。當初禀得氣時便定了，便是天地造化。衹有許多氣，能保之，亦可延。又問：魂氣昇於天，莫衹是消散，其實無物歸於天上否？曰：也是氣散，衹纔散便無，如火將滅，也有烟上，衹是便散。人之將死便氣散，即是這裏無個主子，一散便死。大率人之氣常上，且如説話中，都出上去。又問：或云氣散而非無。竊謂人禀陰陽五行之氣，以生到死，後其氣雖散，衹反本還原去。曰：不須如此説，若説無便是索性無了，惟其可以感格的來。故衹説得散，要之散，也是無了。又問：燈焰沖上，漸漸無去，要之不可謂之無。還是其氣，散在此一室之內。曰：衹是他有子孫在，便是不可謂之無。凡此皆誤認氣爲魂，故衹在氣上推求，而不得其死之之説也。不知魂去身死，理所固然。然其致死之由，約有二故。凡人或傷其切要一肢，如首與心，靈魂即捨肉身去矣。緣靈魂肉身偕，而身去切要之一肢，則失其所以爲身故去。猶初胎時，肢體未備，靈魂亦不得有也。如不屬切要之肢，靈魂即捨所去之肢，而退存所存諸肢，靈魂固不與肢同捐也。又或原熱盡耗則死，原熱盡者，或是原濕過少，養熱無資。或是原濕過盛，反滅其熱，皆足致死。然傷肢之死，變也；熱盡之死，常也。置變論常，則其故耑在原濕之缺，有以致靈魂之去明矣。若夫氣者，乃靈魂在身，用之一呼一吸，以爲凉心之具，魂去則既用之者，又安得有呼吸乎？不察於是，第謂氣盡而死，不知其魂去而氣無所用也。不但此也，據論精氣合而成人，即謂精者血類，以滋養一身。氣充於體，爲知覺運動，則是精血，特魄之滋養，可云精即魄乎？況在父曰精，在母曰血，精屬陽而亦屬陰乎？縱謂精爲陽中之陰，而魄是形魄。既言精，當不復言形。如云精魄形魄通稱，從來精形二字，無相連之文，則知其義不相借也。至於知覺運動者，身也，而所以命知覺運動者，靈魂也。氣不過効其充周活潑之用，豈魂之謂哉。矧魂有三品，有生、生覺、有靈，覺勝生，靈超覺也。即令運動是氣，而知覺必非氣之所爲，何者？氣無知而覺有知，故氣且不可以言知覺，何況靈魂爲神體之類，迥出知覺，又豈氣之可謂乎？矧是而知血氣有强耗，魂無强耗；形魄有盛衰，魂無盛衰。人有少壯老，魂無少壯老。凡以與身俱生，不與生俱滅，在身離身，皆超然獨存獨立者也。則魂烏可與血氣同類也哉。且所云魂昇於天，魄降於地，非有得於天堂地獄之旨。如天學所論，常考其説，不過謂人將死時，熱氣上出，即是魂昇也；下體漸冷，是即魄降也。則是昇於天者，特氣之游散於虚空而已；降於地者，特體之瘞埋於土而已。雖從陽從陰，各從其類，而究之陽主昇，從陽而昇，將安於何所，而謂之天乎？陰主降，從陰而降，將歸於何處，而謂之地乎？若止以游於空，瘞於土者之謂昇降，勢必魂與魄同歸於壞滅焉耳。

夫靈魂爲神體，當其在世，能行善能行惡。若使受滅，則賞罰之報，無所施矣。況由天堂地獄之論，要其末後，善人之魂，僉昇於天；惡人之魂，僉降於地。惡得概以昇於天者，爲魂之一例耶。抑善人之魂，復活常生在天；惡人之魂，復活永苦在地。惡得概以降於地者，爲魄之一例耶。明於此，凡諸問答之言，皆可得而相正矣。人之壽算修短有數，延促有期，唯天地大主，當造化生人之初，默以宰之，所謂生死有命也。若以人得氣化而有生，氣盡則無而死，是死生有氣，非有命也。試問禀氣時，便定是氣自然而禀乎？抑將别有禀之者乎？又氣自然而定乎？抑將别有定之者乎？既云禀氣，初已定之所限，當無容或越。又謂保之亦可延，我能保之，則知氣不能生之矣。我有可延，則知氣不可爲定矣，此其説之舛一也。凡吾人在生，或善或惡，死後則天主之賞罰隨之。人能行善，則承賞受福，靈神實歸天上。故昇於天者，是人生之歸宿，究竟得其所，而居之安也。人惟善其生，乃能善其死，始可翼其昇天，否則降於地矣。總之在天在地，靈魂永存，不屬消散。若祇言氣散便無，氣是必散之物，散即空無之狀。此論氣則可，豈可以論魂哉。蓋人死非因氣散，實因魂去而氣不用，則氣不得不散，人不得不死。然而靈魂者，肉身之主也。魂去則肉身無主，所以氣散便死。靈魂則有主之者，現世善惡，以承死後賞罰。或常生之生，或無死之死，主者定之，詎云一散便死耶？且火氣列在四行，火質至精而輕，烟騰必奮起而上，氣精且輕，徵諸辭，氣出必嚮上，是蓋從質定位，上乃得所。如執氣爲魂，但可云氣行上昇，尚漫云魂昇於天乎？此其説之舛二也。

又人身活動，不因四行之合，其死亦不因四行之散。若以四行散合，律人之生死。當其合也，草木具有四行，云何不動，人甫死時，四行現在，云何不動。推知人生之所以然，別有所因，即靈魂是也。況四行頑冥不能超有，人身安得以己所無異之他體，而克生人身乎？且人具四行，蓋稟有四行之情，而非分取四行之質也。四情如紅液得氣情，黄液得火情，黑液得土情，白液得水情。設誠取質，即人身爲依賴之合，如石一推，如泉一撮，而豈一體純合者哉。即非四行之質，則不得謂人死氣散，四行復歸於原。蓋歸原必有其方，如水歸北，火歸南，氣歸西，土即在棺之身是也。不知四行既散，屍爲何物？且四行隨處皆是，何得各歸一方，而東方獨無歸者。人不言生歸何方，則知還原之無據也。説者謂五行較備，而一氣又在其外。故二五妙合而凝也，是殊不然，稽大主開闢天地之次日，即造生四大原行，以爲化成萬物之資料，止有水火氣土，而金木不與焉。以故萬物載有四情，而金木無功，彼無其原，又何原之可歸耶？然所云五行者，或以配四時，以定歲序，而初與成物之本質無關。不然草木未生，五金未作，其始亦資四原行以爲質。爾時金木從何來耶？豈未有金木，耑用四原行。既有金木，遂損益四行爲五，而二氣自爲區別也耶。釋此而並謂人禀陰陽五行以生，亦有可議者矣。又無問反本還原如上所辯也。至於氣散而非無，散之與無，其義有別，有同。夫分離之爲散，寂滅之爲無，此相別者也。乍無則散，一散則無，此相同者也。但此論氣則然，若人死非氣，故有靈神肉軀二者，神軀相離是散也。而肉軀有始有終，靈神有始無終，是肉身有散可言無，靈神不散不可言無也。第儒者執祭祀有感格之理，欲遽言無，從何感格的來，故不得不言散。謂散可聚，別其異於無也。既非無則亦非散，何者？便可常常感格的來。固自常聚，何云散乎？又何云散亦是無，終歸於無乎？此其説之舛三也。

且靈神不散，或在天堂享真福，或在地獄受永苦，上下各有定所。享真福者，不羡世上之味；墜永苦者，無由來索食飲，何用祭祀？即祭祀，何由以感格之哉？試如燈焰沖上，雖終歸於散，未便散盡。無論散於一室之內，或一室之外，然既往之氣，可得引爲復來之氣否？儒者解云：先祖世次，遠者氣之有無，不可知。然奉祭祀者，既是他的子孫，畢竟祇是一氣，所以有感通之理。是以云有子孫在，便不可謂之無耳。由斯言之，則是先祖之氣，散在子孫之身，猶之燈焰，散於一室之内之義也。果爾則氣有曰有，氣無曰無，烏容言世次之遠者。氣之有無不可知，而爲是恍惚無定之辭也耶？據云子孫在不可謂無，取現在之氣，與已往之氣，似乎一氣之有可召致。假令世次失傳，嗣胤衰息，縱先祖之遠氣有無不可知，而子孫之近氣有耶？無耶？復不可知耶？如其言無，何以一散而遽盡？如其言有，則此氣散於何處？又待何人以感通之耶？此其説之舛四也。

大抵魂氣之解不真，故生死之理不明。識火者必不呼爲水，知白者必不指爲黑。達於靈魂者，豈有以氣當之者哉。

天學論靈魂者，天主造之，以賦於人身者。夫靈魂非屬氣聚，非涉形化，非由天降，非由地出，並非從四方來投者。乃獨受造於天主，當其造之始有，先時無有也。儒論云：死而氣散，泯然無跡者，是其常理。恁的有託生者，是倘然聚得氣不散，又怎生去湊著那生氣便再生，然非其常也。又云：人生始化曰生，既生魄，陽曰魂。所謂始化，是胎中略成形時，人初間纔受得氣，便結成個胚胎模樣，是魄既成，魄漸漸會屬陽，曰魂，即形既生矣，神發知矣。故人之知覺屬魂，形體屬魄。又云：原始要終，故知生死之説，此申無極而太極。太極本無極之理，使人知生死，本非二事。而老氏謂長生久視，佛氏謂輪迴不息，能脱是則無生滅者，皆誕也。又云：人生得天地之氣以爲體，得天地之理以爲情。原其始而知所以生，則要其終而知所以死。古人謂得正而斃，謂朝聞道夕死可矣。祇言受得許多道理，須知得盡得，便自無愧。到死後亦祇是這二五之氣，聽其自消化而已。所謂安死順生，與天地同其變化。這便是與造物爲徒，纔有私欲。有私受，割捨不斷，便與大化相拂。又云：人生天地間，生死常有之理，豈能逃得，卻要尋個不死，寧有是理？凡此皆未知靈魂之所由賦，與靈魂之不滅所由安止而常生也。夫人死而氣散者，特氣散耳，非魂散也。氣散，自泯然無跡；魂不散，則必有歸息之所。不在天必在地矣。魂既有歸息處，安得有託生之事乎？如謂託生者是魂，靈魂當人各各受生之際，天主各各造之；日造肉身，肉身已成；日造靈魂而賦之，新新非故。或造於前，或造於後。自生民以來，無時不造也，又何須於託生乎？借曰託生者氣耶。氣既散矣，何緣得聚，以爲偶然耶？論其常理，氣必散矣，緣何得此偶然之氣？聚而不散，縱令偶然聚得此一種不散之氣，未曾折，曷不徑爲再生，奚必湊合生氣爲乎？倘云氣雖不散，已屬衰氣敗氣，必湊生氣以爲生。果爾是又生氣不足，勢不得不挾衰敗之餘氣，相湊以爲功矣。儒者曾言天地之化，自然生生不窮，更何復資於既斃之形，既返之氣，以爲造化，今乃云聚氣不散，湊生氣而再生耶？不自相舛謬乎？况吾儒論理，當置偶而信常。託生出於偶然，無理可據，不執一定之常理，而存此一非常之論，以滋人惑，無怪乎輪迴之異説，喧騰而未息也。此一誤也。

人生而魂魄具焉，魄先而有固然。第人之受生，父施精氣，而引母氣之熱來合。因以漸成人身，則是魄之始化，亦必資陽煖之氣，以結成胚胎。據儒解陰陽之始交，天一生水，物生始化，曰魄。既生魄，煖者爲魂，是以賦形之初，必是先有此體象，方有陽氣來附也。故又解云：煖氣便是魂，冷氣便是魄。若然是胎形之始結，先有冷氣，而後陽氣附之，纔得煖也。又解云：魂是氣之神，魄便是精之神。若然是精氣之交感，氣屬於煖，而精之所施則爲冷也。嘗考醫家嗣息論，精不存而謂冷氣成魄可乎？况陽陰嬗化，獨陰不生，獨陽不生，必相和而後生。記云：陰陽合而萬物得和者，充周融暢之謂陰陽合用，而非單行陰中之陽、陽中之陰；相資相助，而胚胎成矣。安得以始化之魄爲冷氣，而以魂爲煖氣乎？矧靈魂非氣聚非形化，無論冷氣爲魄不可，即謂煖氣爲魂亦非也。至於魂魄之分，論形神不論精氣，今謂形體屬魄是矣，而又謂知覺屬魂。夫分靈覺，專言知覺，是覺魄也。豈人靈之謂哉？殆未諳魂有三品之説矣。此二誤也。

凡人靈魂，既屬主造，即屬有始。但本純神，無受滅義，不屬有終，有始無終，則是靈魂大勝肉身，以故常不滅。正緣其身雖死，有不與偕死者在也。從老佛之徒，亦知有生必死，人所不免。而或講長生，或講無生滅。老曰逍遥自在，佛曰任意縱橫，豈非明於生死之故，而思欲解其拘縛，逃其劫數者哉。然而不順受生死主之正命，放恣禮法之外。所謂長生者，不過託修煉飛昇之詭術而已。所謂無生滅者，不過説輪迴轉變之虚妄而已。彼意爲逍遥，果可任其逍遥者耶？彼意爲縱横，果可任其縱横者耶？以爲誕則誠誕矣，儒者知其然也。獨執一無極而太極，太極本無極之理，以齊其生死之事。謂原始要終，總消息於太極中焉已爾。不知太極乃形物之體質，一受形物之體模，即形物之全體成焉。然而太極之與形物，原相有無，體具於物，不能離物獨立。故生則太極相成，死則太極亦無著矣。如是太極不能操生死之始終明矣。夫靈在而生，靈去而死，此生死故不可不究。所謂原始，原於此也；所謂要終，要於此也。蓋太極爲形氣之質，而靈魂非形氣，太極非靈明之宗。而靈魂爲靈明，惟其爲靈明而非形氣，所以吾人在生，或善或惡，死後大主之賞罰隨之。靈受賞罰，以承報施，其爲長生不滅，實理實事，豈同二氏之虚誑。雖然二氏之誑誕，猶知有身後來世之情也。獨怪吾儒計目前不計身後，論現世不論來世。生不知所從來，死不知所自往，而固執太極無極之說。埋沒靈魂於理氣之中，竟不問其長生不滅，作何安頓，則其矇瞽人心，更有甚於二氏者矣。此三誤也。

夫人生死由靈魂，靈魂之非理氣，故原始而知所以生，要終而知所以死，正可於此求之。蓋理氣冥冥，塊然無知，無有明悟，不能通達。靈魂則有明悟，而能通達天下之理，追究吾人自何處來，向何處去？並能識我性命之根本，以殫力昭事，必敬必愛，罔或厭佚，此人所由得邀聖寵，得享真福，而復活常生，永不壞滅也。由此而知生死正道，無能越此，故謂聞道而死。聞此爲道，得正而斃；得此爲正，外此一切旁門異說，悉非道，悉非正也。果爾知得盡得，安生順死，寧復有愧乎？無奈儒者所論許多道理，衹是說二五之氣，自爲消化云爾。盍思人生不因氣聚，人死不因氣散。惟此靈魂，承天主異與靈明通達之性，在世行善，死後昇功，方且有無窮之報，遐登天國，沐天主之永榮者。而苟消化於二五，但其蠢冥無和之氣，同其聚散，烏覩所謂生順而死安者乎？況靈神蒙昇，迥絕塵地，透越諸重天之上，儔伍神聖，覲光三一，豈僅與天地同變化已耶？又況造物爲徒，夫造物者伊誰耶？不持此也，即以人靈負惡行，罰將有無窮之永殃以報之。若亦消化於二五之氣，以彼有私慾有私愛，割捨不斷；既與大化相拂，則此二五之氣，容其消化否耶？抑不容其消化否耶？

如容其消化，是狗慾戀愛，與安生順死者，混處一氣之內，縱拂大化，不患其不容，無分擇，無別白，則義亦真不靈之物矣。如其不容，勢必不能消化，將退伏於二五之外，浮沉自如，亦無德慝，亦無功罪，亦無賞罰。則彼狗慾戀愛之私，何所創懲？何樂而不與大化相拂，則氣尚可謂有權者哉。此四誤也。

凡人悉願常生，即甚貧苦，此願不易。又睹高志之士，明悟所發，輒探求身後之事，時作身後想。願思常生之情，非願望可得，彼何爲而發，又令身後之事，違於人性，則安得有此探求，有此想哉。念昔初人，生福地中，使不反命，主許以不死，即死可免，而今不可得矣。以故原罪所有貽累，後有生有死，是屬常理。然而人身必死，則常生之情，不在肉身，而正在靈魂。身後之想，非求逃死，而正尋不死。如天學所云：常生不滅，詎有誣哉。第人不明生死之所以然，而墜於老佛之荒唐：或妄思久世，餌丹服食以延年；又或躭慕無生，超度西方以極樂。卒之金石多致暴亡，涅槃終就頑苦，未能不能，而已得一無死之永死。嗟！何益矣。儒者亦知生死難逃，故不信不死之虛妄。然未知超性之真傳，確不死之至理，乃漫不尋求，將所謂得正而斃，聞道而死者，何塗之從乎？此五誤也。

嗚呼！靈魂神體，造自天主。生死原委，悉繫於此。但昧於超性，大道無聞，竟不識靈魂爲何物，生死茫然，長夜何時旦乎？噫！

天學論魂有三品：生魂，覺魂，靈魂是也。草木之魂有生無覺無靈，下品也；禽獸之魂有生有覺無靈，中品也；人類之魂有生有覺有靈，上品也。身有五司：一目司視；二耳司聽；三口司啖；四鼻司嗅；五四肢司持行運動。五司屬形外，是爲魄。心有三司：一司記含；一司明悟；一司愛欲。記含之司在腦囊，居顱顖之後；明悟之司在首，居頂腦之中；愛欲之司在心，自作自主，惟心所發也。三司屬内屬神，是爲魂。儒論云：人衹有個魂與魄，人記事自然記得的是魄。如會恁的搜索思量的，這是魂。魂日長一日，魄是稟的，來合下恁地。如月之光彩是魂，無光處是魄。魄亦有光，但藏在裏面。又曰氣之呼吸爲魂，耳目之精明爲魄。耳目精明，是先藏在裏面。如令人聽得事，何嘗是去聽他，乃是他自入耳裏面來。因透諸心，便記得此是魄。魄主受納，魂主經營。又云：人記得一生以來履歷事者，此是智以藏往否？曰此是魄强所以記的多。又曰：無魂則魄不能以自存。今人多思慮役役，魂都與魄相離了。又云：魂屬木，魄屬金，所以説三魂七魄，是金木之數也。儒家之論魂魄，尚有種種多義。而總其大要，不越數端。然與天學之旨大相刺謬，可參伍而衡斷之。凡形物造主，各有四所以然，而模其一也。模者所以置是物於本倫，別是物於他類者。當人始胚之時，猶未成人者，模未具也。數十日後，形體既備，乃蒙大主造賦靈魂，以爲其身之體模，於是乃成人類，而異於飛潛動植一切蠢冥之物焉。所以然者，人與禽獸草木，因其本模不同，既生，覺靈異性，而品類自別也。若夫天主於人之魂體，但予之生魂覺魂，瞻五司之用，即與覺物無異。第靈魂復得三神司，以外接五形司，所由通達萬物之象，而推通萬物之理。司記者記之，司明者明之，司愛者愛之。蓋人靈不但超軼形物，而亦宰制形司，惟其有三司之能也。儒者亦言動者魂也，靜者魄也。凡能運用作爲，皆魂也，魄則不能也。今人之所以能運，都是魂使之爾，魂若去，魄則不能也。

由是推之，人身猶有一靈魂，亦惟一靈魂所統御。而靈魂與本身，亦彼此各異不同體者，使從而悟入焉，豈可不得魂魄之大較乎？無如儒者之闇於論也。其謂記得事者是魄，會思索者是魂。夫記事之能，屬記含所分之職；而搜索思量之能，屬明悟所施之功，皆靈魂爲之也。魄者不過官骸肢體之具，雖人之內司，必借外司，使借納諸象而內傳之。然後有以神明其所傳之象，以對應萬物之理。是魄如屋牖然，牖閉則內絶光照，牖啓則諸外物入焉。諸外物入，而於牖何有哉。今以記事歸之魄，魄有記含乎？借魂能記，當亦能搜索思量，何以又歸之於魂乎？豈有僅有明愛二司，而記司在魄，將一性三能之有分屬耶，殊謬矣。其謂魂以日長，魄由稟來者，此又不然。蓋靈體大異形體，肉身有生有長，靈魂有生無長，然雖無長而有進。肉身分長，靈魂分進；肉身寸長，靈魂寸進。比如屋分内外，内門未啓，光滿外半；内門既啓，光滿内半。而光初非有長，有進而已。故人之初生，長不滿尺，自少而壯，乃成丈夫。則是魂日長一日，而靈魂不與偕長，固稟來合下如此。今謂魂長魄定，不相悖乎？其謂月光月魄，尤不知月。夫月有魄而無魂者也。凡形物之魂，或生或覺或靈，有生魂，則有長矣；有覺魂，則有知覺運動矣；有靈魂則有靈明推論矣。月無生覺靈明，何魂可言。彼月之光彩，非月有光，借日以爲光耳。則有月光，猶是依賴者也。魂體自立，光屬依賴，豈得謂月之光彩是魂乎？或謂魂魄相兼者也，月既無魂，恐亦非魄，不知月有體模，則體模即是魄也。魄本無光，寧有光藏乎内？所云魄亦有光者，正體模所具之微光，因依賴而有，在外不在内也。即以日論，太陽崇輝，借映於月。然有日模所發之光，不得因其光之太盛而謂日有魂也，何者？爲其無生覺靈明，日猶之乎月也。既等無生覺靈明，一則普光施照，一則借光煥彩，大不同者。蓋物主造生日魄，過於月魄，其模使之然也。夫日月第可言魄，而不可言魂；則以光彩謂月魂，藏光謂月魄者，詎有當哉。其謂氣之呼吸爲魂，形之精明爲魄，是欲明魂光内藏之義，而不知其視魂甚粗，視魄轉精也。夫氣之呼吸。

魂爲之也，魂在而氣附之。於是出入呼吸，是因魂用氣，而有呼吸，非氣之呼吸，即爲魂也。氣無知覺，而魂能運導，奈何於其所呼吸之氣，而反認氣爲魂乎？

至於耳目魂也，耳目視聽，亦魄所得於耳目之官也，然命之能視能聽，精明於其中者，爲靈魂焉爾。譬之燈光在室，是燈照室有光，非室發光有燈也。則精明在魂，不在魄審矣。今云耳目精明者爲魂矣。魄果精明，何以同是耳。而聾者不聞，同是目而瞽者不見，豈非耳目之官廢，而形魄之司有缺乎？又何以有耳而或聽之弗聞，有目而或視之弗見？魄未嘗無耳目也，光未嘗不藏於内也，而不精不明，幾與無耳目同，將心不在焉之故乎？抑魄不在使然耶？且耳不往聽，聲來自入，因透諸心，而得記固也。設令魄來精明，試當入耳之際，不必透諸心，而自便記得。是則耳之精明，洵魄之精明也。然不能不透諸心。則此記功在心耶，在耳耶？若謂在耳，假值聲响雜投之時，聽此聽彼，勢不能不紜擾錯亂。使非聽此以靈心，凝注入衆闐之衢，萬聽不能一記；還是從耳透心，還是從心透耳，以此察之，謂魂乎？乃若魄主受納，魂主經營，分屬又非。蓋受納者，魂之記含寄之。經營者，魂之明悟司之，均靈魂事也。故記含之司如庫然，一切物象物性之理，皆貯存於中。物雖異類紛集，先後沓至，皆有所藏。迨其欲用，則順人意旨，取之而出。由是明司取司記之所收者，而經營之。其於事物萬理，弗論有形無形，悉能推測明達，務協其於理當否，以定愛欲之準焉。則受納之與經營，豈非靈魂統主之哉。或謂魂主受納，亦自有魄之所受納者在，諸如臟腑血脉之類，依賴於魄，而各有其經絡，豈得不謂之受納乎？是又不然，凡物有自無而有，受於兹納於兹，是謂受納。臟腑血脉，處魄内分；官骸肢體，處魄外分，合而成魄。當其各各受生之時，同時並有，豈魄之所受納哉。繹此而知聽記之能，受納之司，主魂而不主魄愈明矣。其記者多者，由於魄强，又舛矣。

凡魄强有二，人穉幼則弱，暮老則衰，而惟人之壯盛者則强。又或人失其養，恒尫羸而瘠，養之厚者，多肥碩而强。此二强之故，魄不能外。今謂魄强多記，是必壯盛之年，其靈明才識，與之爲壯盛也。衰弱之時，靈明才識，亦與之爲衰弱也。然每見壯盛者，其靈明才識，反多衰弱。至年或衰弱，而靈明之用，義理之張主，更愈壯盛者，何故？又或羸瘠之人，以清心寡慾，而轉强有餘。肥碩之夫，濃於世味，耗於世欲，而聰明反鈍者，又何故？因知記事之安多，無關於體魄之强旺也。良由記含之器，精美完好，未受他損，以亂其象。故一生履歷之事物之象猶在，所以可憶可推，因得所往得也。此亦睿哲之徵，包含明悟以致其然。即謂智以藏往亦可也。况天主以此記含之司，賦之靈魂，以予人者，何也？欲人察所當從之美善，考所當避之醜惡，一一推論剖分，因以記天主之恩，而感之謝之也。人能記百凡事理，而不記天主之大恩。即無所不記，如無一記。能記憶天主，而不能記憶他事，即一無所記，其爲記也多矣。今人負魄强之材質，處魄强之歲月，其一生以來事，履歷多多，指不勝屈。爲問美善者歲何端？醜惡者幾何事？爲問當從而從，當避而避，知所取捨者幾何狀？魚魚鹿鹿，茫無檢默。及與之談大父救贖之恩，則雖入耳而不進。心寧記無限世俗之事，愚啖肉身，不肯記此真切心性之事，扶掖靈神，徒誇記事，記何益乎？縱號魄强，强何用乎？智耶？愚耶？請思之。其謂思慮役役，魂與魄離，此大誤也。

凡質模相合，乃爲物之美成，如人靈合於人身，乃稱爲人。分之則人之半，非美成矣。以是知魂與魄不可刻離者也。所謂無魂，則魄不能以自存矣。既知其然，乃又謂思慮役役者，魂都與魄離。夫思慮之來，根於心而貫於想，能使得其正以用之。可以作明悟之功，辨可否，決嫌疑，定猶豫，因以受明悟而遂加之光，明悟萬物，而得其理，夫何役役之有？然而思慮紛營，役役不已而無能解脱者。緣靈神在人肉體，恒接於有形有質之物，中多雜混，不及時返照於己之無形無質，以故不獲自明。而本性發自形體，行隨私欲，不克反制，所以世欲魔邪，携肉軀以爲我仇，靈神昏劣。若退出於鈍，與五官同用，蔽於物而爲物所引也。

然本靈雖受屈抑，而性光終不能掩，所由憧憧往來，覺無安止寧宇之象，而豈魂之離魄哉。乃彼物之象，先從五官入，以藏於記憶之司，因夢想而見矣。

試觀吾人，或於夜夢，或於晝想，而見他處之物，是非靈魂出身之外，以適物處也。人謂日之晝夜，人之小生死也。夫睡爲死相，即吾人日日不免死也，不免死而非實死，魂在故爾，借魂少離魄，魄死矣。夫睡死象也，幽夜之會，與黑獄無別，近死地也。而魄載其魂，魂檢其魄，無或須臾離，奈何以思慮之役役，遽謂魂離魄乎哉？假令魂果離魄，則思慮役役，不知其竟日幾迴還也。一刻役役，魂離一刻，魄一刻死矣。竟日役役，魂離竟日，魄竟日死矣。苟令不死，而以無魂之魄，去其半人，尚能屍行肉走，有是理哉。其謂三魂七魄，爲木金之數者，此尤不知魂魄之解，而爲是穿鑿之論矣。天主以四行生人，有火氣水土，而無金木，前論已著。即無金木，謂魂屬木，謂魄屬金，何據云然。即以金木論之，凡未生己物，不能自生己物，模未立也。凡己物之所本無，不能强爲己物之所固有，質不存焉。當夫金木未生之初，不能自發一木，自創一金，易明也。即金木甫生之時，不能木中帶木，金中帶金，亦明也。故金木止具四情，而不資五質，即如木鑽而火，是火也；木勝而烟，是氣也；木燒而瀝，是水也；木毁而灰，是土也。木中曾有金乎？是木有金，金方剋之，寧復生之乎？又如金蒸而露，是水也；金鎔而油，是火也，金淬而灰，是土也；金灰而烟，是氣也。金中曾有木乎？使金有木，木方受剋，能復生之乎？矧金木原不作行，義無生剋。且四行去氣而增金木，木無氣則木不植矣。金無氣則金不堅矣。先不利於金木，又何利於他物乎？矧去氣則行缺，謬入金木則行襍，豈大施造之元行乎？借謂有五行，以備生剋之用；有陰陽二氣，以立化生之本。於義爲信，爲問此氣在行内乎？在行外乎？謂在行内，則氣原在行，何必更言陰陽二氣，再加金木，是四而六矣。謂在行外，則氣不合行，氣無從入，必不能湊金木以成功，是四又僅存其三矣。缺行中之氣，而增行外之金木，求之於理，無可通者。釋此而知魂雖資行，無金可屬，魂並超行，豈反屬木，則魂木魄金之説，其荒唐不待辯矣。更可咤者，附會金木，因謂三魂七魄，以比金木之數，試申論之。

世界魂品有三：惟生，惟覺，惟靈，兼併而有，奚以明其然也。凡生魂所有之能有三：一養育之能；二長大之能；三傳類之能。試觀人生，既能養育，又復長大，旋至充滿，充滿之後，又復傳生已類之人，一一如草木然。此生魂所有之能，天主於人魂皆全畀之，即人魂亦稱之爲生魂也。凡覺魂所有之能二：一動能，一覺能。鳥獸生而能動，草木無之；人亦生而能動，是有覺魂之動能也。覺能又有二：一外覺，一内覺。行外覺以外能，如口耳目鼻等之五司是也；行內覺以內能，內能有二司：一分司，主受，五司所取聲色臭味等，受而能分別之；二思司，主藏，凡五司所入皆受而藏之，如倉庫然。又主收，覺物自然曉達之意，如羊知狼，是其仇，即知懼也。又主藏所收諸物之意也。內二司之外，別有一能曰嗜司。凡內外司所收之物，有可嗜者，有可棄者。所嗜所棄，宜於己則欲求之，不宜則欲去之。此欲能也，又相宜則敢求之，不宜則敢去之，此怒也。怒非喜對，如草木怒生之怒，言其敢也。或嗜或棄，總屬嗜司，各兼二能。此則人與禽獸無異，是覺魂所有之能，天主於人魂亦全畀之，即人魂亦可稱爲覺魂也。但人之欲能，怒能，本屬於理，而聽其命。如此爲可愛，此爲可慕，此爲可損，此爲可禦，理所是者，不得不從。乃時欲自便而不可得，此人所謂超軼萬類者耳。有生有覺有靈，所謂三魂者此也。

至於七魄，以人物總類計之：夭者、喬者、飛者、走者、游者、潛者，各有其魂，與人形體，其數也。耑以人身言之：耳、目、口、鼻、手、足、膚、殼，合計之有七之謂也。魄其在玆乎？若以金木相例，魂不屬木，爲可以木三之數，稱人靈爲三魂乎？魄不屬金，烏得以金七之數，稱人形爲七魄乎？認魄既錯，論魂尤謬。無怪乎以人靈之尊貴，或卑屈之下同乎物，或從之散同於氣，而致令神明之體，靈頑混襍，無由以表見於天下也。夫靈魂獨較異於物類，兼更上肖造物大主，以遠超於萬物，是天主之於人恩施獨至矣。

嗚呼！吾儕之身，各具此一最尊貴者，而懵然弗之知，可乎？苟識之，則於以察人靈之尊貴，以察天主無量之尊貴，爲天地神人萬物之大主，從而愛之，慕之，敬事之。慎勿爲太極理氣所封，庶不負上主生人寵畀之至恩也。吾願與共學諸君子就正焉。

熙朝崇正集

〔清〕閩中諸公撰　周岩點校

《熙朝崇正集》前言

《熙朝崇正集》，鈔本，凡二十九葉，半葉九行二十一字。現藏巴黎國立圖書館手稿部，編號China.7066。臺灣顧保鵠教授昔年留學巴黎時拍攝攜歸，一九六五年十一月發表於吳相湘主編的《中國史學叢書》第二十四種中。此鈔本尚未在國内外其他圖書館發現，所以顧教授很驕傲地推測，這「可能是宇宙間惟一孤本」。

《熙朝崇正集》收閩籍士大夫七十一人題贈利瑪竇、艾儒略詩，凡八十四首。書名葉右題「閩中諸公贈泰西諸先生詩初集」。而這個題目基本説明了這個集子的性質。這個集子中又有「無錫賈允元」、「潁川陳衎」，則贈詩人不盡閩人也。又，目錄收七十人，而内文實七十一人，脱「福清薛一唯」一人。又，目錄與内文相異凡十一處，即目錄爲「莆陽徐景濂」者，内文爲「古莆徐景濂」；目錄爲「晉江李文寵」者，内文爲「温陵李文寵」；目錄爲「晉江陳維造」者，内文爲「晉江林維造」；目錄爲「三山薛瑞光」者，内文爲「福州薛瑞光」；目錄爲「福唐王一錡」者，内文爲「福清王一錡」；目錄爲「莆陽張開芳」者，内文爲「甫田張開芳」；目錄爲「莆陽林紹祖」者，内文爲「莆中林紹祖」；目錄爲「福清王標」者，内文爲「福唐王標」；目錄爲「莆陽翁際盛」者，内文爲「莆陽翁際豐」；目錄爲「温陵蘇貞英」者，内文爲「温陵蘇負英」；目錄爲「莆陽鄭鳳來」者，内文爲「莆中鄭鳳來」。目錄與内文如此相異，又書名左側有「尚有贈者容嗣刻」字樣。這一切又都表明此鈔本蓋爲一未經勘定之底本。

費賴之《書目》艾儒略條下有《熙朝崇正集》四卷，福州刻本，是編輯關於天主教之文字，若章疏序跋之類」。而據古朗氏《書目》，巴黎國立圖書館即藏有刻本《熙朝崇正集》二册，編號1322。而刻本《熙朝崇正集》二册，與現在鈔本《熙朝崇正集》一册，到底有什麽關係，因余未曾見過刻本，無法論及。臺灣梁子涵先生有一種説法，很有説服力。他認爲，鈔本《熙朝崇正集》可能是《熙朝崇正集》刻本贈詩這一部分的底稿。梁子涵先生跋顧保鵠教授拍攝攜歸的《熙朝崇正集》一文，附載於臺灣學生書局《天主教東傳文獻·熙朝崇正集》影印本後，可參考。

關於《熙朝崇正集》七十一位贈詩者之生平，福建師範大學林金水先生有《利瑪竇與中國士大夫交遊一覽表》[一]及《艾儒略與福建士大夫交遊表》[二]二文，考訂甚詳。本書中所涉作者之小傳，可按林金水先生二表索驥閲讀。

北京鼎方周岩謹識

注釋

〔一〕《利瑪竇與中國士大夫交遊一覽表》，載林金水《利瑪竇與中國》，中國社會科學出版社一九九六年版。

〔二〕《艾儒略與福建士大夫交遊表》，載《中外關係史論叢》第五輯，書目文獻出版社（今國家圖書館出版社）一九九六年版。

崇正集目錄

閩中諸公贈詩

莆陽 陳玄藻

三山 周之夔

清漳 陳天定

溫陵 周廷鑨

古莆 柯憲世

閩海 徐 渤

同安 黄文照

三山 林叔學

莆陽 林光元

福唐 鄭玉京

樵陽 董邦瘝

樵陽 鄧 材

梁浦 劉履丁

龍潯 林 焌

三山　陳宏巳
晉江　蔡國鋌
晉江　李文寵
晉江　陳維造
三山　陳　圳
三山　薛瑞光
福唐　王一錡
晉江　李世英
莆陽　張開芳
三山　薛　馨
莆陽　朱之元
莆陽　林世芳
莆陽　林紹祖
晉安　林宗彛

三山　李師侗
晉安　陳　燿
桃源　鄭　璟
桃源　方尚來
桃源　潘師孔
清源　謝懋明
福清　薛鳳苞
三山　林登瀛
福清　王　標
莆陽　翁際盛
莆中　林傳裘
温陵　蘇貞英
温陵　鄭之玄
無錫　賈允元

寓閩　吴士偉
同安　池顯方
福清　林一雋
莆陽　鄭鳳來
晉江　許日昇
温陵　郭　焻
莆中　林　洞
温陵　黄鳴晉
寓閩　金嘉會
晉安　王　槤
福唐　林伯春
閩中　陳　鴻
昭武　吴維新
古寧　黄六龍

潁川　陳　衍

清漳　柯而鉉

三山　林　珣

閩中諸公贈詩

晉江天學堂輯

福唐　葉向高

天地信無垠，小智安能擬？爰有西方人，來自八萬里。躡屩歷窮荒，浮槎過弱水。言慕中華風，深契吾儒理。著書多格言〔一〕，結交皆名士。俶詭良不矜，熙攘乃所鄙。聖化被九埏，殊方表同軌。拘儒徒管窺，達觀自一視。我亦與之遊，冷然得深旨〔二〕。

注釋

〔一〕著書多格言：利瑪竇有《二十五言》，乃西賢格言集。

〔二〕冷然：明天啓武林天主堂刻本作「泠然」。

温陵　張瑞圖

昔我遊京師，曾逢西泰氏〔一〕。貽我十篇書，名編《畸人》以〔二〕。我時方少年，未省究生死。徒作文字看，有似風過耳。及兹既老大，頗知惜餘齒。學問無所成，深悲年月駛。取書再三讀，低徊抽厥旨。始知十篇中，篇篇皆妙理。九原不可作，勝友乃嗣起。著書相羽翼，河海互原委。孟氏言事天，孔聖言克己；誰謂子異邦，立言乃一揆。方域豈足論，心理同者是。詩禮發塚儒，操戈出弟子。口誦聖賢言，心營錐刀鄙。門墻堂奧間，咫尺千萬里。

注釋

〔一〕西泰氏：利瑪竇，字西泰。

〔二〕《畸人》：即《畸人十篇》。

鏡山 何喬遠

天地垂廣運，日月轉雙轂。誰謂有覆幬，光明不照燭。其間名爲人，誰不同性欲。有欲必有性，完本在先覺。艾公九萬里，渡海行所學；其道在尊天，豈異洙泗躅。天地大矣哉，不是無脛足。安得一人教，普之極緬邈。惟此一性同，不在相貶駁。且吾孔聖尊，其西則葱竺。竝存宇宙內，誰復加臣僕。維此艾公學，千古入暘谷。吾喜得斯人，可明人世目。顧雖兼行持，蘧廬但一宿。善哉艾公譬，各自返茅屋。臨岐申贈辭，證明在會續。

温陵 張維樞

浮槎碧漢水雲鄉，直到東南建法場〔一〕。望國遥看滄海漲，尊天代演《物原》章〔二〕。一枝笻杖扶雙屐，數卷靈編度十方。若至三山須計日，好來江瀨訪柴桑。

注釋：

〔一〕東南建法場：明天啓四年，葉向高罷歸，邀請艾儒略入閩；五年抵福州；崇禎七年赴泉州、興化。數年間在福建建教堂八所，並在諸小城建小堂十五所，故有是語。

〔二〕《物原》：艾儒略著有《萬物真原》。此處以佛家語借喻，頗别致。

畏天箴

温陵　林欲楫

皇矣上帝，居高聽卑；何以事之，念念勿欺。居心勿浄，濁魔爲祟。舉頭見天，云何勿畏。彼夜而告，以省其私。吾謂帝心，未告已知。雖有旃檀，香不盈室；德馨所聞，靡遠弗格。雖有鮑魚，臭不越肆。穢念所觸，諸天掩鼻。世人佩芳，以襲其體。我衷吾芬，惟心是洗；洗之又洗，如滌腥羶。庶幾不滓，以對於天。

莆陽　曾楚卿

九州遊其八，昔人亦以寡。乃有泰西人，一葦浮中夏。目窮章亥步，九萬風斯下。入門粲玉齒，名理恣所寫。生民溯厥初，粉黛一切假。十分婆子心，千古開聾啞。吾儒徒蠡測，著辯誇非馬。所見域所聞，學問亦聊且。寶筏良在兹，洪鑪同一冶。

莆陽　黄鳴喬

滄溟西渡片帆輕，涉盡風濤不算程。爲闡一天聞後學，纔能萬里見先生。觴傳月下姿如鶴，麈拂花邊屑是瓊。何幸得頻承緒論，知君願作聖人氓。

温陵　莊際昌

有客自西來，茫蹤遍八垓。文將重譯者，性指上玄胎。萬國車書會，千靈諦義開。知君饒遠志，寧我獨殊才。

古莆　彭憲範

華夷無異道，況是超凡身。西字成蝌蚪，心源晤聖神。披圖羅萬國，受學溢千人。讀罷玄言論，瀟然灑世盡。

古莆　柯昶

人從西海至，乍晤識高情。見道能超世，乘風又出城。樹低禽語少，霜薄馬蹄輕。函丈自慈遠，先天不可名。

古莆　徐景濂

聞道西方有聖人，先生教澤百年新。三山卜築高山仰，四海傳經濱海親。浪説崑崙渾一脈，驚看壺嶠久爲隣。端陽高旆翩翩至，嫩柳垂堤契夙因。

莆陽　陳玄藻

毖祀尊天主，窮搜極地維。三年孤棹遠，四海一杯窺。度世身爲客，傳心道是師。高山勤仰止，願莫計歸期。

三山　周之夔

捧出河圖告帝期，經行萬里有誰知。渾天尚有唐堯曆，中國猶傳景教碑。地轉東南分晝夜，人非僊佛識君師。金聲玉齒懸河舌，滄海茫茫不可疑。

清漳　陳天定

汗漫來南國，辛勤欲度人。蒼蒼原有主，墨墨奈何身。把認金針穎，敲磨鐵杵塵。吾憂斯未信，辟謬汝扶真。

温陵　周廷鑨

西海先生艾，東遊直至華。有天常作主，無地不爲家。白眼藏奇服，玄珠托指車。知君猶未晚，使我寸心遐。

莆陽　柯憲世

別去幾經歲，離懷可具陳。無元該大道〔一〕，有主是真因。曰旦臨惟汝〔二〕，居高聽每親。

大千寧淨土，三一信分身〔三〕。景宿祥長普，波斯曜轉新〔四〕。七時勤禮讚〔五〕，十字儼持循。重譯來中土，流行仰大秦。念余宗孔聖，友德願爲鄰。

注釋

〔一〕無元：《大秦景教流行中國碑頌》：「先先而無元」。

〔二〕曰旦：《詩·大雅·板》：「昊天曰旦，及爾遊衍。」

〔三〕三一信分身：語出《大秦景教流行中國碑頌》：「於是我三一分身景尊施訶戢隱真威。」陽瑪諾《景教流行中國碑頌正詮》云：「分身者，乃天主第二位也。」

〔四〕景宿句：語出《大秦景教流行中國碑頌》：「景宿吉祥，波斯睹耀以來貢。」景宿：星。

〔五〕七時勤禮讚：語出《大秦景教流行中國碑頌》：「七時禮贊，大庇存亡。」

閩海 徐渤

歷盡滄溟九萬程，廿年隨處遠經行。教傳天主來中夏，恩沐先朝見盛明。五大部州占廣狹，兩輪日月驗虧盈。猗歟有美西方彥〔一〕，包括天人學已成。

注釋

〔一〕有美西方彥：《詩·邶·簡兮》：「云誰之思，西方美人。彼美人兮，西方之人兮。」

同安　黄文照

絶徼梯航來獻琛〔一〕，袖珍一篋勝球琳〔二〕。八行譯出全傾橐〔三〕，六籍參同總盍簪〔四〕。滄海無波風最遠，西方有聖信而今。吾徒休訝亞尼瑪，遼古虞廷這道心。

注釋

〔一〕絶徼：原文爲「绝獥」，誤。

〔二〕球琳：喻人才。唐李白《送楊少府赴選司》：「夫子有盛才，主司得球琳。」

〔三〕八行：指信。唐孟浩然《登萬歲樓》：「今朝偶見同袍友，卻喜家書寄八行。」

〔四〕盍簪：喻聚首。唐杜甫《杜位宅守歲》：「盍簪喧櫪马，列炬散林鴉。」

三山　林叔學

敬天立教本吾曹，仍識唐碑景教高。地界滄溟爭晝夜，學窺衡管折絲毫。五州形勝披圖狹，八萬舟車計路勞。笑殺漢廷張博望，乘槎徒自説波濤。

莆陽　林光元

大道早未聞，彳亍隨波靡。誦法尼山徒，操戈滿前是。作者有西賢，異地同心理。發鑰開我扃，天衢平如砥[一]。唐子還故都，望家驟驚喜。欽崇定一尊，紛紛敢妄儗。聖學無二門，心傳祇顧諟[二]。墳索刼秦灰，異説始蜂起。語怪與談空，聽舌而食耳。徒愛畫龍形，百呈山鬼枝。爾建堂正師，衆義一時圯。破彼疑關陳，疊我聖域址。低徊繹《詩》《書》，乃愈有深旨。隔世相鼓吹，出門合轍軌。世福岩綴疣，令人惜年齒。顧影莽奔鞭，請事從兹始。

注釋

[一]天衢：天路。《漢書·敘傳》下：「攀龍附鳳，並乘天衢。」此處借指通往天堂之路。

[二]顧諟：《禮記·大學》：「顧諟天之明命。」

福唐　鄭玉京

西來億萬泛煙濤，披映中華雅范高。理到事天宗脈正，功歸《實義》主心勞[一]。六根隨處皆提醒，片席何人不解弢。聖學從知原無異，芳聲誠緩恬相操。

其二

浮塵得筏見真玄，盛世同文更豁然。萬國輿圖收掌上，一元星曆燦璣穿。著書款款金鍼度，展象昭昭玉鏡懸。更喜芝山參悟邇，分靈訬奧入天先。

注釋

〔一〕《實義》：即《天主實義》。

樵陽　董邦廩

世儒競談生，先生獨談天。談生生趣有窮期，談天天樂無盡紀。雖然天也生，雖然生也天。天不生兮天不天，生不天兮生不生。生天生地生山川，日月星辰竝埴埏。天於生人心更憐，更生天神照護焉。世人遂生忘本原，誰知天主有常先。先生憫惻迷主人，高掛西帆九萬程。囊油橐水最辛勤，抹額除愆廣設津。先生豐韻温如玉，春溶暖氣香滿腹。宿穢觸之即消除，融融洩洩登天國。先生襟度海樣深，含納無分濁與清。倒翻今古從頭洗，肯忍靈魂點半塵。先生學問浩無垠，羅絡華夷掌上看。寂然歛攝渾無事，拯世丹心引福堂。先生在西亦有家，豈無儕侶與桑麻。情知世樂非常享，故向中華滌衆邪。先生高架光明燭，照見人心受世毒。苦心苦口代驅除，拔躋天堂享真禄。天生先生於世間，可認先生作等閒？天路有人須急走，莫待無人思卻難。先生引世識真主，真主至真無有僞。若將僞念安承當，失去先生當面裡。我習先生句，因探先生藏；長歌與世共商量。大家挣起昇天力，莫負西來一片腸。

樵陽　鄧　材

萬彙天爲主，太初獨主天。清寧資奠鹿，物我藉生全。德貫無形外，功施未有先。現身詮至道，渡海闡重玄。正教同周孔，妖邪卻鬼祆。靈芽非養汞，貝葉不譚禪。文字通唐制，衣冠倣古賢。語言休待譯，經史豈隨箋。睟貌渾藏璞，微辭混湧泉。守真超色界，度世混塵緣。自結歐邏饌，寧煩亞細錢。著書鐫琬琰，製作俾璣璇。筆準量天尺，圖開測海篇。金鐘鳴刻漏，寶鑑映全偏。敬信傳通國，交遊競受廛。司空隆客席，丞相讓賓筵。自愧沉愚賤，深慚積僭愆。禮瞻當此日，修省記茲年。向善惟精進，生天非偶然。性情知不昧，意氣永相憐。

梁浦　劉履丁

相逢白首國交深，不爲無弦廢鼓琹。繞桂欲尋公子意，和匏喜得道人心。巢由入世猶辭聘，顔閔憑誰來鑄金。獨有髓毛堪共證，卻離山水亦清音。

龍潯　林焌

吾愛艾夫子，梯航九萬里。風律馳險艱，好學前無比。匪不愛其軀，聞道夕堪死。脱身入中華，遍求讀經史。經自不再披，參同懷來理〔一〕。八法習同文，何論細言語。知天而事天，孔孟一宗旨。獨有天主像，流覽今伊始。主像亦非□，降生原有紀。異星三君朝〔二〕，神天宣慶祉〔三〕。掘地得唐碑〔四〕，貞觀天教起。沉埋亂世非，昭明清朝喜。嗟哉齷齪人，西鎬共訕詆。華裔無定名，修身可一擬。氐羌有異鸞，肅慎有奇矢。卜人丹砂貴，權扶玉自美。中土衆咸珍，玩好未配□。性命亦至寶，曷云而獨鄙。在唐莊事欽，在明授室侈。景淨既開先〔五〕，泰西從利氏。分教託諸邦，一派宗門是。瞻星獻異書，何如越裳雉。

注　釋

〔一〕參同：相合爲一。《韓非子·主道》：「形名參同。」懷來：招來。漢陸賈《新語·道基》：「附遠寧近，懷來萬邦。」

〔二〕異星句：參閲聖經《新約·瑪竇福音》第二章《賢士來朝》。

〔三〕神天句：參閲聖經《新約·路加福音》第二章《耶穌誕生在白泠》。

〔四〕掘地句：《大秦景教流行中國碑》，明天啓年間出土於陝西西安。

〔五〕景浄：唐景教傳教士，教名亞當，敘利亞人，《景教碑》碑文撰者。

三山　陳宏已

西國有異人，其來九萬里。三歲風濤中，岸得纔到彼。爲我中國言，行我中國禮；讀我中國書，友我中國士。顧倡天學名，所傳悉利氏。謂天有真主，安得不敬止。必酬真主恩，乃盡生人理。度世以爲用，出世以爲體。本末始有歸，性命方不詭。予每是其言，不覺頌口耳。頃攜所著書，訪我龍江涘。圖開五大州，一一爲我指。其國無斗争，其人尠奸宄。仁義固本性，罔不同亹亹。身絶嗜欲根，家視如脱屣。故鄉無夢到，二十八周矣。予昔慕居夷，聞之覺欣喜。大庭不可見，此國曾足擬。微言諷師歸，請納西方履。不囿世法中，方能出生死。

晋江　蔡國鋌

地軸圓球自利君，年來西學又奇聞。周天日表圖中見，二極星樞眼底分。宛轉金聲開八面，依微緑字起三墳。坐身我亦歐邏氏，此日定文在水雲。

温陵　李文寵

風航九萬里，挾策到中州。塵拂衡今古，蘭芳佩魯鄒。天原腔子裡，人目儒家流。老我皆萍侶，蕭然物外遊。

又

昔欲乘槎去，而今跨海來。婁通洙泗脈，漫作鷲峰猜。星緯掌端見，玄文筆底開。鴻濛語未破，平等歷非灰。

晋江　林維造

西方有至人，所談皆主天。聞道盡欽式，疑此翁是天。天乎不可問，吾儒自有天。不是昭昭多，不是蒼蒼天。孔子言知命，孟子言事天；至於紫陽氏，謂是主宰天。足方而履地，頂員而戴天。安受之謂順，儌倖曰逆天。如何世嗤頑，所行多違天。腑肺多欺昧，平旦失所天。曷試纔閉目，開目即見天。開目便入妄，閉目尋真天。發念常如在，方信溥博天。笑彼狂奔者，不知我有天。亦有尊奉之，爲別一洞天。若言血氣者，則皆可配天。我本中國產，我家有父天。父教未能習，焉能知主天。大願世間人，修身莫怨天。下學而上達，知我者其天。

右論天

天主教傳普衆生，駕舟南來一蓬輕。年年抛斷掃情事，篇篇著乘永浄瑩。

右迴文

三山 陳圳

自是西方一偉儒，載將文教入中區。發揮原本幾何理，指示微茫萬國圖。大道繇來傳竹簡，迷川何處問金桴。因君壹意尊天主，未卜凡胎可度無。

福州 薛瑞光

曾是西方正覺師，久來東土度愚癡。中朝天子同文日，真主耶穌廣化時。景教卻依儒教近，至人莫作異人疑。不逢指點披明鏡，法界遥遥那得知。

又

真宰繇來別有天，不關玄術不關禪。掌中象數窮《河》《洛》，心上珠璣測宿躔。三載危濤孤葉渡，千年暗室一燈燃。探囊多少靈文秘，欲乞指南教内傳。

福清　王一錡

幾譯重來迥作師，可能唤醒盡蒙癡。此心此理何分地，同軌同文自一時。教自先天懸有統，揆之後聖更無疑。不逢聲調相參契，覺海茫茫那得知。

其二

已解先天太始天，周行直指豈玄禪。肩摩日月雙輪轉，胸剖璇璣幾度躔。鮫室涉來孤棹穩，燐墟踏遍一燈懸。可知宇宙非長夜，吾道如絲有嫡傳。

晉江　李世英

道德文章洽，如公復幾人。行將師百代，豈第表泉閩。宣聖堪齊語，昌黎的此身。尊前握手別，絳帳何時親。

又

不識西方教，安知觀海深。逢人非所願，覺世固其心。字字鈞天響，編編擲地音。公真師百代，儀羽老尤醒。

莆田　張開芳

西來景主與天通，麾卻沙門立教宗。重譯解儒撣聖語，虔修奉象迥僧空。旨明十誡功行滿，道本一尊心理同。始信大靈歸實地，不須喚醒一鳴鐘。

三山　薛　馨

泛海三年往，傳燈萬島來。教從天主立，道本地靈開。披鏡蒙争耀，隨機朽亦材。何當授一偈，同此澆塵埃。

莆陽　朱之元

天所以爲天，孔賢曾此傳。乃知大主宰，萬物託以先。如子父爲本，似家翁有權。本來若未認，瞎者臨深淵。偶遇艾高士，云居西極邊。行程九萬里，渡海兩三年。授我《真原》册，讀之竹窻前。絪縕不敢秘，太極失其玄。起步閒遊月，雲開處處圓。

莆陽　林世芳

海上南來一至人，胸中淳樸抱天真。快聞高論甘如醴，喜接清風煦若春。衣鉢自能非墨翟，源流應識拔沉淪。至尊初御調乾日，珍重皇家作上賓。

其二

未緣荆識已交神，傾蓋投懽即故人。楊柳堤頭纔繫馬，芙蓉花外又尋津。别來尺素憑魚雁，到處豐標想鳳麟。多少英才門下士，深慚老大不堪輪。

莆中　林紹祖

吾師論道烏山前，開卷不空也不玄。一葦波濤八萬里，半生砥柱六千年。中州天地重開辟，西國衣冠自聖賢。别後應知各努力，那堪分袂意潸然。

晉安　林宗彝

大西法界任棲棲，未控金繩路轉迷。何處真人噓紫氣，云道歐邏西復西。炎漢於今千百刼，耿耿相傳青玉笈。行藏非釋亦非儒，九萬煙波乘一葉。我聞西方白帝主，謂君煉石隨天補。割除業火鶉光寒，鼎猴蕉鹿都塵土。轍徧滇南與薊北，爲挽風華還古色。談天一炷醒羣蒙，義馭長驅照中國。

三山　李師侗

去國八萬里，離家三十年。西海如一揆，北學未之先。羈旅禄隨地，逢人主有天。喜圖王繪盛，不事使張騫。

晉安　陳　耀

西城産畸人，汗漫遊中國。五州小於點，萬里輕如翼。裝束歐羅雲，飡供大田稷。標旨主維天，篤行士所則。不慕爵禄榮，求與聖賢特。推曆嗣重黎，利物疑子墨。變夷既從夏，圖南還徙北。傾蓋締交緣，促席發吾覆。卓哉絶世才，壯此三山色。古初誠可復，景教思無極。

桃源　鄭　璟

深隱桃源見美人，西方懷我好音春。兢兢七克同鄒吻，翼翼千篇敷教神。一事主天分苦樂，偏驚處世易緇磷。得君載授珠璣日，寤寐驩吟又日新。

桃源　方尚來

周孔不可作，天學亦已徂。爰有西賢者，教鐸振中區。浮沉八萬里，將以慰吾徒。真主謾相識，疑信任所趨。晨夕叨引治，我亦破其愚。分手三山外，肯把寸心渝。

桃源　潘師孔

鴻濛本無象，造物誰爲主。千聖既云没，此義少認取。昔聞西來學，謂可相翼羽。而今見其人，倏爾開矇瞽。大都遡厥初，現前真宰覩。但思罔極恩，毋乃識吾父。昭事自宜然，諄諄不嫌魯。凡我執經者，恍已親恃怙。況以證儒書，標旨符中土。獨憐九萬程，畏途安可數。孰賜我先生，耶穌意良苦。肖子吾所期，有力應須努。

清源　謝懋明

何處異香過，繇來天主祥。碑留十字篆，架隱百年章〔一〕。方慰趨承近，俄驚別恨長。三山需後會，教在不言中。

注釋

〔一〕碑留句：明西洋陽瑪諾《景教流行中國碑頌正詮》附《十字碑》拓片云：「泉郡南邑西山古石聖架碑式，萬曆己未出地，崇禎戊寅摹勒。」又張賡記曰：「聖架茲古石，置温陵東畔郊，年代罔知，往來無覩。崇禎戊寅春，因余興懷主心，鑒格昭示。群朋獲之，爰請鐸德竪桃源堂中。」福建泉州有景教傳行，自元朝始。百年，虚數也。

福清　薛一唯

主教何緣入海濱，纚纚《實義》仰儒紳。誰人會證西來意，有客欣尋北學津。九萬行程稱歲月，三千負笈出風塵。中天抱愧宮牆望，那日開蒙善此身。

福清　薛鳳苞

一葉航來渡海濱，閩中文獻儼書紳。西方有聖咸稱主，北學無人不問津。萬里迢遙頻帶水，千秋炳蔚不生塵。諸儒仰止欽山斗，至教原能善世身。

三山　林登瀛

維彼泰西，另闢學梯。大原不迷，天主爲題。是訓是稽，可端可倪。鴻竝海犀，纖同醯雞。如震鼓鼙，如捧玻璃；如出雲霓，如達川谿。羲文未笄，孔孟未啼。悪我孩齯，羞乃子妻。鐸聲在閨，胡不聞撕。

福唐　王　標

載道南來一客身，艱關廿歲不知貧。胸吞汗索參今古，思入風雲泣鬼神。天上昭明知有主，人間矯舉歎非真。而今喚醒密諦訣，始信先生作渡津。

莆田　翁際豐

九萬里西來，天學開遠照。玉界蹴玲瓏，金驄欝縹緲。萬物乃天生，何物生天表。叩禮天主前，意象轉幽悄。靈風似颯然，屋角紅雲繞。真詮揭昊冥，會心苦不早。若能認何主，應空普弘願。主教開鴻濛，源脈揭昏旦。世界非長住，百年奔駭電。學海浩無際，沉迷君所歎。丹臺與圯城，此理尚爲幻。嗟哉天下人，宗旨曷繇見。茫茫浮世中，得君乃無患。

莆中　林傳裘

西洋有教主，夷夏仰鴻功。十誡塵心浄，三仇灰刼空。辭家敷帝訓，渡海印儒宗。安得漢天子，論經《白虎通》。

温陵　蘇負英

吾師海外至，海道與雲連。億萬風波阻，孤舟歲月懸。瞻星隨所指，測景看何躔。棹理流沙界，帆飛弱水前。鰌旗時靡靡，蜃氣更翩翩。秘笈翻朱燉，寶函泛緑煙。直探周孔奥，高揭昊旻巔。同證此心理，修精即聖賢。傳經皆最上，得解已通玄。至教誰能掩，大文終必宣。荒碑關陝湧，古石《武榮》妍。石鋟聖架跡，碑紀貞觀年。明旦振千載，璋圭達八埏。無人堪自棄，有路欲登天。昭事自茲凛，淳風日以還。聖朝讚美化，正學契《真詮》。喚醒迷空色，敲回點汞鉛。淵明如可作，八社自應先。

温陵　鄭之玄

鐸音敷至教，户履滿公卿。每與俗塵接，總關慈憫情。我固漫浪者，君毋靳共盟。頻將承指點，宗尚不爲名。

無錫　賈允元

君浮西洋來，三歲九萬里。冉冉風濤間，茫茫水雲裏。詎止觀國光，意且行教爾。問爾教何宗？舉念一主起。我觀中華人，圓頂履方趾。豈不美彝常，有時斁倫紀。君自海外人，不讀我書史。而懷翼小心，而具規繩履。未學孔宣門，居然入室子。恭唯千古心，一月印萬水。性光攝法界，何地無傑士。

寓閩　吴士偉

到得三山欲避塵，相看渾是個中人。高談縱復空千古，名理依然重六親。海若有天朝甲子，支祈無路見庚申。長安回首春明外，柳色鶯聲幾度新。

同安　池顯芳

尊天天子貴，絶徼亦來庭。鄒衍無斯識，張騫所未經。五洲窮足力，七政佐心靈。旨與吾儒似，人疑是杳冥。

福清　林一儁

德因慈世方稱大，道以尋源始見宗。百億年人開慧眼，萬千蹊徑劈迷蹤。多緣大主恩無外，亦賴吾師志不慵。自此中天明寶鑑，上扶治化到黄農。

又

普天同大父，斯人皆吾與。真原久不明，魔役紛如許。宣尼悲憫秋，禹稷寧安處。泰西有至人，梯航幾寒暑。奉彼正教來，救兹陷溺侶。苦勞既不辭，寧復知艱阻。無量超性光，朗如幽室炬。哀矜十四端，到處勤施予。願拯衆靈魂，同入天堂所。想彼一片心，是何惓惓緒。嗟我此方人，何爲分爾汝。屢以錐刀争，户庭生越楚。幸聞仁者言，反欲加誹語。總被異端迷，多因三仇沮。撥雲一見日，痛悔應難禦。曠觀斯世内，兄弟若相序。倘存遠邇情，便同小邾莒。矧吾教中儔，切勿微生齬。善功相勸勉，過失互箴矩。期酬大主恩，主表爲人佇。瀝血與披肝，和聲同律吕。

莆中　鄭鳳來

君乃航西海九萬里而至，頗演天公最上義，緑瞳紺鬢肅有神，麈揮霏玉紛相示。釋迦咋舌李耳喑，彷佛尼宗無二致。懷寶欣觀上國光，火浪顛翻隻葦寄。巨魚卷鬣乍辭鯨，指點土風身欲試。道德醫算俱遴良，碧翁劃成一方治。寸銅晷緯走呈暉，活現虞家璣玉器。揭斯巾舄起歐邏，百譯遥聯同指臂。岈嵘億國共爲家，意者其天闢初邃。十年震旦又重逢，寒雨生窻芭葉翠。

晉江　許日昇

西來使者儲奇詮，地脈乘風攝八埏。萬國山河歸一掌，四方朝貢拱三天。漫將印度懸尖指，遂爾乾坤納隻拳。何多問楂張騫昨，祇今海宇擘鴻篇。

温陵 郭焻

恍惚西方九萬里，馳驅海內幾多年。風波到處皆吾地，禍福繇來主自天。省戒焚香堪悟道，清心灑水勝談禪。殷勤指引先生在，難把真宗對俗傳。

莆中 林洞

先生居在歐邏都，西渡滄溟引舳艫。道闡天人隳衆義，教翻佛老契吾儒。五洲閲歷風濤幻，十誡皈依識力俱。誰説殊方轍軌異，繇來冶鑄一洪鑪。

温陵 黄鳴晉

乾坤異物有何私？四表同瞻日正麗。五大部州歸一統，歐邏巴國應昌期。銕舸汎海傳真教，璇管窺天識巧思。譯出方言皆至味，黄農醇化見於斯。

寓閩　金嘉會

一堂微顯表天人，絶似星槎作漢賓。開帙遥臨星斗錯，剖圖快覩海山淪。有懷納履探鴻寶，近擬披襟向羽宸。南國棲遲殷接引，方瞳碧眼幾千春。

晉安　王　標

有美西方彥，東來過七閩。學天尊一主，譯地歷三春。晰理玄機秘，崇儒大道淳。自慚居陋巷，今喜得芳鄰。

又

學就天人理數工，過從中土慕華風。贊宣寶曆欽褒渥，盡瘁封疆忠義隆。始信耶穌真有士，方知道教悉皆功。聖朝兩露寬如海，柔遠恩波自不同。

福唐　林伯春

睽違主教幾冬春，有病未能識病因。念昔曾知私淑艾，於今想見舊畸人。薰風南至鶯聲巧，時雨西來草色新。好似帝臨爲作宰，忻然禮請願稱臣。

閩中　陳　鴻

客從遠方來，云歷五春夏。地既盡於兹，河漢已倒瀉。其國敦敬天，衣冠佩王化。艾君早慕道，每每著聲價。若置碣石官，談鋒倍驚訝。利公乃齊名，腹笥何醖藉。遺以數千言，讀之手常把。始知滄溟外，日月異晝夜。神山信可登，弱水本堪跨。汎海昔張騫，卻是尋常者。

昭武　吴維新

混闢初未判，神理渺難識。泰西有畸人，貌古含靈粹。遥遥九萬里，竟踐中華地。剖析天人奥，發明造化秘。究始本源歸，至道而無二。玄義契儒宗，簪纓勤把臂。著書千百言，磨碑印十字。淪溺患津梁，名區靡不至。上章作噩冬，振向昭陽轡。登壇依朔玻，共荷全能庇。感兹玫瑰花，翹首望重賁。

古寧　黄六龍

雲山九萬隔西東，孤舟三載莫期窮。歷盡千峰非爲禄，浮遊四海總崇公。闢開天上生成境，剖破人間造化功。謹告同盟揣是德，感荷先生不易逢。

潁川 陳衎

大秦自古遠中州，幾載孤帆海國秋。腹有六經誰口授，心無一物與天遊。葭灰玉琯星文合，墨汁金壺實氣收。垂老童身婚娶斷，教成門士遍閻浮。

清漳 柯而鉉

教鐸從天振，靈槎自海來。身貞偕白玉，世劫等浮灰。引接婆心苦，弘揚帝力開。纚譚真實理，昭事信無猜。

又

學到知天處，前修道每因。祇憐勞闡繹，爲幸得參詢。盛世文同治，大原理一均。殷勤席未煖，悵別此江濱。

三山 林珣

葦布繇來道自尊，獨燃寶炬照霾昏。中朝天子頻褒璽，南國公卿概及門。尚友雲從環越海，傳經雨化滿中原。茍輿得御今親炙，絳帳摳衣待討論。

其二

邏巴聖化正中興，萬有真宗道以弘。帝許迷方開寶筏，人從長夜得玻燈。海濱倡教開師席，濂洛傳宗得服膺。小子春風中借坐，頓忘門外雪層層。

其三

婆心到處喜開堂，九萬滄溟渡莽蒼。天主應身來下土，聖人立極出西方。軀登十字憐黔首，學博三墳接素王。從此閶天開慧日，門人無復歎迷鄉。

其四

先生願力大西來，天語賚頒震九垓。聖世鳳麟今代出，人心日月此時開。璿璣毬轉分天手，輿地圖旋算海才。聖水蒼生當灌頂，可能雄猛得心齋。

推驗正道論

〔意大利〕王一元撰　周岩點校

《推驗正道論》前言

《推驗正道論》，題「極西耶穌會士王一元泰穩父撰，雲間景教後學徐光啓玄扈父校」。半葉九行二十字，凡六葉，書口作「正道論」。書内「玄扈」、「是玄冥有二日」，玄字避諱，應當是清康熙刻本。原件原藏上海徐家匯藏書樓，現存臺灣碧瑤神學院。鍾鳴旦、杜鼎克收入《徐家匯藏書樓明清天主教文獻》，本編據影印本標點。

方豪先生在《中國天主教史人物傳》中説，他藏有一種明刻本，書名作《推源正道論》：「此書共十四葉，半葉九行，每行二十字。每段首行頂格，遇『上帝』、『帝』、『天主上帝』、『天主』等字樣都是另行起並頂格，其餘均低一格。計『上帝』二十七處、『天主』十一處、『天主上帝』一處。」此本余未見。但與徐匯本顯然不同，徐匯本並非每段首行頂格。而且徐匯本的「上帝」、「天主」、「天主上帝」之使用次數，已經無法統計了。因爲徐匯本中有兩處「天主」，明顯係挖改手寫而成，至於原來是什麼字，已經不得而知了。

方豪先生還説：「我所藏的明刻本，封面署簽雖是《推源正道論》，但第七葉起卻是《醒世問編》，是否亦爲二人撰校，不得而知。《問編》係分段討論，每段均以『請問』二字起首，共二十六段，《問編》和《正道論》，合訂一本，葉數相連，紙張、行款、字數亦完全相同，但《問編》文中用『上帝』二字時雖亦層見疊出，卻一律不抬頭。」徐匯本與《推驗正道論》合訂之書卻是《諮周偶編》，第七葉始，至十四葉止。看來，《推驗正道論》與他書合訂，其來有自。

王一元，即高一志，西文名Alfonso Vagnoni，耶穌會意大利來華傳教士。一五六六年出生於意大利的Trufarelli城（屬都靈主教區）的一個貴族家庭，一五八四年入耶穌會，一六〇五年來華，一六四〇年四月十九日卒於山西絳州。

高一志來華時初名王豐肅，費賴之《明清間在華耶穌會士列傳》謂：「高一志原取華名王豐肅，字一元，又字泰穩。」而據《推驗正道論》，一元係高一志之名而非其字。

一六一七年，南京教案時高一志神父被逐出境，此時他在中國傳教已十二年了。出境後在澳門撰寫中文教理著作，講授神學，任公教顧問，後於一六二四年重回内地傳教。因識之者衆，故離開南京，往山西絳州傳教，易名高一志。高一志神父學識淵博，傳教熱忱，歸化了包括韓雲等在内的當地名士，使山西絳州地區成爲明季天主教重鎮。高一志神父著作豐富，費賴之神父稱之爲「在當時的傳教士中深受教友及教外人愛戴的，除利瑪竇外，或首推高一志神父」。

《推驗正道論》的著作時間、刻書地點，以及王一元（即高一志）與徐光啓是如何合作的，現在都還不清楚。

北京騏方周岩謹識

推驗正道論

極西耶穌會士王一元泰穩父撰
雲間景教後學徐光啓玄扈父校

嘗觀天地之物亦夥矣，靡不各向自存，各務自成，則必各有自存自成之道。《詩》云：「有物有則」〔一〕，□矣。矧人生而爲萬物之靈，詎獨無存之之則，成之之道也乎？然其大要不外兩者：先有所當知，後有所當爲，如斯而已耳。故造物者之生人，亦必以賦之明德，以知其所當知，裨之志氣以爲其所當爲，不則無此靈明，與矇瞽者等耳。孰爲行始，無此志氣與痿痺者等耳；孰爲知終，而當知者何？根本也。當爲者何？反本也。知本已具，反本已備，人道全矣，何以明之？

粤維太初，渾渾沌沌，天地人物，曷所自生也。即已生矣，亦曷所自成也？辟之築室者然，臺榭院宇，不能自創，必有大匠鳩材，羣工削墨，而後落成焉。豈以天地之大，萬態之殊，鬼神之靈，人物之妙，而無所以生之者乎？則此生生者，必無始無終，極大極尊，是屬萬有之根本也。其大既極，則無貳也；其尊既極，則無配也。語曰：「天無二日，民無二王。」此可喻也。蓋天有二日，則時序乖；民有二王，則國紀紊。矧茲林林總總之衆，倘根本之二，則孰是主宰，而造化或幾乎息矣。此理甚實，蓋最彰明較著者也。第此根本之大，有能見之真而守之確者，天下鮮矣。今天下之士，自相矛盾，以老氏爲大尊者有之，以佛氏爲大尊者有之，以天地之形體爲大尊者有之。即或知上帝之爲大尊矣，而於事天立命，漫不探討其根源。故令異端之徒，各騁臆説，自立門户，而天下人之心，分於千派，不免罹其害也，豈不悲哉！夫大原本惟一，無分無匹焉，正理惟一無二是焉。設上帝爲大本源，則以二氏天地爲大者，非也。設他説是，則上帝之説非也。何必兼容異教，使搖唇鼓舌，以愚弄生人也。噫！是玄冥有二日，而人間世有二王矣。欲無壞亂也，得乎？必欲一澡雪此失，以合正理，則如何而後可也。

夫天下之理，必質之古先聖賢，而後可無疑也。我想老氏未生，釋家未至之先，中國業有聖之經、賢之傳、帝之典、王之謨，鑿鑿可據矣。彼曾有以佛老等爲尊者乎？惟是上帝之事爲兢兢耳。《周頌》曰：「執競武王，無競維烈，不顯成康，上帝是皇。」〔二〕又曰：「於皇來牟，將受厥明。明昭上帝。」〔三〕《商頌》曰：「聖敬日躋，昭假遲遲。上帝是祗。」〔四〕《雅》云：「蕩蕩上帝，下民之辟。」〔五〕又曰：「維此文王，小心翼翼。昭事上帝。」〔六〕《易》曰：「聖人亨以享上帝。」〔七〕又曰：「帝出乎震。」〔八〕《禮》曰：「五者備當，上帝其饗。」〔九〕又云：「天子親耕，粢盛秬鬯，以事上帝。」〔一〇〕《湯誓》曰：「夏氏有罪，予畏上帝，不敢不正。」〔一一〕又曰：「惟皇上帝，降衷於下民。」〔一二〕《金縢》周公曰：「乃命於帝庭，敷祐四方。」〔一三〕孔子曰：「郊社之禮，所以事上帝也。」〔一四〕孟氏曰：「雖有惡人，齋戒沐浴，則可以祀上帝。」〔一五〕《明道》曰：「天下賢人，皆上帝之臣。」〔一六〕歷觀古籍，其語上帝者，不一而足。則上帝者，萬民之大本。而上帝者，生人之正道，今我謂天主是也。此自東方華夏、西方諸國，其理暗合，若符節然。而天下古今、聖帝明王、賢哲之士，率皆尊而事之，不敢忽也。不惟筆之於書，以示法守，且爲之致身，爲之勞瘁，蓋真知天主，乃天地人物之主宰，而其道正道也，其教實教也。非異端佛老之比也亦明矣。奈何亦有棄本原之正理，簡編之載集，聖賢所尊崇之正道，而從虛無不稽之異端者乎？此倡彼和，以一傳百，相延無已也。若者不直昧自己之真性，且也蠹他人之本來，亂孰甚焉。故夫知上帝者，知根本者也；知上帝之道者，知正人之道者也。第知而不爲，則非特爲無用之知，而害又甚矣。何也？天下無兩是之理，亦無兩立之人，不爲正道，則必忻從異端。此等豈惟失其本所，而又相去遠矣。倘欲歸本所，吾謂捨上帝之教無由也。蓋天主上帝，既爲人之本原，其教亦人所當歸宿之正道矣。由教而入，則仁爲之根焉。蓋仁者，百行之綱維，萬善之鼻祖也。《易》云：「元者善之長也。」〔一七〕又曰：「君子體仁，足以長人」〔一一八〕。《魯論》云：「好仁者，無以尚之，仁固生人之所亟，而教之大端大本哉！」〔一一九〕然盡仁事天，經常以兩言蔽之矣，曰愛天主萬物之上，而爲天主愛人如己。至哉言乎！而要之所以然者，政以天主乃民物之本，萬物之上者也。愛而敬之，亦當然之理也。臣之忠君，爲其榮我者，后也；子之孝父，爲其育我者，親也。乃天主，上帝，固萬民之主、萬民之父，授我以性命，賦我以明德，養育我以種種百物，人惡得不欽崇，而圖所以報乎？故雖惓惓親愛，昕夕奉敬，闡其功德，揚其正道，闢異端，距邪説，猶爲不及矣。然愛天主莫誠於友愛世人耳。蓋篤愛一人者，則並愛其所愛者也。天主至公至善，莫不慈愛所已生之人，吾真愛天主，有不愛人者乎？豺狼虎豹，猶能親其同類，而況人生同一天主，其一鑪錘，可不相愛乎？故曰：「仁者愛人。」〔一二〇〕又必以愛己之心愛人，則愛乃誠而非虛矣。其愛人維何？飢者食之，渴者飲之，無衣則衣之，無居則舍之，憂患則慰恤之，愚蒙則誨之，罪過則諫之，侮我則恕之，既死則葬之。人死有微愆，必入煉罪之所，爲求天主，冀寬而釋之。總之，生死之際，一愛之流通矣。必如此愛天主，愛世人，兩愛誠實，而仁德全矣。夫仁全則天主之道盡矣。天主之道盡，而生人之事畢矣。吾所謂知本反本之説者蓋如此。

注釋

〔一〕語出《詩·大雅·烝民》。

〔二〕語出《詩·周頌·執競》。

〔三〕語出《詩·周頌·臣工》。

〔四〕語出《詩·商頌·長發》。

〔五〕語出《詩·大雅·蕩》。

〔六〕語出《詩·大雅·大明》。

〔七〕語出《易·鼎卦》。

〔八〕語出《易·説卦》。

〔九〕語出《禮記·月令》。

〔一〇〕語出《禮記·表記》。

〔一一〕語出《尚書·湯誓》。

〔一二〕語出《尚書·湯誓》。

〔一三〕語出《尚書·周公金縢》。

〔一四〕語出《禮記·中庸》。

〔一五〕語出《孟子·離婁下》。「事上帝」，阮元《十三經注疏》作「祀上帝」。

〔一六〕語出《宋元學案·明道》。

〔一七〕〔一八〕語出《易·乾卦》。

〔一九〕語出《論語·里仁》。

〔二〇〕語出《孟子·離婁下》。

闢輪迴非理之正

〔清〕味德子撰　周岩標點

《闢輪迴非理之正》前言

《闢輪迴非理之正》，清刻本，署「清源味德子撰」，「虎林景教堂刊」。中國國家圖書館古籍館藏，檢索號21116，爲瑞典烏僕沙拉大學之交換品。

《闢輪迴非理之正》，以七端駁釋氏輪迴之説。單葉，正文半葉三十行，行二十四字，共計三十五行，四周單邊。末有附言，似爲教會當時之贈閱品。

附言中説：「然孝子因報本之念，永存不忘，故記親名與生年逝日於牌上，以便效法，謝生成養育之恩而已。」這樣的話，當是康熙「禮儀之爭」之後的事。附言與正文版式、邊框均不同，可能是康熙朝後印上去的。由此可以反證，正文的印刷時間當會早些。

虎林，即武林，杭州古稱。景教堂，明末清初天主堂之雅稱也。《闢輪迴非理之正》，未見著録。亦不詳撰者。

二〇〇六年二月九日北京騶方周岩謹識

闢輪迴非理之正

清源 味德子撰

慨自釋氏輪迴之説簧鼓天下，祇以欺不識不知之小民，難以罔窮理格物之君子也。且揭數端以正其謬。

夫造物主好生之心，原自無窮。其生人也，如麥實一粒，初種獲百，再種獲千。數種之後，有非斗石所能量者。倘必待輪迴，則造人之初，前人之身未死，後人之身，其魂胡自而來哉？若謂肇造之初，即生億萬人焉，其後不外此數以聽其輪轉，則造物主之能亦隘矣？其謬一。天地造成之初，先物而後人，爲人備日用之糧也。《易》之《繫辭》曰：「有天地，然後有萬物；有萬物，然後有男女。」倘人必輪迴而爲物，則人類未〔爲〕兆物之魂，胡爲而有哉？抑人之魂，必繇物輪迴，則造物之後，爰即造人，斯時物尚未死，何自輪迴？其謬二。上古之世，粒食未興，茹毛飲血，造物主何不豫爲資生計，而罔人於罪哉？佛法之來，在三代之後，設當上巢下窟之前，去其食肉寢皮之利，將舉世枵腹無遺種也，其謬三。古先聖王正理天下，禹平水土，稷教稼穡，益烈山澤，庖犧之網罟，孔氏之釣弋，孟氏之雞豚狗彘，非爲民除害，即立表於萬世也。自佛氏倡輪迴之説，茹素者昇天享福，殺生者墮地輪迴，則開物之聖，皆昧理之人，將置堯、舜、周、孔等之大聖於何地耶？其謬四。且也飛走動植，咸有其命，惟別生、覺、靈三品生覺之物，俱爲靈者之用。佛氏獨謂植物可殺，則木中之蠹，禾中之螟螣蟊賊，草中之蜉蝣螘蟻，不可勝數，輪迴更當多也，其謬五。齋素茹草，釋氏所重，不知五穀之生，必繇耕耘草蔬之用，必經鋤種；胎卵濕化，附於水土，受戕者多。佛言殺一蚯蚓，轉生必受其報，此等輪迴將誰受乎？其謬六。王者宰世立法，苟先自犯，何以禁人？如塑佛像，必用牛膠以施五采；建洪鼓，必用牛皮以當撞擊；製袈裟，必用錦繡，爲輪迴則一切禁止可也，爲不輪迴，則又自相矛盾矣！乃駕言爲佛所殺，轉生淨土，嗚呼！天子犯罪，與庶民同。世法且然，況天法乎？此又與於欺妄之甚者也，其謬七。

蓋明於理者，必無不經之譚，佛氏惟不識吾人性形原自判然。故其視人與物無異耳，使造物主賞罰人世，不於傲、怒、貪、淫與性相關者是問，而徒區區焉究其食肉幾口、殺物幾命，俾還受報也，有是理乎？余故舉而示之，以醒世之尊形而賤性者。

余嘗有云，若使輪迴果確，今世之人，何不盡食虎肉？或問之曰，今生食虎，來生作虎，虎復食人，來生作人，舉座大笑。此亦可訂輪迴之謬。故識之。

虎林景教堂刊

天主以下人受之恩，父母惟大，故人子於親在之日，以盡其孝，必順其正命，服勞奉養，而樂其心也。至於死候，形靈分離，孝子拊其形，拊其棺，埋葬於地，靈永存不滅。已離其形，則聽天主審判，爲善者昇天堂，享永遠之福；爲惡者墮於地獄，受永遠之苦。或昇或墮，萬不能擅回世間，亦萬不能享受飲食之物，又萬不能降福免禍。然孝子因報本之念，永存不忘，故記親名與生年逝日於牌上，以便效法，謝生成養育之恩而已。